中国机械工业教育协会"十四五"普通高等教育规划教材
一流本科专业一流本科课程建设系列教材

会计学原理

张曾莲　编著

机械工业出版社

本书共十一章，内容包括会计概述、会计要素与会计等式、会计科目与会计账户、复式记账、一般企业筹资活动交易或事项的账务处理、一般企业经营活动交易或事项的账务处理、一般企业投资活动交易或事项的账务处理、一般企业经营成果形成与分配的账务处理、会计凭证、会计账簿、财务报表等。

本书的核心思想是让学生掌握会计学原理的主要内容。按照会计学原理课程学习的基本顺序，本书首先介绍会计学原理的基本内容（会计概述、会计要素与会计等式、会计科目与会计账户、复式记账），然后介绍一般企业常见业务（筹资活动、经营活动、投资活动、经营成果形成与分配）的账务处理，最后介绍主要涉及的证账表（会计凭证、会计账簿、财务报表）方面的内容。

本书既可作为普通高等学校会计学专业的本科生教材，也可作为经济管理类其他相关专业"会计学原理"平台课的教材，还可作为其他相关人员初学会计的参考书。

图书在版编目（CIP）数据

会计学原理/张曾莲编著. —北京：机械工业出版社，2024.6
中国机械工业教育协会"十四五"普通高等教育规划教材　一流本科专业一流本科课程建设系列教材
ISBN 978-7-111-75716-0

Ⅰ.①会… Ⅱ.①张… Ⅲ.①会计学－高等学校－教材 Ⅳ.①F230

中国国家版本馆CIP数据核字（2024）第086154号

机械工业出版社（北京市百万庄大街22号　邮政编码 100037）
策划编辑：曹俊玲　　　　　　责任编辑：曹俊玲　马新娟
责任校对：李可意　陈　越　　封面设计：张　静
责任印制：刘　媛
北京中科印刷有限公司印刷
2024年7月第1版第1次印刷
184mm×260mm・19印张・455千字
标准书号：ISBN 978-7-111-75716-0
定价：59.80元

电话服务　　　　　　　　网络服务
客服电话：010-88361066　机 工 官 网：www.cmpbook.com
　　　　　010-88379833　机 工 官 博：weibo.com/cmp1952
　　　　　010-68326294　金　书　网：www.golden-book.com
封底无防伪标均为盗版　机工教育服务网：www.cmpedu.com

前言

本书介绍了会计学原理的主要内容。第一章至第四章介绍会计学原理的基本内容（会计概述、会计要素与会计等式、会计科目与会计账户、复式记账），这部分内容需要灵活运用到后续会计学原理的各项内容中；第五章至第八章介绍一般企业常见业务（筹资活动、经营活动、投资活动、经营成果形成与分配）的账务处理，通过学习这部分内容，学生可以掌握一般企业基本业务的会计分录的编制方法；第九章至第十一章介绍主要涉及的证账表（会计凭证、会计账簿、财务报表）方面的内容，对于会计凭证和会计账簿，学生只需要一般了解即可，后续的会计专业模拟实习会让学生对这部分内容进行实务操作，对于财务报表，学生只需要掌握一般企业简单资产负债表和利润表的编制方法即可。

为了让学生更加熟练地掌握会计学原理的主要知识点，每章均设置了四项内容：基本知识介绍、要点回顾、课程思政、练习题。其中，基本知识介绍主要由教师讲授，要点回顾方便学生复习，课程思政可作为相应教学内容的案例材料，练习题主要由学生课后完成。

在学习"会计学原理"课程前，学生对于会计学可以是零基础的。

对于32学时的课程，建议第一章"会计概述"2学时，第二章"会计要素与会计等式"3学时，第三章"会计科目与会计账户"3学时，第四章"复式记账"3学时，第五章"一般企业筹资活动交易或事项的账务处理"3学时，第六章"一般企业经营活动交易或事项的账务处理"4学时，第七章"一般企业投资活动交易或事项的账务处理"3学时，第八章"一般企业经营成果形成与分配的账务处理"4学时，第九章"会计凭证"2学时，第十章"会计账簿"2学时，第十一章"财务报表"3学时。

本书的出版得到了教育部本科教学工程——专业综合改革试点项目经费和北京科技大学教材建设基金的资助，在此深表谢意！

在本书编写过程中，作者参考和借鉴了大量研究资料，在此特向有关机构和会计同行表示由衷的感谢！

限于作者的学识和水平，书中错误与疏漏之处在所难免，恳请广大读者批评指正。

作者

目录

前言
第一章 会计概述 ………………………………………………………………… 1
第一节 会计的定义、变迁、作用与准则 …………………………………… 1
第二节 会计的目标与对象 …………………………………………………… 3
第三节 会计假设 ……………………………………………………………… 5
第四节 会计信息质量要求 …………………………………………………… 7
第五节 会计基础 ……………………………………………………………… 11
第六节 会计计量 ……………………………………………………………… 11
第七节 会计方法 ……………………………………………………………… 12
要点回顾 ……………………………………………………………………… 14
课程思政 ……………………………………………………………………… 15
练习题 ………………………………………………………………………… 16
第二章 会计要素与会计等式 …………………………………………………… 35
第一节 会计要素与会计确认概述 …………………………………………… 35
第二节 资产要素 ……………………………………………………………… 35
第三节 负债要素 ……………………………………………………………… 38
第四节 所有者权益要素 ……………………………………………………… 40
第五节 收入要素 ……………………………………………………………… 41
第六节 费用要素 ……………………………………………………………… 44
第七节 利润要素 ……………………………………………………………… 46
第八节 会计等式 ……………………………………………………………… 47
要点回顾 ……………………………………………………………………… 50
课程思政 ……………………………………………………………………… 51
练习题 ………………………………………………………………………… 51
第三章 会计科目与会计账户 …………………………………………………… 69
第一节 会计科目 ……………………………………………………………… 69
第二节 会计账户 ……………………………………………………………… 71
要点回顾 ……………………………………………………………………… 74
课程思政 ……………………………………………………………………… 74
练习题 ………………………………………………………………………… 75

第四章　复式记账··· 83
第一节　复式记账的基本原理·· 83
第二节　借贷记账法及其应用·· 84
第三节　会计账户的平行登记·· 92
要点回顾··· 94
课程思政··· 95
练习题··· 96

第五章　一般企业筹资活动交易或事项的账务处理··· 105
第一节　一般企业筹资活动交易或事项概述·· 105
第二节　股权筹资活动交易或事项的账务处理··· 106
第三节　债权筹资活动交易或事项的账务处理··· 108
要点回顾··· 111
课程思政··· 112
练习题··· 112

第六章　一般企业经营活动交易或事项的账务处理··· 117
第一节　一般企业经营活动交易或事项概述·· 117
第二节　供应过程交易或事项的账务处理··· 120
第三节　生产过程交易或事项的账务处理··· 127
第四节　销售过程交易或事项的账务处理··· 132
第五节　其他经营活动交易或事项的账务处理··· 138
要点回顾··· 143
课程思政··· 143
练习题··· 144

第七章　一般企业投资活动交易或事项的账务处理··· 154
第一节　一般企业投资活动交易或事项概述·· 154
第二节　固定资产投资活动交易或事项的账务处理··· 155
第三节　无形资产投资活动交易或事项的账务处理··· 162
第四节　交易性金融资产投资活动交易或事项的账务处理·· 164
要点回顾··· 167
课程思政··· 167
练习题··· 168

第八章　一般企业经营成果形成与分配的账务处理··· 171
第一节　一般企业经营成果形成与分配概述·· 171
第二节　期末账项调整的账务处理·· 171
第三节　财产清查的账务处理·· 174
第四节　经营成果形成的账务处理·· 179
第五节　经营成果分配的账务处理·· 183
要点回顾··· 186
课程思政··· 186
练习题··· 187

第九章 会计凭证 · 203

- 第一节 会计凭证概述 · 203
- 第二节 原始凭证 · 204
- 第三节 记账凭证 · 207
- 要点回顾 · 213
- 课程思政 · 214
- 练习题 · 215

第十章 会计账簿 · 228

- 第一节 会计账簿概述 · 228
- 第二节 账簿的种类 · 230
- 第三节 序时账簿的登记 · 232
- 第四节 分类账簿的登记 · 233
- 第五节 对账 · 235
- 第六节 错账 · 236
- 第七节 结账 · 238
- 要点回顾 · 238
- 课程思政 · 239
- 练习题 · 240

第十一章 财务报表 · 269

- 第一节 财务报表概述 · 269
- 第二节 资产负债表 · 270
- 第三节 利润表 · 275
- 要点回顾 · 278
- 课程思政 · 279
- 练习题 · 279

附录 企业会计准则的应用指南系列统一规范的一般企业部分会计科目 · 294

参考文献 · 295

第一章

会计概述

第一节 会计的定义、变迁、作用与准则

一、会计的定义

会计是以货币为主要计量单位，反映和监督一个单位经济活动的一种经济管理工作。在企业，会计主要提供企业财务状况、经营成果和现金流量信息，并对企业经营活动和财务收支进行监督。会计是随着人类社会生产的发展和经济管理的需要而产生、发展并不断完善起来的。人类文明不断进步，社会经济活动不断革新，生产力不断提高，会计的核算内容、核算方法等也得到了较大发展，逐步由简单的计量与记录行为发展成主要以货币单位综合反映和监督经济活动过程的一种经济管理工作，并在参与单位经营管理决策、提高资源配置效率、促进经济健康发展方面发挥积极作用。

在会计发展的不同阶段，人们对会计的认识有所不同。目前，我国关于会计的定义主要有以下两种观点：

一是管理活动论。会计这一社会现象属于管理范畴，是人的一种管理活动。会计的功能是通过会计工作者从事的多种形式管理活动实现的。该观点充分肯定了会计管理活动中人的因素，即会计人员的主观能动性。会计是以货币为主要计量单位，对企事业、机关单位或其他经济组织的经济活动进行连续、系统、全面的反映和监督的经济管理活动。

二是信息系统论。从本质上讲，会计是一个信息系统。会计旨在提高企业和各单位活动的经济效益，加强经济管理而建立的一个以提供财务信息为主的经济信息系统。信息系统论将会计视为一个经济组织中整个经营管理系统的组成部分，并且强调会计的目标是向预定的会计信息使用者提供其进行经济决策所需要的信息。

总之，以上两种观点都有必要进一步完善。企业财务会计的定义为：企业财务会计是会计人员以货币为主要计量单位，对企业的交易或事项进行连续、系统、全面的核算和监督，以便向财务会计报告使用者提供企业相关会计信息，并有助于其做出经济决策的一种管理活动。对企业财务会计定义的理解包括五个方面：会计管理活动主要是价值形式的管理；会计管理活动具有核算和监督两种基本职能；会计管理的具体内容是企业发生的交易或事项；会计管理具有连续性、系统性和全面性；会计管理活动的目标是为财务会计报告使用者进行经济决策提供相关的会计信息。

二、会计的变迁

通常认为，会计的发展主要经历了古代会计、近代会计和现代会计三个阶段。影响会计发展的主要社会环境包括经济环境、政治环境、科技环境、教育环境、法律环境与文化环境等。其中，经济环境的变化对会计的发展具有巨大的推动作用，是会计发展的根本动因。经济越发展，会计越重要。经济的发展必然会推动会计向更高层次发展，会计的发展也必然会对经济发展提供强有力的支持。

（一）古代会计

古代会计是从奴隶社会至封建社会这一时期的会计。古代会计是会计的开创阶段，当时的会计方法非常简单，主要采用单式记账、实物计量等。该阶段已有一些会计实践，也产生了一定的会计思想，但没有形成系统的会计理论。该阶段的主要标志有以下三个：

一是会计机构的建立。我国西周时期已经建立了严密的财计组织。

二是会计专职人员的出现。在西周的财计组织中，设立大宰、司会、小宰和宰夫等官职，还有司书、职币、职岁等负责账簿记录的会计人员。

三是会计名词的形成。将"会"和"计"结合为"会计"一词也始于西周时期。

（二）近代会计

近代会计一般是指15世纪以后的会计。近代会计的显著标志是复式账簿的创立与使用。复式记账是对一个交易或事项至少应从两个不同的方面，运用两个或两个以上的账户加以记录，比单式记账更为科学。

1494年，意大利数学家卢卡·帕乔利在其著作《算术、几何、比与比例概要》中，从理论和实务两方面总结了已在民间流行200余年的借贷记账法，使复式记账法在欧洲甚至全球迅速传播。复式簿记的诞生不仅是会计记账方法的历史性变革，而且是会计理论体系建立的起源。

（三）现代会计

现代会计一般是指20世纪30年代以后的会计，这是会计的一个跨越式发展时期。现代会计的主要标志是：会计目标的重大变化，管理会计形成并与财务会计分离，电子计算机在会计上的应用，财务会计理论体系的形成与完善，以及会计准则的国际趋同等。

三、会计的作用

会计是现代企业一项重要的基础性工作。通过一系列会计程序，提供决策有用的信息，并积极参与经营管理决策，提高企业经济效益，服务于市场经济的健康有序发展。具体来说，会计在社会主义市场经济中的作用主要包括以下几个方面：提供决策有用的信息，提高企业透明度，规范企业行为；加强经营管理，提高经济效益，促进企业可持续发展；考核企业管理层经济责任的履行情况。

四、会计的准则

我国《企业会计准则》由财政部制定。我国现行企业会计准则体系由基本准则、具体准则、应用指南和解释组成。

我国基本准则主要规范了以下内容：财务报告目标，会计基本假设，会计基础，会计信息质量要求，会计要素分类及其确认、计量原则，财务报告。基本准则在企业会计准则体系中发挥着重要作用：统驭具体准则的制定；为会计实务中出现的、具体准则尚未规范的新问题提供会计处理依据。

具体准则是在基本准则的指导下，对企业各项资产、负债、所有者权益、收入、费用、利润及相关交易事项的确认、计量和报告进行规范的会计准则。

应用指南是对具体准则相关条款的细化和有关重点难点问题提供的操作性指南，以利于会计准则的贯彻落实和指导实务操作。

解释是对具体准则实施过程中出现的问题、具体准则条款规定不清楚或者尚未规定的问题做出的补充说明。

第二节 会计的目标与对象

一、会计的目标

会计目标通常是指企业财务会计目标。财务会计的目标是指在一定的历史条件下，人们通过财务会计所意欲实现的目标或达到的最终结果。在会计发展的不同历史阶段，人们通过财务会计所意欲实现的目标有所不同。随着经济的发展和企业组织形式的演变，会计目标也在逐渐发生变化。

我国现行《企业会计准则》规定，企业应当编制财务会计报告。财务会计报告的目标是向财务会计报告使用者提供与企业财务状况、经营成果和现金流量等有关的会计信息，反映企业管理层受托责任履行情况，有助于财务会计报告使用者做出经济决策。财务会计报告使用者包括投资者、债权人、政府及其有关部门和社会公众等。企业提供以上信息的目的有两个：一是为了评价企业管理层受托责任履行情况的需要；二是有助于财务报告使用者做出经济决策。这也是现代财务会计的主要目标，分为"受托责任观"和"决策有用观"。

受托责任观主要形成于公司制企业发端和盛行时期。决策有用观主要源于资本市场的发展。两种观点各有侧重，并且往往与企业发展和外部环境变化相关。从国际财务报告准则和世界许多国家会计准则及其会计实务发展来看，目前国际会计准则理事会和各国会计准则制定机构在确定财务报告目标时，尽管决策有用观的地位越来越上升，但往往还是尽可能兼顾受托责任观和决策有用观。许多人认为，两种观点尽管关注点有所不同，但是两者之间并不矛盾，反而有时相互补充，从而可以更好地满足信息使用者的信息需要。

二、会计的对象

会计对象是指企业财务会计所应核算和监督的基本内容。

会计对象的基本内容是社会再生产过程中的资金运动，在企业中具体是指企业经营资金的运动。经营资金是指企业所拥有和控制的各种财产物资的货币表现。随着企业经营活动的进行，这些资金相应地会发生价值以及形态上的变化。当资金被用于生产经营活动时，会产生资金的消耗。比如，企业用筹集到的资金购买材料、设备和支付员工薪酬时，会引起企业资金的减少。企业的资金在被消耗之后会形成新的资产，引起企业资金的增加。比如，企业将生产的产品对外销售收回现金时，一方面会使库存商品这种资产减少，另一方面会使现金这种资产增加。对于持续经营的企业来说，其经营资金总是处于不断的运动和变化之中的。在会计上，通常把交易或事项发生以后所引起的资金的增减变动称为资金运动。

会计对象的具体内容即会计要素，是指在将资金运动做进一步划分后所形成的内容，是资金运动的具体表现形式。由于各类企业的经营活动内容不尽相同，资金运动的具体形式也存在较大差别。下面以产品生产企业为例，描述该类企业会计对象的具体内容。产品生产企业是指组织一定产品生产和销售的企业。这类企业组织生产经营活动的基本目的是尽可能多地赚取利润，创造更多的经济利益，因而被称为营利性组织。企业要组织经营活动，首先必须拥有和控制一定的经济资源即资产，这些经济资源的取得主要是通过吸收投资者投资和负债两种方式。当投资者向企业投资以后，对企业的资产就有了法定的要求权利，即权益，如分享利润等。因此，这部分资金来源在会计上称为所有者权益。负债是指企业向银行或其他金融机构借入款项等。企业利用这些资源开展经营活动，会发生一定的费用支出，也会给企业带来一定的收入。企业取得的收入与发生的费用之差为经营成果，在收入大于费用时即为企业实现的利润。总之，产品生产企业会计对象的具体内容可概括为资产、负债、所有者权益、收入、费用和利润。这六个方面即为企业类经济组织资金运动所呈现的具体形式，在会计上称为企业会计要素。

产品生产企业的资金运动过程可划分为资金筹集、资金使用和资金退出三个阶段。

（1）在资金筹集阶段，企业通过吸引投资者向企业投资或从银行借款等方式获取经营所需资金。通常，企业筹集的资金最终是以货币资金形态进入企业的，具体表现为库存现金或银行存款等。

（2）资金使用阶段可分为供应、生产和销售三个过程。供应过程也称为生产准备过程，企业运用筹集的资金进行产品生产的各项准备，包括购买产品生产所需材料和设备等，在这一过程中，货币资金形态会转化为储备资金和固定资金等形态。在生产过程中，企业要用货币资金支付生产经营的有关费用，利用储备的材料和购入的设备等进行产品生产，货币资金、储备资金和固定资金等会相应地转化为生产资金形态。产品生产完工后，生产资金会转化为成品资金形态。在销售过程中，企业销售产品并收回货币资金，成本资金又转化为货币资金形态。

（3）资金的退出主要是由企业依法缴纳税费、按约定偿还债务和向投资者分配利润等引起的，这些交易或事项的发生会导致一部分资金退出企业资金运动过程。与非营利组织的资金运动相比，产品生产企业资金运动具有四个特点：体现为循环和周转方式；具有并存性和继起性；各种资金形态按比例并存；具有补偿性和增值性。

总之，企业会计对象的基本内容是社会再生产过程中的资金运动，企业会计对象的具体内容是资产、负债、所有者权益、收入、费用和利润。企业会计对象的具体内容是会计对象基本内容的细化。这种细化对于描述企业经营资金运动过程的全貌具有重要意义。其中，资产表明资金在运动过程中的具体存在形态，比如货币资金、储备资金和固定资金等；负债和所有者权益表明企业资金的来源方式，比如企业借款和投资者投入资本等；费用表明资金在运动过程中的耗费；收入表明资金在运动过程中的收回；利润表明企业资金运动的成果。会计对象的具体内容既可以各自独立地反映资金运动的某个方面，又可以相互配合地从整体上反映企业资金运动的全貌。会计对象的具体内容也称为会计要素。

第三节　会计假设

会计假设也称为会计基本前提或会计前提，是企业对交易或事项进行会计确认、计量和报告的必备前提，具体是指对会计核算所处的空间范围、时间范围、基本程序和计量单位等做出的合理设定。其中，空间范围是对会计活动服务的对象做出的基本设定；时间范围是对会计服务对象经营活动的持续性做出的基本设定；基本程序是对会计服务对象经营活动的持续性进行合理的期间划分做出的基本设定；计量单位是对会计活动服务对象处理发生的交易或事项时采用的计量单位做出的基本设定。

一、会计主体假设

会计主体假设要求企业对其本身发生的交易或事项进行会计确认、计量和报告。为了向会计信息使用者提供对其决策有用的信息，会计确认、计量和报告应当集中反映特定会计主体所发生的交易或事项，需要切记两点：①应将企业本身经营活动所发生的交易或事项与其他企业发生的交易或事项区别开来，即不能对与本企业无关的其他企业所发生的交易或事项进行确认、计量和报告。②应将企业本身经营活动所发生的交易或事项与企业所有者个人的交易或事项区别开来，企业所有者个人的交易或事项，比如企业所有者购买个人生活用品发生的支出等，就不能作为企业的交易或事项进行确认、计量和报告。只有明确划清以上交易或事项的界限，才能切实反映企业自身的财务状况和经营成果。因此，明确界定会计主体是进行会计确认、计量和报告的重要前提。

明确界定会计主体假设有三层意义：①只有明确会计主体，才能划定会计所要处理的各项交易或事项的空间范围。只有那些影响企业本身经济利益的各项交易或事项才能予以确认、计量和报告。会计上通常所讲的资产的确认、负债的确认、收入的实现和费用的发生等，都是针对特定的会计主体而言的。②只有明确会计主体，才能将该会计主体的交易或事项与其他会计主体的交易或事项，以及会计主体所有者个体的交易或事项区别开来。这样会计才能紧密围绕会计应予处理的核心内容，根据会计目标的要求做好确认、计量和报告。③只有明确会计主体，才能对该主体所发生的交易或事项的经济性质进行正确判断和处理。比如，A企业向B企业赊销商品1万元，A企业为销售方，B企业为购买方。对于两个企业而言，该交易性质截然不同，会增加A企业的应收账款这种资产，也会增加B企业的应付账款这种负债。双方必须站在各自的角度进行确认、计量和报告。

会计主体不同于法律主体。一般来说，法律主体必然是一个会计主体。例如，一个企业作为一个法律主体，应当建立财务会计系统，独立反映其财务状况、经营成果和现金流量。但是，会计主体不一定是法律主体。例如，在企业集团的情况下，一个母公司拥有若干子公司，母子公司虽然是不同的法律主体，但是母公司对子公司拥有控制权，为了全面反映企业集团的财务状况、经营成果和现金流量，就有必要将企业集团作为一个会计主体，编制合并财务报表。再如，由企业管理的证券投资基金、企业年金基金等，尽管不属于法律主体，但属于会计主体，应当对每项基金进行会计确认、计量和报告。

二、持续经营假设

持续经营，是指在可以预见的将来，企业将会按当前的规模和状态继续经营下去，不会停业，也不会大规模削减业务。在持续经营前提下，会计确认、计量和报告应当以企业持续、正常的生产经营活动为前提。

企业是否持续经营，在会计原则、会计方法的选择上有很大差别。一般情况下，应当假定企业将会按照当前的规模和状态继续经营下去。明确这个基本假设，就意味着会计主体将按照既定用途使用资产，按照既定的合约条件清偿债务，会计人员就可以在此基础上选择会计原则和会计方法。如果判断企业会持续经营，就可以假定企业的固定资产会在持续经营的生产经营过程中长期发挥作用，并服务于生产经营过程，固定资产就可以根据历史成本进行记录，并采用折旧的方法，将历史成本分摊到各个会计期间或相关产品的成本中。如果判断企业不会持续经营，固定资产就不应采用历史成本进行记录并按期计提折旧。

如果一个企业在不能持续经营时仍然按照持续经营进行会计处理，选择会计确认、计量和报告原则与方法，就不能客观地反映企业的财务状况、经营成果和现金流量，会误导会计信息使用者的经营决策。

三、会计分期假设

会计分期，是指将一个企业持续经营的生产经营活动划分为一个个连续的、间隔相同的期间。会计分期的目的在于通过会计期间的划分，将持续经营的生产经营活动划分成连续、相等的期间，据以结算盈亏，按期编报财务报告，从而及时向财务报告使用者提供有关企业财务状况、经营成果和现金流量的信息。

在会计分期假设下，企业应当划分会计期间，分期结算账目和编制财务报告。会计期间通常分为年度和中期。中期是指短于一个完整的会计年度的报告期间，如月度、季度、半年度等。

根据持续经营假设，一个企业将按当前的规模和状态持续经营下去。但是，无论企业的生产经营决策还是投资者、债权人等的决策都需要及时的信息，都需要将企业持续的生产经营活动划分为一个个连续的、长短相同的期间，分期确认、计量和报告企业的财务状况、经营成果和现金流量。明确会计分期假设意义重大，由于会计分期，才产生了当期与以前期间、以后期间的差别，才使不同类型的会计主体有了记账的基准，进而出现了折旧、摊销等会计处理方法。

四、货币计量假设

货币计量，是指会计主体在财务会计确认、计量和报告时以货币计量，反映会计主体的生产经营活动。

在会计的确认、计量和报告过程中之所以选择货币为基础进行计量，是由货币本身的属性决定的。货币是商品的一般等价物，是衡量一般商品价值的共同尺度，具有价值尺度、流通尺度、贮藏手段和支付手段等特点。其他计量单位，如重量、长度、容积、台、件等，只能从一个侧面反映企业的生产经营情况，无法在量上进行汇总和比较，不便于会计计量和经营管理，只有选择货币尺度进行计量，才能充分反映企业的生产经营情况，所以，基本准则规定会计确认、计量和报告选择货币作为计量单位。

在有些情况下，统一采用货币计量也有缺陷，某些影响企业财务状况和经营成果的因素，如企业经营战略、研发能力、市场竞争力等，往往难以用货币来计量，但这些信息对于使用者决策也很重要，为此，企业可以在财务报告中补充披露有关非财务信息来弥补上述缺陷。

第四节　会计信息质量要求

会计信息有狭义和广义之分。狭义的会计信息是指某一会计主体（比如某企业）所提供的财务状况、经营成果和现金流量等方面的财务会计信息。这类会计信息是由会计人员通过编制有关会计报表，比如资产负债表、利润表和现金流量表等对外提供的会计信息。广义的会计信息除上述信息外，还包括加工整理过程中的会计信息，比如在会计记录环节生产的、呈现于会计凭证和账簿等载体中的信息等。

会计信息质量要求也称会计信息质量特征，是指企业对外提供的会计信息质量的基本要求，是使会计信息对投资者等各类使用者决策有用而应具备的基本特征。我国现行《企业会计准则》将会计信息质量要求规定为八条：可靠性、相关性、可理解性、可比性、实质重于形式、重要性、谨慎性和及时性。其中，可靠性、相关性、可理解性和可比性是企业编制财务会计报告所提供的会计信息应当具备的基本质量要求；实质重于形式、重要性、谨慎性和及时性是对可靠性、相关性、可理解性和可比性等质量要求的补充。

一、可靠性

可靠性要求企业应当以实际发生的交易或事项为依据进行会计确认、计量和报告，如实反映符合确认和计量要求的各项会计要素及其他相关信息，保证会计信息真实可靠、内容完整。

会计信息要有用，必须以可靠为基础，如果财务报告所提供的会计信息是不可靠的，就会对投资者等使用者的决策产生误导甚至损失。为了贯彻可靠性要求，企业应当做到以下三方面：

（1）以实际发生的交易或事项为依据进行确认、计量，将符合会计要素定义及其确认条件的资产、负债、所有者权益、收入、费用和利润等如实反映在财务报表中，不得根据虚构的、没有发生的或者尚未发生的交易或事项进行确认、计量和报告。

（2）在符合重要性和成本效益原则的前提下，保证会计信息的完整性，其中包括应当编报的报表及其附注内容等应当保持完整，不能随意遗漏或者减少应予披露的信息，与使用者决策相关的有用信息都应当充分披露。

（3）包括在财务报告中的会计信息应当是中立的、无偏的。如果企业在财务报告中为了达到事先设定的结果或效果，通过选择或列示有关会计信息以影响决策和判断，这样的财务报告信息就不是中立的。

二、相关性

相关性要求企业提供的会计信息应当与财务会计报告使用者进行经济决策的需要相关，有助于财务报告使用者对企业过去、现在和未来的情况做出评价和预测。

会计信息是否有用，是否具有价值，关键要看其与使用者的决策需要是否相关，是否有助于决策或提高决策水平。相关的会计信息应当能够有助于使用者评价企业过去的决策，证实或者修正过去的有关预测，因而具有反馈价值。相关的会计信息还应当具有预测价值，有助于使用者根据财务报告所提供的会计信息预测企业未来的财务状况、经营成果和现金流量。例如区分收入和利得、费用和损失，区分流动资产和非流动资产、流动负债和非流动负债以及适度引入公允价值等，都可以提高会计信息的预测价值，进而提升会计信息的相关性。

会计信息质量的相关性要求，需要企业在确认、计量和报告会计信息的过程中，充分考虑使用者的决策模式和信息需要。但是，相关性是以可靠性为基础的，两者之间并不矛盾，不应将两者对立起来。会计信息在可靠性前提下，尽可能地做到相关性，以满足投资者等财务报告使用者的决策需要。

三、可理解性

可理解性要求企业提供的会计信息应当清晰明了，便于财务报告使用者理解和使用。

企业编制财务报告、提供会计信息的目的在于使用，而要让使用者有效地使用会计信息，应当让其了解会计信息的内涵，弄懂会计信息的内容，这就要求财务报告所提供的会计信息清晰明了，易于理解。只有这样，才能提高会计信息的有用性，实现财务报告的目标，满足向投资者等财务报告使用者提供决策有用信息的要求。

会计信息毕竟是一种专业性较强的信息产品，在强调会计信息可理解性要求的同时，还应假定使用者具有一定的有关企业经营活动和会计方面的知识，并且愿意付出努力去研究这些信息。对于某些复杂的信息，如交易本身较为复杂或者会计处理较为复杂，但其与使用者的经济决策相关的，企业就应当在财务报告中予以充分披露。

四、可比性

可比性要求企业提供的会计信息应当具有可比性。这包括两层含义：

（1）同一企业不同时期会计信息的可比性，也称为纵向可比。要求同一企业对不同期间发生的相同或相似的交易或事项，应当采用一致的会计政策，不得随意变更，以便使各会计期间的同类信息具有可比性。确实需要变更的，比如企业在会计政策变更后可以提供更可靠、更相关的会计信息，可以变更会计政策，但须在财务报告中予以说明，便于使用者了解变更的原因，以及会计政策的变更对企业的财务状况和经营成果所产生的影响等。会计政策规定了处理同一交易或事项可以选择的不同方法，一般不得随意变更。

（2）不同企业相同会计期间会计信息的可比性，也称为横向可比。要求不同企业对同一期间发生的相同或相似的交易或事项，应当采用统一规定的会计政策，确保会计信息口径一致，相互可比。各个产品生产企业发生的交易或事项存在诸多相同或相似之处，可比性要求当这些交易或事项发生时，不同企业采用的会计政策也应基本相同。比如企业在财务报告中所提供的财务状况信息，包括企业的资产总量及其构成情况、负债和所有者权益的总额及其构成情况等基本内容。不同企业都应按照统一的确认、计量和报告要求进行处理，各企业都应采用统一的报告格式,共同遵循《企业会计准则》统一规定的确认和计量要求。只有这样,各个企业所提供的会计信息才能做到口径一致,具有可比性。

五、实质重于形式

实质重于形式要求企业应当按照交易或事项的经济实质进行会计确认、计量和报告,不应仅以交易或事项的法律形式为依据。经济实质是指交易或事项所具有的经济特质。企业发生的交易或事项会影响企业的资产、负债和所有者权益等会计要素发生某些方向的变动,说明交易或事项总是体现资产、负债和所有者权益等会计要素所具有的经济性质。法律形式是指交易或事项所引发的所有权、使用权和处置权等方面的权利或义务。比如,资产是企业所拥有或控制的经济资源,表明企业对资产具有所有权、使用权和处置权等方面的权利;负债是企业对其负债应当承担的偿还义务,应该以企业的资产或劳务进行清偿等。

经济实质与其法律形式构成了交易或事项相辅相成的两个方面。通常,交易或事项的经济实质和法律形式是统一的。比如,企业用自有资金购入的材料和设备等,其经济性质属于能够预期为企业带来经济利益的资产;从法律形式看,企业对其具有所有权、使用权和处置权。但交易或事项的经济性质和法律形式有时会产生一定的分离。比如,企业在采用融资租赁方式租入设备时,根据双方的协议,承租方应以租金形式分期向出租方支付设备款。在设备款付清之前的会计期间,从法律形式上看,设备的所有权并没有完全转移给承租方,会产生承租方对该设备是否具有所有权的争议;从经济实质上看,也会产生该设备是否属于承租方资产的争议。按实质重于形式的质量要求,承租企业在对这类特殊的交易或事项进行会计处理时,应注重其经济实质,而不必拘泥于其法律形式。这是由于承租企业在付清设备款之前,已经实际使用该设备,并给企业带来了相应的经济利益,符合资产要素预期会给企业带来经济利益的本质特征,因此可以将其确认为本企业的资产。又如,商品已经售出,但企业为确保到期收回债款而暂时保留商品的法定所有权时,该权利通常不会对客户取得对该商品的控制权构成障碍,在满足收入确认的其他条件时,企业可以确认相应的收入。

六、重要性

重要性要求企业提供的会计信息应当反映与企业财务状况、经营成果和现金流量等有关的所有重要交易或事项。企业发生的各种交易或事项都会对企业的财务状况、经营成果和现金流量的某些方面产生影响,凡涉及企业的财务状况、经营成果和现金流量发生变动的交易或事项,企业都应如实报告。但在提供相关信息时,应判断项目的重要性。项目是对大量的交易或事项按照其性质或功能汇总以后形成的在财务报告中列示的内容。判断项目重要性的基本标准是:如果财务报告中某个项目的省略或错误会影响使用者据此做出经济决策,该项目就具有重要性。重要性的应用需要依赖职业判断,企业应当根据其所处环境和实际情况,从项目的性质和金额大小两方面加以判断。

企业提供会计信息时,应区分其重要程度,对重要信息应在财务报告中突出反映。比如,企业财务状况信息中的资产、负债和所有者权益信息,经营成果信息中的收入、费用和利润信息等,都是与财务报告使用者进行经济决策密切相关的信息,企业应当作为重要信息,按照这些信息的组成内容进行全面完整的报告,不得省略,更不能错报。

对与财务报告使用者的经济决策关系不大的次要信息,则只需要在报告文件中综合反映即可。比如，企业库存材料、在产品和产成品信息一般不为财务报告的使用者所关心，属于次要信息，不必逐项做出报告，可将这些信息进行综合，在财务报告中以"存货"一个项目进行反映。

七、谨慎性

谨慎性要求企业对交易或事项进行会计确认、计量和报告时，应当保持应有的谨慎，不应高估资产或收益，也不应低估负债和费用。

在市场经济环境下，企业的生产经营活动面临着很多风险和不确定性，如应收款项的可收回性、固定资产的使用寿命、无形资产的使用寿命、售出存货可能发生的退货或者返修等。会计信息质量的谨慎性要求企业在面临不确定因素的情况下做出职业判断时，应当保持应有的谨慎，充分估计到各种风险和损失，既不高估资产或者收益，也不低估负债或者费用。例如，要求企业对可能发生的资产减值损失计提资产减值准备、对售出商品可能发生的保修义务等确认预计负债等，就体现了谨慎性要求。

一是不应高估资产或收益。这是因为资产是企业重要的经济资源，收益是企业经济利益的流入，比如如实进行会计确认、计量和报告。如果企业的某些资产已经失去使用价值，预期不能再给企业带来经济利益，就不能再确认为企业的资产，即不能高估资产。对企业可能实现的收入（收益）也不应高估，因为高估的结果往往会使企业产生盲目乐观情绪。

二是不应低估负债或者费用。负债总是要偿还的，而偿还负债的要求是不应低估负债。费用的发生往往是以企业资产的消耗为代价的，特别是那些由于不确定因素给企业带来的损失，如无法收回的应收账款形成的损失，企业更应宁可高估而不可低估。只有这样，才能对有可能在未来发生的损失保持清醒的认识，并采取严密的应对措施，不至于在风险来临时措手不及。

谨慎性的应用不允许企业设置秘密准备。如果企业故意低估资产或者收益，或者故意高估负债或者费用，则不符合会计信息的可靠性和相关性要求，损害会计信息质量，扭曲企业实际的财务状况和经营成果，从而对使用者的决策产生误导，这是不符合会计准则要求的。

八、及时性

及时性要求企业对于已经发生的交易或事项，应当及时进行会计确认、计量和报告，不得提前或延后。企业提供会计信息的价值在于其能够帮助财务报告使用者做出相关的经济决策，因而具有很强的时效性。即使是具有可靠性、相关性、可理解性和可比性的会计信息，如果不能及时提供给会计信息使用者，也会因为信息的延误传递而失去其有效性。为确保会计信息提供的及时性，企业应当做到：一是及时收集会计信息，即在经济交易或事项发生后，及时收集整理各种原始单据或凭证；二是及时处理会计信息，即按照会计准则的规定，及时对经济交易或事项进行确认或者计量，并编制财务报告；三是及时传递会计信息，即按照国家规定的有关时限，及时将编制的财务报告传递给财务报告使用者，便于其及时使用和决策。

在实务中，为了及时提供会计信息，可能需要在有关交易或事项的信息全部获得之前就进行会计处理，这样虽然满足了会计信息的及时性要求，但可能会影响会计信息的可靠性；反之，如果企业等到与交易或事项有关的全部信息获得之后再进行会计处理，这样的信息披露虽然提高了信息的可靠性,但可能会由于时效性问题,对投资者等财务报告使用者决策的有用性将大大降低。这就需要在及时性和可靠性之间做相应权衡,以投资者等财务报告使用者的经济决策需要为判断标准。

第五节　会计基础

一、权责发生制

企业会计的确认、计量和报告应当以权责发生制为基础。权责发生制基础要求,凡是当期已经实现的收入和已经发生或应当负担的费用,无论款项是否收付,都应当作为当期的收入和费用,计入利润表;凡是不属于当期的收入和费用,即使款项已在当期收付,也不应当作为当期的收入和费用。

在实务中,企业交易或事项的发生时间与相关货币收付时间有时并不完全一致。例如,款项已经收到,但销售并未实现;或者款项已经支付,但并不是为本期生产经营活动而发生的。为了更加真实、公允地反映特定会计期间的财务状况和经营成果,基本准则明确规定,企业在会计确认、计量和报告中,应当以权责发生制为基础。

收付实现制是与权责发生制相对应的一种会计基础,它是以收到或支付的现金作为确认收入和费用等的依据。目前,我国的行政事业单位预算会计通常采用收付实现制,行政事业单位财务会计通常采用权责发生制。

二、收入与费用配比

我国基本会计准则规定,企业为生产产品、提供劳务等发生的可归属于产品成本、劳务成本等的费用,应当在确认产品销售收入、劳务收入等时,将已销售产品、已提供劳务的成本等计入当期损益。企业发生的支出不产生经济利益的,或者即使能够产生经济利益,但不符合或者不再符合资产确认条件的,应当在发生时确认为费用,计入当期损益。企业发生的交易或者事项导致其承担了一项负债而又不确认为一项资产的,应当在发生时确认为费用,计入当期损益。收入与费用配比要求企业在进行会计核算时,收入与其成本、费用应当相互配比,同一会计期间内的各项收入和与其相关的成本、费用,应当在该会计期间内确认。具体来讲,收入与费用配比有两层含义:一是因果配比,即将收入与其对应的成本配比,如将主营业务收入与主营业务成本配比、将其他业务收入与其他业务成本配比;二是期间配比,将一定期间的收入与同时期的费用配比,如将当期的收入与管理费用、财务费用、销售费用的配比等。

第六节　会计计量

会计要素计量简称会计计量,是将符合确认条件的会计要素进行会计记录继而列报于财务报告文件并确定其金额的过程。进行会计要素的计量应以货币作为主要计量单位。计量属性反映的是会计要素金额的确定基础,主要包括历史成本、重置成本、可变现净值、现值和公允价值这五种计量属性。《企业会计准则》规定，企业在对会计要素进行计量时，一般应当采用历史成本，采用重置成本、可变现净值、现值和公允价值计量的，应当保证所确定的会计要素金额能够取得并可靠计量。

一、历史成本

历史成本又称实际成本，是指取得或制造某项财产物资时，所实际支付的现金或现金等价物。在历史成本计量属性下，资产按照取得或制造时实际支付的现金或现金等价物的金额计量，或者按照购置资产时付出的对价的公允价值进行计量；负债按因承担现时义务而实际收到的款项或资产的金额，或者承担现时义务的合同金额，或者日常活动中为偿还负债预期需要支付的现金或现金等价物的金额计量。

二、重置成本

重置成本又称现行成本，是指按照当前市场条件，重新取得同样资产所需支付的现金或现金等价物的金额。在重置成本计量属性下，资产按现在购买相同或相似资产所需支付的现金或现金等价物的金额计量；负债按现在偿付该项债务所需支付的现金或现金等价物的金额计量。重置成本多用于盘盈的存货、固定资产的计量。

三、可变现净值

在可变现净值计量属性下，资产按照其正常对外销售能收到的现金或现金等价物的金额扣减该资产至完工时估计将要发生的成本、估计的销售费用以及相关税费后的金额计量。可变现净值通常应用于存货资产减值等情况下的后续计量。

四、现值

现值是指对未来现金流量以恰当的折现率进行折现后的价值，是考虑货币时间价值的一种计量属性。在现值计量属性下，资产按照预计从其持续使用和最终处置中产生的未来净现金流入量的折现金额计量；负债按照预计期限内需要偿还的未来净现金流出量的折现金额计量。现值通常应用于非流动资产（比如固定资产、无形资产）可回收金额的确定。

五、公允价值

公允价值是指资产和负债按照市场交易者在计量日发生的有序交易中，出售资产所能收到的或者转移负债所需支付的价格。在公允价值计量属性下，资产按其在有序交易中出售资产所能收到的价格计量，负债按其在有序交易中所需支付的价格计量。

第七节　会计方法

会计方法是指会计人员用来处理企业发生的交易或事项，记录和报告会计信息，并保证会计信息真实可靠的具体手段。会计方法包括七种具体方法：账户设置、复式记账、会计凭证填制和审核、账簿登记、成本计算、财产清查、财务报告编制。这些会计方法是一个完整的方法体系，相互之间密切联系，在交易或事项的处理过程中相互配合使用。

在对交易或事项进行处理的过程中，各种会计方法的应用程序如下：①根据企业可能发生的交易或事项建立完整的账户系统，并将应当设立的账户开设在各类账户中，为交易或事项的记录提供必要的载体。②选择复式记账法。③在交易或事项发生以后，应当取得相关的原始凭证，填制记账凭证，经过审核后，为账簿记录提供依据。④根据填制的记账凭证，采用复式记账法在账簿中登记交易或事项。⑤在账簿登记的基础上，对有些按要求应进行成本计算的交易或事项进行成本计算，借以确定其总成本和单位成本。⑥为保证账实相符，进行财产清查。⑦会计期末，在账实相符的基础上编制财务报告。

一、账户设置

账户是用来记录交易或事项发生后所引起的会计要素增减变动情况及其结果的载体，账户设置是对交易或事项分类进行处理的一种专门方法。对企业的每一会计要素都可以根据其构成内容设置若干账户，设置的每个账户都可以用来反映某一会计要素的一部分特定内容。本书第三章会详细介绍该项内容。

二、复式记账

复式记账是对发生的每项交易或事项都要通过两个或两个以上账户进行双重记录的一种专门方法。本书第四章会详细介绍该项内容。

三、会计凭证填制和审核

会计凭证填制和审核是保证交易或事项的账户记录准确可靠、合理合法的一种专门方法。会计记录必须做到有凭有据，取得和填制凭证是会计上日常大量进行的一项必要工作，审核会计凭证的真实性、完整性、合法性和合理性是会计人员的一项重要职责，实质上是在履行会计的监督职能。本书第九章会详细介绍该项内容。

四、账簿登记

账簿登记是根据审核无误的会计凭证在账簿中连续、系统、全面地记录交易或事项内容的一种专门方法。账簿是会计上用来设置账户的一种载体。账户就是设立在账簿当中的。从一定意义上说，账簿登记就是登记账户，但二者也有一定的区别，有着不同的要求。本书第十章会详细介绍该项内容。

五、成本计算

成本计算是归集一定计算对象所发生的全部费用，进而确定其总成本和单位成本的一种专门方法。以产品生产企业为例，在其经营活动的供应过程、生产过程和销售过程中，都需要对一定的对象（比如采购材料、生产产品等）进行成本计算。采用一定的方法将发生的费用计入一定的计算对象，即形成该计算对象的总成本。在此基础上，根据计算对象总成本与其数量之间的关系计算出单位成本。

六、财产清查

财产清查是通过盘点实物，核对账目，查明财产物资的实际结存数量与其账面结存数量是否相符的一种专门方法。进行财产清查的目的是保证账户记录真实准确，保证账实相符。

七、财务报告编制

财务报告又称财务会计报告，财务报告编制是定期总括反映企业的财务状况和经营成果等信息的一种专门方法。编制财务报告的主要工作是编制会计报表。会计报表是以账簿的记录资料为依据，经过加工整理而形成的书面文件，是企业对外报告会计信息的主要形式。

要点回顾

对会计本质的认识主要有信息系统论和管理活动论两种观点。通常，会计被视为一个信息系统，其通过对相关经济信息的收集、处理和报告，从而达到向信息使用者提供有用信息的目的。

会计的特点主要表现为：货币为主要计量单位；按经济活动的时间顺序连续、系统、全面、综合地反映；以合法的凭证为依据。

会计具有两个最基本的职能：反映和控制。反映是指会计运用一套专门的方法，对各单位的经济业务及其成果给予连续、系统、全面的反映。控制是指会计按一定的目的和要求，利用会计反映职能所提供的资料和信息，对各单位的经济活动进行控制或监督，对实际活动结果脱离规定目标的偏离进行干预和校正。

会计产生和发展的动因：会计的产生和发展与其所处的环境变化密不可分。

会计的发展历程。古代会计始于原始社会，终于复式簿记的出现；近代会计从复式簿记到20世纪50年代以前；20世纪中叶至今是现代会计的发展阶段。会计是适应外在环境需要而产生、发展和不断完善的。经济越发展，会计越重要。

会计学的两大分支。自20世纪50年代以来，因为外部环境和内部管理需要的变动，会计由传统的形式分解成了两个重要的方向：财务会计和管理会计。财务会计主要是对企业已经发生的经济业务进行事后的记录和总结，对过去的生产经营进行反映和监督，其工作的目标主要是为企业外界服务。管理会计主要由决策与计划会计和执行会计两部分构成，其中决策会计以长短期决策的效益评价为核心，而计划会计则是对决策所选定的有关方案的加工、汇总；执行会计是以责任会计为核心，着重对经营活动的进程和效果进行评价和控制，其主要目标是为企业内部服务。

会计的目标是会计工作所要达到的目的，即会计为哪些人服务和应提供哪些会计信息：会计要为国家宏观经济调控和管理提供信息；会计要为企业外部各有关方面了解其财务状况和经营成果提供信息。

会计对象是引起资金运动的经济业务。制造业企业的会计对象是引起制造业企业资金运动的经济业务。商品流通企业的会计对象是引起商品资金和货币资金循环运动的经济业务。行政事业单位的会计对象是引起该单位收支资金运动的经济业务。

会计规范体系由会计法律、会计准则和会计制度组成。会计法律是专门针对会计工作制定的法律。会计准则是专门针对会计处理和财务报告提供所应遵循的原则，如我国的《企业会计准则》和《小企业会计准则》。会计制度是在会计准则的框架下，对企业会计的具体处理所进行的相关规定，如我国的《企业会计制度》和《金融企业会计制度》。

会计主体假设、持续经营假设、会计分期假设和货币计量假设构成了会计的四大基本假设。会计主体假设是指会计为之服务的特定单位；持续经营假设是指企业在可以预见的将来，不会面临破产、清算，将会按既定目标持续不断地经营下去，这为会计核算提供了时间上的假设；会计分期假设是指将企业持续不断的经营活动人为地划分为若干个相等的时期，分期反映各会计期间的财务状况、经营成果及结果，并编制各会计期间的财务报告；货币计量假设是指企业的会计核算以货币为基本计量单位。

权责发生制和收入与费用的配比是会计确认、计量和报告的基础。权责发生制也叫应计制，是指企业在发生相关交易时，按收入的权利和支出的义务是否发生来将其归属于某一期间，而不是以现金的收付行为是否发生为标志。收入与费用配比是根据二者之间的内在联系，将一定时期内的收入与为取得收入所发生的费用在同一期间进行确认和计量。

会计信息质量要求是对企业财务报告中所提供会计信息质量的基本要求，是使财务报告中所提供会计信息对投资者等使用者决策有用应具备的基本特征，这些基本特征从可靠性、相关性、可理解性、可比性、实质重于形式、重要性、谨慎性和及时性等方面对会计信息提出了要求。可靠性要求会计核算应当以实际发生的经济业务为依据，进行确认、计量和报告，如实反映财务状况和经营成果。相关性要求会计所提供的信息能够与各方面的使用者进行的决策需要相关，有助于投资者等财务报告使用者对企业过去、现在或未来的情况做出评价或预测。可理解性是指企业提供的会计信息应当清晰明了，便于会计信息使用者理解和利用。可比性要求企业提供的会计信息应当具有可比性，包括横向可比和纵向可比。实质重于形式是指企业应当按照交易或事项的经济实质进行会计确认、计量和报告，而不应仅以交易或事项的法律形式为依据。重要性是指企业提供的会计信息应当全面反映企业的财务状况、经营成果和现金流量等有关的所有重要交易或事项。谨慎性是指企业在对交易或事项进行会计确认、计量和报告时应保持应有的谨慎，不高估资产或收益、不低估负债或费用。及时性是指企业对于已经发生的交易或事项，应当及时确认、计量和报告，包括及时收集、及时处理和及时传递会计信息。

会计计量属性是指会计要素可以用货币进行量化表述的方面，包括历史成本、重置成本、可变现净值、现值和公允价值五种。历史成本是指取得或制造某项财产物资时，所实际支付的现金或现金等价物。重置成本是指按照当前市场条件，重新取得同样资产所需支付的现金或现金等价物。可变现净值是指资产按照其正常对外销售所能收到的现金或现金等价物的金额扣减估计该资产至完工时估计将要发生的成本、估计的销售费用以及相关税费后的金额计量。现值是指对未来现金流量以恰当的折现率进行折现后的价值。公允价值是指在公平交易中，熟悉情况的交易双方自愿进行资产交换或债务清偿的金额。

会计核算的方法是对会计对象进行连续、系统、全面记录、计量、反映和日常监督所应用的方法。会计核算方法具体包括：账户设置、复式记账、会计凭证填制和审核、账簿登记、成本计算、财产清查以及财务报告编制。

课程思政

一本糊涂账

【思政目标】

"一本糊涂账"需要结合会计核算原则来分析。可靠性原则又称客观性原则，引导学生思考人生准则,要求我们做人要真实可靠、客观公正。相关性原则又称有用性原则,引导学生理解做人就要做对社会有用的人,要体现社会价值。

【思政案例】

张三、李四和王五三位朋友于 2018 年 1 月 1 日开设了一个大学英语四六级考试培训班。由于没有培训资格,该培训班挂靠在具有法人资格和培训资格的 A 培训学校名下。由于他们三人均没有太多的会计专业知识,认为本培训班没有法人资格,不需要按照正规的会计主体记账,因此,只对培训班的部分经济业务进行了记录。

李四对其中的部分经济业务的处理存在疑问:①张三将私人的计算机记到培训班名下;②王五在报销时将个人的花费计入培训班费用项下;③聘请的外教要求以美元支付工资,因此,采用人民币和美元混合记账;④每年的 6 月和 12 月大学英语四六级考试结束后,寒暑假不开设培训班,因此,每年的 1 月、2 月、7 月、8 月不记账;⑤由于业务简单,每年只出一次财务报表;⑥由于经营不善,他们三人打算 2019 年 3 月停办该培训班,因此,改用财产清算会计记账,但是由于还有一批学生没有培训完,直到 6 月底才正式停业。

【思政问题】

请用会计的相关知识指出该故事存在哪些不合理的做法,并解答李四的疑问。

坚持"诚实守信",夯实"会计生命"

【思政目标】

理解不忘初心的核心要义和精神实质,塑造良好的品格、品行,树立正确的世界观、人生观和价值观,把学和做有机结合起来,做到学思用贯通、知信行统一。

【思政案例】

康美药业于 2016—2018 年连续三年有预谋、有组织、系统性实施财务造假约 300 亿元,涉案金额巨大,持续时间长,性质特别严重。

【思政问题】

朱镕基同志曾在第十六届世界会计师大会闭幕式上演讲时指出,在现代市场经济中,会计师的执业准则和会计职业道德极为重要;诚信是市场经济的基石,也是会计职业机构和会计人员安身立命之本。结合康美药业的财务造假事件,谈一谈对"诚信是市场经济的基石,也是会计执业机构和会计人员安身立命之本"这句话的理解。

练 习 题

一、单选题

(一)会计的定义、变迁、作用与准则

1. 会计的定义

(1)会计对经济活动过程的管理属于( )。

A. 实物管理　　　　B. 劳动管理　　　　C. 价值管理　　　　D. 生产管理

(2)会计是一种( )。

A. 经济监督的工具　　　　　　　　　B. 管理生产和耗费的工具

C．生财、聚财、用财的方法　　　　　D．管理经济的活动

（3）会计具有双重属性，即（　）。

A．社会性和综合性　　B．综合性和系统性　　C．系统性和技术性　　D．技术性和社会性

2．会计的变迁

（1）会计的产生是由于（　）。

A．个别企业生产实践的需要　　　　　B．社会生产发展的需要

C．生产关系变革的需要　　　　　　　D．统治者的需要

（2）20世纪前后，随着资本主义国家经济的发展，现代化的管理方法和技术渗透到会计领域，传统会计分化为（　）。

A．基础会计和财务会计　　　　　　　B．财务会计和管理会计

C．复式会计和单式会计　　　　　　　D．记账算账会计和控制监督会计

3．会计的作用

（1）会计的基本职能是（　）。

A．反映和决策　　B．核算和监督　　C．预测和决策　　D．分析和管理

（2）会计的反映职能不具有（　）。

A．连续性　　　　B．主观性　　　　C．系统性　　　　D．全面性

（3）最初的会计只是"（　）的附带部分"，而后才逐渐地从中分离出来。

A．管理职能　　　B．决策职能　　　C．生产职能　　　D．核算职能

4．会计的准则

（1）我国会计工作的最高规范形式是（　）。

A．《企业会计准则》　　　　　　　　B．《中华人民共和国审计法》

C．《中华人民共和国会计法》　　　　D．《会计基础工作规范》

（2）我国《企业会计准则》的制定机构是（　）。

A．中国会计学会　　　　　　　　　　B．中国注册会计师协会

C．财政部　　　　　　　　　　　　　D．中国人民银行总部

（二）会计的目标与对象

1．会计的目标是指（　）。

A．根据经济管理的要求，充分实现会计的职能所应达到的工作目标

B．国家的方针政策和各个时期中心任务对会计工作的要求

C．贯彻落实经济决策的努力方向

D．会计资料的使用者对会计的总体要求

2．会计的一般对象可以概括为（　）。

A．经济活动　　　B．管理活动　　　C．生产活动　　　D．企业的资金运动

（三）会计假设

1．会计主体假设

（1）会计主体假设规定了会计核算的（　）。

A．时间范围　　　B．空间范围　　　C．成本开支范围　　D．期间费用范围

（2）会计主体是（　）。

A．企业单位　　　　　　　　　　　　B．法律主体

C．企业法人　　　　　　　　　　　　D．对其进行独立核算的特定单位

（3）下列各项中，既是会计主体又是法律主体的是（　）。

A．甲生产车间　　　　B．乙销售部门　　　　C．丙上市公司　　　　D．丁大学教授

（4）通常，会计主体与法律主体（　　）。

A．有区别　　　　　　B．相互一致　　　　　C．不相关　　　　　　D．可以相互替代

（5）在编制资产负债表时，把公司经理的个人财产和企业财产放在一起，违背了（　　）。

A．客观性原则　　　　B．相关性原则　　　　C．重要性原则　　　　D．会计主体假设

2．持续经营假设

（1）根据正常的经营方针和既定的经营目标持续经营下去的会计假设是（　　）。

A．会计主体　　　　　B．持续经营　　　　　C．会计分期　　　　　D．货币计量

（2）持续经营是指会计核算应当以企业（　　）的生产经营活动为前提。

A．近期内持续　　　　B．破产清算　　　　　C．持续、正常　　　　D．简单再生产

（3）下列各项中，作为会计分期基础的是（　　）。

A．会计主体　　　　　B．持续经营　　　　　C．货币计量　　　　　D．权责发生制

3．会计分期假设

（1）在会计核算中，产生权责发生制和收付实现制两种不同的记账基础所依据的会计基本假设是（　　）。

A．会计主体　　　　　B．持续经营　　　　　C．会计分期　　　　　D．货币计量

（2）下列各项中，属于权责发生制产生基础的是（　　）。

A．会计分期　　　　　B．持续经营　　　　　C．会计主体　　　　　D．货币计量

（3）企业的会计期间是（　　）。

A．自然形成的　　　　B．人为划分的　　　　C．一个周转过程　　　D．营业年度

（4）我国常见的会计期间是（　　）。

A．1月1日至12月31日　　　　　　　　　B．1月1日至6月30日

C．6月1日至9月30日　　　　　　　　　D．2月1日至2月28日

4．货币计量假设

（1）会计所使用的主要计量尺度是（　　）。

A．实物量度　　　　　B．货币量度　　　　　C．劳动量度　　　　　D．实物和货币量度

（2）会计以货币计量为基本计量形式，货币计量是建立在（　　）基础上的。

A．价值变动　　　　　B．人民币　　　　　　C．币值不变　　　　　D．记账本位币

（3）现代会计的主要特征之一是（　　）。

A．以货币作为主要计量单位　　　　　　　B．不需要统一的计量单位

C．货币、实物、劳动三种计量尺度并重　　D．以价值作为主要计量单位

（四）会计信息质量要求

1．可靠性

（1）会计核算应以实际发生的交易或事项为依据，如实反映企业财务状况，是符合会计信息质量（　　）的要求。

A．谨慎性　　　　　　B．明晰性　　　　　　C．可靠性　　　　　　D．实质重于形式

（2）（　　）要求会计核算必须与实际发生的经济业务及证明经济业务发生的合法凭证为依据，如实反映财务状况和经营成果。

A．合法性原则　　　　B．合理性原则　　　　C．相关性原则　　　　D．可靠性原则

（3）要求会计信息必须是客观的和可验证的信息质量要求是（　　）。

A．可理解性　　　　　B．相关性　　　　　　C．可靠性　　　　　　D．可比性

（4）企业的资产按取得时的实际成本计价，这满足了（　　）会计信息质量要求。

A．可靠性　　　　　B．明晰性　　　　　C．历史成本　　　　D．相关性

2．相关性

（1）企业提供的会计信息应有助于财务会计报告使用者对企业过去、现在或未来的情况做出评价或预测，这体现了会计核算质量要求的（　　）。

A．相关性　　　　　B．可靠性　　　　　C．可理解性　　　　D．可比性

（2）下列各项体现相关性原则的是（　　）。

A．投资性房地产采用公允价值模式进行后续计量

B．企业对外提供年度财务报告时没有相应的披露日后期间发生的巨额亏损

C．对于融资租入资产作为自有资产予以管理

D．企业在年中（非资产负债表日）发生了重大的合并事项而对外提供财务报告

3．可理解性

企业提供的会计信息应当清晰明了，便于财务报告使用者理解和使用。这体现的是（　　）。

A．相关性要求　　　B．可靠性要求　　　C．及时性要求　　　D．可理解性要求

4．可比性

（1）"会计核算应当采用一致的会计政策，不得随意变更。如有变更，应在财务报告中说明理由及其对财务状况和经营成果所造成的影响"依据的原则是（　　）。

A．可比性　　　　　B．及时性　　　　　C．可理解性　　　　D．可靠性

（2）不同企业发生的相同或相似的交易或事项，应当采用规定的会计政策，体现了（　　）要求。

A．重要性　　　　　B．可比性　　　　　C．谨慎性　　　　　D．实质重于形式

（3）各企业单位处理会计业务的方法和程序在不同会计期间要保持前后一致，不得随意变更，这符合（　　）。

A．相关性原则　　　B．可比性原则　　　C．可理解性原则　　D．重要性原则

（4）企业存货计价方法选定后，不得变动是为了满足（　　）要求。

A．配比原则　　　　B．相关性　　　　　C．可比原则　　　　D．权责发生制原则

（5）（　　）要求会计核算必须符合国家的统一规定，保证不同会计主体指标口径一致。

A．一致性原则　　　B．一贯性原则　　　C．配比原则　　　　D．可比性原则

（6）企业"每两年改变一次折旧方法和存货计价方法"违背了（　　）。

A．客观性原则　　　B．合法性原则　　　C．可比性原则　　　D．可理解性原则

（7）会计准则规定，上市公司的下列行为中，违反会计信息质量可比性要求的是（　　）。

A．根据企业会计准则的要求，将所得税会计由应付税款法改为资产负债表债务法

B．将已达到预定可使用状态的工程借款的利息支出予以费用化

C．被投资单位发生了重大亏损，将对该被投资单位的股权投资由权益法改按成本法核算

D．企业有确凿证据表明可以采用公允价值模式计量的投资性房地产，由按成本模式计量改为按公允价值模式计量

（8）下列项目中，违背会计信息质量可比性要求的是（　　）。

A．因预计发生年度亏损，将以前年度计提的坏账准备全部予以转回

B．企业有确凿证据表明可以采用公用价值模式计量的投资性房地产，由成本模式计量改为公允价值模式计量

C．对于无法合理分割土地使用权与地上建筑物的自用房地产，企业应统一在固定资产核算

D．由于固定资产购建完成并达到预定可使用状态，将借款费用由资本化变为费用化核算

（9）以下没有体现可比性原则的是（　　）。

19

A．对于会计政策变更采用追溯调整法
B．对于重要的前期差错采用追溯重述法
C．某企业因 2015 年发放股票股利而重新计算 2014 年的每股收益
D．为了保持前后一致，在投资性房地产满足了公允价值计量模式的情况下仍然采用成本模式进行后续计量

5．实质重于形式

（1）下列各项中，属于实质重于形式原则中所指"形式"的是（　　）。
A．进行经济活动遵循的法律　　　　　　B．会计核算的一般规律
C．交易或事项的形式　　　　　　　　　D．会计核算的法律依据

（2）融资租赁方式租入的固定资产视同自有的进行会计核算，符合信息质量（　　）的要求。
A．谨慎性　　　　B．相关性　　　　C．实质重于形式　　　　D．重要性

（3）非货币性资产交换的会计处理体现了（　　）的要求。
A．实质重于形式　　　　B．重要性　　　　C．相关性　　　　D．谨慎性

（4）下列做法中，不符合会计实质重于形式要求的是（　　）。
A．企业对售后租回固定资产收入的确认
B．关联方关系的确定
C．融资租入的固定资产作为企业自己的资产核算
D．固定资产按期计提折旧

6．重要性

（1）从核算效益看，对所有会计事项不分轻重主次和繁简详略，采用完全相同的处理方法，不符合（　　）原则。
A．重要性　　　　B．明晰性　　　　C．相关性　　　　D．谨慎性

（2）企业提供的会计信息应当反映企业财务状况、经营成果和现金流量等有关的所有重要交易或是事项，这是（　　）的要求。
A．客观性　　　　B．重要性　　　　C．谨慎性　　　　D．实质重于形式

（3）某公司的下列会计行为中，符合会计核算重要性原则的是（　　）。
A．本期将购买办公用品的支出直接计入当期费用
B．每一中期都要对外提供中期报告
C．期末按实际利率法确认持有至到期投资的应计利息
D．按固定期间对外提交财务报告

（4）利润表中对主营业务要求详细列示其收入、成本费用等，而对其他业务收入只列示其他业务利润项目，这体现了（　　）。
A．重要性原则　　　　B．配比原则　　　　C．权责发生制原则　　　　D．客观性原则

7．谨慎性

（1）对应收账款在会计期末提取坏账准备这一做法体现的会计信息质量要求是（　　）。
A．配比原则　　　　B．谨慎性原则　　　　C．权责发生制原则　　　　D．可靠性原则

（2）计提坏账准备的做法体现了（　　）原则。
A．配比性　　　　B．一贯性　　　　C．谨慎性　　　　D．相关性

（3）对于可能发生的损失应当予以确认，对于可能发生的收益应当尽量少计或不计，此种做法体现的是（　　）。
A．相关性原则　　　　B．谨慎性原则　　　　C．重要性原则　　　　D．历史成本原则

（4）下列各项中，体现谨慎性会计信息质量要求的是（　　）。

A．无形资产摊销　　　　　　　　　　B．应收账款计提坏账准备

C．存货采用历史成本计价　　　　　　D．当期销售收入与费用配比

（5）下列业务中，没有运用谨慎性会计信息质量要求的是（　　）。

A．对应收账款计提坏账准备　　　　　B．固定资产采用年数总和法计提折旧

C．物价下降时存货采用先进先出法核算　D．售后回购通常不确认收入

（6）期末存货采用成本与可变现净值孰低计价，其所体现的会计信息质量要求是（　　）。

A．及时性　　　B．相关性　　　C．谨慎性　　　D．重要性

（7）以下各项符合谨慎性要求的做法是（　　）。

A．按成本与可变现净值孰低法，应计提存货跌价准备 400 万元，实际计提 400 万元

B．期末未决诉讼可能导致赔偿，将或有负债 500 万元列入资产负债表

C．期末未决诉讼很可能导致赔偿 200 万元，确认预计负债 100 万元列入资产负债表

D．按成本与可变现净值孰低法，应计提存货跌价准备 100 万元，考虑当期利润较低，实际计提跌价准备 50 万元

（8）以下体现谨慎性原则的是（　　）。

A．会计小王为了给老总留足够的招待费用而私设小金库

B．会计小王根据以往的情况预计下半年为销售旺季，为此提前确认了一部分收入

C．公司在一项诉讼中认为很可能败诉赔偿 100 万元，会计小王认为虽然法院没有判决，但是满足了预计负债的确认条件，因此确认了 100 万元的预计负债

D．会计小王出于谨慎性原则，为了不高估资产，将企业内部研发成功的无形资产所有支出予以费用化

8．及时性

（1）（　　）要求对会计事项的处理必须于当期及时完成，不得拖延到后期或提前到前期办理。

A．会计期间假设　　B．相关性原则　　C．历史成本原则　　D．及时性原则

（2）要求信息在对用户失效之前就提供给用户的会计信息质量要求是（　　）。

A．可比性　　　B．明晰性　　　C．及时性　　　D．重要性

（五）会计基础

1．权责发生制

（1）企业 6 月发生下列业务：支付上个月水电费 2 400 元；预付下半年的房租 1 500 元；预提本月借款利息 600 元；计提本月折旧 480 元。按权责发生制和收付实现制原则计算的本月费用分别为（　　）。

A．4 980 元和 3 900 元　B．3 900 元和 2 580 元　C．1 080 元和 3 900 元　D．3 480 元和 1 080 元

（2）我国企业会计的核算基础是（　　）。

A．收付实现制　　　B．修正的现金制　　　C．修正的应计制　　　D．权责发生制

（3）权责发生制和收付实现制的区别，是由于（　　）。

A．会计主体的确定　　　　　　　　　　B．持续经营假设的确定

C．会计要素的划分　　　　　　　　　　D．会计期间的确定

（4）在权责发生制下，（　　）应作为本期收入。

A．本月销售产品货款尚未收回　　　　　B．上月销售产品货款本月收回

C．本月预收下月销售款　　　　　　　　D．上月代垫销售运费本月收回

（5）权责发生制下计量的利润与收付实现制下计量的利润的关系是（　　）。

A．前者必定大于后者　　　　　　　　　B．后者必定大于前者

C．两者没有关系　　　　　　　　　　　D．不确定

2．收入与费用配比

（1）下列支出中，属于资本性支出的是（　　）。

　A．购置设备款　　　B．杂志订阅费　　　C．税金　　　　　D．差旅费

（2）资本性支出是指支出的效益涉及（　　）会计期间的支出。

　A．1个　　　　　　B．多个　　　　　　C．2个　　　　　　D．无

（3）凡为取得本期收益而发生的支出，即支出的效益仅与本会计年度相关的，应作为（　　）。

　A．收益性支出　　　B．资本性支出　　　C．营业性支出　　　D．营业外支出

（4）凡为形成生产经营能力，在以后各期取得收益而发生的各种支出，即支出的效益与几个会计年度相关的，应作为（　　）。

　A．收益性支出　　　B．资本性支出　　　C．营业性支出　　　D．营业外支出

（5）下列支出属于收益性支出的是（　　）。

　A．固定资产的小型修理费用　　　　　　B．固定资产更新改造支出

　C．购入固定资产的运杂费　　　　　　　D．购入固定资产的安装费

（6）下列支出中属于资本性支出的是（　　）。

　A．设备购置费　　　B．材料运杂费　　　C．材料的保管费　　D．产品销售费

（7）在会计年度内，如把收益性支出当作资本性支出处理了，则会使（　　）。

　A．本年度净收益增加和负债减少

　B．本年度净收益减少和资产价值不变

　C．本年度净收益和资产价值虚增

　D．本年度净收益降低，甚至出现亏损和资产价值偏低

（六）会计计量

1．会计计量总体

（1）会计计量是在会计确认的前提下，运用一定的计量单位，选择被计量对象的某种计量属性，确定应予记录的经济事项金额的会计处理过程。它主要解决（　　）的问题。

　A．是什么　　　　　B．何时是　　　　　C．如何记录和报告　D．是多少

（2）下列项目中不属于会计计量属性的是（　　）。

　A．历史成本　　　　B．重置成本　　　　C．现行成本　　　　D．计划成本

（3）在下列各项中，应作为会计要素主要计量单位的是（　　）。

　A．货币计量单位　　B．实物计量单位　　C．重量计量单位　　D．物理计量单位

（4）在下列各项中，不属于会计要素计量属性的是（　　）。

　A．历史成本　　　　B．重置成本　　　　C．可变现净值　　　D．计划成本

2．历史成本

（1）下面适用于对财产物资计价的原则是（　　）。

　A．历史成本原则　　B．配比原则　　　　C．谨慎性原则　　　D．客观性原则

（2）取得资产计价时，应当遵循（　　）。

　A．配比原则　　　　B．权责发生制原则　C．及时性原则　　　D．历史成本原则

（3）企业对会计要素进行计量时，一般应采用（　　）。

　A．历史成本　　　　B．重置成本　　　　C．可变现净值　　　D．公允价值

（4）如果企业资产按照购买时所付出对价的公允价值计量，负债按日常活动中为偿付负债预期需要支付的现金或现金等价物的金额计量，则其所采用的会计计量属性为（　　）。

　A．公允价值　　　　B．历史成本　　　　C．现值　　　　　　D．可变现净值

(5) 下列计价方法中,未采用历史成本计量属性的是( )。
A．发出存货计价所使用的个别计价法　　　B．期末存货计价所使用的可变现净值法
C．发出存货计价所使用的先进先出法　　　D．发出存货计价所使用的移动加权平均法

(6) 下列计价方法中,不符合历史成本计量属性的是( )。
A．发出存货计价所使用的先进先出法　　　B．交易性金融资产期末采用公允价值计价
C．固定资产计提折旧　　　　　　　　　　D．发出存货计价所使用的移动平均法

(7) 一般情况下,企业会计核算应选择( )计量模式。
A．历史成本/名义货币单位　　　　　　　　B．历史成本/一般购买力货币单位
C．现行成本/名义货币单位　　　　　　　　D．现行成本/一般购买力货币单位

(8) 在下列各项中,资产要素的计量不可采用的依据是( )。
A．按其取得时所实际支付的现金或现金等价物的金额
B．按其制造时实际支付的现金或现金等价物的金额
C．按其因承担现时义务而实际收到的款项或者资产的金额
D．按其购置所付出的对价的公允价值计量

(9) 在下列各项中,负债要素计量不可采用的依据是( )。
A．按其取得时所实际支付的现金或现金等价物的金额
B．按其因承担现时义务而预期收到款项的金额
C．按其因承担现时义务而实际收到款项的金额
D．按日常活动中为偿还负债预期需要支付的现金或现金等价物的金额

3．重置成本

(1) 如果企业资产按照现在购买相同或相似资产所需支付的现金或现金等价物的金额计量,负债按现在偿付该项债务所需支付的现金或现金等价物的金额计量,则其所采用的会计计量属性为( )。
A．可变现净值　　　B．重置成本　　　C．现值　　　D．公允价值

(2) 下列项目应采用重置成本计量的是( )。
A．盘盈的固定资产　　　　　　B．盘盈的现金
C．外购的固定资产　　　　　　D．分期收款销售货物实现的收入

4．可变现净值

(1) 下列各项业务中,通常应采用"可变现净值"作为计量属性的是( )。
A．对应收款项计提坏账准备　　　　　　　B．对存货计提存货跌价准备
C．对可供出售金融资产确认公允价值变动　　D．对固定资产计提固定资产减值准备

(2) 会计期末,存货应按照成本与可变现净值孰低法计量,其中可变现净值是指( )。
A．预计售价
B．预计售价减去进一步加工成本和销售所必需的预计税金、费用
C．现时重置成本
D．现时重置成本加正常利润

(3) 成本与可变现净值孰低法是( )的具体体现。
A．谨慎性　　　B．相关性　　　C．权责发生制　　　D．重要性

5．现值

资产按照预计从其持续使用和最终处置中所产生的未来净现金流入量的折现金额计量,其会计计量属性是( )。
A．历史成本　　　B．可变现净值　　　C．现值　　　D．公允价值

6. 公允价值

资产和负债按照在公平交易中，熟悉情况的交易双方自愿进行资产交换或债务清偿的金额计量。采用的会计计量属性是（　　）。

A．公允价值　　　　B．重置成本　　　　C．可变现净值　　　　D．现值

（七）会计方法

1．在下列各种会计方法中，对交易或事项分类进行处理的专门方法是（　　）。

A．设置账户　　　　B．复式记账　　　　C．账簿登记　　　　D．成本计算

2．在下列各种会计方法中，对发生的每一项交易或事项都要通过两个或两个以上账户进行双重记录的专门方法是（　　）。

A．设置账户　　　　B．账簿登记　　　　C．复式记账　　　　D．成本计算

3．在下列各种会计方法中，保证账户记录的准确可靠以及交易或事项合理合法的专门方法是（　　）。

A．复式记账　　　　B．账簿登记　　　　C．财产清查　　　　D．凭证的填制和审核

4．在下列各种会计方法中，根据审核无误的会计凭证，系统、连续、全面地记录交易或事项内容的专门方法是（　　）。

A．复式记账　　　　B．账簿登记　　　　C．财产清查　　　　D．凭证的填制和审核

5．在下列各种会计方法中，归集一定计算对象所发生的全部费用，进而确定其总成本和单位成本的专门方法是（　　）。

A．复式记账　　　　B．账簿登记　　　　C．财产清查　　　　D．成本计算

6．在下列各种会计方法中，通过盘点实物，核对账目，查明财产物资的实际结存数与账面结存数是否相符的专门方法是（　　）。

A．设置账户　　　　B．成本计算　　　　C．账簿登记　　　　D．财产清查

7．在下列各种会计方法中，定期总括反映企业的财务状况和经营成果等的专门方法是（　　）。

A．设置账户　　　　B．凭证的填制和审核　　　　C．账簿登记　　　　D．财务报告编制

二、多选题

（一）会计的定义、变迁、作用与准则

1．会计的定义

（1）会计具有的基本特征包括（　　）。

A．以货币为主要计量单位　　　　B．具有核算和监督的基本职能
C．拥有一系列专门方法　　　　　D．会计的本质就是管理活动

（2）下列哪些观点属于会计的特点？（　　）

A．会计具有一套科学的专门方法　　　　B．以凭证为依据
C．具有全面性、系统性、连续性和综合性　　　　D．以货币为主要的计量单位

2．会计的变迁

（1）从会计的产生和发展过程中，我们认识到（　　）。

A．经济越发展，会计越重要
B．有生产活动就必然有会计
C．社会生产从低级向高级发展，会计也由简单向复杂不断完善、不断发展
D．会计是生产活动发展到一定阶段的产物

（2）下列属于广义管理会计范畴的有（　　）。

A．管理会计　　　　B．成本会计　　　　C．决策会计　　　　D．责任会计

（3）会计的演变历史可以人为地划分为（　　）。

A．原始会计　　　　B．古代会计　　　　C．近代会计　　　　D．现代会计

3．会计的作用

(1) 下列属于会计职能的有（　　）。

　　A．实施会计监督　　B．预测经济前景　　C．参与经济决策　　D．评价经营业绩

(2) 会计监督包括（　　）监督。

　　A．事前　　　　　　B．事中　　　　　　C．事后　　　　　　D．全面

(3) 会计的具体职能包括（　　）。

　　A．反映和监督法规、准则、制度的执行情况，维护财经纪律

　　B．提供会计信息，加强经营管理

　　C．预测经济前景，参与经营决策

　　D．反映和监督经营活动和财务收支

(4) 会计核算是指会计以货币为主要计量单位，通过（　　）等环节，对特定主体的经济活动进行记账、算账和报账，为各有关方面提供会计信息的功能。

　　A．确认　　　　　　B．计量　　　　　　C．记录　　　　　　D．报告

(5) 有关会计基本职能的关系，正确的有（　　）。

　　A．反映职能是监督职能的基础

　　B．监督职能是反映职能的保证

　　C．没有反映职能提供可靠的消息，监督职能就没有客观依据

　　D．没有监督职能进行控制，也不可能提供真实可靠的会计信息

　　E．反映职能与监督职能是紧密结合、辩证统一的

4．会计的准则

(1) 下列关于会计规范的说法正确的有（　　）。

　　A．会计规范是行为标准和技术标准的统一

　　B．会计规范受各方利益团体的影响，协调着各方利益相关者的需求

　　C．会计规范应该提供高质量的会计信息

　　D．会计规范必须满足经济全球化与国际趋同的内在需要

(2) 会计规范包括（　　）等方面的内容。

　　A．会计法律　　　　B．会计准则　　　　C．会计制度　　　　D．会计职业道德

(3) 会计规范的制定群体可能包括（　　）。

　　A．政府部门　　　　B．民间职业团体　　C．理论研究者　　　D．职业组织

(4) 会计规章的制定依据有（　　）。

　　A．会计法律　　　　B．会计准则　　　　C．会计行政法规　　D．会计职业道德

(二) 会计的目标与对象

1．会计目标

(1) 通过会计核算可以满足下列会计信息使用者需要的有（　　）。

　　A．企业经济效益　　B．宏观调控　　　　C．投资者决策　　　D．经营管理

(2) 会计的目标就是为有关方面提供有用的信息，具体到企业来说，会计信息应当（　　）。

　　A．符合国家宏观经济管理的要求

　　B．满足有关各方了解企业财务状况和经营成果的需要

　　C．满足有关各方了解企业成本、财务情况的需要

　　D．满足企业加强内部经营管理的需要

（3）会计各方面的目标综合起来说，包括（　　）。

A．为投资者提供财务报告

B．为国家进行宏观调控、制定经济政策提供信息

C．有时会导致会计信息失真

D．加强经济核算，为企业经营管理提供数据

E．保证企业投入资产的安全和完整

（4）目前国内外对会计目标的内涵有不同的观点，主要有（　　）。

A．决策有用观　　　B．受托责任观　　　C．社会责任观　　　D．投资收益观

2．会计对象

在下列各项中，属于企业会计对象具体内容的有（　　）。

A．资产　　　　　　B．负债　　　　　　C．所有者权益　　　D．收入

E．费用

（三）会计假设

1．会计假设总体

（1）会计基本假设包括（　　）。

A．会计主体　　　　B．持续经营　　　　C．会计分期　　　　D．货币计量

（2）下列关于会计基本假设的说法正确的有（　　）。

A．货币计量前提包括币值不变这一假定

B．会计核算应当以企业持续、正常的生产经营活动为前提

C．法人可作为会计主体，但会计主体不一定是法人

D．会计分期是将企业的经营活动人为划分为若干个时间间隔

（3）以下关于会计假设的说法正确的有（　　）。

A．会计主体与会计主体所有者属于同一概念

B．持续经营是会计分期的基础

C．较之实物量度和劳务量度，货币计量具有无可比拟的优越性，但其也有缺陷

D．会计分期是权责发生制的前提

2．会计主体假设

（1）下列各项目中，符合会计主体假设的有（　　）。

A．某厂的会计资料仅记录本厂的经济业务

B．某厂的会计资料除记录本厂的经济业务以外，还记录其所有者的私人财务活动

C．某厂的会计人员拒绝把厂长个人的开支列入企业的账本中

D．某厂的会计人员除办理本厂的经济业务以外，还办理本厂税务专管员私自旅游的费用报销业务

（2）作为会计主体，必须具备的条件有（　　）。

A．具有一定数量的资金　　　　　　　　B．应该是一个法人

C．会计上实行独立核算　　　　　　　　D．进行独立的生产经营活动或其他活动

（3）会计主体前提条件解决并确定了（　　）。

A．会计核算的空间范围　　　　　　　　B．会计核算的时间范围

C．会计核算的计量问题　　　　　　　　D．会计为谁记账的问题

（4）会计主体与法人主体存在以下几种关系？（　　）

A．既是会计主体，又是法人主体　　　　B．是法人主体，不是会计主体

C．是会计主体，不是法律主体　　　　D．几个法人主体，一个会计主体

（5）下列组织可以作为一个会计主体进行会计核算的有（　　）。

A．独资企业　　　B．企业的生产部门　　　C．子公司　　　D．分公司

（6）以下属于会计主体的有（　　）。

A．某个政府部门　　　　　　　　　B．某个事业单位

C．企业集团　　　　　　　　　　　D．不具有法人资格的合伙企业

3．持续经营假设

在会计上，明确界定持续经营假设的意义在于（　　）。

A．划定会计所要处理的各项交易或事项的空间范围

B．将本会计主体的交易或事项与其他会计主体的交易或事项区别开来

C．划定会计所要处理的各项交易或事项的时间范围

D．对本主体所发生的交易或事项的经济性质进行正确判断和处理

E．为会计分期假设提供必要基础

4．会计分期假设

（1）会计期间一般分为（　　）。

A．年度　　　　　B．半年度　　　　C．季度　　　　D．月度

（2）在会计上，明确界定会计分期假设的意义在于（　　）。

A．划定会计所要处理的各项交易或事项的时间范围

B．有利于建立有条不紊的会计工作基本程序

C．将本会计主体的交易或事项与其他会计主体的交易或事项区别开来

D．合理处理那些可能跨越若干会计期间的交易或事项

E．对本主体所发生的交易或事项的经济性质进行正确判断和处理

5．货币计量假设

在会计上，明确界定货币计量假设的意义在于（　　）。

A．能够统一会计计量的基本方法

B．建立有条不紊的会计工作基本程序

C．方便进行会计汇总和对比分析

D．划定会计所要处理的各项交易或事项的时间范围

E．合理处理那些可能跨越若干会计期间的交易或事项

（四）会计信息质量要求

1．会计信息质量要求总体

会计信息决策有用性的首要质量特征包括（　　）。

A．可比性　　　　B．相关性　　　　C．可靠性　　　　D．重要性

2．可靠性

（1）可靠性原则要求会计核算提供的会计信息，必须（　　）。

A．可以查证　　　B．内容真实　　　C．数字准确　　　D．项目完整

E．手续完备

（2）会计信息的可靠性主要取决于（　　）。

A．可核性　　　　B．中立性　　　　C．真实性　　　　D．及时性

（3）可靠性要求（　　）。

A．企业应当以实际发生的交易或事项为依据进行会计确认、计量和报告

B. 如实反映符合确认和计量要求的各项会计要素及其他相关信息

C. 保证会计信息真实可靠、内容完整

D. 包括在财务报告中的会计信息应当是中立的、无偏的

3. 相关性

一项信息是否具有相关性取决于（　　）。

A. 预测价值　　　　B. 反馈价值　　　　C. 可核性　　　　D. 中立性

E. 真实性

4. 可比性

（1）按照企业会计准则的规定，上市公司的下列行为中，不违反会计信息质量可比性要求的有（　　）。

A. 应收某企业货款100万元，鉴于该企业财务状况恶化，有证据表明该货款全部无法收回，本期对应收该企业的账款改按100%提取坏账准备

B. 根据企业会计准则的要求，将所得税会计由应付税款法改为资产负债表债务法

C. 将已达到预定可使用状态的工程借款的利息支出予以费用化

D. 根据企业会计准则的要求，将对子公司的股权投资由权益法改按成本法核算

E. 企业有确凿证据表明可以采用公允价值模式计量的投资性房地产，由按成本模式计量改为按公允价值模式计量

（2）下列做法中，不违背会计信息质量可比性要求的有（　　）。

A. 客户的财务状况好转，将坏账准备的计提比例由应收账款余额的30%降为15%

B. 因预计发生年度亏损，将以前年度计提的坏账准备全部予以转回

C. 因追加投资，使原投资比例由50%增加到80%，而对被投资单位由具有重大影响变为具有控制，故将长期股权投资由权益法改为成本法核算

D. 因减持股份，使原投资比例由90%减少到30%，而对被投资单位由具有控制变为具有重大影响，将长期股权投资由成本法改为权益法核算

（3）可比性要求（　　）。

A. 企业提供的会计信息应当具有可比性

B. 同一企业不同时期发生的相同或者类似的交易或事项，应当采用一致的会计政策，不得随意变更

C. 不同企业同一会计期间发生的相同或相似的交易或事项，应当采用规定的会计政策，确保会计信息口径一致、相互可比

D. 企业对于已经发生的交易或事项，应及时进行会计确认、计量和报告，不得提前或延后

（4）会计信息质量的可比性要求包括的含义有（　　）。

A. 同一企业不同期间会计信息的可比　　　　B. 同一企业相同期间会计信息的可比

C. 不同企业相同会计期间会计信息的可比　　　　D. 不同企业不同会计期间会计信息的可比

E. 同一企业与不同企业会计信息不可对比

5. 实质重于形式

（1）以下体现实质重于形式原则的有（　　）。

A. 附追索权的商业承兑汇票贴现

B. 合并报表中关于购买少数股权产生现金流量的说法

C. 合并报表的编制

D. 对赊销的商品，出于对方财务状况恶化的原因而没有确认收入

（2）下列各项中，体现实质重于形式要求的有（　　）。

A. 将融资租赁的固定资产作为自有固定资产入账

B．合并会计报表的编制

C．关联方关系的判断

D．售后回购

6．谨慎性

（1）在会计核算中，谨慎性原则的典型运用有（　　）。

A．计提坏账准备 B．加速折旧

C．先进先出法的采用 D．历史成本计价

（2）根据谨慎性原则的要求，对企业可能发生的损失和费用应做出合理预计，通常的做法有（　　）。

A．对应收账款计提坏账准备 B．固定资产加速折旧

C．存货计价采用成本与可变现净值孰低法 D．对长期投资提取减值准备

（3）下列各项中，体现了谨慎性要求的有（　　）。

A．在有确凿证据表明未来期间很可能获得足够的应纳税所得额用来抵扣可抵扣暂时性差异时，才应当全额确认相关的递延所得税资产

B．因被投资单位将发生重大亏损，将长期股权投资由权益法改为成本法核算

C．对于季节性停用的固定资产在停用期间仍继续计提折旧

D．存货期末按成本与可变现净值孰低计量

E．物价持续上涨的期间，采用先进先出法计量发出存货的成本

（4）下列各种会计处理方法中，体现谨慎性要求的有（　　）。

A．对于企业发生的或有事项，通常不能确认或有资产，只有当相关经济利益基本确定能够流入企业时，才能作为资产予以确认

B．对于企业发生的或有事项，相关的经济利益很可能流出企业、金额能可靠计量而且构成现时义务时，应当及时确认为预计负债

C．企业进行所得税会计处理时，只有在有确凿证据表明未来期间很可能获得足够的应纳税所得额用来抵扣可抵扣暂时性差异时，才应确认相关的递延所得税资产

D．对于发生的相关应纳税暂时性差异，应当及时足额确认递延所得税负债

E．计提递延所得税资产减值准备

7．及时性

下列会计信息质量特征要求中，体现及时性的有（　　）。

A．及时收集原始凭证 B．及时处理原始凭证

C．及时进行会计处理 D．及时传递会计信息

（五）会计基础

1．本期收到上月销售产品的货款存入银行，是否应当作为本期的收入，正确的有（　　）。

A．收付实现制下，应当作为本期收入 B．收付实现制下，不能作为本期收入

C．权责发生制下，不能作为本期收入 D．权责发生制下，应当作为本期收入

2．根据权责发生制原则，下列属于本年度收入的有（　　）。

A．收到上年度所售产品的货款 B．本年度出租厂房，租金已于上年预收

C．上年度已预收货款，本年度发出产品 D．本年度销售产品一批，货款下年初结算

3．以下各项中适用于划分各会计期间收入和费用的有（　　）。

A．相关性　　B．权责发生制　　C．重要性　　D．谨慎性

4．按权责发生制假设的要求，下列应作为本期费用的有（　　）。

A．预付明年保险费 B．摊销以前付款的报纸杂志费

C．尚未付款的本月借款利息　　　　　D．采购员报销差旅费

5．下列各项支出中，属于资本性支出的有（　　）。

A．生产经营期间生产工人工资支出　　B．在建工程人员工资支出

C．融资租入固定资产改良支出　　　　D．购买专利权支出

（六）会计计量

1．计量属性反映的是会计要素金额的确定基础，主要有（　　）。

A．历史成本　　　B．重置成本　　　C．可变现净值　　　D．现值

E．公允价值

2．在历史成本计量属性下，资产计量可采用的依据有（　　）。

A．按其取得时实际支付的现金或现金等价物的金额

B．按其制造时所实际支付的现金或现金等价物的金额

C．按其因承担现时义务而实际收到的款项或者资产的金额

D．按其购置所付出的对价的公允价值计量

E．按其日常活动中为偿还负债预期需要支付现金或现金等价物的金额

3．在历史成本计量属性下，负债计量可采用的依据有（　　）。

A．按其取得时所实际支付的现金或现金等价物的金额

B．按其制造时所实际支付的现金或现金等价物的金额

C．按其因承担现时义务而实际收到的款项或者资产的金额

D．按其承担现时义务的合同金额

E．按其日常活动中为偿还负债预期需要支付现金或现金等价物的金额

（七）会计方法

1．在下列各项中，属于会计方法的有（　　）。

A．设置账户　　　B．复式记账　　　C．账簿登记　　　D．货币计量

E．财产清查

2．在下列各项中，属于会计方法的有（　　）。

A．会计分期　　　B．复式记账　　　C．账簿登记　　　D．货币计量

E．成本计算

三、判断题

（一）会计的定义、变迁、作用与准则

1．会计可反映过去已经发生的经济活动，也可反映未来可能发生的经济活动。　（　）

2．会计是一种经济管理活动。　（　）

3．会计是对经济活动进行连续、系统、全面的反映和监督的一种经济管理工具。　（　）

4．没有会计监督职能提供的信息，就不能进行会计反映。　（　）

5．会计可以通过对会计资料的分析预测未来，提供对决策有用的信息，参与经营决策。　（　）

6．会计反映具有连续性，而会计监督只具有强制性。　（　）

7．会计职能只有两个，即核算和监督。　（　）

8．没有会计监督，会计反映便失去了存在的意义。　（　）

9．会计的基本职能是以货币为计量形式对经济活动进行核算和监督。　（　）

10．会计的职能是由会计本身的特点所决定的，只要会计的特点不变，其职能也不会变。随着科学技术的进步和经济的发展，只有会计的技术方法发生变化。　（　）

11．会计监督包括事前监督和事后监督。　（　）

12. 在现阶段，会计核算职能是会计的基本职能。（   ）
13. 会计核算职能与会计管理职能侧重点不同。（   ）
14. 会计的职能是随着社会的发展而发展的。（   ）
15. 会计核算主要是从价值量的角度对企业各项经济活动进行综合反映。（   ）
16. 会计是人类社会发展到一定历史阶段的产物，它起源于生产实践，是为管理生产活动而产生的。（   ）
17. 历史证明，经济越发展，会计越重要。（   ）
18. 国家统一的会计制度是指国务院财政部门根据《中华人民共和国会计法》制定的关于会计核算、会计监督、会计机构和会计人员以及会计工作管理的制度。（   ）
19. 会计规范具有公认性、历史性、统一性、广泛性和权威性的特点。（   ）
20. 财务会计通常是服务于内部经营管理，而管理会计是服务于外部利益相关者。二者是相互独立的。（   ）

（二）会计的目标与对象

1. 会计目标

（1）财务会计信息主要侧重于满足外部信息需求者的信息需求。（   ）
（2）会计的目的与任务是由国家和企业、事业单位的领导人规定的，因此，在各个企事业单位中，会计的目的与任务都是不一样的。（   ）
（3）会计目标会随着社会经济环境的变化而不同。（   ）
（4）会计目标是指在一定的客观环境和经济条件下，会计运行所期望达到的结果。（   ）
（5）财务会计的目标就是财务会计信息系统要达到的目的和要求。（   ）

2. 会计对象

（1）会计的对象应当包括社会经济活动的所有方面。（   ）
（2）凡是会计主体能够以货币表现的经济活动，都是会计核算和监督的内容，也就是会计的对象。（   ）
（3）会计对象就是会计所有核算和管理的内容。（   ）
（4）会计对象是指企业财务会计核算和监督的基本内容。（   ）
（5）一般认为，会计对象是社会再生产过程中的资金运动。（   ）
（6）会计对象的具体内容也称为会计要素。（   ）

（三）会计假设

1. 会计假设总体

（1）会计的基本假设就是进行会计工作的基本前提条件。（   ）
（2）会计假设也称为会计基本前提。（   ）

2. 会计主体假设

（1）会计主体就是法律主体，法人可作为会计主体，会计主体一定是法人。（   ）
（2）会计主体是指经营性企业，不包括行政机关和事业单位。（   ）
（3）会计主体是指企业法人。（   ）
（4）凡是会计主体都应进行独立核算。（   ）
（5）会计主体与法人主体是同一概念。（   ）
（6）会计核算应当区分自身的经济活动和其他单位的经济活动。（   ）
（7）在会计主体假设下，会计核算应当记录和反映企业本身的各项生产经营活动。（   ）
（8）会计主体是进行会计核算的基本前提。一个企业可以根据具体情况，确定一个或若干个会计主体，

作为会计核算的基础。　　　　　　　　　　　　　　　　　　　　　　　　（　）

3．持续经营假设

会计核算进行会计确认、计量和报告是以持续经营为前提的。　　　　　（　）

4．会计分期假设

（1）会计分期不同，对各期的利润总额不会产生影响。　　　　　　　　（　）

（2）我国的会计年度为公历1月1日到12月31日。　　　　　　　　　　（　）

（3）会计处理中会计期间的划分是企业的自然现象，而不是人为的假设。　（　）

（4）会计分期的不同，对利润总额会产生影响。　　　　　　　　　　　　（　）

5．货币计量假设

（1）我国所有企业的会计核算都必须以人民币作为记账本位币。　　　　（　）

（2）会计只能用货币量度进行反映和监督。　　　　　　　　　　　　　　（　）

（3）货币度量是会计唯一的计量单位。　　　　　　　　　　　　　　　　（　）

（4）货币计量包含着币值稳定的假设。　　　　　　　　　　　　　　　　（　）

（5）会计核算以人民币为记账本位币。业务收支以外币为主的企业，也可选择某种外币作为记账本位币，但编报的财务报告应当折算为人民币反映。　　　　　　　　　　　　　　　　　　　　　　　　　　（　）

（四）会计信息质量要求

1．会计信息质量要求总体

企业会计信息质量要求是指使财务报告所提供的会计信息对包括投资者在内的各类使用者的经济决策有用应具备的基本特征。　　　　　　　　　　　　　　　　　　　　　　　　　　　　　　　　（　）

2．可靠性

（1）由于经济活动的复杂性和不确定性，在会计工作中存在许多的估计和判断，有时并不能真实反映相关会计信息。　　　　　　　　　　　　　　　　　　　　　　　　　　　　　　　　　　　　　　　（　）

（2）一项信息是否可靠取决于三个因素：真实性、可核性和中立性。　　（　）

（3）会计信息质量要求的可靠性要求企业应当以实际发生的交易或事项为依据进行会计确认、计量和报告。　　（　）

3．相关性

会计信息质量要求中的可靠性和相关性是相互矛盾的，二者不能兼得。　（　）

4．可理解性

可理解性是指会计信息与信息使用者所要解决的问题相关联，即与使用者进行的决策相关，并具有影响决策的能力。　　　　　　　　　　　　　　　　　　　　　　　　　　　　　　　　　　　　　　（　）

5．可比性

（1）为了保证会计信息的可比性，企业一旦选用某种会计程序和方法，就不应该改变。　　（　）

（2）坚持可比性原则，可以防止某些单位和个人随意利用会计方法的变动，人为地调节成本和利润等指标，粉饰企业的财务状况和经营成果。　　　　　　　　　　　　　　　　　　　　　　　　　（　）

（3）可比性原则是指会计处理方法在不同企业应当一致，不得随意改变。　（　）

（4）计提固定资产折旧，前后期采用不同的计算方法，违背了会计上的可比性原则。　　　（　）

（5）同一企业不同期间会计信息的可比性也称为横向可比。　　　　　　（　）

（6）会计信息质量要求的可比性要求对相同或相似的交易或事项采用一致的会计政策。　　（　）

6．谨慎性

（1）谨慎性要求企业不仅要确认可能发生的收入，也要确认可能发生的费用和损失，以便对未来的风

险进行充分核算。（　）
(2) 谨慎性原则是指在会计核算中应尽量低估企业的资产和可能发生的损失、费用。（　）
(3) 谨慎原则要求会计核算中做到不夸大企业资产、不虚增企业费用。（　）

7. 实质重于形式
(1) 在实际工作中，交易或事项的外在形式和人为形式完全能反映其实质内容，这就是实质重于形式的含义所在。（　）
(2) 融资租入固定资产视作承租方的资产遵循了实质重于形式的信息质量要求。（　）
(3) 实质重于形式要求中的"实质"指的是交易或事项所具有的经济性质。（　）

8. 重要性
(1) 某一会计事项是否具有重要性，在很大程度上取决于会计人员的职业判断。对于某一会计事项，在某一企业具有重要性，在另一企业则不一定具有重要性。（　）
(2) 将当期购买办公用品支出直接计入管理费用，依据的会计核算原则是重要性原则。（　）
(3) 重要性要求企业在会计确认、计量过程中对交易或事项应当区别其重要程度，采用不同的核算方式。（　）

（五）会计基础
1. 从长期观点看，权责发生制和收付实现制计算的会计净利润是相等的。（　）
2. 按权责发生制原则，凡是当期已经实现的收入和已经发生或应当负担的费用，都应当作为当期的收入和费用；凡是不属于当期的收入和费用，则不应当作为当期的收入和费用。但款项已在当期收付的除外。（　）
3. 如果一笔收益性支出按资本性支出处理了，就会造成少计费用而多计资产价值，当期净收益将降低。（　）

（六）会计计量
1. 历史成本原则是指在会计核算中，对取得的各种财产和物资、形成的各种权益和债务，都应以实际发生的成本作为计价基础。（　）
2. 在历史成本计量下，资产按照购置时支付的现金或现金等价物的金额，或者按购置资产时所付出的对价的公允价值计量。（　）
3. 企业在对会计要素进行计量时，应依据会计信息使用者的需要随时改变会计计量属性。（　）
4. 会计计量是将符合确认条件的会计要素进行会计记录继而列报于财务报告文件而确定其金额的过程。（　）
5. 会计计量属性是指所计量的某一对象的特性方面。（　）
6. 公允价值是指在公平交易中，熟悉情况的交易双方自愿进行资产交换或债务清偿的金额。（　）

四、案例分析题
（一）会计假设
资料：甲咨询公司是由小李和小王合伙创建的，最近发生了如下经济业务，并由会计做了相应的处理。
1. 2月14日，小李从出纳处取出了现金2 000元给自己的爱人购买礼物，会计将2 000元记为甲公司的办公费支出，理由是：小李是甲公司的合伙人，甲公司的钱也有小李的一部分。
2. 7月15日，甲公司收到A外资企业支付的业务咨询费3 000美元，会计没有将其折算为人民币反映，而是直接记到美元账户中，而甲公司主要业务为人民币业务。
要求：指出甲公司会计人员处理经济业务中的不正确之处，并说明其违背了哪些会计基本假设？

（二）会计信息质量要求

资料：甲咨询公司是由小李和小王合伙创建的，最近发生了如下经济业务，并由会计做了相应的处理。

1．按规定，公司必须于每年4月底前公布上一年的年报，但是甲公司一直到5月还没有对外公布上一年的年报。

2．8月31日，甲公司计提固定资产折旧，采用直线法，而这之前采用的是年数总和法。

3．10月20日，甲公司由于资金困难从乙公司融资租入一台设备，公司认为其不是自己的设备，所以未对其进行入账。

4．12月31日，甲公司预计一笔丙公司的应收账款10万元，由于对方财务困难可能会收不回来，但甲公司没有对之计提坏账准备。

5．期末，小李和小王发现本年的利润还可以，但是也意味着要缴纳不少税，于是让会计人员在账面上多列一些根本没有发生的费用支出，以降低利润达到少缴税的目的。

要求：指出甲公司会计人员处理经济业务中的不正确之处，并说明其违背了哪些会计信息质量要求？

（三）会计基础

1．资料：甲企业2024年5月发生的经济业务如表1-1所示。

表1-1　甲企业2024年5月发生的经济业务　　　　　　　　单位：元

经济业务	权责发生制		收付实现制	
	收入	费用	收入	费用
1．支付本月购买的办公用品200元				
2．预付下季度保险费800元				
3．本月负担的房屋租金1 000元，款项尚未支付				
4．由本月负担，但尚未支付的借款利息100元				
5．支付上月负担的水电费600元				
6．计提本月的设备折旧费900元				
7．预收尚未提供服务的款项600元				
8．收到本月提供劳务收入300元				
9．本月销售商品，收到货款2 500元				
10．销售商品1 000元，货款尚未收到				

要求：根据权责发生制和收付实现制，分别确定本月的收入和费用。

2．资料：甲咨询公司是由小李和小王合伙创建的，最近发生了如下经济业务，并由会计做了相应的处理。

（1）9月30日，预付下季度报刊费500元，会计将其作为9月的管理费用处理。

（2）会计认为固定资产计提折旧应借记管理费用，贷记"固定资产——设备"，这样做比较简便，而且在资产负债表上两种方法计算出的结果相同。

要求：指出甲公司会计人员处理经济业务中的不正确之处。

第二章

会计要素与会计等式

第一节 会计要素与会计确认概述

一、会计要素概述

会计要素是根据交易或事项的经济特征确定的财务会计对象的基本内容,即资金运动进行分解归类,使之形成独立的范畴,并用会计术语加以描述的具体内容。企业应当按照交易或事项的经济特征确定会计要素。会计要素包括资产、负债、所有者权益、收入、费用和利润。其中,资产、负债和所有者权益要素侧重于反映企业的财务状况,收入、费用和利润要素侧重于反映企业的经营成果。

会计要素具有重要作用:会计要素为交易或事项的处理提供基本依据;会计要素为交易或事项的报告提供基本框架。

二、会计确认概述

会计要素确认也称为会计确认,是指将企业发生的交易或事项与资产、负债、所有者权益、收入、费用和利润等会计要素联系起来加以认定的过程。

会计确认是会计计量和报告的前提,也是会计处理交易或事项的起点。这是因为企业任何交易或事项的发生都会导致会计要素发生增减变动。当交易或事项发生以后,首先应将其与会计要素联系起来加以分析判定,辨明该交易或事项的发生涉及哪些会计要素,以及是否符合要素的定义和确认条件。

需要注意的是,将一项交易或事项确认为企业的资产或负债等,除应符合会计要素的定义外,还需要符合各项要素的确认条件。

第二节 资产要素

一、资产的定义与特征

资产是指企业过去的交易或事项形成的、由企业拥有或控制的、预期会给企业带来经济利益的资源。资产要素具有以下三个特征:

1. 资产是由企业过去的交易或事项形成的

过去的交易或事项是指企业已完成的交易或事项，具体包括购买、生产和建造等行为以及其他交易或事项。预期在未来发生的交易或事项形成的资源，不能作为企业实现的资产予以确认。比如，企业制订了一项购买一批生产经营所需设备的计划，但实际购买行为尚未发生。这种预期可能增加的设备不符合资产的这一特征，不能确认为企业的现实资产。

2. 资产应为企业拥有或控制

拥有是指企业享有某项资源的所有权。比如，企业对于用其自有资金购入的无形资产等享有的所有权。控制是指企业对某些资源虽然不享有所有权，但该资源能为企业所控制。比如，企业融资租入的设备，企业没有所有权，但企业可以控制使用该设备。企业享有资产的所有权，通常表明企业能够排他性地从资产的使用过程中获取经济利益。

3. 资产预期会给企业带来经济利益

资产预期会给企业带来经济利益，是指资产具有在未来直接或间接导致现金或现金等价物流入企业的潜力，这是资产的本质特征。比如，企业购入的材料和设备可用于产品生产，产品出售后可收回货款等。如果某些项目预期不能给企业带来经济利益，就不能再确认为企业的资产。比如，企业在财产清查中发现的已经毁损的设备，不再符合资产的这一特征，应从企业现有的资产中予以剔除。

二、资产的构成

企业的资产按其流动性分为流动资产和非流动资产。

1. 流动资产

它是指企业可以在一年或超过一年的一个营业周期内变现或耗用的资产，具体包括库存现金、银行存款、交易性金融资产、应收账款、应收票据、其他应收款、预付账款、原材料、生产成本和库存商品等。在产品生产企业，营业周期通常是指企业从购买用于加工的材料和设备开始，然后进行产品生产，到销售产品实现现金或现金等价物的流入所经历的期间。通常，营业周期短于一年，即在一年内有若干营业周期。正常营业周期不能确定的，应当以一年作为正常营业周期，这类企业单件产品的生产周期一般不会超过一年，在同一生产周期内可以多批次地组织某一种产品的生产。在实务中，也存在营业周期超过一年的情况，比如房地产开发企业以出售为目的而兴建的房屋，航空制造企业生产的飞机等，其单件产品的生产周期往往超过一年，这类企业可以以单件产品的生产周期作为一个营业周期。

（1）库存现金。它是指存放在企业准备随时支用的现款，主要用于企业日常经营活动中发生的小额零星支出，比如，支付因公出差职工的借款，支付小额的办公费用支出等。

（2）银行存款。它是指企业存放在其开户银行的款项，这些款项主要来自投资者投入企业的资本、通过负债借入的款项和销售产品收到的货款等。银行存款可用于企业在其日常经营活动中发生的大额支出，比如，购买材料、购买设备和支付职工薪酬等。

（3）交易性金融资产。它是指企业持有的以公允价值计量且其变动计入当期损益的金融资产。比如，企业购入以交易为目的而持有的债券投资、股票投资和基金投资。

（4）应收账款。它是指企业由于赊销产品等应向购买方收取而暂未收到的款项。

（5）应收票据。它是指企业由于销售产品或提供劳务而收到的商业汇票，包括银行承兑汇票和商业承兑汇票。

（6）其他应收款。它是指企业在日常生产经营过程中产生的应收票据和应收款项以外的其他应收款项。

（7）预付账款。它是指企业由于购买销售方的产品等，按照合同规定预先支付给供应商的款项。

（8）原材料。它是指企业库存的各种材料，包括原料及主要材料和辅助材料等。

（9）生产成本。它是指企业进行产品生产所发生的各项成本，包括生产各种产品、自制材料、自制工具和自制设备等发生的成本。

（10）库存商品。它是指企业库存的各种商品，包括产成品、外购商品、存放在门市部准备出售的商品、发出展览的商品以及寄存在外的商品等。

2. 非流动资产

它是指企业不能在一年或超过一年的一个营业周期内变现或耗用的资产，包括固定资产、无形资产、长期股权投资和长期待摊费用等。

（1）固定资产。它是指企业拥有的同时具有以下特征的有形资产：为生产商品、提供劳务、出租或经营管理而持有的；使用寿命超过一个会计年度，比如，企业在生产经营过程中使用的房屋及建筑物、机器设备和运输设备等。

（2）无形资产。它是指企业在生产经营过程中拥有或控制的没有实物形态的可辨认非货币性资产，包括专利权、非专利技术、商标权和土地使用权等。

（3）长期股权投资。它是指企业在对外投资过程中，以获取被投资方的控制权，或对被投资方产生重大影响为目的而进行的权益性投资。企业持有长期股权投资的时间往往超过一个会计年度，是企业的一种长期投资行为。

（4）长期待摊费用。它是指企业已经发生但应由本期和以后各期负担的分摊期限在一年以上的各项支出。比如，新建企业在筹建期间发生的各种管理性质的支出，以经营租赁方式租入的固定资产发生的改良支出等。

三、资产的确认条件

将一项资源确认为企业的资产，除符合资产的定义外，还应同时满足以下两个条件：

1. 与该资源有关的经济利益很可能流入企业

能够给企业带来经济利益是资产的本质特征，但由于受各种因素的影响，与资源有关的经济利益能否流入企业，或能够流入多少具有很大的不确定性。因此，对资产的确认还应与对经济利益流入确定性程度的判断相结合。如果根据编制财务报表时所取得的证据，与资源有关的经济利益很可能流入企业，那么就应该将其作为资产予以确认；反之，不能确认为资产。比如，某企业赊销一批商品给某一客户，从而形成了对该客户的应收账款，由于企业最终收到款项与销售实现之间有时间差，而且收款又在未来期间，因此带有一定的不确定性，如果企业在销售时判断未来很可能收到款项或者能够确定收到款项，企业就应当将该应收账款确认为一项资产；如果企业判断在通常情况下很可能部分或者全部无法收回，表明该部分或者全部应收账款已经不符合资产的确认条件，应当计提坏账准备，减少资产的价值。又如，企业为了推销产品将产品销售给了暂时根本没有付款能力的企业，并且货款收回的可能性很小，在这种情况下，即使已经将产品提供给了购买方，也不能确认为企业的资产（应收账款）。

2. 该资源的成本或价值能够可靠计量

成本或价值的可计量性既是交易或事项确认的基础，也是所有交易或事项得以记录和报告的前提。在实务中，企业取得的许多资产都发生了相应支出，即构成这些资产的成本。比如，企业购买原材料，购置房屋等，只要实际发生的支出能够可靠计量（比如已经取得了发票），就可视为符合资产确认的可计量条件。如果某资源的成本或价值不能够可靠计量，则不能将其确认为企业的资产。在某些情况下，企业取得的资产没有发生实际成本或发生的实际成本很小，例如，企业持有的某些衍生金融工具形成的资产，对于这些资产，尽管它们没有实际成本或者发生的实际成本很小，但是如果其公允价值能够可靠计量的话，也被认为符合了资产可计量性的确认条件。

第三节　负债要素

一、负债的定义与特征

负债是指企业过去的交易或事项形成的、预期会导致经济利益流出企业的现时义务。负债反映的是企业债权人对企业资产的索取权，因此也称为债权人权益。负债具有以下三个特征：

（1）负债是由企业过去的交易或事项形成的。如果不是由企业过去的交易或事项形成的义务，就不能确认为其现时的负债。比如，企业计划从银行借入一笔新的借款，计划从供应商处赊购一批产品，由于交易尚未实际发生，不能确认为企业的负债。

（2）负债是企业应当承担的现时义务。现时义务是指企业在现行条件下已承担的义务。比如，通过与银行签订合同已经借入和使用的借款；通过与供应商签订合同赊购产品产生的应付账款等，都属于企业在某种约定条件下应予承担的现时义务。未来发生的交易或事项可能形成的负债不属于现时义务。比如，计划从银行借入款项，计划从供应商处赊购产品等，都不构成企业应当承担的现时义务。

（3）负债预期会导致经济利益流出企业。预期会导致经济利益流出企业是负债的本质特征。比如，企业在偿还借款和应付账款时，可以用现金偿还，也可以用实物资产偿还。但不管采用何种偿还方式，最终都会导致经济利益流出企业。

二、负债的构成

企业的负债按其流动性分为流动负债和非流动负债两类。

1. 流动负债

它是指企业将在一年或超过一年的一个营业周期内偿还的债务，包括应付账款、应付票据、预收账款、其他应付款、短期借款、应付职工薪酬、应交税费、应付股利（或应付利润)等。

(1) 应付账款。它是指企业由于赊购商品等而产生的应向销售方支付但暂未支付的款项。

(2) 应付票据。它是指企业因购买商品等开出并承兑的交由销售方持有的商业汇票而承担的债务。

(3) 预收账款。它是指企业由于销售商品等根据协议预先向购买方收取款项而形成的债务。

(4) 其他应付款。它是指企业除上述各种应付款项以外的其他各种应付和暂收款项。

(5) 短期借款。它是指企业从银行或其他金融机构借入的偿还期在一年以内(含一年)的各种借款。企业借入短期借款的主要用途是满足临时性支出的需要。

(6) 应付职工薪酬。它是指企业根据有关规定应付给本企业职工的薪酬。比如，应付工资、应付福利费等。

(7) 应交税费。它是指企业按照税法规定应缴纳的各种税费。比如，应交增值税、应交所得税等。

(8) 应付股利。它是指股份制企业应支付给股东的现金股利(在非股份制企业，应支付给投资者的利润称为应付利润)。

2. 非流动负债

它是指偿还期在一年以上或者超过一年的一个营业周期以上的债务，包括长期借款、应付债券、长期应付款和预计负债等。

(1) 长期借款。它是指企业从银行或其他金融机构借入的期限在一年以上(不含一年)的各种借款。企业借入长期借款的主要用途是进行施工期比较长的工程项目建设。

(2) 应付债券。它是指企业在采用发行企业债券方式筹集经营资金时，按规定应付给购买者的本金和利息而形成的负债。债券的发行往往有一定的期限，企业在既定的债券发行期满后应将债券本金归还给债券的投资者。在债券发行期间，发行债券的企业还应按规定的债券利率向债券持有者支付利息。以上两项均构成企业对债券购买者的负债。

(3) 长期应付款。它是指企业除长期借款和应付债券以外的其他各种长期应付款项。比如，企业融资租入固定资产时产生的长期应付款等。

(4) 预计负债。它是指企业确认的对外提供担保、未决诉讼和产品质量保证等产生的预计负债。

三、负债的确认条件

将一项义务确认为企业的负债，除应符合负债的定义外，还应同时满足以下两个条件：

1. 与该业务有关的经济利益很可能流出企业

预期会导致经济利益流出企业是负债的本质特征。在实务中，履行义务所需流出的经济利益带有不确定性，尤其是与推定义务相关的经济利益通常需要依赖于大量的估计。因此，对负债的确认还应与对经济利益流出的不确定性程度的判断相结合。如果有确凿证据表明，与现时义务有关的经济利益很可能流出企业，就应当将其作为负债予以确认；反之，如果企业承担了现时义务，但是会导致企业经济利益流出的可能性很小，就不符合负债的确认条件，不应将其作为负债予以确认。在实务中，企业履行法定义务时，比如归还借款或者缴纳税费等时，经济利益流出企业的确定性无疑。反之，若企业承担了现时义务，但导致经济利益流出企业的可能性已不复存在，则不仅不应确认为负债，而且应减少负债。比如，经过与债权人的协商，债权人已同意将其原来借给企业的款项转为对企业的投资，这部分负债就不再会导致经济利益流出企业，也不再符合负债的确认条件。

2. 未来流出的经济利益的金额能可靠计量

对负债的确认在考虑经济利益流出企业的因素时，应考虑其可计量性。对于与法定义务有关的经济利益的流出，通常可以根据合同或法律规定的金额予以确定，考虑到经济利益流出的金额通常在未来期间，有时未来期间较长，有关金额的计量需要考虑货币时间价值等因素的影响。对于与推定义务有关的经济利益的流出，比如，企业预期为售出商品提供保修服务可能产生的负债等，企业应当根据履行相关义务需要支出的最佳估计数进行推定，并综合考虑有关货币时间价值、风险等因素的影响。

第四节 所有者权益要素

一、所有者权益的定义与特征

所有者权益是指企业资产扣除负债后，由所有者享有的剩余权益。在股份制企业，所有者权益称为股东权益。所有者即向企业投入资本的投资者。所有者权益是指投资者在向企业投资后形成的对企业资产的要求权，包括对经营成果的分享权和管理权等。但所有者并未对企业的全部支出都具有要求权，这是因为企业的资产一般由所有者的投资和借入的负债两部分构成。所有者只对其投资所形成的那部分资产具有要求权，对于负债所形成的那部分资产则不具有要求权。企业的全部资产扣除负债后的部分，在会计上称为净资产，所有者只对企业的这部分资产具有要求权。对由负债形成的资产的要求权则归属于债权人。根据相关法律的规定，在企业同时面临偿债和退还投资者投资时，其资产应首先用于偿还负债，之后才能用于退还投资者投资，因而所有者权益也称剩余权益，这是所有者权益的基本特征。

二、所有者权益的构成

所有者权益的来源包括所有者投入的资本、直接计入所有者权益的利得和损失（其他综合收益）、留存收益等，通常由实收资本（或股本）、资本公积（含股本溢价或资本溢价、其他资本公积）、盈余公积和未分配利润构成。商业银行等金融企业在税后利润中提取的一般风险准备，也构成所有者权益。其中，实收资本和资本公积统称为投入资本；盈余公积和未分配利润统称为留存收益。所有者权益还包括按规定直接计入所有者权益的利得和损失，这部分利得和损失不计入当期利润，是指直接影响所有者权益变动的利得和损失。

所有者投入的资本是指所有者投入企业的所有资本，它既包括构成企业注册资本或股本部分的金额，也包括投入资本超过注册资本或股本部分的金额，即资本溢价或股本溢价，这部分投入资本在我国企业会计准则体系中被计入资本公积，并在资产负债表中的资本公积项目下反映。实收资本是指所有者投入企业的资本中构成企业注册资本（或股本）的部分。资本公积是指所有者投入企业的资本超过注册资本（或股本）的部分，即资本（或股本）溢价，这部分投入资本可按规定的程序转增资本金。

直接计入所有者权益的利得和损失（其他综合收益），是指不应计入当期损益、会导致所有者权益发生增减变动的、与所有者投入资本或向所有者分配利润无关的利得或者损失。它包括以后会计期间不能重分类进入损益的其他综合收益和以后会计期间满足规定条件时将重分类进入损益的其他综合收益两类。其中，利得是指由企业非日常活动所形成的、会导致所有者权益增加的、与所有者投入资本无关的经济利益的流入。损失是指企业非日常活动所发生的、会导致所有者权益减少的、与向所有者分配利润无关的经济利益的流出。直接计入所有者权益的利得和损失主要包括其他权益工具的公允价值变动额、现金流量套期中套期工具公允价值变动额（有效套期部分）等。

留存收益是企业历年实现的净利润留存于企业的部分，主要包括累计计提的盈余公积和未分配利润。盈余公积是指企业从实现的利润中提取后留存于企业的部分，包括法定盈余公积和任意盈余公积。盈余公积可以按规定的程序转增资本金，或用于弥补亏损。未分配利润是指企业已经实现但本年度尚未分配而留待以后年度分配的利润。

企业发行的除普通股（作为实收资本或股本）以外，按照金融负债和权益工具区分原则分类为权益工具的其他权益工具，会计学原理中不要求掌握。

三、所有者权益的确认条件

所有者权益体现的是所有者对企业资产所享有的剩余权益。所有者权益的确认主要依赖于其他会计要素，尤其是资产和负债的确认；所有者权益金额的确定也主要取决于资产和负债的计量。比如，企业接受投资者投入的资产，在该资产符合企业资产确认条件时，也就相应地符合了所有者权益的确认条件；当该资产的价值能可靠计量时，所有者权益的金额也就相应地得以确认。所有者权益反映的是所有者对企业资产的索取权，而负债反映的是企业债权人对企业资产的索取权，两者有着本质的区别。企业在会计确认、计量和报告中应当严格区分所有者权益和负债，以便如实反映企业的财务状况，尤其是企业的偿债能力和产权比率等。

第五节　收入要素

一、收入的定义与特征

收入是指企业在日常活动中形成的、会导致所有者权益增加的、与所有者投入资本无关的经济利益的总流入。收入要素具有以下三个特征：

1. 收入是在企业的日常活动中形成的

日常活动是指企业为完成经营目标所从事的经常性活动以及与之相关的活动，比如，产品生产企业从事产品的生产与销售，商品流通企业从事商品的销售，保险公司签发保单，咨询公司提供咨询服务，软件公司为客户开发软件，商业银行对外贷款，租赁公司出租资产，安装公司提供安装服务等。明确界定企业日常活动的目的是将收入与企业在非日常活动中产生的利得区分开来。企业日常活动产生的经济利益的流入是收入的内涵。而偶发的一些事项，比如，企业接受捐赠所产生的经济利益流入（净收益）称为利得或营业外收入，是企业经济利益流入的外延。

2. 收入会导致所有者权益增加

收入之所以会导致所有者权益增加，是由收入与利润及所有者权益之间的关系决定的。通常，企业开展日常活动实现的收入与其发生的相关费用之差为利润，而利润的所有权属于所有者。在费用一定时，实现的收入越多，利润就越多，进而导致企业所有者权益的增加。对于不会导致所有者权益增加的经济利益流入，则不应确认为收入。比如，企业从银行借款，尽管也导致企业经济利益的流入，但该经济利益流入不会导致企业所有者权益增加，而是使企业承担了一项现时义务，这种经济利益的流入就不应确认为收入，而应确认为负债。

3. 收入与所有者投入资本无关

收入应当会导致经济利益的流入，从而导致资产增加。例如，企业销售商品，应当收到现金或者在未来有权收到现金，才表明该交易符合收入的定义。尽管所有者向企业投入资本也会导致经济利益流入企业，但该经济利益流入来自投资者，并不是在企业的日常活动中产生的，因此不应将其确认为收入，而应确认为所有者权益。

二、收入的构成

收入有狭义和广义之分。狭义收入是指企业日常活动带来的经济利益流入，主要包括企业的主营业务收入、其他业务收入、投资收益和营业外收入。其中，主营业务收入和其他业务收入统称为营业收入。广义收入除上述内容外，还包括企业非日常活动产生的非经常性经济利益收入，即营业外收入。

（1）主营业务收入。它是指企业在其主营业务活动中实现的收入。比如，产品生产企业销售产品所获取的收入。主营业务收入在企业收入中所占比重较大，是企业主要的经济利益流入。

（2）其他业务收入。它是指企业主营业务之外的其他日常活动所获取的收入。比如，企业销售积压材料、出租产品包装物等所赚取的收入。其他业务收入通常金额较少，在企业收入中所占比重较小。

（3）投资收益。它是指企业对外投资等带来的收益。比如，从被投资企业分得的利润等。投资收益属于让渡资产使用权而给企业带来的经济利益流入。

（4）营业外收入。它是指与企业生产经营活动没有直接关系的各种收入，按规定应计入当期利润。比如，企业在财产清查中发现的无法查明原因的现金盘盈、获得的捐赠收入等。

三、收入确认的原则

企业应当在履行了合同中的履约义务，即在客户取得相关商品或服务控制权时确认收入。取得相关商品控制权，是指能够主导该商品的使用，并从中获得几乎全部的经济利益。

收入确认和计量大致分为五步：第一步，识别与客户订立的合同；第二步，识别合同中的单项履约义务；第三步，确定交易价格；第四步，将交易价格分摊至各单项履约义务；第五步，履行各单项履约义务时确认收入。其中，第一步、第二步和第五步主要与收入的确认有关，第三步和第四步主要与收入的计量有关。

企业应当在履行了合同中的履约义务，即在客户取得相关商品控制权时确认收入。取得相关商品控制权，是指能够主导该商品的使用并从中获得几乎全部的经济利益，也包括有能力阻止其他方主导该商品的使用并从中获得经济利益。取得商品控制权包括以下三个要素：

一是能力，即客户必须拥有现时权利，能够主导该商品的使用并从中获得几乎全部经济利益。如果客户只能在未来的某一期间主导该商品的使用并从中获益，则表明其尚未取得该商品的控制权。

二是主导该商品的使用。客户有能力主导该商品的使用，是指客户有权使用该商品，或者能够允许或阻止其他方使用该商品。

三是能够获得几乎全部的经济利益。商品的经济利益，是指该商品的潜在现金流量，既包括现金流入的增加，也包括现金流出的减少。客户可以通过很多方式直接或间接地获得商品的经济利益，例如使用、消耗、出售或持有该商品、使用该商品提升其他资产的价值，以及将该商品用于清偿债务、支付费用或抵押等。

四、收入确认的前提条件

企业与客户之间的合同同时满足下列五个条件的，企业应当在客户取得相关商品控制权时确认收入：合同各方已批准该合同并承诺将履行各自义务；该合同明确了合同各方与所转让的商品（或提供的服务）相关的权利和义务；该合同有明确的与所转让的商品相关的支付条款；该合同具有商业实质，即履行该合同将改变企业未来现金流量的风险、时间分布或金额；企业因向客户转让商品而有权取得的对价很可能收回。

在进行上述判断时，需要注意以下三点：一是合同约定的权利和义务是否具有法律约束力，需要根据企业所处的法律环境和实务操作进行判断，包括合同订立的方式和流程、具有法律约束力的权利和义务的设立时间等。二是合同具有商业实质，是指履行该合同将改变企业未来现金流量的风险、时间分布或金额。三是企业在评估其因向客户转让商品而有权取得的对价是否很可能收回时，仅应考虑客户到期时支付对价的能力和意图（即客户的信用风险）。

对于不能同时满足上述收入确认的五个条件的合同，企业只有在不再负有向客户转让商品的剩余义务（例如，合同已完成或取消），且已向客户收取的对价（包括全部或部分对价）无须退回时，才能将已收取的对价确认为收入；否则，应当将已收取的对价作为负债进行会计处理。其中，企业向客户收取无须退回的对价的，应当在已经将该部分对价所对应的商品的控制权转移给客户，并且已不再向客户转让额外的商品且不再负有此类义务时，将该部分对价确认为收入，或者在相关合同已经终止时，将该部分对价确认为收入。

对于在合同开始时即满足上述收入确认条件的合同，企业在后续期间无须对其进行重新评估，除非有迹象表明相关事实和情况发生重大变化。对于不满足上述收入确认条件的合同，企业应当在后续期间对其进行持续评估，以判断其能否满足这些条件。

需要说明的是，没有商业实质的非货币性资产交换，无论何时，均不应确认收入。从事相同业务经营的企业之间，为便于向客户或潜在客户销售而进行的非货币性资产交换（例如，两家石油公司之间相互交换石油，以便及时满足各自不同地点客户的需求），不应确认收入。

第六节 费用要素

一、费用的定义与特征

费用是指企业在日常活动中发生的、会导致所有者权益减少的、与向所有者分配利润无关的经济利益的总流出。费用有狭义和广义之分。广义的费用泛指企业各种日常活动发生的所有耗费，狭义的费用仅指与本期营业收入相配比的那部分耗费。费用应按照权责发生制和配比原则确认，凡应属于本期发生的费用，不论其款项是否支付，均确认为本期费用；反之，不属于本期发生的费用，即使其款项已在本期支付，也不确认为本期费用。费用要素具有以下三个特征：

1. 费用是企业在日常活动中形成的

企业因日常活动而产生的费用通常包括主营业务成本、其他业务成本、职工薪酬、折旧费、无形资产摊销、投资损失等。比如，企业销售商品本身的成本（主营业务成本）就是企业在其日常活动中形成的，是产品生产企业的一项主要费用。将费用明确界定为企业日常活动形成的，目的是将费用与企业在非日常活动中形成的损失加以区分，企业日常活动产生的经济利益的流出是费用的内涵。而偶发的一些事项，比如，企业进行债务重组所产生的经济利益流出（净损失）称为损失或营业外支出，是企业经济利益流出的外延。

2. 费用会导致所有者权益的减少

费用之所以会导致所有者权益减少，是由费用与利润及所有者权益的关系决定的。在企业实现的收入一定时，发生的费用越多，则实现的利润越少，进而导致所有者权益的减少。对于不会导致所有者权益减少的经济利益流出，则不应确认为费用。比如，企业偿还银行的借款，尽管也导致企业经济利益的流出，但该经济利益流出会使企业的负债减少，而不会导致企业所有者权益的减少，就不应确认为企业的费用。

3. 费用与向所有者分配利润无关

企业向所有者分配股利或利润，是企业将其实现的经营成果分配给投资者的一种分配活动，虽然在分配利润的某些情形下（比如分配现金股利）会导致经济利益流出企业，但该经济利益的流出导致的是企业利润的减少，而不会导致企业费用的增加，不应将其确认为企业的费用。

二、费用的构成

费用有广义和狭义之分。狭义费用是指企业在其日常活动中形成的经济利益流出，包括主营业务成本、其他业务成本、税金及附加、投资损失、销售费用、管理费用、财务费用和所得税费用等。其中，主营业务成本和其他业务成本统称为营业成本。广义的费用除以上内容外，还包括企业在非日常活动中产生的非经常性经济利益流出，即营业外支出。销售费用、管理费用和财务费用统称为期间费用，是企业在日常活动中发生的不能计入有关成本，而直接计入所发生会计期间费用的各种耗费。

（1）主营业务成本。它是指企业在其主营业务活动中产生的成本，属于与主营业务收入相匹配的费用。比如，企业在销售产品后确认的已销售产品的成本，即属于主营业务成本。在产品生产企业，主营业务成本是根据产品在生产过程中发生的各种费用计算确定的，是生产成本的一种转化形式。主营业务成本在企业的全部费用中所占比重较大。

（2）其他业务成本。它是指企业在开展其他业务活动中产生的成本，属于与其他业务收入相匹配的费用。比如，企业在销售积压材料确定的材料成本、出租包装物后确定的包装物本身的成本。其他业务成本实质上是已销售材料、已出租包装物的买价或制作成本。其他业务成本在企业的费用中所占比重一般较小。

（3）税金及附加。它是指企业开展经营活动依法应当缴纳的除企业所得税和增值税以外的其他各种税费，包括消费税、城市维护建设税、教育费附加、房产税、土地使用税、车船税和印花税等相关税费。

（4）销售费用。它是指企业在销售产品过程中发生的各种费用，包括专设销售机构人员的工资及福利费、为推销产品而发生的广告费和展销费、销售部门的折旧费等。

（5）管理费用。它是指企业为组织和管理整个企业的生产经营活动而发生的各种费用，包括企业在筹建期间发生的开办费、公司经费、董事会费、聘请中介机构费、咨询费、诉讼费、业务招待费、技术转让费等。

（6）财务费用。它是指企业为筹集和使用生产经营资金而发生的各种费用，包括利息支出（减利息收入）、汇兑损益以及相关的手续费等。

（7）投资损失。它是指其他对外投资时所产生的损失。在发生投资损失时，应冲减投资收益。

（8）所得税费用。它是指企业根据其经营所得采用适用的税率计算确定的税金。缴纳所得税会引起经济利益流出企业，是企业的一种主要费用。

（9）营业外支出。它是指企业发生的与日常经营活动无关的一些偶发事项所产生的支出，按规定应计入当期利润。比如，由自然灾害等原因造成的非常损失等。

三、费用的确认条件

在确认费用时，首先应当划分生产费用与非生产费用的界限。生产费用是指与企业日常生产经营活动有关的费用，如生产产品所发生的原材料费用、人工费用等；非生产费用是指不属于生产费用的费用，如用于购建固定资产所发生的费用，不属于生产费用。其次，应当分清生产费用与产品成本的界限。生产费用与一定的期间相联系，而与生产的产品无关；产品成本与一定品种和数量的产品相联系，而不论发生在哪一期。最后，应当分清生产费用与期间费用的界限。生产费用应当计入产品成本，而期间费用直接计入当期损益。

在确认费用时，对于确认为期间费用的费用，必须进一步划分为管理费用、销售费用和财务费用。期间费用是企业当期发生的费用中的重要组成部分，是指本期发生的、不能直接或间接归入某种产品成本的、直接计入损益的各项费用。对于确认为生产费用的费用，必须根据该费用发生的实际情况按照不同的费用性质将其确认为不同产品所负担的费用；对于几种产品共同发生的费用，必须按受益原则，采用一定的方法和程序将其分配计入相关产品的生产成本。

将一项经济利益流出确认为企业的费用，除应符合费用的定义外，至少还应满足以下三个条件：

（1）与费用相关的经济利益很可能流出企业。

（2）该经济利益流出企业的结果会导致资产减少或负债增加。资产减少的情况，比如企业用现金支付销售费用和管理费用等，表现为费用增加和资产减少。负债增加的情况，比如企业本期应当负担的短期借款利息可能是在下一个会计期间支付，应将这部分应付利息确认为本期费用的同时又确认为企业的负债。

（3）经济利益的流出金额能够可靠地计量。

第七节 利润要素

一、利润的定义与特征

企业作为独立的经济实体，应当以自己的经营收入抵补其成本费用，并且实现盈利。企业盈利的大小在很大程度上反映企业生产经营的经济利益，表明企业在一定会计期间的最终经营成果。

利润是指企业在一定会计期间的经营成果。企业在一定会计期间的日常活动中实现的收入与发生的费用之差为经营成果，当实现的收入大于费用时，即为企业的营业利润，体现了利润的本质特征。根据我国《企业会计准则》的规定，企业产生的利得和损失，有些应直接计入当期利润，其中利得可增加企业的利润总额，损失则会减少企业的利润总额。

二、利润的构成

利润包括收入减去费用后的净额、直接计入当期利润的利得和损失。收入减去费用后的净额是指企业在其日常活动的一定会计期间实现的全部收入减去该期间发生的全部相关费用后的差额，即营业利润，反映了企业进行日常活动创造的业绩。直接计入当期利润的利得和损失是指企业在非日常活动中产生的应当计入当期损益的、最终会引起所有者权益发生增减变动的、与所有者投入资本或向所有者分配利润无关的利得（即营业外收入）和损失（即营业外支出）。企业应严格区分收入、费用与利得和损失，以便清晰地反映企业经营业绩的构成内容。当然，利得与损失对当期利润的影响后果完全不同。当利得大于损失时，当期利润增加；反之，当期利润减少。

三、利润的确认条件

利润反映的是企业一定会计期间的收入减去费用后的净额加上当期利得、减去当期损失的最终结果。利润的确认主要依赖于收入和费用的确认，以及利得和损失的确认。利润金额的确定也主要取决于收入、费用、利得和损失金额的计量。

第八节　会计等式

一、会计等式概述

　　会计等式也称为会计恒等式或会计方程式，是运用数学方程的原理描述会计要素之间数额相等关系的表达式。各种会计要素既是各自独立的，但相互之间也存在着密切关系。这种关系不仅体现在交易或事项发生时会导致相关要素之间产生此增彼减或同增同减等变化，而且体现在它们在一定时点或一定会计期间的金额相等。利用数学方程原理，将会计要素之间的数额相等关系加以描述，就形成了各种会计等式。会计等式是由会计要素的不同组合方式形成的。企业的会计要素可分为静态会计要素和动态会计要素，这两类会计要素可分别组合为以下三个会计等式：

二、静态会计等式：资产＝负债＋所有者权益

　　静态会计等式是由静态会计要素组合而成的，反映企业一定时点的财务状况的等式（资产＝负债＋所有者权益）。该等式也是会计等式中的基本会计等式，或称为第一会计等式。该等式可以从以下三个方面理解：

　　（1）静态会计等式实质上体现了企业资金的两个不同侧面。等式右边的要素说明企业资金的来源渠道。企业要开展生产经营活动，首先必须拥有一定数量的资金。现代企业主要通过吸引投资者投资和向债权人借款等途径筹集资金，这两条筹资渠道在会计要素上分别称为负债（债权人权益）和所有者权益。等式左边的要素说明企业资金的存在形态，比如货币资金、储备资金、固定资金、生产资金和成本资金等。资金来源和资金存在形态构成了企业经营资金相辅相成的两个不同层面。

　　（2）等式双方的会计要素金额应当是相等的。尽管企业的资金来源方式有多种，其存在形态也各异，但在会计上都可以采用货币计量单位加以计量，而且双方的总额一定相等，即企业有多少资金存在形态，必定有多少与之相对应的资金来源；反之，有多少资金来源，也必定有金额相等的资金存在形态与之对应，双方金额应当相等。

　　（3）资产会随着负债和所有者权益的增减变动而发生相同的变化。企业的资产会随着负债的增加（如企业购入材料产生应付账款）或所有者权益的增加（如收到投资者向企业的投资）而增加，资产也会随着负债的减少（如企业用银行存款归还短期借款）或所有者权益的减少（如退还投资者投资）而减少。

三、动态会计等式：收入－费用＝利润

　　动态会计等式是由动态会计要素组合而成的，反映企业一定会计期间经营成果的等式（收入－费用＝利润）。该等式是会计等式中的另一个主要等式，或称为第二会计等式。该等式也可以从以下三个方面理解：

　　（1）利润的实质是企业实现的收入与其相关的费用进行配比的结果。当收入大于费用时为利润，收入小于费用时为亏损。

（2）利润会随着收入的增减而发生同向变化。在费用一定时，企业获得的收入越多，利润也越多；反之，收入越少，利润也越少。

（3）利润会随着费用的增减而发生反向变化。在收入一定时，企业发生的费用越多，利润越少；反之，发生的费用越少，利润越多。

四、综合会计等式：资产＋费用＝负债＋所有者权益＋收入

综合会计等式也称为扩展会计等式，是由静态会计等式和动态会计等式综合而成的会计等式（资产＋费用＝负债＋所有者权益＋收入）。该等式可以从以下两个方面理解：

（1）综合会计等式两边的内容是企业资金两个不同层面的扩展，即该等式双方反映的仍然是企业的资金存在形态与资金来源渠道，但内容比静态会计等式更为丰富。首先，在等式左边既反映了企业现时存在的资产，又反映了企业在生产经营过程中对资产的消耗，将费用视为资产的一种特殊存在形态。其次，在等式右边既反映了企业主要资金来源渠道中的负债和所有者权益，又反映了企业通过生产经营活动带来的收入这种新的资金来源。

（2）综合会计等式两边在金额变动的基础上达到了新的平衡。一方面，从等式右边看，在收入大于费用时，收入中实质上包括了企业已经实现的利润，这使等式的右边在原来的基础上产生了一个增量。根据实现的利润属于所有者的原理，实现的利润在会计期末可以加到所有者权益中去，进而引起所有者权益的增加。其次，从等式左边看，资产要素受收入和费用的影响，也会有新的增量，因为企业发生的费用会消耗企业的资产，使资产减少；实现的收入则会增加企业的资产。在收入大于费用时，二者的净增量与等式右边所有者权益要素的增量在金额上应当是相等的。因此，在综合会计等式中，两边相等的关系仍然得以保持。在假设等式中的负债和所有者权益都没有变化时，这种新的平衡相等关系正是由双方都同时增加了一个相等的增量而得以保持的。当然，如果发生了亏损，等式两边的数额会同时减少，但两边的平衡关系仍然得以保持。

五、交易或事项类型影响会计等式的规律

交易或事项是指在企业的生产经营活动中发生的，能够采用会计的方法加以确认、计量、记录和报告的经济活动。交易一般是指企业与外部的其他企业或有关部门之间发生的经济往来，交易体现企业与供应商、客户、银行和政府有关部门之间的经济联系和利益关系。事项通常是指企业内部发生的、与其他企业或部门没有关系的经济活动，事项体现企业内部的相关部门、相关人员之间的经济联系和利益关系，还包括由于自然灾害等事件引发的企业资产损失等。

当交易或事项发生后，总是会引起会计等式中至少两个会计要素或同一要素内部的两个项目发生增减变化，并且具有一定的规律性。第一个规律：当交易或事项发生后会影响会计等式两边的要素，双方同增或同减，增减金额相等。第二个规律：只影响会计等式某一边的要素，单方有增有减相同金额。因此，交易或事项的发生必然引起会计等式中的会计要素发生增减变动；交易或事项的发生不会破坏会计等式的平衡关系。总之，会计等式的平衡原理是财务会计基本理论的重要组成内容，它深刻地揭示了会计要素之间的内在联系和平衡相等关系。

根据交易或事项发生以后对会计等式中的会计要素产生的影响，可将其划分为以下五种类型：

（1）影响会计等式两边的会计要素，使双方要素同时增加，增加金额相等的交易或事项。具体情形包括资产与所有者权益同增相同金额、资产与负债同增相同金额、费用与负债同增相同金额等。

【例1】A公司收到投资者投入的价值100万元的设备。

会计确认：企业收到投资者固定资产投资，一方面涉及等式左边的资产要素（固定资产）增加，另一方面涉及等式右边的所有者权益要素（股本）增加。

会计计量：按实际成本计量，双方均增加100万元，增加金额相等。

$$资产＋费用＝负债＋所有者权益＋收入$$

$$+1\ 000\ 000 \qquad\qquad 1\ 000\ 000$$

（2）影响会计等式两边的会计要素，使等式双方要素同时减少，减少金额相等的交易或事项。具体情形包括资产与负债同减相同金额、资产与所有者权益同减相同金额、资产与收入同减相同金额等。

【例2】A公司用银行存款90万元偿还银行到期的短期贷款。

会计确认：企业用银行存款偿还银行贷款，既涉及等式左边的资产要素（银行存款）减少，又涉及等式右边的负债要素（短期借款）减少。

会计计量：按实际成本计量，双方均减少90万元，减少金额相等。

（3）只影响会计等式左边的两个会计要素，使这些要素有增有减，增减金额相等的交易或事项。具体情形包括费用与资产一增一减相同金额。

【例3】A公司用银行存款支付本公司管理部门本月发生的水电费3 000元。

会计确认：该事项分别涉及会计等式左边的资产要素（银行存款）减少和费用要素（管理费用）增加。

会计计量：按实际成本计量，资产要素减少3 000元，费用要素增加3 000元，增减金额相等。

（4）只影响会计等式右边的两个会计要素，使这些要素有增有减，增减金额相等的交易或事项。具体情形包括收入与负债一增一减相同金额。

【例4】A公司向已预付货款的客户发送货物，实现销售收入100万元（假定暂不考虑应缴纳的增值税）。

会计确认：企业向原已预付货款的客户提供货物，分别涉及会计等式右边的负债要素（预收账款）减少和收入要素（主营业务收入）增加。

会计计量：按实际成本计量，负债要素减少100万元，收入要素增加100万元。

（5）只影响某一个会计要素自身发生增减变动。该要素内部的至少两个项目之间发生变动，其中一个项目增加，另一个项目减少，并且增减金额相等。

【例5】A公司从银行提取现金1 000元。

会计确认：只涉及会计等式左边的资产要素，具体项目为"库存现金"增加和"银行存款"减少。

会计计量：按实际成本计量，"库存现金"增加1 000元，"银行存款"减少1 000元。

要 点 回 顾

会计要素是对会计对象所做的基本分类,是用于反映企业财务状况、确定经营成果的基本单位。会计要素包括资产、负债、所有者权益、收入、费用和利润。其中,资产、负债和所有者权益侧重于反映企业的财务状况,构成了资产负债表的基本项目,是财务状况类会计要素;收入、费用和利润侧重于反映企业一定时期的经营成果,构成了利润表的基本项目,是经营成果类会计要素。

(1)资产是指企业过去的交易或事项形成的、由企业拥有或控制的、预期会给企业带来经济利益的资源。资产具有三个特征:资产预期会给企业带来经济利益;资产应为企业拥有或控制的资源;资产是由企业过去的交易或事项形成的。资产有两个确认条件:与该资源有关的经济利益很可能流入企业;该资源的成本或价值能够可靠地计量。

(2)负债是指企业过去的交易或事项形成的,预期会导致利益流出企业的现时义务。负债具有三个特征:负债是企业承担的现实义务;负债预期会导致经济利益流出企业;负债是由企业过去的交易或事项形成的。负债有两个确认条件:与该义务有关的经济利益很可能流出企业;未来流出的经济利益的金额能可靠地计量。负债分为流动负债和非流动负债。流动负债内容较多,会计核算结合分类进行,包括短期借款、应付账款、应付职工薪酬、应交税费等项目;非流动负债包括长期借款、应付债券与长期应付款等。

(3)所有者权益是指企业资产扣除负债后,由所有者享有的剩余权益。所有者权益的来源包括所有者投入的资本、直接计入所有者权益的利得和损失、留存收益等。所有者权益是指企业所有者对企业净资产的要求权,在数量上等于企业全部资产减去全部负债后的余额。所有者权益通常由实收资本(股本)、资本公积、盈余公积和未分配利润构成。

(4)收入是指企业日常活动中形成的、会导致所有者权益增加的、与所有者投入资本无关的经济利益的总流入。收入具有三个特征:收入是企业在日常活动中形成的;收入是与所有者投入资本无关的经济利益的总流入;收入会导致所有者权益的增加。收入的确认有三个条件:与收入有关的经济利益应当很可能流入企业;经济利益流入企业的结果会导致资产增加或负债减少;经济利益的流入金额能够可靠地计量。广义收入包括企业在日常活动中形成的收入,以及非日常活动中产生的非经常性经济利益收入。狭义收入是指企业在日常活动中形成的,会导致所有者权益增加的、与所有者投入资本无关的经济利益的总流入,包括销售商品收入、提供劳务收入和让渡资产使用权收入。

(5)费用是指企业在日常活动中发生的、会导致所有者权益减少的、与向所有者分配利润无关的经济利益的总流出。费用具有三个特征:费用是企业在日常活动中形成的;费用是与向所有者分配利润无关的经济利益的总流出;费用会导致所有者权益的减少。费用有三个确认条件:与费用相关的经济利益应当很可能流出企业;经济利益流出企业的结果会导致资产的减少或负债的增加;经济利益的流出金额能可靠地计量。广义费用指企业生产经营过程中发生的各种耗费和损失。狭义费用是指企业在日常活动中发生的、会导致所有者权益减少的、与向所有者分配利润无关的经济利益的总流出。

(6)利润是指企业在一定会计期间的经营成果。利润包括收入减去费用后的净额、直接计入当期利润的利得和损失等。

（7）会计等式有以下三个：资产＝负债＋所有者权益；收入－费用＝利润；资产＋费用＝负债＋所有者权益＋收入。

课 程 思 政

利用会计等式，强化"信息处理"，践行"职业理想"

【思政目标】

理解不忘初心的核心要义和精神实质，塑造良好的品格、品行，树立正确的世界观、人生观和价值观，把学和做有机结合起来，做到学思用贯通、知信行统一。

【思政案例】

张华现有 20 万元存款，准备全部用于投资创业。2022 年 8 月，他正式注册成立 C 公司，注册资本金 20 万元；租用了一套 $200m^2$ 的办公室，支付 6 万元作为 1 年的租金；支付各种办公费用 2 万元；用银行存款购入商品 10 万元，并于当月全部卖出，收到货款 13 万元，货款已经存入银行。

【思政问题】

（1）企业会计的核算对象是资金运动。C 公司的上述经营活动，同时也是资金运动过程。如何通过会计等式，记录 C 公司在这些经营活动中的资金变化过程和变化结果？

（2）如何评价 C 公司第一个月的经营情况？

（3）应采用什么样的方式报告资金运动？

练 习 题

一、单选题

（一）会计要素与会计确认概述

1. 会计要素是对（　）的基本分类。
  A．会计核算　　　　B．会计科目　　　　C．会计对象　　　　D．会计主体

2. （　）是对会计对象进行的基本分类，是会计核算对象的具体化。
  A．会计要素　　　　B．会计科目　　　　C．会计账户　　　　D．会计对象

3. 在下列各项中，属于会计对象基本内容的是（　）。
  A．资金筹集　　　　B．资金运动　　　　C．资金使用　　　　D．资金退出

（二）资产要素

1. 下列项目中，属于资产的是（　）。
  A．购入的某项专利权　　　　　　　　B．经营租入的设备
  C．已销售对方未提走的商品　　　　　D．计划购买的某项设备

2. （　）是指过去的交易、事项形成并由企业拥有或控制的资源，该资源预期给企业带来经济利益。
  A．资产　　　　　　B．负债　　　　　　C．所有者权益　　　D．收入

3. 下列属于资产类科目的是（　）。
  A．预收账款　　　　B．实收资本　　　　C．应收账款　　　　D．预提费用

4．下列账户不属于资产类账户的是（　）。
A．交易性金融资产　　B．递延所得税资产　　C．公允价值变动损益　　D．在途物资

5．车间管理人员福利费应该记入（　）账户。
A．管理费用　　B．制造费用　　C．生产成本　　D．销售费用

6．下列会计科目中，不属于资产类的是（　）。
A．预付账款　　B．预收账款　　C．应收账款　　D．长期待摊费用

7．在下列各项中，属于资产要素本质特征的是（　）。
A．企业过去的交易或事项形成　　B．由企业所拥有
C．由企业所控制　　D．预期会给企业带来经济利益

8．在以下各项中，不属于企业固定资产特征的是（　）。
A．为生产商品而持有　　B．为提供劳务而持有
C．为进行销售而持有　　D．使用寿命超过一个会计年度

9．在以下各项中，不属于企业流动资产的是（　）。
A．库存现金　　B．银行存款　　C．预付账款　　D．应付账款

10．在以下各项中，不属于企业非流动资产的是（　）。
A．固定资产　　B．无形资产　　C．预付账款　　D．长期待摊费用

（三）负债要素

1．下列不属于负债的是（　）。
A．待摊费用　　B．长期借款　　C．短期借款　　D．预提费用

2．负债是指企业由过去交易或事项形成的（　）。
A．现时义务　　B．将来义务　　C．过去义务　　D．永久义务

3．下列项目中，不属于职工薪酬的是（　）。
A．职工工资　　B．职工福利费　　C．医疗保险费　　D．职工出差报销的火车票

4．企业利润表中"营业税金及附加"项目不包括的税金为（　）。
A．消费税　　B．资源税　　C．城市维护建设税　　D．增值税

5．下列税金不通过"应交税费"科目核算的是（　）。
A．营业税　　B．增值税　　C．所得税　　D．印花税

6．下列不属于流动负债的是（　）。
A．应付债券　　B．应付股利　　C．应付票据　　D．应付账款

7．在下列各项中，不属于负债要素特征的是（　）。
A．由企业过去的交易或事项形成　　B．企业应当承担的现时义务
C．预期会导致经济利益流出企业　　D．预期会给企业带来经济利益

8．将企业负债分为流动负债和非流动负债两类的依据是（　）。
A．负债的有偿性　　B．负债的流动性
C．负债的非流动性　　D．负债导致经济利益的流出性

9．在以下各项中，不属于企业非流动负债的是（　）。
A．预收账款　　B．长期借款　　C．应付债券　　D．长期应付款

10．在以下各项中，不属于企业预计负债的是（　）。
A．企业对外提供担保的预计负债　　B．企业未决诉讼的预计负债

C．企业产品质量保证的预计负债　　　　D．企业拟购货款的预计负债

（四）所有者权益要素

1．所有者权益在数量上表现为（　　）的净额。
A．资产总额减去负债总额　　　　　　　B．流动资产总额减去流动负债总额
C．资产总额减去流动负债总额　　　　　D．非流动资产总额减去非流动负债总额

2．所有者权益的特点是（　　）。
A．没有参与企业经营管理的权利　　　　B．企业清算时索偿权在债权人之后
C．需要一定时间内偿还　　　　　　　　D．不能参与企业的利润分配

3．下列会计事项中，会引起企业净资产变动的是（　　）。
A．提取盈余公积　　　　　　　　　　　B．用盈余公积弥补亏损
C．用盈余公积转增资本　　　　　　　　D．用未分配利润分派现金股利

4．下列经济业务中，能引起企业的所有者权益和营运资金都发生变动的是（　　）。
A．从税后利润中提取盈余公积　　　　　B．用盈余公积弥补以前年度亏损
C．向投资者分派现金股利　　　　　　　D．固定资产重估增值

5．下列各项中，会引起企业所有者权益总额发生变动的是（　　）。
A．用银行存款偿还负债　　　　　　　　B．以计入资本公积的股本溢价转增股本
C．可供出售金融资产公允价值发生变动　D．盈余公积弥补亏损

6．下列各项中，能引起负债和所有者权益同时发生变动的是（　　）。
A．摊销固定资产大修理支出　　　　　　B．董事会提出现金股利分配方案
C．计提长期债券投资利息　　　　　　　D．以盈余公积弥补亏损

7．下列不属于所有者权益的是（　　）。
A．股本　　　　B．实收资本　　　　C．资本公积　　　　D．主营业务收入

8．企业所拥有的资产总有其提供者，即来源渠道。资产的提供者对企业资产所享有的经济利益在会计上称为（　　）。
A．投资人权益　　B．债权人权益　　C．所有者权益　　D．权益

9．实收资本是指企业实际收到的投资者投入的资本，它是企业（　　）中的主要组成部分。
A．资产　　　　B．负债　　　　C．所有者权益　　　　D．收入

10．企业所有者权益中的盈余公积和未分配利润通常称为（　　）。
A．实收资本　　B．资本公积　　C．留存收益　　D．所有者权益

11．盈余公积是从（　　）中提取的公积金。
A．营业利润　　B．其他业务收入　　C．税后利润　　D．销售利润

12．企业的所有者权益应等于（　　）。
A．资产＋负债　　B．资产－负债　　C．资产－收入　　D．资产－费用

13．在以下各项中，不属于企业所有者权益的是（　　）。
A．股本　　　　B．资本公积　　　　C．预收账款　　　　D．盈余公积

14．在以下各项中，被称为留存收益的是（　　）。
A．实收资本与资本公积　　　　　　　　B．实收资本与盈余公积
C．资本公积与盈余公积　　　　　　　　D．盈余公积与未分配利润

（五）收入要素

1．下列确认劳务收入的方法中，正确的是（　　）。
A．在同一年度内开始并完成的劳务，在劳务完成时确认收入

B．在同一年度内开始并完成的劳务，按完工百分比法确认收入

C．劳务收入应在实际收到时确认收入

D．劳务收入应签订劳务合同时确认收入

2．在工业企业的各项收入中，下列不属于营业收入的是（　　）。

　　A．转让技术使用权的转让收入　　　　B．出租固定资产的租金收入

　　C．出售固定资产的价款收入　　　　　D．出租包装物的租金收入

3．下列经济业务中，应确认为销售收入实现的是（　　）。

　　A．收到购货方预付的货款　　　　　　B．收到代销单位的代销清单

　　C．发出委托代销的商品　　　　　　　D．采用托收承付结算方式发出商品

4．工业企业取得的下列收入中，通过"其他业务收入"科目核算的是（　　）。

　　A．来料加工劳务收入　　　　　　　　B．运输劳务收入

　　C．销售自制半成品收入　　　　　　　D．销售固定资产收入

5．企业对外销售商品时，若安装或检验任务是销售合同的重要组成部分，则确认该商品销售收入的时点是（　　）。

　　A．发出商品时　　　　　　　　　　　B．开出销售发票账单时

　　C．收到商品销售货款时　　　　　　　D．商品安装完毕并检验合格时

6．下列项目不属于营业外收入的是（　　）。

　　A．原材料销售收入　　　　　　　　　B．没收的包装物押金

　　C．固定资产盘盈　　　　　　　　　　D．非货币性资产交换收益

7．对于企业在销售收入确认之后发生的销售折让，应在实际发生时（　　）。

　　A．计入销售费用　　B．计入财务费用　　C．计入管理费用　　D．冲减当期销售收入

8．在下列各项中，被称为营业收入的是（　　）。

　　A．主营业务收入与其他业务收入　　　B．主营业务收入与投资收益

　　C．主营业务收入与营业外收入　　　　D．其他业务收入与营业外收入

9．在下列各项中，不属于企业非日常活动产生的收入的是（　　）。

　　A．无法查明原因的现金盘盈收入　　　B．处置报废固定资产的净收益

　　C．接受捐赠的收益　　　　　　　　　D．投资收益

（六）费用要素

1．属于费用确认的一般原则是（　　）。

　　A．及时性原则　　B．明晰性原则　　C．历史成本原则　　D．配比原则

2．下列项目中，应列作营业外支出的是（　　）。

　　A．对外捐赠支出　　　　　　　　　　B．6个月以上长期病假人员工资

　　C．退休职工的退休金　　　　　　　　D．无法收回的应收账款

3．用于归集和分配辅助生产费用的科目是（　　）。

　　A．制造费用　　B．预计账款　　C．生产成本　　D．营业费用

4．下列产品不应计入产品费用也不得计入期间费用的是（　　）。

　　A．厂部领用的修理费用

　　B．车间设备维修耗用的辅助材料

　　C．厂基建部门进行房屋改建领用的材料

　　D．辅助生产车间为厂部管理部门进行设备维修耗用的材料

5．能够计入产品成本的工资费用是（　　）。

　　A．车间管理人员工资　　　　　　　　B．在建工程人员工资

C．专设销售机构人员工资　　　　　　D．企业管理部门人员工资

6．下列各项中，应计入财务费用的是（　　）。
A．应收票据贴现所得金额低于票据面值的金额　　B．清算期间发生的借款利息
C．按面值发行股票发生的手续费　　　　D．筹建期间发生的借款利息

7．企业在购买材料时，若采用银行承兑汇票结算货款，则支付的银行承兑手续费，应计入（　　）。
A．材料采购成本　　B．应付票据　　C．管理费用　　D．财务费用

8．下列不在"管理费用"科目核算的项目是（　　）。
A．工会经费　　B．印花税　　C．包装费　　D．无形资产摊销

9．企业支付的离退休职工的医药费，应当在（　　）科目核算。
A．管理费用　　　　　　　　　　　　B．营业外支出
C．应付职工薪酬——职工福利费　　　D．其他业务成本

10．下列项目中应计入营业外支出的是（　　）。
A．存货跌价准备　　　　　　　　　　B．计提坏账准备
C．接受捐赠固定资产发生的相关支出　　D．自然灾害造成的固定资产损失

11．企业发生公益性捐赠时，应借记（　　）。
A．销售费用　　B．其他业务支出　　C．营业外支出　　D．财务费用

12．应由本期负担但本期未支付的费用是（　　）。
A．预付费用　　B．待摊费用　　C．预提费用　　D．已付费用

13．下列项目中，不应记入"财务费用"账户的是（　　）。
A．利息支出　　　　　　　　　　　　B．汇兑损益
C．支付金融机构手续费　　　　　　　D．财务人员工资

14．下列不属于费用的是（　　）。
A．管理费用　　B．财务费用　　C．营业费用　　D．待摊费用

15．下列项目中，不属于管理费用的是（　　）。
A．厂部耗用材料　　　　　　　　　　B．厂部管理人员工资
C．车间管理人员工资　　　　　　　　D．厂部办公用房的租金

16．不应计入产品成本的费用是（　　）。
A．制造费用　　B．管理费用　　C．直接材料费用　　D．直接人工费用

17．在下列各项中，不属于费用要素特征的是（　　）。
A．企业在日常活动中发生的经济利益总流出　　B．会导致所有者权益减少的经济利益总流出
C．企业在非日常活动中发生的经济利益总流出　　D．与向所有者分配利润无关的经济利益总流出

18．在下列各项中，被称为企业营业成本的是（　　）。
A．主营业务成本与投资损失　　　　　B．主营业务成本与其他业务成本
C．其他业务成本与投资损失　　　　　D．投资损失与税金及附加

19．在下列各项中，不属于企业日常活动产生的费用的是（　　）。
A．主营业务成本　　B．税金及附加　　C．财务费用　　D．营业外支出

20．在下列各项中，不属于企业销售费用的是（　　）。
A．专设销售机构人员的工资　　　　　B．专设销售机构人员的福利费
C．为推销产品发生的展销费　　　　　D．应由企业统一负担的公司经费

21．在下列各项中，不属于企业管理费用的是（　　）。
A．应由企业统一负担的公司经费　　　B．业务招待费

C．诉讼费 D．汇兑损益

（七）利润要素

1．利润总额是指（ ）。
   A．直接计入当期利润的利得
   B．营业利润加直接计入当期利润的利得
   C．营业利润加直接计入当期利润的利得减直接计入当期利润的损失
   D．营业利润减直接计入当期利润的损失

2．利润是指企业在一定会计期间的经营成果，可用公式表示为（ ）。
   A．收入＋费用＋利得－损失 B．收入＋利得－损失＋费用
   C．收入－利得＋费用－损失 D．收入－费用＋利得－损失

3．在下列各计算公式的结果中，被称为营业利润的是（ ）。
   A．收入＋费用   B．收入－费用   C．收入－利得   D．收入＋利得

4．在下列各项中，反映企业日常活动经营业绩的是（ ）。
   A．收入减去费用后的净额   B．收入加上利得后的净额
   C．收入减去利得后的净额   D．收入减去损失后的净额

（八）会计等式

1．企业发生的下列经济业务中，能引起资产和负债同时增加的业务是（ ）。
   A．用银行存款购买原材料   B．预收销货款存入银行
   C．提取盈余公积金   D．年终结转净利润

2．企业向银行借入款项，表现为（ ）。
   A．一项资产减少，一项负债减少   B．一项资产减少，一项负债增加
   C．一项资产增加，一项负债减少   D．一项资产增加，一项负债增加

3．下列各项中，仅引起所有者权益内部有关项目此增彼减的经济业务是（ ）。
   A．经批准，将资本公积金 40 万元转为实收资本
   B．向银行借入为期 3 年的贷款 400 万元存入银行
   C．政府捐赠卡车 10 辆，价值 200 万元
   D．以银行存款 2 万元购入复印机一台

4．最基本的会计等式为（ ）。
   A．资产＋负债＝所有者权益   B．资产＝负债＋所有者权益
   C．收入－费用＝利润   D．收入－成本＝利润

5．以下（ ）不是企业会计的会计等式。
   A．资产－负债＝所有者权益   B．收入－费用＝利润
   C．资产－负债＝净资产＋收入－支出   D．资产＝负债＋所有者权益＋利润

6．经济业务发生后，（ ）会计等式的平衡关系。
   A．可能会影响   B．可能会破坏   C．不会影响   D．会影响

7．会计等式表现为各（ ）之间在总额上必然相等的关系。
   A．会计科目   B．会计要素   C．会计账户   D．会计主体

8．下列经济业务的发生，不会使会计等式两边总额发生变化的是（ ）。
   A．收到投资者以固定资产进行的投资   B．从银行取得借款存入银行
   C．以银行存款偿还应付账款   D．收到应收账款存入银行

9．静态会计等式是由静态会计要素组合而成反映企业一定时点财务状况的等式，其组合方式

为（　　）。
   A．资产＝负债＋所有者权益　　　　B．资产＝权益
   C．负债＝资产－所有者权益　　　　D．收入－费用＝利润
10．动态会计等式是由动态会计要素组合而成的反映企业某一会计期间经营成果的等式，其组合方式为（　　）。
   A．收入＋费用＝利润　　　　　　　B．资产＝负债＋所有者权益
   C．收入－费用＝利润　　　　　　　D．收入－费用＝亏损
11．在下列各会计要素中，静态会计等式不包含的要素是（　　）。
   A．资产　　　B．负债　　　C．收入　　　D．所有者权益
12．在下列各会计要素中，动态会计等式不包含的要素是（　　）。
   A．收入　　　B．费用　　　C．利润　　　D．负债
13．在下列各种交易或事项的类型中，不属于影响会计等式中的会计要素的类型是（　　）。
   A．影响会计等式等号双方要素，使双方要素同时增加，增加金额相等
   B．影响会计等式等号双方要素，使双方要素同时减少，减少金额相等
   C．影响会计等式等号双方要素，双方的要素有增有减，增减金额相等
   D．只影响会计等式等号左方要素，使这些要素有增有减，增减金额相等

二、多选题

（一）会计要素与会计确认概述

下列各项属于企业会计要素的有（　　）。
   A．资产　　　　B．负债　　　　C．所有者权益　　　D．利润
   E．费用

（二）资产要素

1．下列各项中属于资产的项目有（　　）。
   A．银行存款　　B．应收账款　　C．应付账款　　　D．无形资产
2．资产要素的特点有（　　）。
   A．由企业拥有或控制的　　　　　　B．能带来预期的经济利益
   C．由过去的交易或事项形成　　　　D．具有实物形态
3．对符合资产定义的资源，在同时满足（　　）的条件时，应确认为资产。
   A．与该资源有关的经济利益很可能流入企业　　B．所有者认可的经济资源
   C．该资源成本或价值能够可靠地计量　　　　　D．企业拥有或控制
4．将一项资源确认为资产，除要符合资产定义以外，还应满足（　　）条件。
   A．与该资源有关的经济利益很可能流入企业
   B．该资源带来的经济利益的金额能够可靠地计量
   C．该资源的成本或者价值能够可靠地计量
   D．企业必须拥有或控制该资源
5．根据我国的会计制度，通过"应收票据"科目核算的票据有（　　）。
   A．银行票据　　B．银行本票　　C．商业承兑汇票　　D．银行承兑汇票
6．企业的应收账款不应包括（　　）。
   A．预付给分公司款项　　　　　　　B．应收利息
   C．超过一年的应收分期销货款　　　D．对职工的预付款
7．企业的预付账款可以通过（　　）科目进行核算。

A．预付账款　　　　　B．应付账款　　　　　C．其他应收款　　　　D．其他应付款

8．采用备抵法核算坏账损失的企业，不计提坏账准备的项目有（　　）。

A．其他应收款　　　　B．应收票据　　　　　C．预付账款　　　　　D．应收利息

9．下列属于外来的无形资产的有（　　）。

A．企业从其他单位或个人购得的无形资产　　B．其他单位作为资本投入的无形资产

C．国家政府给予的某种特权　　　　　　　　D．接受捐赠的无形资产

10．下列可确认为无形资产的有（　　）。

A．购买取得的专利权　　　　　　　　　　　B．企业自创的商誉

C．国家无偿划拨给企业的土地使用权　　　　D．外购的商标权

（三）负债要素

1．负债要素的特点有（　　）。

A．由过去的交易或事项引起　　　　　　　　B．有确定的偿付金额

C．将导致经济利益的流出　　　　　　　　　D．必须用货币资金偿还

2．将一项义务确认为负债，除要符合负债定义之外，还应满足（　　）条件。

A．与该义务有关的经济利益很可能流出企业　B．该义务的成本或价值能够可靠地计量

C．未来流出的经济利益的金额能够可靠地计量　D．是将来的交易或事项形成的现时义务

3．"长期应付款"科目核算的内容主要有（　　）。

A．应付购货款

B．从非银行金融机构借入的期限在1年以上的借款

C．应付融资租入固定资产的租赁费

D．采用补偿贸易方式引进的国外设备价款

（四）所有者权益要素

1．所有者权益的确认依附于（　　）的确认。

A．资产　　　　　　　B．负债　　　　　　　C．收入　　　　　　　D．费用

2．所有者权益通常划分为（　　）等项目。

A．未分配利润　　　　B．资本公积　　　　　C．盈余公积　　　　　D．实收资本

3．企业的留存收益包括（　　）。

A．资本公积　　　　　B．盈余公积　　　　　C．股本　　　　　　　D．未分配利润

4．下列仅影响所有者权益这一要素结构变动的项目有（　　）。

A．用盈余公积弥补亏损　　　　　　　　　　B．用盈余公积转增资本

C．分配现金股利　　　　　　　　　　　　　D．分配股票股利

5．下列事项中，可引起所有者权益减少的有（　　）。

A．用新增利润税前还贷　　　　　　　　　　B．向投资者分配利润

C．用盈余公积弥补亏损　　　　　　　　　　D．发生亏损

6．在下列各项内容中，不会引起留存收益发生变动的有（　　）。

A．盈余公积弥补亏损　B．计提法定盈余公积　C．盈余公积转增资本　D．计提任意盈余公积

7．以下各项中，属于投入资本的有（　　）。

A．法定盈余公积　　　B．任意盈余公积　　　C．实收资本　　　　　D．资本公积

8．关于企业的实收资本，下列说法中正确的有（　　）。

A．是企业实际收到投资人投入的资本　　　　B．是企业进行正常经营的条件

C．应按实际投资数额入账　　　　　　　　　D．在生产经营中取得的收益不得直接增加实收资本

9．下列事项会导致股本发生变动的有（　　）。
A．资本公积转增资本　　B．盈余公积转增资本　　C．盈余公积弥补亏损　　D．派送新股
10．关于实收资本，下列说法正确的有（　　）。
A．它是企业实际收到投资人投入的资本　　B．它是企业进行正常的经营条件
C．它是企业向外投出的资产　　D．它应按照实际投资数额入账
11．资本公积的来源有（　　）。
A．长期股权投资权益法下，被投资单位除净损益外所有者权益发生其他变动
B．可供出售金融资产公允价值变动
C．金融资产重分类
D．资本溢价
12．下列各项中，能引起盈余公积发生增减变化的有（　　）。
A．计提法定盈余公积　　B．计提任意盈余公积
C．用任意盈余公积弥补亏损　　D．用任意盈余公积派发现金股利
13．盈余公积可用于（　　）。
A．支付股利　　B．转增资本　　C．弥补亏损　　D．转增资本公积

（五）收入要素
1．广义收入包括的内容有（　　）。
A．主营业务收入　　B．其他业务收入　　C．投资收益　　D．营业外收入
2．下列有关收入确认的表述中，正确的有（　　）。
A．附有商品退回条件的商品销售可以在退货期满时确认收入
B．销售并购回协议下，应按销售收入的款项高于购回支出的款项的差额确认收入
C．资产使用费收入应当按合同规定确认收入
D．订货销售应该在收到款项时确认收入
3．下列交易和事项中，不能确认营业收入的有（　　）。
A．预收客户账款　　B．订货销售收到的部分订货款
C．发出委托代销商品　　D．分期收款销售发出商品时
4．下列各项中，通常应确认收入的有（　　）。
A．预计不可收回货款的商品在发出时　　B．委托代销的商品在商品发出时
C．委托代销的商品在收到代销清单时　　D．预收款销售在商品发出时
5．下列各项中，应当作为营业外收入核算的有（　　）。
A．非货币性资产交换过程中发生的收益　　B．出售无形资产净收益
C．出租无形资产净收益　　D．收到退回的增值税
6．下列项目中不应确认为收入的有（　　）。
A．销售商品收取的增值税　　B．出售飞机票时代收的保险费
C．旅行社代客户购买景点门票收取的款项　　D．销售商品代垫的运杂费
7．收入的特征表现为（　　）。
A．收入从日常活动中产生，而不是从偶发的交易或事项中产生
B．收入可能表现为资产的增加
C．收入可能表现为所有者权益的增加
D．收入可能表现为负债的减少
8．收入引起经济利益流入企业的结果可表现为（　　）。

A．费用的减少 B．资产的增加
C．负债的减少 D．资产的增加与负债的减少兼而有之

9．下列属于收入的有（　　）。
A．主营业务收入　　B．其他业务收入　　C．投资净收益　　D．营业外收入

10．在下列各项中，属于收入要素特征的有（　　）。
A．企业在日常活动中形成的经济利益总流入　　B．包括了企业营业外收入的经济利益总流入
C．会导致所有者权益增加的经济利益总流入　　D．包括了投资者投入资本的经济利益总流入
E．与所有者投入资本无关的经济利益总流入

11．将一项经济利益流入确认为企业的收入，除应符合收入的定义，还应同时满足的条件有（　　）。
A．与该资源有关的经济利益很可能流入企业
B．与该义务有关的经济利益很可能流出企业
C．经济利益流入企业的结果会导致企业资产增加或者负债减少
D．经济利益的流入额能够可靠地计量
E．与收入有关的经济利益应当很可能流入企业

（六）费用要素

1．下列各项中，属于费用性支出的有（　　）。
A．用现金支付生产工人工资　　B．用现金支付企业管理人员工资
C．用现金支付销售人员工资　　D．用现金支付车间管理人员工资

2．下列各项中，属于税金及附加的有（　　）。
A．增值税　　　　　　B．消费税　　　　　　C．资源税　　　　　　D．城市维护建设税

3．下列各项中，属于营业外支出的有（　　）。
A．固定资产出售损失　　B．无形资产出售损失　　C．坏账损失　　D．原材料非常损失

4．下列各项中，应当计入其他业务成本的有（　　）。
A．随同商品出售不单独计价的包装物成本　　B．对外销售的原材料成本
C．随同商品出售单独计价的包装物成本　　D．领用的用于出借的新包装物成本

5．下列费用中，应当作为管理费用核算的有（　　）。
A．行政管理人员工资　　B．诉讼费　　　　C．公司广告费用　　D．房产税

6．在账务处理中，可能与"营业外支出"科目的借方发生对应关系的贷方科目有（　　）。
A．待处理财产损溢　　B．固定资产清理　　C．银行存款　　D．本年利润

7．下列费用中，应作为销售费用处理的有（　　）。
A．非专设销售机构销售人员的工资　　B．销售产品运输费用
C．融资租赁设备支出　　D．专设销售机构费用

8．在实际工作中，确认费用的方法主要有（　　）。
A．按其与营业收入的直接联系确认费用　　B．按一定的分配方式确认费用
C．在支付发生时直接确认为费用　　D．按收付实现制确认费用

9．费用引起经济利益流出的结果可表现为（　　）。
A．收入的减少　　　　　　　　　　　　B．资产的减少
C．负债的增加　　　　　　　　　　　　D．资产的减少与负债的增加兼而有之

10．在下列各项中，属于费用要素特征的有（　　）。
A．企业在日常活动中发生的经济利益总流出　　B．会导致所有者权益减少的经济利益总流出
C．包括营业外支出在内的经济利益总流出　　D．与向所有者分配利润无关的经济利益总流出

E．与向所有者分配利润有关的经济利益总流出

11．将一项经济利益流出确认为企业的费用，除应符合费用的定义，至少应当满足的条件还有（　　）。
A．与费用相关的经济利益很可能流出企业
B．与该义务有关的经济利益很可能流出企业
C．该经济利益流出企业的结果会导致资产的减少或负债的增加
D．经济利益的流入额能够可靠地计量
E．经济利益的流出额能够可靠地计量

（七）利润要素

1．"利润分配"科目所属明细科目中，本年利润结算后应没有余额的是（　　）。
A．提取盈余公积　　　B．盈余公积补亏　　　C．应付利润　　　D．未分配利润

2．构成并影响营业利润的项目有（　　）。
A．营业成本　　　B．营业税金及附加　　　C．投资收益　　　D．管理费用和财务费用

3．下列项目中，能引起企业利润总额增加的有（　　）。
A．按规定程序批准后结转的固定资产盘盈　　　B．计提长期债券投资的利息
C．收到供应单位违反合同的违约金　　　D．因所得税返还冲减的所得税费用

（八）会计等式

1．下列能引起资产和所有者权益同时增加的业务有（　　）。
A．收到国家投资存入银行　　　B．提取盈余公积金
C．收到外商投入设备一台　　　D．收到外单位的现金投资

2．下列各项会计核算中，以会计恒等式为理论依据的有（　　）。
A．复式记账　　　B．成本计算　　　C．财产清查　　　D．试算平衡
E．会计报表

3．"资产＝负债＋所有者权益"是（　　）的理论基础或理论依据。
A．编制利润表　　　B．编制资产负债表　　　C．编制现金流量表　　　D．复式记账法

4．下列经济业务中，（　　）会引起会计等式两边同时发生增减变动。
A．用银行存款偿还前欠应付货款　　　B．购进材料未付款
C．从银行提取现金　　　D．向银行借款存入银行

5．下列经济业务中，引起会计等式左右两边同时发生增减变化的有（　　）。
A．投资者投入资本　　　B．以银行存款支付外购存货费用
C．取得收入存入银行　　　D．以产品抵偿债务

6．下列经济业务中，只引起会计等式左右两边中一边变化的是（　　）。
A．从银行取得贷款　　　B．将现金存入银行
C．收到应收款存入银行　　　D．赊购原材料

7．下列能引起资产和负债同时减少的业务有（　　）。
A．以现金发放职工工资　　　B．以银行存款预付购货款
C．以现金购买印花税票　　　D．退回客户包装物押金

8．在下列各会计要素中，属于企业资金运动在某一个特定时点的表现形式，并被称为静态会计要素的有（　　）。
A．资产　　　B．负债　　　C．收入　　　D．所有者权益
E．利润

9．在下列各种会计要素中，属于企业资金运动在某一会计期间的表现形式，并被称为动态会计要素的

有（ ）。

　　A．收入　　　　　　B．资产　　　　　　C．费用　　　　　　D．所有者权益

　　E．利润

10．在下列各种情形中，属于影响会计等式中会计要素增减变动的交易或事项类型的有（ ）。

　　A．影响会计等式等号双方要素，使双方要素同时增加，增加金额相等

　　B．影响会计等式等号双方要素，使双方要素同时减少，减少金额相等

　　C．影响会计等式等号双方要素，双方的要素有增有减，增减金额相等

　　D．只影响会计等式等号左方要素，使这些要素有增有减，增减金额相等

　　E．只影响会计等式等号右方要素，使这些要素有增有减，增减金额相等

三、判断题

（一）会计要素与会计确认概述

1．会计要素是对会计对象按照交易或事项的经济特征所做的基本分类。　　　　（　）

2．会计确认是指将企业发生的交易或事项与会计要素联系起来加以认定的过程。　　（　）

（二）资产要素

1．资产可以是有形的，也可以是无形的。　　　　　　　　　　　　　　　　　（　）

2．只要是企业拥有或控制的资源就可以确认为资产。　　　　　　　　　　　　（　）

3．企业与供应商已经签订了具有法律效力的购货合同，对即将购入的设备或材料等即可确认为企业的资产。　　　　　　　　　　　　　　　　　　　　　　　　　　　　　　　　　　（　）

4．企业对一项资源的拥有是指企业享有该资源的所有权，通常表明企业能够排他性地从资产的使用过程中获取经济利益。　　　　　　　　　　　　　　　　　　　　　　　　　　　（　）

5．资产是企业拥有的资源，企业对借入的款项并不拥有所有权，因而不能将其确认为企业的资产。

（　）

6．企业的一台设备因操作不当，烧毁了核心部件，且无修复可能，但该设备的实体仍然保持完整，因而可以继续将其确认为企业的资产。　　　　　　　　　　　　　　　　　　　　　（　）

7．企业的资产按其流动性可分为流动资产和非流动资产两类。　　　　　　　　（　）

8．流动资产是指企业不能在一年或者超过一年的一个营业周期内变现或耗用的资产。（　）

9．企业的营业周期通常是指企业从购买用于加工的资产起至实现现金或现金等价物的流入所经历的期间。

（　）

10．不论哪一类企业，都应以一个公历年度作为一个营业周期。　　　　　　　（　）

11．企业的库存现金主要用于其日常经营活动中所发生的小额零星支出。　　　（　）

12．交易性金融资产是指企业以公允价值计量且其变动计入当期损益的金融资产。（　）

13．购入及出售交易性金融资产是企业的一项长期投资行为。　　　　　　　　（　）

14．应收账款是指企业由于赊销产品、提供劳务等经营活动应向购买方或劳务提供方收取的款项。

（　）

15．预付账款是指企业由于购买销售方的产品，接受服务方提供的劳务等按照合同规定而预先支付给对方的款项。由于款项已经付出，因此不应再确认为企业的资产。　　　　　　　　（　）

16．企业的所有资产都应具有一定的实物形态。　　　　　　　　　　　　　　（　）

17．固定资产是指企业所拥有的无形资产。　　　　　　　　　　　　　　　　（　）

18．长期待摊费用属于企业摊销期在一年以上的费用。　　　　　　　　　　　（　）

19．在确认资产要素时，之所以强调"与该资源有关的经济利益很可能流入企业"，主要是由于与资源有关的经济利益能否流入企业或能够流入多少具有很大的不确定性。　　　　　　　（　）

20．如果某资源的成本或价值不能够可靠地计量，仍然不能将其确认为企业的资产。（ ）

（三）负债要素

1．负债包括现时的偿债义务和潜在的偿债义务。（ ）
2．负债是企业过去交易或事项形成的，预期会导致企业经济利益流出企业的未来义务。（ ）
3．负债是企业应当承担的未来义务。（ ）
4．预收账款是一种负债性质的预售收入，因此应当作为当期收入入账。（ ）

（四）所有者权益要素

1．企业的所有者对企业的全部资产都具有要求权。（ ）
2．当企业收到投资者投资时，会导致经济利益流入企业，对这种经济利益流入也应确认为企业的收入。（ ）
3．企业的资本公积金和未分配利润也称为留存收益。（ ）
4．企业用盈余公积转增资本或弥补亏损时，不会引起所有者权益总额变动。（ ）
5．企业资产增加时，企业所有者权益必然会增加。（ ）
6．国有独资公司的投入资本，无论初始投入还是以后的追加，全部作为实收资本核算入账。（ ）
7．企业的实有资本任何情况下都要与注册资本相一致。（ ）
8．资本公积只有在所有者投入企业的资金超过注册资本总额时才能发生。（ ）
9．企业用盈余公积弥补亏损，会导致留存收益减少。（ ）
10．企业的盈余公积是指企业从实现的利润中计算提取留存于企业的部分。（ ）
11．所有者权益的确认主要依赖于资产要素和负债要素的确认。（ ）
12．所有者权益反映的是所有者对企业资产的索取权，而负债反映的是企业债权人对企业资产的索取权，两者在性质上是相同的。（ ）

（五）收入要素

1．收入通常表现为新资产的流入或债务的偿还。（ ）
2．企业采用委托代销方式销售商品，应在商品发出时确认营业收入。（ ）
3．确定了收入要素和费用要素的数量，也就确定了利润要素的数量。（ ）
4．判断一项商品所有权上的主要风险和报酬是否转移，需要关注每项交易的实质而不只是形式。（ ）
5．企业从其开户银行提取现金时，企业会有现金的流入，因而应确认为企业的收入。（ ）
6．主营业务收入是指企业在其从事的销售产品等日常活动所获取的收入。（ ）
7．投资收益属于让渡资产使用权而给企业带来的经济利益流入。（ ）

（六）费用要素

1．费用的发生实质上是导致所有者权益的减少，有时还会引起负债的增加。（ ）
2．狭义的费用是指经营过程中发生的各种费用，如生产车间领用的材料等。（ ）
3．发生成本性支出以后，会使一项资产减少，另一项资产增加，使资产总额保持不变。（ ）
4．管理费用中包括的税金及附加有印花税、房产税、城镇土地使用税和教育费附加以及车船税。（ ）
5．广义的费用是指企业在生产经营过程中发生的各项耗费，包括劳动对象、劳动手段和活劳动三个方面。（ ）
6．按现行会计制度规定，企业退休人员的退休金应计入管理费用。（ ）
7．费用和成本是既有联系又有区别的两个概念，费用与特定计量对象相联系，而成本则与特定的会计期间相联系。（ ）
8．管理费用应采用一定的分配方法计入各项产品中。（ ）
9．企业的一批生产产品所用的材料因暴雨而受到严重损坏，不能正常使用，由此造成的损失应确认为

企业的费用。（ ）

10．企业用银行存款偿还之前欠某供应商的货款，导致经济利益的流出，因而应确认为企业的费用。（ ）

11．企业向所有者分配股利或利润，有时会导致经济利益流出企业，这种经济利益的流出应确认为企业的费用。（ ）

12．主营业务成本是属于与主营业务收入相配比的费用。（ ）

13．企业在销售原来购入准备自用的材料的同时所确定的材料本身的成本，称为主营业务成本。（ ）

（七）利润要素

1．利润是指企业在一定会计期间的经营成果，包括收入减去费用后的净额、直接计入当期利润的利得和损失等。（ ）

2．利润的确认主要依赖于收入和费用的确认，以及利得和损失的确认。（ ）

（八）会计等式

1．会计等式在任何一个时点上都是平衡的。（ ）

2．在实际工作中，企业每天发生的经济业务十分复杂，但无论其引起会计要素如何变动，都不会破坏资产与权益的恒等关系。（ ）

3．所有经济业务的发生都会引起会计等式两边发生变化，但不破坏会计等式。（ ）

4．在权益不变时，企业资产的增加可能是由于实现利润引起的。（ ）

5．一项负债增加，一项所有者权益增加的交易或事项是不可能存在的。（ ）

6．无论发生什么样的交易或事项，会计等式都永远成立。（ ）

7．会计等式揭示了会计要素之间的联系，因而成为复式记账、会计报表等会计核算方法建立的理论依据。（ ）

8．会计等式在任何时点都是平衡的。（ ）

9．没有会计等式，会计也可以设置账户，进行复式记账和编制会计报表。（ ）

10．会计等式是运用数学方程的原理，描述会计对象之间数额相等关系的表达式。（ ）

11．静态会计等式实质上体现了企业资金的两个不同侧面。（ ）

12．资产会随着负债和所有者权益的增减变动而发生相反变化。（ ）

13．动态会计等式是反映企业某一特定日期经营成果的等式。（ ）

14．利润会随着费用的增减而发生相同变化。（ ）

15．综合会计等式能够全面反映企业的财务状况和经营成果。（ ）

四、会计核算题

（一）会计要素概述

1．资料：A 公司某月末各项目余额如下：

（1）出纳员处存放的现金 1 700 元。

（2）存入银行的存款 2 939 300 元。

（3）投资者投入的资本金 1 313 万元。

（4）向银行借入三年期的借款 50 万元。

（5）向银行借入半年期的借款 30 万元。

（6）原材料库存 41.7 万元。

（7）生产车间正在加工的产品 58.4 万元。

（8）产成品库存 52 万元。

（9）应收外单位产品货款 4.3 万元。

（10）应付外单位材料货款 4.5 万元。
（11）对外短期投资 6 万元。
（12）公司办公楼价值 570 万元。
（13）公司机器设备价值 420 万元。
（14）公司运输设备价值 53 万元。
（15）公司的资本公积共 96 万元。
（16）盈余公积共 44 万元。
（17）外欠某企业设备款 20 万元。
（18）拥有某企业发行的三年期公司债券 65 万元。
（19）上年尚未分配的利润 7 万元。

要求：划分各项目的会计要素类别，并将各项目金额填入表 2-1 中，并计算各会计要素的金额合计。

表 2-1 会计要素的类别 单位：元

项目号	金额		
	资产	负债	所有者权益
1			
2			
3			
4			
5			
6			
7			
8			
9			
10			
11			
12			
13			
14			
15			
16			
17			
18			
19			
合计			

2．资料：A 公司发生部分经济业务如下：
（1）以银行存款购买材料。
（2）以银行存款支付前欠 B 公司货款。
（3）企业计划以利润分配的形式向投资者分红。

（4）向银行借入长期借款，存入银行。

（5）收到所有者投入的设备。

（6）进口设备，款项未付。

（7）以银行存款归还长期借款。

（8）企业以固定资产向 C 公司投资。

（9）以银行借款归还 D 单位货款。

（10）经批准代所有者乙某以资本金偿还其应付给其他单位欠款。

（11）企业所有者甲某代企业归还银行借款，并将其转为投入资本。

（12）将盈余公积转作资本。

要求：分析上列各项经济业务的类型，填入表 2-2。

表 2-2　经济业务类型

类　　型	经济业务序号
1．一项资产增加，另一项资产减少	
2．一项负债增加，另一项负债减少	
3．一项所有者权益增加，另一项所有者权益减少	
4．一项资产增加，一项负债增加	
5．一项资产增加，一项所有者权益增加	
6．一项资产增加，一项负债减少	
7．一项资产减少，一项所有者权益减少	
8．一项负债减少，一项所有者权益增加	
9．一项负债增加，一项所有者权益减少	

（二）会计等式

1．资料：下列 A 公司的财务资料不完整，请运用会计等式的基本原理，将表 2-3 中空缺的项目金额补齐。

表 2-3　财务资料

2020 年 9 月 30 日　　　　　　　　　　　　　　　　　　　单位：元

资　　产	金　　额	权　　益	金　　额
现金	1 000	短期借款	200 000
银行存款	190 000	应付账款	?
应收账款	80 000	实收资本	1 700 000
原材料	210 000	资本公积	40 000
周转物资	?		
固定资产（净）	1 500 000		
资产总额	2 000 000	权益总额	?

2．资料：某企业月末各项目资料如下：

（1）所有者投入资本 130 万元。

（2）房屋及建筑物 42.1 万元。

（3）银行存款 12.1 万元。

（4）出纳库存现金 1 500 元。

（5）机器设备 100 万元。

（6）向银行借入半年期的借款 50 万元。

（7）向银行借入二年期的借款 60 万元。

（8）应付外单位货款 8 万元。

（9）对外单位长期投资 50 万元。

（10）应收外单位货款 10 万元。

（11）仓库里存放的原材料 52 万元。

（12）以前年度尚未分配的利润 45 万元。

（13）仓库里存放的产成品 19.5 万元。

（14）正在加工中的产品 7.5 万元。

（15）应交未交的税金 3 500 元。

要求：判断上列资料中各项目的类别（资产、负债、所有者权益），并将各项目金额一并填入表 2-4，然后计算资产总额、负债总额、所有者权益总额是否符合会计等式。

表 2-4 会计等式验证 单位：元

项 目 号	金 额		
	资 产	负 债	所有者权益
1			
2			
3			
4			
5			
6			
7			
8			
9			
10			
11			
12			
13			
14			
15			
合 计			

3．资料：某旅行社 2020 年 10 月发生下列经济业务：

（1）投资者投入 100 万元存入银行。

（2）租入一间办公室，预付一年的租金 3 万元。

(3) 用银行存款购买办公用品 3 000 元。
(4) 从银行提取 3 000 元的现金备用。
(5) 购买 2 万元的办公设备,款项未付。
(6) 本月服务收入收到现金 2.5 万元,另外 5 000 元未收。
(7) 支付本月水电费 2 000 元。
(8) 结算本月应付工资 4 000 元。

要求:根据上述经济业务,在表 2-5 会计等式的两边填入增减符号和相应的金额,并核对等式两边是否相等。

表 2-5　会计等式

业　　务	资产	=	负债	+	所有者权益
业务 1					
业务 2					
业务 3					
业务 4					
业务 5					
业务 6					
业务 7					
业务 8					
合　　计					

第三章

会计科目与会计账户

第一节　会计科目

一、会计科目的定义

会计科目是对会计要素进行分类所形成的具体项目，是设置会计账户的依据，也是会计报表项目的主要构成内容。设置会计科目并在此基础上设置账户，是会计的一种专门方法。

会计要素是会计上进行交易或事项的确认、计量和报告均必不可少的内容，但资产、负债和所有者权益等要素只能概括说明会计对象的基本内容，仅仅将会计对象划分到这个层次仍然难以满足会计上处理交易或事项的要求。比如，企业收到投资者投资交易的发生，会涉及资产和所有者权益两个要素，但在会计上不能以会计要素为单元进行处理，还应具体考虑这一交易究竟影响了会计要素的哪些具体方面。资产要素包括库存现金、银行存款、应收账款、原材料等，所有者权益要素包括实收资本、资本公积、盈余公积和未分配利润等。当交易或事项发生以后，只有结合这些具体内容进行确认，才能提供更为详细具体的相关信息。在划分会计要素的基础上，还需要采用一定的方法，根据各个要素的组成内容分别划分为若干个具体项目。比如，对资产要素可在将其划分为流动资产和非流动资产两大类的基础上再做进一步划分，将流动资产再划分为库存现金、银行存款、原材料和库存商品等。对划分出来的各个项目分别规定一个合适的名称，即会计科目。会计科目也是会计报表项目的主要构成内容。

二、会计科目的规范

会计科目的规范是指设置会计科目的规定和要求。设置会计科目是进行交易或事项处理的前提，是企业组织财务会计的工作内容之一。通常，企业会计部门根据本企业交易或事项的经济性质划分会计要素，并在此基础上设置会计科目，以便为会计账户的设立提供依据。企业会计准则的应用指南系列对各类企业的会计科目做出了统一规范（见附录），企业可以依据实际需要有选择地使用这些会计科目，作为设置账户的依据。

三、会计科目的设置原则

设置会计科目具有重要意义。一是有助于系统全面地核算会计要素内容；二是有助于设置账户，记录交易或事项；三是有助于提供相关信息，实现会计目标。设置会计科目一般应遵循以下几项原则：

1．全面地反映企业会计要素的内容

企业在确定需要设置哪些会计科目时，必须从其会计要素内容的实际状况出发。企业应根据其资产、负债、所有者权益、收入、费用和利润会计要素设置数量足够的会计科目，使这些会计科目能够全面地反映会计要素的全部内容，为完整账户体系的建立提供充分保证。

2．满足使用者掌握企业信息的需求

会计信息使用者不仅需要了解企业资产、负债和所有者权益等要素反映的财务状况总体信息，以及收入、费用和利润等要素反映的企业经营成果总体信息，还需要了解这些要素的具体分布或构成的详细信息。企业在设置会计科目时，应从便于使用者了解不同层面信息的角度予以全面考虑。

3．既满足账务处理需要又相对稳定

企业应根据其自身经营活动的特点，设置能满足其进行交易或事项账务处理需要的会计科目。比如，产品生产企业的主要经营活动是进行产品的生产和销售，除了应设置与其他会计主体具有共性的一些会计科目外，还应专门设置反映产品生产成本和反映产品销售收入等特有内容的会计科目。设置的会计科目应保持相对稳定，不宜经常变动。

4．体现统一性和灵活性的密切结合

统一性是指企业在设置会计科目时，应严格按照我国相关会计规范的规定进行会计科目的设置，使各个企业之间在会计科目的设置上保持高度统一。灵活性是指在不违反会计准则关于确认、计量和报告的前提下，各企业可根据实际情况自行增设、分拆和合并会计科目。比如，在预收账款不多的企业，可以将预收账款内容合并入应收账款科目，以便减少会计科目的设置数量。

5．会计科目简明清晰且使用方便

每一个会计科目都包含了特定的核算内容，在设置会计科目时，应对每个科目的核算内容加以明晰界定，会计科目的名称应文字简明、含义明确、通俗易懂，以便会计人员在进行交易或事项的处理过程中准确应用。

四、会计科目的级次

根据会计要素的具体内容进行多层次的分类设置会计科目，形成了完整的会计科目体系，会计科目的级次是企业设置的会计科目在整个会计科目体系中所处的层次。会计科目按其提供会计信息的详细程度不同可分为以下两类：

1．总分类科目

它是对会计要素内容进行总括分类形成的项目，也称一级科目或总账科目，是会计上对会计要素的具体内容进行总分类核算的依据，利用总分类科目设置的账户可以提供总括的会计信息。比如，"库存现金""银行存款""库存商品""应收票据"等科目，都是对资产要素进行基本分类以后形成的科目，即总分类科目。我国企业会计准则的应用指南系列中

规定的会计科目都属于总分类科目。需要注意的是，会计准则中产品生产企业主要设置资产、负债、所有者权益、成本和损益五类会计科目，而会计要素包括资产类、负债类、所有者权益类、收入类、费用类和损益类这六类。两种分类的关系是：负债类两者均相同；准则的资产类和成本类均属于要素的资产类；准则的所有者权益类包括要素的所有者权益类和利润类；准则的损益类包括要素的收入类和费用类。

2. 明细分类科目

明细分类科目简称明细科目，是在对会计要素内容进行总括分类的基础上再进行详细分类而形成的科目。明细科目在会计上是对会计要素的具体内容进行明细分类核算的依据，利用明细科目设置的账户可以提供更为详细的会计信息。明细科目可比照企业会计准则的应用指南系列中关于"会计科目和主要账务处理"的规定，由企业根据交易或事项处理和提供会计信息的需要自行设置。比如，企业要全面完整地反映应收账款情况，提供应收账款的总括信息，应设置"应收账款"科目；而要具体反映应收账款的明细情况，提供应收账款的详细信息，就应对所有的应收账款按欠款单位（债务人）进一步分类，在"应收账款"总分类科目下，按债务人的名称设置相应的明细科目，以便具体反映是哪个单位所欠的款项。明细科目包括多级，如二级明细科目、三级明细科目等，具体设置几级应根据企业的管理需要确定。

第二节 会计账户

一、会计账户的定义

账户是根据会计科目设置的，具有一定结构形式，用以连续、系统、全面地记录交易或事项，反映会计要素增减变动及其结果，并为财务报告的编制提供数据资料的一种工具。

账户设置的主要依据是会计科目。会计科目是对会计要素具体组成内容的各个部分规定的名称，设置会计科目的主要目的是为账户的设置提供依据。通常，会计科目由企业自行设置；如果在会计规范中已对会计科目做出了相应规定，企业可根据需要从中选用，并利用这些会计科目设置相应的账户。比如，根据"应收账款"科目可以设置"应收账款"账户等。这样，企业就可以根据会计科目设置由若干账户组成的完整账户体系。

账户具有一定的结构形式。与会计科目不同，为满足记录交易或事项的需要，账户必须按要求设计成一定的结构形式。账户的结构一般由账户名称和一定的格式组成。账户的名称根据会计科目命名，账户的格式一般由所记录交易或事项具体内容的若干栏次组成。

二、会计账户的设置

设置账户的基本目的是用来记录交易或事项。在会计上，每个账户都是根据反映各会计要素特定方面内容的需要而设置的。对每个账户所记录的内容都有清晰界定。比如，"应收账款"账户只能用来记录企业应收账款的增加额、减少额及余额等。利用完整的账户系统，可以对交易或事项所引起的会计要素的增减变动进行连续、系统和全面的记录。

设置账户的主要目的是为财务报告的编制提供数据资料。在账户中记录企业所发生的交易或事项的过程，是收集并分类汇集相关会计信息的过程，也是为企业编制财务报告积累数据资料的过程。在实务中,账务所记录的增加额、减少额和余额等资料,是企业编制财务报告文件所必需的数据资料。

企业在设置账户时应把握两个原则。①应根据会计科目设置账户。一个企业需要设置哪些账户,应以所设置的会计科目作为基本依据,进而建立起完整的账户系统。只有这样才能保证当各种交易或事项的发生影响会计要素发生变动时,能有适合的账户对其加以记录,也才有可能对交易或事项产生的信息进行全面收集和存储。②便于进行会计信息的加工。在设置账户时,必须充分考虑财务报告使用者对会计信息的相关性和及时性等方面的需要,使设立的账户既能提供各种详细信息,也便于对这些信息进行加工和整理,形成对财务报告使用者进行经济决策有用的总体性信息。

三、会计账户的结构

账户的基本结构是在账户的全部结构中用来登记增加额、减少额和余额的那部分结构。对发生的交易或事项,需要在账户中记录的内容有很多,包括交易或事项的发生时间、记录的依据、基本内容、增加额、减少额和余额等。其中增加额、减少额和余额尤为重要,因为这些信息是交易或事项以货币为主要计量单位计量所形成的信息,对于反映账户的增减变动情况及其结果,以及最终报告会计信息是不可缺少的。

将账户的基本结构部分从账户中截取下来,并做进一步的处理,可以简化为 T 形账户。从 T 形账户的结构来看,它把账户分为左右两方,在借贷记账法下分别称为借方和贷方,其中一方用来登记增加额和余额,另一方用来登记减少额,如图 3-1 所示。当然,账户的基本结构也可以简化为表格形式(见表 3-1)。值得注意的是,简化结构的账户主要用于会计教学,实务中很少采用。

应收账款(账户名称)	
借方	贷方
期初余额	
本期增加额	本期减少额
期末余额	

图 3-1　T 形账户的结构

表 3-1　账户的基本结构

会计科目:应收账款

日　　期	凭 证 号	借　　方	贷　　方	余　　额

四、会计账户的功能

账户的主要功能是提供一系列有用的信息数据,这些信息数据主要是以价值的形式体现出来的，包括期初余额、本期增加发生额合计、本期减少发生额合计和期末余额。

以"应收账款"账户为例，账户提供的主要信息数据见图 3-2 所示的 T 形账户。在借贷记账法下，是在"应收账款"账户的借方记录增加额，在贷方记录减少额。为简便起见，利用 T 形账户记录交易或事项时，可只填写交易或事项发生的顺序编号及其变动金额。在本例中假定该企业本月发生了两笔应收账款增加的交易，即（1）、（3）；发生了三笔应收账款减少的交易，即（2）、（4）、（5）。从账户所记录的内容及结果来看，以下四个信息数据很有价值：

（1）期初余额。它是指在某一会计期间开始时该账户的结余余额，这个余额一般是从上一个会计期末结转而来的。期初余额也是在账户中记录本会计期间发生的交易或事项的起点。账户如果有期初余额，通常应登记在账户中用来记录增加额的那一方。在借贷记账法下，"应收账款"账户是用借方记录增加额的，从上月结转过来的期初余额（月初余额）相应地应登记在借方。而在有些账户中是用贷方记录增加额的，该账户的期初余额就相应地登记在贷方。

（2）本期增加发生额合计。该发生额合计是指在本会计期间新发生的若干交易或事项所引起的该账户增加额的合计数。值得注意的是，本期增加额合计不包括期初余额。

（3）本期减少发生额合计。该发生额合计是指在本会计期间新发生的若干交易或事项所引起的该账户减少额的合计数。

（4）期末余额。它是指在某一会计期间终了时，经过计算而得到的该账户的结余金额。基本计算公式为：期末余额 = 期初余额 + 本期增加发生额合计 - 本期减少发生额合计。期末余额是本会计期间该账户增减变动的结果。将本会计期间该账户的期末余额结转至下个会计期间就是下一个会计期间该账户的期初余额。

借方	应收账款（账户名称）		贷方
期初余额	15 000		
（1）	9 000	（2）	5 000
（3）	8 000	（4）	3 000
		（5）	14 000
本期增加发生额合计	17 000	本期减少发生额合计	22 000
期末余额	10 000		

图 3-2　应收账款的 T 形账户

五、会计账户的分类

账户体系是按照全面反映企业会计要素的要求，根据设置的会计科目而建立的账户系统。与会计要素和会计科目一脉相承，账户体系的形成依赖于会计科目体系的设置，即企业的会计科目体系决定了所建立的账户体系。账户体系按不同标准可以进行不同的分类。

1. 按账户反映的经济内容分类

账户反映的经济内容是指账户所体现的会计要素的经济性质，在这种分类方法下，可将账户分为资产类、负债类、所有者权益类、收入类、费用类和利润类六类，能够清晰地体现各个账户所反映的经济内容，明确账户的基本用途。采用这种分类方法时，每一个账户都具有特定的经济性质,即该账户所反映的会计要素的经济性质。比如,"应收账款""固定资产"等账户用以反映资产要素,就具有了资产要素的性质。其他类别账户的内容和性质以此类推。按账户反映的经济内容分类是一种简单的方法,也是一种主要的方法。

2. 按账户与会计科目的联系分类

根据会计科目设置账户,它反映了会计要素内容的详细程度与会计科目的级次有直接关系。据此,可以将所有账户分为总分类账户和明细分类账户两类。

(1)总分类账户。它是根据总分类科目设置的,用以提供会计要素某些方面总括信息的账户。总分类账户在反映会计要素变动信息上具有总括性,也存在一定的局限性。

(2)明细分类账户。明细分类账户也称明细账户,是根据明细分类科目设置的,用以提供会计要素某些方面详细信息的账户。有的明细账户不仅能提供价值量方面的详细信息,而且能提供实物量方面的详细信息,这种优势是总分类账户所不具备的。

3. 按账户与会计报表的关系分类

会计报表是企业财务会计报告的主要构成部分,是提供与企业的财务状况、经营成果相关信息的载体。会计报表中的信息是以账户提供的各种数据资料经过加工整理形成的。编制资产负债表主要借助资产类、负债类和所有者权益类账户提供的余额资料,编制利润表主要借助收入类、费用类和利润类账户提供的发生额资料。

要点回顾

会计账户与会计科目相互区别又彼此依存。两者的联系是:会计科目是账户的名称,账户是按会计科目设置的;会计科目与账户都是对会计主体经济业务及其会计要素所做的分类;账户以会计科目为名称;设置会计科目是开设账户的前提,账户是实现会计科目设置目的的专门方法。两者的区别是:会计科目只有分类的名称,并无实际的记录格式,不能真正记录经济业务的发生或完成情况。在借贷记账法下,账户的左边为借方,账户的右边为贷方。余额和账户发生额的等式关系为"期末余额=期初余额+本期增加发生额合计-本期减少发生额合计"。

课程思政

会计账户不能随意删减

【思政目标】

通过"会计账户不能随意删减"的分析,学生能进一步体会不同账户的作用,明白账户的分类有利于提高账务处理的科学性和合理性。会计从业人员应该熟练掌握账户的分类,清晰不同账户的性质,在工作中用好、用对账户。

【思政案例】

小张在一家小型工业企业做成本会计。由于该企业生产工序复杂,涉及的原料较多,小张的工作量一直很大,常常要加班。小张觉得这种情况使自己的生活品质降低了。小张想,反正这家企业也做不大,数据做得再精确也起不到什么大作用,还不如装装糊涂,简化一些账户处理。经过"精挑细选",小张决定剔除对制造费用的核算,这样一来,既不用将相关费用归集到"制造费用"账户中,也不用将"制造费用"账户中的金额分配出去,可以减少一定的工作量。

【思政问题】
(1) 小张的做法是否可取?
(2) 按用途结构不同进行分类,"制造费用"账户属于哪类账户?
(3) 剔除了对"制造费用"账户的核算后,对企业会计核算将产生什么样的影响?

练 习 题

一、单选题

(一) 会计科目

1. 会计科目是对( )的具体内容进行分类核算的项目。
   A. 会计对象　　　B. 会计账户　　　C. 经济业务　　　D. 会计分录
2. 设置会计科目要保持( )。
   A. 永久性　　　　B. 相对稳定性　　C. 适用性　　　　D. 统一性
3. 会计科目是( )的名称。
   A. 会计要素　　　B. 会计账簿　　　C. 会计账户　　　D. 会计报表
4. 以下( )不是会计科目按其反映的经济内容分类的项目。
   A. 资产类　　　　B. 所有者权益类　C. 成本类　　　　D. 利润类
5. 以下( )不是企业负债类科目。
   A. 代销商品款　　B. 预付账款　　　C. 应付账款　　　D. 递延所得税负债

(二) 会计账户

1. 账户是根据( )开设的,用来连续、系统地记载各项经济业务的一种手段。
   A. 会计对象　　　B. 会计科目　　　C. 会计凭证　　　D. 财务指标
2. 双重性质的账户,其性质应根据( )来确定。
   A. 期末余额　　　B. 借方发生额　　C. 贷方发生额　　D. 期初余额
3. 会计账户借贷两方,哪方登记增加数,哪方登记减少数,取决于( )。
   A. 记账方法　　　　　　　　　　　B. 账户的级次
   C. 账户的类型　　　　　　　　　　D. 所记录的经济业务的内容
4. 资产类账户的发生额反映( )情况。
   A. 资产的增减变动　B. 资产结存　　C. 资产增加　　　D. 资产减少
5. 负债类账户的余额反映( )情况。
   A. 负债增加　　　B. 负债减少　　　C. 实际负债　　　D. 负债的形成和偿付
6. 按用途和结构分类,"预付账款"账户属于( )账户。
   A. 资产结算　　　B. 负债结算　　　C. 资产、负债结算　D. 附加调整
7. 账户按经济内容分类时,"长期待摊费用"账户属于( )。
   A. 资产类账户　　B. 负债类账户　　C. 费用类账户　　D. 损益类账户
8. 通过"累计折旧"账户对"固定资产"账户进行调整,反映固定资产的( )。
   A. 原始价值　　　B. 折旧额　　　　C. 净值　　　　　D. 增加价值

9. （　　）是损益类账户。
   A．生产成本　　　　B．长期待摊费用　　　C．制造费用　　　　D．财务费用
10. 下列账户按用途和结构分类，不属于费用账户的是（　　）。
    A．管理费用　　　　B．财务费用　　　　　C．销售费用　　　　D．制造费用
11. 所有者权益类账户的期末余额根据（　　）计算。
    A．借方期末余额＝借方期初余额＋借方本期发生额－贷方本期发生额
    B．借方期末余额＝借方期初余额＋贷方本期发生额－借方本期发生额
    C．贷方期末余额＝贷方期初余额＋贷方本期发生额－借方本期发生额
    D．贷方期末余额＝贷方期初余额＋借方本期发生额－贷方本期发生额
12. （　　）是根据总分类科目设置的，用来对会计要素具体内容进行总括核算的账户。
    A．总分类账户　　　　　　　　　　　　　B．明细分类账户
    C．总分类和明细分类账　　　　　　　　　D．分类账
13. （　　）是根据明细分类科目设置的用来对会计要素的具体内容进行明细分类核算的账户。
    A．总分类账户　　　B．明细分类账户　　　C．总账　　　　　　D．二级分类账户
14. 明细分类账户对总分类账户具有（　　）作用。
    A．统驭控制　　　　B．补充说明　　　　　C．指导　　　　　　D．辅助
15. 账户是根据（　　）开设的。
    A．会计科目　　　　B．会计对象　　　　　C．会计要素　　　　D．会计报表
16. 总分类账户与明细分类账户的主要区别在于（　　）。
    A．记账内容不同　　B．记账方向不同　　　C．记账依据不同　　D．记录的详细程度不同
17. 总分类账户与明细分类账户的关系是（　　）。
    A．平等关系　　　　B．统驭与被统驭关系　C．对应关系　　　　D．没有关系
18. 会计账户是根据（　　）设置的，具有一定的格式和结构，用于分类反映会计要素增减变动情况及其结果的载体。
    A．会计要素　　　　B．会计科目　　　　　C．会计主体　　　　D．会计信息
19. 设置账户的理论依据是（　　）。
    A．会计对象　　　　B．会计要素　　　　　C．会计科目　　　　D．会计方程式
20. 账户的对应关系是指（　　）。
    A．总分类账户和明细分类账户之间的关系　　B．有关账户之间的应借应贷关系
    C．资产类账户与负债类账户之间的关系　　　D．成本类账户与损益类账户的关系
21. 下列属于资产类账户的是（　　）。
    A．利润分配　　　　B．制造费用　　　　　C．预付账款　　　　D．预收账款
22. 以下表述不正确的是（　　）。
    A．会计账户是根据会计科目开设的　　　　　B．会计账户具有一定的结构
    C．会计账户是会计科目的具体运用　　　　　D．会计账户与会计科目核算内容不一样
23. 以下（　　）不是损益类账户。
    A．反映收益的账户　　　　　　　　　　　　B．反映生产成本类账户
    C．反映销售成本类账户　　　　　　　　　　D．反映期间费用的账户
24. 资产类账户的借方登记（　　）。
    A．增加发生额　　　B．减少发生额　　　　C．增加或减少发生额　D．以上都不对
25. 负债类账户的期末余额一般在（　　）。

A．借方 B．贷方 C．借方或贷方 D．一般无期末余额

二、多选题

（一）会计科目

1．会计科目的设置原则包括（ ）。
A．实用性 B．相关性 C．合法性 D．一致性

2．会计科目按其所提供信息的详细程度及其统驭关系不同，分为（ ）科目。
A．成本类 B．总分类 C．损益类 D．明细分类

3．下列属于总分类科目的有（ ）。
A．银行存款 B．甲材料 C．应收账款 D．长期借款

4．在实际工作中，会计科目设置必须遵循一定的原则，包括（ ）。
A．统一性和灵活性相结合 B．通俗易懂、简明使用
C．相对稳定、易于扩展 D．满足企业内部和外部信息使用者的需要

5．设置会计科目应遵循的原则主要有（ ）。
A．简明扼要，便于记忆和记账
B．符合经济管理的要求，符合企业的业务特点和经营规模
C．讲求科学性和实用性的统一，能清晰地提供经济管理所需的资料
D．保持相对稳定

6．会计科目与会计账户的一致性主要表现为（ ）。
A．两者名称一致 B．两者的基本结构一致
C．两者反映的经济内容一致 D．会计科目是设置会计账户的依据

7．下列项目中，属于总账科目的有（ ）。
A．固定资产 B．运输设备 C．原材料 D．未完工产品

（二）会计账户

1．账户的特点可以归纳为（ ）。
A．按相反方向记录增加额和减少额
B．账户的余额一般与记录的增加额在同一方向
C．期初余额与上期的期末余额一定在同一方向
D．上期的期末余额等于本期的期初余额

2．一般需要设置明细分类账的总分类账户有（ ）。
A．累计折旧 B．本年利润 C．利润分配 D．银行存款

3．对于收入类会计科目来讲（ ）。
A．增加额记入账户的借方 B．增加额记入账户的贷方
C．期末没有余额 D．期末有借方余额

4．对于费用类会计科目来讲（ ）。
A．增加额记入账户的借方 B．如有期末余额，必为贷方余额
C．期末没有余额 D．如有期末余额，必为借方余额

5．在下列账户中，与资产类账户结构相反的有（ ）账户。
A．负债 B．费用 C．收入 D．所有者权益

6．在下列账户中，属于损益类账户的有（ ）。
A．补贴收入 B．投资收益 C．生产成本 D．所得税费用
E．管理费用 F．制造费用

7. 通常，期末余额在贷方的会计账户有（　　）。
   A．应付账款　　　　B．预收账款　　　　C．短期借款　　　　D．应付职工薪酬
8. 下列账户中，一般期末没有余额的是（　　）。
   A．累计折旧　　　　B．管理费用　　　　C．财务费用　　　　D．营业收入
9. 总分类账户和明细分类账户的关系包括（　　）。
   A．总分类账户提供总括核算资料，明细分类账户提供详细核算资料
   B．总分类账户统驭、控制明细分类账户
   C．总分类账户和明细分类账户需要平行登记
   D．明细分类账户补充说明与其相关的总分类账户
10. 账户的借方登记（　　）。
    A．资产增加　　　　B．负债减少　　　　C．收入减少　　　　D．费用增加
11. 以下属于备抵账户的有（　　）。
    A．坏账准备　　　　B．存货跌价准备　　C．累计折旧　　　　D．累计摊销
12. 账户的左右两边，哪方登记增加数，哪方登记减少数，取决于（　　）。
    A．账户的类型　　　B．账户的级别　　　C．记账方法　　　　D．账户的性质
13. 账户的基本结构通常包括（　　）。
    A．账户名称　　　　B．日期和摘要　　　C．凭证种类和号数　D．增减的金额及余额
14. 账户的借方表示（　　）。
    A．资产增加　　　　B．收入减少　　　　C．费用增加　　　　D．负债减少
15. 账户与会计科目的不同点在于（　　）。
    A．两者分类的口径不同
    B．两者的作用不同
    C．账户是跨级核算的基本记账单位，会计科目则不是
    D．分类方法和结果不同
16. 下列属于损益类账户的有（　　）。
    A．制造费用、本年利润　　　　　　　B．主营业务成本、营业费用
    C．所得税、投资收益　　　　　　　　D．税金及附加、管理费用、财务费用

三、判断题

（一）会计科目

1. 会计科目应根据经济业务的特点设置。（　　）
2. 在我国，不管是商业企业还是产品制造企业，都因有企业性质，所以使用的会计科目是一致的。（　　）
3. 会计科目的作用主要是提供某一具体会计对象的会计资料。（　　）
4. 会计科目就是账户的名称，它是设置账户的依据。两者核算相同的经济内容，故实质上它们是同一个概念。（　　）
5. 会计科目是对会计对象的具体内容进一步分类的具体项目。（　　）
6. 会计科目分为一级科目、二级科目和三级科目。（　　）

（二）会计账户

1. 因为"累计折旧"账户贷方记录增加，借方记录减少，所以它属于负债类账户。（　　）
2. 从每个会计科目来看，期初余额只能在账户的借方或贷方。（　　）
3. 账户的对应关系是指两个账户之间的应借应贷关系。（　　）

4．通常，各类账户的期末余额与记录增加额的一方都在同一方向。（　）

5．总分类账户是根据一级会计科目设置的基本账户，它的余额与所属明细分类账户的余额总额相等，但方向可能不一致。（　）

6．总分类账户和明细分类账户所反映的经济内容相同，只是提供指标的详细程度不同。（　）

7．债权债务结算账户的总账贷方余额表明债权大于债务的差额。（　）

8．在会计核算中，为了满足企业内部经营管理和外部有关方面对会计信息的不同需要，有必要在所有的总分类账户下开设若干明细分类账户。（　）

9．所有账户都是根据会计科目开设的。（　）

10．某账户若期末无余额，则该账户不是收入类账户就是费用类账户。（　）

11．一个账户的借方如果用来登记减少额，则贷方一定用来登记增加额。（　）

12．通过账户的对应关系，可以检查对经济业务的处理是否合理合法。（　）

13．会计账户在会计核算方法中具有中心地位的作用。（　）

14．每类账户的期末余额都登记在借方。（　）

15．会计科目与会计账户是同义词，两者没有什么区别。（　）

16．一笔业务涉及的账户之间应借应贷的相互关系，称为账户的对应关系，存在对应关系的账户叫作对应账户。（　）

17．每个单位不必将所有会计科目都一一对应地设置账户。单位要设置哪些账户，要根据本单位具体的业务情况，以满足管理的需要为标准来设置。（　）

18．总分类账户是指根据总分类科目设置的，为了保持会计信息的一致性、可比性，目前总分类账户一般根据国家统一的会计制度规定的总分类科目设置。（　）

19．在会计实务中，账户依附于会计账簿，每一账户只表现为账簿中的某张或某些账页。（　）

20．由于会计科目与会计账户名称相同、内容相同，在会计实务中将其相互通用，不加区别。（　）

四、案例分析题

（一）会计科目

1．资料：4位投资者决定合股投资500万元来经营一家商店，已租入一栋四层楼房，分别经营家用电器、服装、百货和快餐。现已办妥一切开业手续。

（1）除4位合股投资者外，还准备向银行贷款和吸收他人的投资，但他人投资不作为股份，只作为长期应付款，按高于同期银行存款利率的15%计息。

（2）商场和快餐店均需要重新装修才能营业。

（3）需要购入货架、柜台、音响、桌椅、收音机等设备，还需要购入运输汽车一辆。

（4）房屋按月交租金。

（5）快餐店业务作为附营业务处理。

（6）商场购销活动中，库存商品按售价记账，可赊购赊销。

（7）公司要求管理费用等共同费用应在商场和快餐店之间进行分摊。

（8）雇用店员若干人，每月按计时工资计发报酬，奖金视销售情况而定。

（9）公司按规定缴纳企业所得税、营业税，税率按国家规定执行。

（10）利润按商场和快餐店分别计算，税后利润按规定提取公积金。

（11）购进商品的包装物卖给废品公司。

要求：根据上述资料，设计该商店会计处理需要的会计科目。

2. 划分表 3-2 会计科目所属的会计要素（会计科目属于哪类就在适当栏内用"√"表示）。

表 3-2　会计科目与会计要素的对应

会计科目	资产类	负债类	所有者权益类	成本类	损益类
银行存款					
实收资本					
原材料					
制造费用					
应付账款					
应收账款					
生产成本					
库存商品					
主营业务收入					
主营业务成本					
短期借款					
固定资产					
累计折旧					
财务费用					
库存现金					
利润分配					
盈余公积					
管理费用					
长期待摊费用					

3．资料：某企业 2022 年 6 月发生的项目内容如表 3-3 所示。该企业生产甲、乙两种产品。

表 3-3　某企业 2022 年 6 月发生的项目内容

项　目	生产成本	费　用	收　入	会计科目
1. 甲产品销售收入				
2. 生产甲产品工人的薪酬				
3. 生产甲产品耗用的直接材料				
4. 获得政府补助				
5. 银行借款利息支出				
6. 技术转让费收入				
7. 企业管理人员的薪酬				
8. 生产车间机器折旧费				
9. 出租房租金收入				
10. 产品销售展览费				
11. 持有债券的利息收入				
12. 公益性捐赠支出				
13. 本期产品销售税金				

（续）

项　　目	生产成本	费　用	收　入	会计科目
14．乙产品销售收入				
15．已销甲、乙产品的生产成本				
16．生产工人的薪酬				
17．车间日常办公费				
18．厂部办公费				
19．已售出材料的成本				

要求：根据上述项目内容，区分生产成本、费用和收入，在适当的栏目内画√，并填写适当的会计科目。

4．资料：A 公司部分会计科目如下：库存现金，原材料，原料及主要材料，A 种材料，B 种材料，辅助材料，润滑油，短期借款，应收票据，应收账款，应收 A 公司货款，应收 C 公司货款，应付票据，应付账款，应付 B 公司货款，应付 D 公司货款，固定资产，生产经营用固定资产，生产用机器设备，非生产经营用固定资产，非生产用房屋建筑物，生产成本，基本生产成本，甲产品生产成本，辅助生产成本，库存商品，甲产品，乙产品。

要求：将上述会计科目及其所属级次，参照表 3-4 中的范例分类填入表中。

表 3-4　会计科目及其所属级次

一级总分类科目	二级分类科目	三级明细科目
库存现金		
原材料	原料及主要材料	A 种材料
		B 种材料
	辅助材料	润滑油

（二）会计账户

1. 资料：A 同学在学习了账户按照所反映的经济内容分类以及按照用途与结构的分类后，他认为凡是写着费用的会计科目除了没有期末余额之外都与资产类账户一样，凡是成本类账户一定没有期末余额，凡是应收款账户一定是资产类账户，凡是应付款账户一定是负债类账户，累计折旧也是资产类账户。

要求：判断 A 同学的说法是否正确，并说明理由。

2. 某老师在讲了调整账户以后，让大家说说对调整账户的认识。甲同学说，调整账户与被调整账户在反映经济内容上的关系是：附加调整账户与被调整账户反映的经济内容相同，调减账户与被调整账户反映的经济内容不相同。乙同学说，调减账户与被调整账户登账方向相反，因此它们不属于同一性质的账户。如"应收账款"是资产类账户，其调减账户"坏账准备"是负债类账户。请判断上述两位同学的说法是否正确，并说明理由。

3. 资料：A 公司 2022 年 8 月部分账户数据如表 3-5 所示。

表 3-5　A 公司 2022 年 8 月部分账户数据　　　　　　　　　　单位：元

账户名称	期初余额	本期借方发生额	本期贷方发生额	期末余额
资产类：				
应收账款	8 000	A	35 000	6 000
原材料	10 000	60 000	B	8 000
负债类：				
应付账款	6 800	3 700	1 200	C
应交税费	5 400	4 600	D	2 300
所有者权益类：				
实收资本	E	20 000	100 000	380 000

要求：根据"期末余额＝期初余额＋本期增加发生额合计－本期减少发生额合计"的等式关系，计算并填写表格中字母所代表的数字。

第四章

复式记账

第一节 复式记账的基本原理

一、复式记账的定义

复式记账是指对企业发生的任何一项交易或事项都以相等的金额在两个或两个以上相互联系的账户中进行平衡登记，借以反映会计要素具体内容增减变化的记账方法。

（1）对发生的交易或事项至少应在两个账户中进行记录。简单交易或事项采用复式记账方法可以在两个账户中记录，当企业发生较为复杂的交易或事项时，需要记录的账户可能会有三个甚至更多。这样的记录方法能够比较全面地反映该交易引起的企业资金增减变动的全貌。

（2）对发生的交易或事项必须在相互联系的账户中记录。相互联系的账户是指在某一特定的交易或事项发生以后应当记录的所有账户。比如，企业用银行存款购买材料且尚未验收入库，交易发生以后，只能记录在"在途物资"和"银行存款"这两个账户中。这样，"在途物资"和"银行存款"两个账户就在同一项交易中建立起了必然联系。如果随意变更这种必然联系，将这项交易记入其他账户，就会发生错误的账户记录。

（3）对发生的交易或事项必须在相关账户中以相等金额平衡记录，即在相互联系的双方账户中记录的金额应当相等。不管是简单的还是复杂的交易或事项的账户记录，均应体现这种平衡关系。

（4）交易或事项的记录实质上体现了会计要素内容的变动情况。在交易或事项发生后所记录的各个账户，它们所反映的都是一定会计要素的内容特定部分。因此，账户的记录也从某个方面体现了该账户所反映的会计要素内容的增减变动情况。

二、复式记账的理论依据

对发生的交易或事项进行复式记账的理论依据是交易或事项影响会计要素增减变动的内在规律性。每一笔交易或事项发生以后，至少要影响两个会计要素或同一个会计要素中的两个项目发生变化。这种变化的规律是：①同时涉及会计等式双方的要素，双方的要素同时增加或同时减少，并且同增或同减的金额相等；②只涉及会计等式某一方的会计要素，使该方的会计要素或某一会计要素内部的两个项目发生有增有减的变动，并且增减金额相等。不论是哪一种情况，都表明交易或事项的发生至少会使会计要素的两个方面发生变化。这样，要在会计上全面完整地反映一项交易或事项的内容，至少需要运用两个账户进行记录，这种记录方法就是复式记账。因此，复式记账的理论依据就是交易或事项影响会计要素增减变动的内在规律性。

$$资产+费用=负债+所有者权益+收入$$

规律 1：影响会计等式双方要素，双方同增或同减，增减金额相等。

规律 2：只影响会计等式单方要素，有增有减，增减金额相等。

三、复式记账的作用

（1）复式记账能够全面系统地记录企业发生的所有交易或事项。按照复式记账的要求，企业应建立能够涵盖所有会计要素具体内容的账户系统。利用这个系统采用复式记账法进行记录，就能够把企业发生的所有交易或事项全面记录下来。此外，账户是按会计要素内容分门别类设置的，复式记账还可以系统地记录企业发生的所有交易或事项。

（2）复式记账能够清晰地反映企业资金变化的来龙去脉，便于对交易或事项内容的了解和检查。从复式记账对发生的交易或事项记录的过程和结果来看，可以清晰地了解各个交易或事项所引起的资金运动变化的全貌，以及账户所反映的会计要素之间的变化关系。同时，这也有利于检查交易或事项处理的合理性，从而保证账户记录的正确性。

（3）复式记账能够运用有关数据之间的平衡关系检查账户记录有无差错。采用复式记账法记录企业在一定会计期间所发生的全部交易或事项，所有账户的增减发生额之间，以及所有账户的余额之间会实现自动平衡。这种平衡关系可以为检验交易或事项处理过程的正确性提供重要依据。

第二节 借贷记账法及其应用

一、借贷记账法的定义

借贷记账法是以"借"或"贷"作为记账符号，记录交易或事项的发生和完成情况的一种复式记账方法。借贷记账法是以其记账符号命名的。借贷记账法是一种应用广泛的复式记账法。企业应当采用借贷记账法记账。

二、借贷记账法的记账符号

根据借贷记账法的定义，其记账符号为"借""贷"两字。记账符号的主要作用是表示"增加"或"减少"，以及在账户中用来记录增加额和减少额的方向。但借贷记账法并不只是简单地用"借"表示增加，用"贷"表示减少，而是每个记账符号都具有既表示"增加"又表示"减少"的双重含义，这种双重含义是根据账户的不同经济性质来界定的。

按照借贷记账法记账符号含义的规定，其表示增加或减少主要取决于账户的性质，即账户所反映的会计要素内容的经济性质。根据会计要素的组成内容，企业设置的所有账户可具体划分为以下六类：资产类账户、负债类账户、所有者权益类账户、收入类账户、费用类和利润类账户。受会计要素经济内容性质的制约，每一类账户都具有特定的经济性质。

对于这六类账户（资产、负债、所有者权益、收入、费用、利润）而言，借贷记账法的"借""贷"记账符号分别具有不同的含义。其含义可以在将这六类账户再划分为两大类的基础上进行具体分析：资产类账户和费用类账户为一大类，对这两类账户而言，"借"表示增加，"贷"表示减少；负债类账户、所有者权益类账户、收入类账户和利润类账户为另一大类，对这四类账户而言，"贷"表示增加，"借"表示减少。"借""贷"记账符号含义的这一基本规定，对于借贷记账法基本结构的设计、记账规则的形成和试算平衡方法的建立都具有重要意义。

三、借贷记账法的账户结构

在借贷记账法下，账户的基本结构为"借方"和"贷方"两栏，分别用来记录增加额、减少额。对于余额在账户中专设"余额"栏进行记录。在T形账户中，其左边栏为"借方"，右边栏为"贷方"，分别用来记录增加额、减少额，余额一般登记在账户中用来记录增加额的那一方。

值得注意的是，并不是所有账户在会计期末都一定有余额。通常，资产类账户、负债类账户、所有者权益类账户（含利润类账户）在会计期末时应有余额；收入类账户和费用类账户在会计期末是否有余额，与企业计算当期利润的方法有关，在不同的方法下，收入类账户和费用类账户可能有余额，也可能没有余额。此外，有的账户在没有期初余额且双方的发生额相等时，也不会有余额；还有的账户尽管有期初余额，但期初余额和本期增加发生额之和与本期减少发生额二者之间相等，因此也没有期末余额。

当然，个别账户的结构可能与上述基本规律不同。比如，在企业实现盈利时，"本年利润"账户应是贷方余额，而当企业发生亏损时，亏损额应记录在"本年利润"账户的借方。这是由交易或事项的特殊性引起的。此外，还有一些账户的结构是根据会计信息加工整理的特殊要求设置的。比如，"累计折旧""坏账准备"等账户，虽然反映的都是资产要素的内容，其结构却与其他资产类账户的结构相反，即用"贷方"登记增加额，用"借方"登记减少额。另外，"应交税费""应付职工薪酬"在某些情况下也可能会产生余额方向上的变化。

四、借贷记账法的记账规则

记账规则是指采用记账方法在账户中记录交易或事项时必须遵循的规律性要求。借贷记账法的记账规则可总结为：有借必有贷，借贷必相等。

有借必有贷是指交易或事项在账户中的记录方向。也就是说，采用借贷记账法在两个或两个以上的账户中记录同一笔交易或事项时，如果一个（或几个）账户是记录在借方的，那么与其对应的另外几个（或一个）账户肯定记录在贷方，即一借一贷、一借多贷或一贷多借。在这一规则下，肯定不会发生将一笔交易或事项的发生额都记录在两个（或几个）账户的借方，即有借无贷的情况，或都记录在两个（或几个）账户的贷方，即有贷无借的情况。

借贷必相等是指交易或事项在相互联系的账户中记录的金额相等。也就是说，采用借贷记账法在两个或两个以上的账户中记录同一笔交易或事项时，记录在一个（或几个）账户借方的金额，必须与记录在其对应的另外几个（或一个）账户贷方的金额相等。不会发生在相互联系的账户中记录金额不相等的情况。

【例1】A公司借入短期借款20万元，已存入企业在银行开设的账户。

会计确认：该项交易一方面涉及资产要素（"银行存款"，增加）；另一方面涉及负债要素（"短期借款"，增加）。

会计计量：按实际成本计量，应分别在"银行存款"账户和"短期借款"账户的借方、贷方各记录 20 万元。

总结：这笔交易属于影响会计等式两边会计要素，两边同增的交易或事项类型。该账户记录体现了"有借必有贷，借贷必相等"的记账规则。

【例 2】A 公司为股份制企业，收到投资者以设备向企业的投资，双方商定设备价值为 18 万元。

会计确认：该笔交易一方面涉及资产要素（"固定资产"，增加）；另一方面涉及所有者权益要素（"股本"，增加）。

会计计量：按公允价值计量，应分别在"固定资产"账户和"股本"账户的借方、贷方各记录 18 万元。

总结：这笔交易属于影响会计等式两边会计要素，两边同增的交易或事项类型。该账户记录体现了"有借必有贷，借贷必相等"的记账规则。

【例 3】A 公司用资本公积 30 万元转增股本。

会计确认：该笔交易同时涉及所有者权益要素中的两个项目（"资本公积"，减少；"股本"，增加）。

会计计量：按实际成本计量，应分别在"资本公积"账户和"股本"账户的借方、贷方各记录 30 万元。

总结：这笔交易属于只影响会计等式右边会计要素，所有者权益要素内部有增有减的交易或事项类型。该账户记录体现了"有借必有贷，借贷必相等"的记账规则。

【例 4】A 公司用银行存款 6 000 元购买材料（暂不考虑已缴纳的增值税进项税额），材料尚未运达企业。

会计确认：该笔交易同时涉及资产要素中的两个项目（"在途物资"，增加；"银行存款"，减少）。

会计计量：按实际成本计量，应分别在"在途物资"账户和"银行存款"账户的借方、贷方各记录 6 000 元。

总结：这笔交易属于只影响会计等式左边会计要素，资产要素内部有增有减的交易或事项类型。该账户记录体现了"有借必有贷，借贷必相等"的记账规则。

【例 5】A 公司购入材料一批，货款 2 万元（暂不考虑已缴纳的增值税进项税额）。货款中的 1.5 万元已用银行存款支付，另外 0.5 万元尚未支付。材料已运达企业，但尚未办理验收入库手续。

会计确认：该笔交易一方面涉及资产要素中的两个项目（"在途物资"，增加；"银行存款"，减少）；另一方面涉及负债要素（"应付账款"，增加）。

会计计量：按实际成本计量，在"在途物资"账户的借方记录 2 万元；已支付货款部分在"银行存款"账户的贷方记录 1.5 万元，未付货款部分在"应付账款"账户的贷方记录 0.5 万元。

总结：该笔交易属于左方资产要素内部增减和会计等式双方要素同增交织在一起的交易或事项类型。从账户记录看，"在途物资"账户的借方记录了 2 万元，"银行存款"和"应付账款"账户的贷方也记录了 2 万元。尽管这笔交易被记录在三个账户中，其记录过程也体现了"有借必有贷，借贷必相等"的记账规则。

【例 6】A 公司用银行存款 5 万元偿还短期借款 2 万元、应付账款 3 万元。

会计确认：该笔交易一方面涉及负债要素中的两个项目（"短期借款"，减少；"应付账款"，减少）；另一方面涉及资产要素（"银行存款"，减少）。

会计计量：按实际成本计量，在"短期借款"账户和"应付账款"账户的借方分别记录2万元、3万元；在"银行存款"账户的贷方记录5万元。

总结：这笔交易属于会计等式双方要素同减的交易或事项类型。从账户记录来看，在"短期借款"和"应付账款"账户的借方记录了5万元，在"银行存款"账户的贷方也记录了5万元，尽管这笔交易被记录在三个账户中，仍体现了"有借必有贷，借贷必相等"的记账规则。

五、借贷记账法下会计分录的编制

（一）会计分录的定义

会计分录简称分录，是指在将交易或事项记录有关账户之前预先确定的应登记账户的名称、所登记账户的方向和登记金额的一种记录形式。应登记账户名称、登记方向和登记金额是构成会计分录的三个要素，只有在将交易或事项记录在有关账户之前预先确定这些内容，才能保证登记的账户正确，登记的方向准确，登记的金额无误。

（二）会计分录的编制方法

编制会计分录的过程是运用会计语言确定分录组成要素内容的过程。下面以【例1】（A公司借入短期借款20万元，已存入企业在银行开设的账户）为基础进行解释。

1. 确定涉及的会计要素

这是编制会计分录的基础，因为任何交易或事项的发生必定与会计要素有关。【例1】中，公司在银行存入借入的短期借款，使企业的资产要素和负债要素都发生了变化。这笔交易的发生影响资产和负债两个会计要素。

2. 确定应登记的账户

在确认了交易或事项的会计要素后，应进一步明确应登记的账户，对会计要素内容细化到账户。【例1】中，将借入的短期借款存入银行，应登记在反映银行存款增减的"银行存款"账户；对借入款项应登记在反映短期借款借入（增加）和偿还（减少）的"短期借款"账户。

3. 分析账户的增减变化

确定了应登记的账户后，应进一步分析这些账户的增减变动情况。【例1】中，将借款存入银行为"银行存款"账户的增加，借入款项属于"短期借款"账户的增加。这一步为确定账户登记方向奠定基础。

4. 确定账户的登记方向

根据借贷记账法账户结构的设计，确定交易或事项的增加额或减少额在相关账户中的登记方向。【例1】中，"银行存款"账户为资产类账户，其增加额应登记在借方；"短期借款"账户为负债类账户，其增加额应登记在贷方。

5. 确定登记的金额

应根据交易或事项提供的数据信息，具体确定在有关账户中登记的金额各为多少，这一步为会计计量。【例1】中,"银行存款"账户和"短期借款"账户应各登记20万元。

这样,【例1】的会计分录如下:

  借:银行存款   200 000
    贷:短期借款   200 000

【例2】至【例6】的会计分录如下:

【例2】的会计分录为:

  借:固定资产   180 000
    贷:股本   180 000

【例3】的会计分录为:

  借:资本公积   300 000
    贷:股本   300 000

【例4】的会计分录为:

  借:在途物资   6 000
    贷:银行存款   6 000

【例5】的会计分录为:

  借:在途物资   20 000
    贷:银行存款   15 000
      应付账款   5 000

【例6】的会计分录为:

  借:短期借款   20 000
    应付账款   30 000
    贷:银行存款   50 000

(三)会计分录的书写要求

编制会计分录时,必须按规范的格式要求书写。

(1)分录中的借方内容写在上面,贷方内容写在下面。

(2)分录中的贷方内容应缩进一个字书写,不要与借方内容齐头写。

(3)分录中的金额应按借方、贷方分别排成两列。

(4)分录中的金额后面不必写"元"字。

(四)会计分录的种类

按照一个会计分录中所包含的账户数量的多少,可以分为简单分录和复合分录。

简单分录是指只有两个账户组成的分录(一借一贷)。【例1】至【例4】编制的分类均为简单分录,是根据比较简单的交易或事项编制的分录。

复合分录是由两个以上的账户组成的分录(一借多贷、多借一贷、多借多贷)。【例5】、【例6】编制的分录属于复合分录,是根据比较复杂的交易或事项编制的分录。复合分录实际上是由两个或两个以上的简单分录组成的,因而一个复合分录可以分解为几个简单分录。比如,【例5】的复合分录可以分解为下面两个简单分录:

  借:在途物资   15 000
    贷:银行存款   15 000

借：在途物资 5 000
　　贷：应付账款 5 000

从理论上讲，比较复杂的交易或事项既可编制复合分录，也可编制多个简单分录。在实务中，采用记账凭证编制会计分录时，对某些比较复杂的交易或事项是不能编制复合分录的。

（五）账户对应关系与对应账户

账户对应关系是指在采用复式记账法为每一笔交易或事项编制会计分录时，在分录中所体现的账户之间的相互依存关系。比如，在【例1】的会计分录中，"银行存款"账户和"短期借款"账户之间就建立了相互依存关系。对应账户是指存在对应关系的账户。比如，在【例1】的会计分录中，"银行存款"账户和"短期借款"账户就互为对应账户。在某一特定的交易或事项中，对应账户之间的关系是不可改变的。

六、借贷记账法的试算平衡

借贷记账法的试算平衡是指根据会计等式的平衡原理，按照记账规则的要求，通过汇总计算和比较，检验账户记录的正确性、完整性的一种方法，包括发生额平衡法和余额平衡法两种方法。

（一）发生额平衡法

发生额平衡法是对一定会计期间所有账户的发生额进行试算检验的一种方法。

1. 平衡公式

一定会计期间全部账户的借方发生额合计＝该会计期间全部账户的贷方发生额合计。发生额平衡法的平衡公式强调的是企业在"一定会计期间"的"全部账户"的"借方发生额合计"和"贷方发生额合计"。之所以强调"一定会计期间"，是因为采用该公式所要试算的是企业某一特定会计期间所有账户发生额的平衡关系，而不是该会计期间全部账户的借方发生额合计与另外一个会计期间全部账户的贷方发生额合计之间的相等关系。之所以强调"全部账户"，是因为采用该公式所要核算的是该期间全部账户的借方发生额合计与该期间所有账户的贷方发生额合计之间的平衡关系，而不是全部账户的发生额与部分账户发生额之间的关系。

2. 平衡原理

发生额平衡法是依据借贷记账法记账规则的基本原理建立的。一个企业在一定会计期间的全部账户的借方、贷方发生额合计数之间均存在以上相等关系，是因为借贷记账法对每一笔交易或事项的发生额都是按照"有借必有贷，借贷必相等"的规则在相互联系的账户中记录的，即每一笔交易或事项的借方、贷方发生额是相等的。因此，一个企业在一定会计期间不论发生了多少交易或事项，也不管记入了多少账户，只要把这些账户的发生额按照借方、贷方分别进行合计，双方的合计数肯定是相等的。比如，将【例1】至【例6】记录的所有账户中的发生额分别按借方、贷方进行汇总，借方发生额合计数和贷方发生额合计数相等（这个数据可根据所编制的会计分录中各笔交易的发生额计算求得）。这是按照借贷记账法记录交易或事项时，有关数据之间能够实现自动平衡的情况之一。

3. 试算平衡方法

实务中，全部账户借、贷发生额之间的试算一般是通过编制总账发生额及余额试算表中的"本期发生额"部分进行的。在试算平衡中使用的数据来自所试算期间全部账户的发生额。由于企业在每一会计期末都要结账，分别计算出各个账户的借方、贷方发生额合计数，这就为进行发生额的试算提供了有利条件。在编制试算表时，将各个账户中的发生额合计数分别按借方、贷方抄列入试算表中相关账户名称的相应栏次即可，即在账户中如果为借方发生额合计，就抄列于试算表的"借方"栏；如果为贷方发生额合计，就抄列于"贷方"栏。之后，再分别计算试算表中借、贷双方发生额的合计数。

【例7】已知【例1】至【例6】在总账的记录情况如图4-1所示的T形账户，请编制总账发生额及余额试算表。

借方	银行存款		贷方
期初余额	850 000		
【例1】	200 000	【例4】	6 000
		【例5】	15 000
		【例6】	50 000
本期发生额	200 000	本期发生额	71 000
期末余额	979 000		

a)

借方	短期借款		贷方
		期初余额	100 000
【例6】	20 000	【例1】	200 000
本期发生额	20 000	本期发生额	200 000
		期末余额	280 000

b)

借方	在途物资		贷方
期初余额	30 000		
【例4】	6 000		
【例5】	20 000		
本期发生额	26 000		
期末余额	56 000		

c)

借方	应付账款		贷方
		期初余额	120 000
【例6】	30 000	【例5】	5 000
本期发生额	30 000	本期发生额	5 000
		期末余额	95 000

d)

借方	固定资产		贷方
期初余额	500 000		
【例2】	180 000		
本期发生额	180 000		
期末余额	680 000		

e)

借方	股本		贷方
		期初余额	860 000
		【例2】	180 000
		【例3】	300 000
		本期发生额	480 000
		期末余额	1 340 000

f)

借方	资本公积		贷方
		期初余额	300 000
【例3】	300 000		
本期发生额	300 000		

g)

图4-1 【例1】至【例6】在总账的记录情况

将以上各账户中的"本期发生额"分别按借方、贷方抄列于试算表中的"本期发生额"栏，并分别进行汇总合计，就可以检验本期全部账户的借方、贷方发生额合计双方是否平衡，见表 4-1 的"本期发生额"一栏。通常，该试算表中的"本期发生额"一栏的借方、贷方合计数必须是相等的。本例中均为 756 000 元。通常，如果以上合计数相等，说明交易或事项账务处理及试算表的编制基本上是正确的。如果不相等，说明肯定存在问题，应分析双方合计数不相等的原因，采用一定的方法进行查找并予以更正，直到双方借方、贷方合计数平衡为止。

表 4-1 总账发生额及余额试算表   单位：元

账户名称	期初余额		本期发生额		期末余额	
	借方	贷方	借方	贷方	借方	贷方
银行存款	850 000		200 000	71 000	979 000	
在途物资	30 000		26 000		56 000	
固定资产	500 000		180 000		680 000	
短期借款		100 000	20 000	200 000		280 000
应付账款		120 000	30 000	5 000		95 000
股本		860 000		480 000		1 340 000
资本公积		300 000	300 000			0
合　　计	1 380 000	1 380 000	756 000	756 000	1 715 000	1 715 000

（二）余额平衡法

余额平衡法是对会计期末所有账户的余额进行试算检验的一种方法。

1. 平衡公式

会计期末全部账户的借方余额合计＝该会计期末全部账户的贷方余额合计。式中的"全部账户"是指企业在一定会计期间登记的所有账户，强调的是所有账户的借方余额合计与所有账户贷方余额之间的相等关系。企业会计期末的部分账户借方余额合计与其全部账户贷方余额之间不会存在上述平衡关系。

2. 平衡原理

借贷记账法的余额平衡法是依据会计等式"资产＝负债＋所有者权益"的基本原理建立起来的。在会计期末，当企业的收入类账户和费用类账户没有余额时，有余额的应当是资产、负债、所有者权益和利润这四类账户。在利润类账户并入所有者权益账户，成本类账户并入资产类账户时，期末有余额的应当只有资产、负债和所有者权益这三类账户。资产类账户的期末余额一般为借方余额，负债类账户和所有者权益类账户的期末余额一般为贷方余额。因此，上述试算平衡公式实质上体现的是该期末的"资产＝负债＋所有者权益"的平衡相等关系。当收入类账户和费用类账户有期末余额时，可以根据"资产＋费用＝负债＋所有者权益＋收入"等式的基本原理对所有账户的期末余额进行验证。验证可以利用总账发生额及余额试算表中的"期末余额"部分进行验证。根据【例 7】的 T 形账户，按"期末余额"进行汇总。汇总结果表明，资产类账户的期末余额总计 1 715 000 元与负债类账户余额 375 000 元和所有者权益类账户余额 1 340 000 元的总计数（1 715 000 元）是相等的，如表 4-2 所示。

表 4-2　汇总结果　　　　　　　　　　　　　　　　　　　　　　　　　单位：元

资产类账户	借方余额	负债类账户	贷方余额	所有者权益类账户	贷方余额
银行存款	979 000	短期借款	280 000	股　　本	1 340 000
在途物资	56 000	应付账款	95 000	资本公积	0
固定资产	680 000				
合　　计	1 715 000	合　　计	375 000	合　　计	1 340 000

注：资产借方余额 1 715 000 = 负债贷方余额 375 000 + 所有者权益贷方余额 1 340 000

3. 试算平衡方法

实务中，会计期末全部账户余额的试算一般是通过编制总账发生额及余额试算表中的"期初余额"和"期末余额"两部分进行的，所使用的数据来自所试算期间全部账户的期初余额和期末余额。各个账户的期初余额都是从上一个会计期末结转而来的，期末余额则是各个账户记录交易或事项后产生的结果。由于企业在会计期末都要结账，需要计算出各个账户的余额，这就为进行余额的试算提供了便利。在编制试算平衡表时，只需要将账户中的余额分别按其借、贷方向抄入试算表中相应账户名称一行的"借方"或"贷方"栏即可。之后，再分别计算借方、贷方余额的合计数，并比较两者是否相符。根据【例7】的T形账户编制表 4-1 的相应栏次。通常，表 4-1 的"期初余额"和"期末余额"两大栏各自的借方、贷方合计数必须相等：所有账户的"期初余额"借方合计数和贷方合计数都是 1 380 000 元；所有账户的"期末余额"借方合计数和贷方合计数都是 1 715 000 元。这是按借贷记账法记录交易或事项所形成的另外一种会计数据之间的自动平衡关系。通常，如果以上有关合计数之间各自相等，说明账务处理与试算表的编制过程基本正确。如果不相等，应查找差错，并进行数字调整，直到有关合计数之间各自相等为止。

值得注意的是，利用总分类账户及余额试算表检验账户记录的完整性和准确性，是会计实务中常用的基本方法。通过编制总分类账户发生额及余额试算表，能发现账务处理过程中存在的一些问题。比如，登记账户或抄转数据过程中，将某一账户的发生额或余额记（抄）多或记（抄）少，以及将发生额或余额的金额位置写颠倒等。但对于在账户中漏记或重复记录整个交易或事项，一笔交易或事项因为这些错误并不会影响试算表发生额或余额借方、贷方合计数的平衡。因此，即使试算表的发生额或余额有关合计数之间平衡相等，也不能说明账务处理过程完全正确。只有保证每一笔交易或事项处理的准确性，才能保证试算表试算结果的有效性。

第三节　会计账户的平行登记

一、会计账户平行登记的定义与要点

平行登记是指在借贷记账法下对发生的每一笔交易或事项，既要在有关的总账中进行总括登记，又要在这些总账所属的明细账中进行详细登记的做法。总账是根据总分类科目设置的账户，用以提供会计要素某些方面的总括信息。总账对于交易或事项的反映存在一定的局限性，有必要根据这些总账所反映的内容做进一步分类，并设立明细账，借以反映

会计要素某些方面具体内容增减变动的详细信息。实务中,绝大多数总账下都需要设置明细账,采用平行登记方法;在个别总账下可不设立明细账,就没有平行登记的要求了。

平行登记体现了账户体系中的总分类账户与其所属明细分类账户之间的密切关系。一是控制与被控制的关系。总分类账户是其所属明细分类账户的统驭账户,它提供的是总括信息,这些信息是其所属明细账户所反映的详细信息的集合,对所属明细分类账户起着控制作用;明细分类账户是总分类账户的从属账户,其记录过程和记录结果受其所隶属的总分类账户的制约。二是相互配合的关系。在存在平行登记关系的总分类账户和明细分类账户中,虽然它们记录的交易或事项的内容是相同的,但在功能上有明确分工。明细分类账户提供的信息是对其所隶属的总分类账户提供信息的详细说明,可以弥补总分类账户在信息提供方面的局限性,而总分类账户提供的总体信息又是明细分类账户所不能提供的。因此,只有将总分类账户和明细分类账户相互配合地加以利用,才能既总括又详细地反映同一交易或事项的内容,达到对交易或事项进行全面处理的目的。

进行总分类账户和明细分类账户的平行登记时,要把握三个要点。

(1) 登记的内容相同。凡是在总分类账户下设有明细分类账户的,当交易或事项发生后,一方面要登记有关的总分类账户,另一方面要登记这些总分类账户所属的明细分类账户。比如【例8】中,"在途物资"总分类账户和A材料、B材料两个明细账户登记的都是企业购入材料的交易内容。

(2) 登记的方向一致。通常,如果总账登记在借方,其所属的明细账也应登记在借方;反之,如果总账登记在贷方,其所属的明细账也应登记在贷方。比如【例8】中,"在途物资"总账和A材料、B材料两个明细账都是登记在借方。

(3) 登记的金额相等。同一交易或事项登记在总账借方(或贷方)的金额必须与登记在该总账所属的一个或几个明细账的借方(或贷方)的金额或金额合计数相等。比如【例8】中,"在途物资"总账登记的金额为6 000元,登记在A材料、B材料两个明细账的金额合计数也为6 000元。

二、会计账户平行登记的应用

【例8】假定A公司购入A、B两种材料共计6 000元。其中,从C公司购得A材料4 000元,从D公司购得B材料2 000元。以上货款尚未支付(假定暂不考虑已经缴纳的增值税进项税额),材料已运达企业,但尚未办理验收入库手续。

会计确认:该笔交易一方面涉及资产要素("在途物资",增加);另一方面涉及负债要素("应付账款",增加)。

会计计量:按实际成本计量,在"在途物资"账户中借方记录6 000元;"应付账款"账户的贷方记录6 000元。

对于需要进行平行登记的交易或事项,在进行上述确认和计量的基础上,还需对购入材料的种类和名称进行具体确认,本例为A材料和B材料;在货款未付时,要对债权人进行具体确认,本例为C公司和D公司。根据以上确认和记录的结果,编制如下会计分录:

借:在途物资——A材料　　　　　　　　　　　　　　　　4 000
　　　　　　——B材料　　　　　　　　　　　　　　　　2 000
　　贷:应付账款——C公司　　　　　　　　　　　　　　　4 000
　　　　　　　——D公司　　　　　　　　　　　　　　　2 000

以上会计分录中的明细分类账户名称一般称为一级明细账户，有些交易或事项的账务处理需要设置更多层次的明细账户，可分别称为二级明细账户、三级明细账户等。根据以上会计分录即可进行"在途物资"和"应付账款"的复式记账和平行登记（见图4-2）。

借方	在途物资（总分类账户）	贷方	借方	应付账款（总分类账户）	贷方
期初余额	20 000			期初余额	20 000
【例8】	6 000			【例8】	6 000
本期发生额	6 000			本期发生额	6 000
期末余额	26 000			期末余额	26 000

借方	在途物资（A材料）（明细分类账户）	贷方	借方	在途物资（B材料）（明细分类账户）	贷方
期初余额	16 000		期初余额	4 000	
【例8】	4 000		【例8】	2 000	
本期发生额	4 000		本期发生额	2 000	
期末余额	20 000		期末余额	6 000	

借方	应付账款（C公司）（明细分类账户）	贷方	借方	应付账款（D公司）（明细分类账户）	贷方
		期初余额 8 000			期初余额 12 000
		【例8】 4 000			【例8】 2 000
		本期发生额 4 000			本期发生额 2 000
		期末余额 12 000			期末余额 14 000

图4-2 "在途物资"和"应付账款"的复式记账和平行登记

三、会计账户平行登记的试算平衡

对交易或事项采用平行登记的方法，使有关总账与其所属的明细账在发生额及余额之间客观上产生了一种平衡相等的关系。为检验账户平行登记的过程和结果是否正确，可编制总账和明细账发生额及余额试算表进行验证。这种试算表的格式有多种，比较简单的一种格式类似于总账发生额及余额试算表。

编制总账与明细账发生额及余额试算表时，首先应把有关总账及其所属各明细账的期初余额、借方发生额合计、贷方发生额合计和期末余额相应地抄列于该表的发生额栏和余额栏，然后将明细账的发生额和余额分别相加求得合计数。然后，直接利用这些合计数分别与该表中的总账发生额和余额进行核对。如果相关的金额之间相等，说明平行登记过程和结果基本是正确的；否则，说明存在问题，应及时查找，并予以更正。与编制总账发生额及余额试算表的目的不同，编制总账发生额与明细账发生额及余额试算表的目的在于检验账户平行登记的过程及其结果是否一致。

要 点 回 顾

具有一定规模的经济组织，往往因为税收、筹资等因素需要提供会计报表，此时会计主体需要采用复式簿记，即对每一经济活动都要记录其变化的两个方面。采用复式簿记时，会计主体需要首先确定需要记录的全部事项,即会计科目表,然后对每一经济活动涉及的两个方面都予以记录。

对经济活动记录时,可以采用普通语言——增加、减少,但更多采用便于检查差错的会计语言——借、贷。会计账户需要记录某一会计科目的增减变化情况,其中一方登记增加,另一方登记减少,借方是会计账户的左方,贷方是会计账户的右方。通过将账户的左右和会计等式的左右相联系,即得到借贷转换规则:资产的增加记入借方,负债、所有者权益的增加记入贷方,减少记入相反方。因此,每笔业务发生后,必然符合"有借必有贷,借贷必相等"的借贷规则。

复式记账法下的记账程序是根据经济业务编制会计分录,将会计分录登记到相应账簿,根据账簿编制会计报表。会计分录便于记录经济活动,会计账簿便于记录特定科目的增减变化情况,会计报表提供会计主体的整体情况。为了提供更详尽的信息和描述更加复杂的经济活动,有必要增加所需记录的会计科目,如收入、费用等损益类科目。

复式记账法是指对发生的任何一项经济业务,都必须用相等的金额在两个或两个以上相互联系的账户中进行登记,以反映会计对象具体内容增减变化的一种记账方法。它具有三个特点:必须根据会计等式来设置完整的账户体系;能够反映经济业务的全貌;便于检查账户记录的正确性。

借贷记账法是采用借、贷作为记账符号的一种复式账簿。复式账簿避免了单式账簿不能全面反映会计主体财务状况和经营成果的问题,能够提供会计报表。记账符号借和贷,比普通语言的增加和减少要好,便于查错。因为经济业务发生之后,可能有两个增加或两个减少或一增一减,但是用借贷之后,则每笔经济业务必然符合"有借必有贷,借贷必相等"的借贷规则。借贷记账法的基本内容包括:借贷记账法的记账模式为复式簿记;借贷记账法的记录事项是总分类科目和明细分类科目;借贷记账法的记账符号是借和贷;借贷记账法的记录程序是"经济业务→会计分录→会计账簿→会计报表"。

借贷记账法的记账规则是"有借必有贷,借贷必相等"。借贷记账法的基本程序是根据经济活动编制会计分录,将会计分录的信息登记到相应的总分类账簿和明细分类账簿,然后根据账簿编制会计报表。在更为详细的核算程序中,即在会计循环中,会计主体在对日常经济业务核算后,期末需要调账、结账(关闭损益类科目),在调账前后需要编制试算平衡表检查错误,这样就形成了更为详尽的会计循环。

试算平衡的原理是三个平衡关系成立:期初借方余额合计数=期初贷方余额合计数;本期借方发生额合计数=本期贷方发生额合计数;期末借方余额合计数=期末贷方余额合计数。

课 程 思 政

汽车变生铁

【思政目标】

"汽车变生铁"让学生更加了解借贷记账法中"借"和"贷"的区别及两者的关系;让学生意识到会计人员在处理业务过程中,要严格按照会计法律制度办事,不为主观意志或他人意志所左右。

【思政案例】

会计专业学生小张在A厂进行毕业实习。有一天,小张在翻阅以往会计凭证时,发现该厂一张记账凭证上的会计分录如下:

借:原材料——生铁　　　　　　　　　　　　　　　　　2 000
　　贷:应收账款——B公司　　　　　　　　　　　　　　　　2 000

但是,购进生铁没有发票,也没有收料单,只是在记账凭证后面附了一张由该厂开具给B公司的收款收据,而B公司并不对外经销生铁。后来,小张从一位老会计那里了解到真实情况。原来是A厂以收购生铁为名,行购车抵债之实。B公司以一台自产小轿车抵偿了欠A厂的货款。看到小张一脸的疑惑,老会计不以为然,认为这种做法在企业都是正常的,没有什么大不了的,并劝小张多学点实际的东西。

【思政问题】

(1) A厂的会计处理符合借贷记账法的要求吗?
(2) A厂的会计处理违背了哪些会计核算原则?

练　习　题

一、单选题

(一)复式记账

1. 单式记账法对每项经济业务都只在(　)账户中进行登记。
   A. 一个　　　　　　　　　　　　　B. 两个
   C. 两个或两个以上　　　　　　　　D. 相互联系的两个或两个以上

2. 复式记账法是对每项经济业务都要以相等的金额,在(　)的账户中进行登记的一种记账方法。
   A. 一个　　　　　　　　　　　　　B. 两个
   C. 两个或两个以上　　　　　　　　D. 相互联系的两个或两个以上

3. 采用复式记账的方法,主要是为了(　)。
   A. 便于账簿登记　　　　　　　　　B. 如实地、完整地反映经济业务的来龙去脉
   C. 提高会计工作的效率　　　　　　D. 便于会计人员的分工协作

4. 下列方法不属于复式记账法的是(　)。
   A. 平行登记法　　B. 增减记账法　　C. 借贷记账法　　D. 收付记账法

5. 复式记账是对每项经济业务按相同金额在两个或两个以上的账户中同时登记,所涉及的账户是(　)。
   A. 负债账户　　　　　　　　　　　B. 资产账户
   C. 相互联系的对应账户　　　　　　D. 总账与明细账账户

(二)借贷记账法

1. 借贷记账法的理论基础是(　)。
   A. 会计要素　　B. 会计原则　　C. 会计等式　　D. 复式记账法

2. (　)是以"借"和"贷"为记账符号的一种复式记账方法。
   A. 借贷记账法　　B. 复式记账法　　C. 单式记账法　　D. 增减记账法

3. 借贷记账法的理论依据是(　)。
   A. 复式记账法　　　　　　　　　　B. 资产=负债+所有者权益
   C. 有借必有贷,借贷必相等　　　　D. 借贷平衡

4. 借贷记账法中的记账符号"借"表示（　　）。
   A．资产增加，权益增加　　　　　　　　B．资产减少，权益增加
   C．资产增加，权益减少　　　　　　　　D．资产减少，权益减少
5. 借贷记账法下的"借"表示（　　）。
   A．费用增加　　　B．负债增加　　　C．所有者权益增加　　　D．收入增加
6. "有借必有贷，借贷必相等"的记账规则适用于（　　）。
   A．单式记账法　　　B．收付记账法　　　C．借贷记账法　　　D．增减记账法
7. 以下（　　）不符合借贷记账法的记账规则。
   A．两项资产同时增加　　　　　　　　B．资产、资本同时减少
   C．资产、负债同时增加　　　　　　　　D．资产、负债同时减少
8. 在借贷记账法下，企业每项经济业务的发生都会影响（　　）账户金额发生增减变化。
   A．一个　　　B．两个　　　C．两个或两个以上　　　D．全部
9. 我国的法定记账方法是（　　）。
   A．增减记账法　　　B．收付记账法　　　C．借贷记账法　　　D．单式记账法

（三）会计分录
1. 复合会计分录是由（　　）所组成的会计分录。
   A．两个简单会计分录　　　　　　　　B．两个或两个以上会计分录
   C．涉及两个以上账户　　　　　　　　D．两个对应账户
2. 采用借贷记账法可以编制（　　）的会计分录。
   A．一借一贷　　　B．一借多贷　　　C．多借一贷　　　D．以上均可
3. 会计分录必须具备（　　）。
   A．摘要、凭证号、金额　　　　　　　　B．借方、贷方、金额
   C．总分类账户、明细分类账户、金额　　　D．会计科目名称、记账符号、金额

（四）试算平衡
1. 借贷记账法的发生额试算平衡是指（　　）。
   A．资产借方发生额等于所有者权益贷方发生额
   B．全部会计科目的借方发生额等于全部会计科目的贷方发生额
   C．资产借方发生额等于资产贷方发生额
   D．资产借方发生额等于负债贷方发生额
2. 会计科目余额试算平衡法是依据（　　）来确定的。
   A．资产等于权益的平衡关系原理　　　　B．借贷记账法的记账规则
   C．经济业务的内容　　　　　　　　D．经济业务的类型
3. 根据（　　）的基本原理，可以对账户记录进行试算平衡。
   A．会计要素划分的类别　　　　　　　　B．所发生经济业务的内容
   C．账户结构　　　　　　　　D．会计等式

（五）账户的平行登记
1. 对一项交易或事项，既在有关的总账账户进行总括登记，又在这些总账账户所属的明细账户中详细登记的做法称为（　　）。
   A．复式记账　　　B．账簿登记　　　C．会计记录　　　D．平行登记
2. 在下列各项中，属于平行登记特有做法的是（　　）。
   A．为交易或事项编制会计分录　　　　B．确认交易或事项涉及的会计要素
   C．确定交易或事项变动的金额　　　　D．在有关总账和明细账中记录

二、多选题

(一) 复式记账

1. 按其记录经济业务方式的不同，记账方法可以分为（　　）。
   A．单式记账法　　　B．收付记账法　　　C．增减记账法　　　D．复式记账法
2. 单式记账法的主要缺点表现为（　　）。
   A．不能全面反映经济业务的来龙去脉　　　B．割裂了资金运动的相互平衡关系
   C．不便于检查账务记录的正确性和真实性　　　D．账户之间未形成相互对应关系
3. 复式记账的意义包括（　　）。
   A．可以完整地反映资金运动的来龙去脉　　　B．可以全面、系统地记录和反映经济业务
   C．可以使记账手续更为简单　　　D．可以保持资金平衡关系
4. 复式记账法的优点包括（　　）。
   A．进行试算平衡　　　B．了解经济业务的来龙去脉
   C．简化账簿登记工作　　　D．检查账户记录的正确性
5. 复式记账法的特点有（　　）。
   A．可以系统、全面地反映经济业务内容　　　B．可以简化账簿登记的工作
   C．可以清楚地反映经济业务的来龙去脉　　　D．便于核对账户的记录

(二) 借贷记账法

1. 采用借贷记账法时，账户的借方登记（　　）。
   A．资产增加　　　B．负债减少　　　C．所有者权益减少　　　D．成本、费用增加
2. 在借贷记账法下，账户的贷方登记（　　）。
   A．收入的结转　　　B．负债的减少　　　C．资产的减少　　　D．负债及所有者权益的增加
3. 借贷记账法下，账户的基本结构为（　　）。
   A．左方为借方，右方为贷方　　　B．资产增加记借方，负债及所有者权益增加记贷方
   C．收入增加记借方，费用增加记贷方　　　D．借方余额表示资产
4. 在借贷记账法下，"借""贷"作为记账符号（　　）。
   A．在账户结构上，可表示为两个对立的部分
   B．"借""贷"等于"增""减"
   C．在金额的增减变化上，可表示"增加"或"减少"
   D．表示"借方"和"贷方"
5. 下列有关借贷记账法记账规则的说法正确的有（　　）。
   A．对任何类型的经济业务，都一律采用"有借必有贷，借贷必相等"的记账规则
   B．不论是一借一贷、多借一贷，还是多借多贷，借贷双方的金额必须相等
   C．运用借贷记账法记账，在有关账户之间都会形成应借、应贷的相互关系
   D．按这一记账规则进行的登账结果，所有账户的借方发生额合计与贷方发生额合计必然相等
   E．既是记账的规则，也是核对账户的规则
6. 借贷记账法的试算平衡有（　　）。
   A．发生额平衡　　　B．余额平衡　　　C．会计要素平衡　　　D．借贷平衡
7. 下列有关借贷记账法的说法正确的有（　　）。
   A．采用"借""贷"作为记账符号
   B．以"资产＝负债＋所有者权益"这一会计等式作为理论依据
   C．记账规则是"有借必有贷，借贷必相等"
   D．它是我国会计核算的法定记账方法

8．借贷记账法的记账规则有（　　）。
 A．有借必有贷　　　B．有增必有减　　　C．借贷必相等　　　D．增减必相等
9．下列各项中，属于借贷记账法中"贷"字表示的内容有（　　）。
 A．资产的增加　　　B．负债的增加　　　C．所有者权益的增加　　　D．收益的增加
10．借贷记账法的基本内容包括（　　）。
 A．记账符号　　　B．账户结构　　　C．记账规则　　　D．试算平衡
11．下列关于"有借必有贷"记账规律的错误理解为（　　）。
 A．记入一个账户的借方，必须同时记入该账户的贷方
 B．记入一个账户的借方，必须同时记入另一个或几个账户的贷方
 C．记入一个或几个账户的借方，必须同时记入另一个账户的贷方
 D．记入几个账户的贷方，必须同时记入另几个账户的贷方
12．以下符合借贷记账法记账规则的有（　　）。
 A．一项资产增加，一项所有者权益减少　　　B．一项负债增加，另一项负债减少
 C．一项所有者权益增加，一项负债减少　　　D．一项负债增加，一项资产减少
13．在借贷记账法下，账户的期末余额一般在借方的有（　　）。
 A．资产类账户　　　B．成本类账户　　　C．收入类账户　　　D．所有者权益类账户

（三）会计分录

1．复合会计分录有（　　）。
 A．一借一贷　　　B．一贷多借　　　C．多借多贷　　　D．一借多贷
2．下列关于会计分录的格式，说法正确的有（　　）。
 A．先借后贷
 B．借方在上，贷方在下
 C．在一借多贷和多借一贷的情况下，借方或贷方的文字要对齐
 D．在一借多贷和多借一贷的情况下，借方或贷方的数字要对齐
3．编制会计分录时，必须考虑（　　）。
 A．经济业务涉及的会计要素是增加还是减少　　　B．记入账户的借方还是贷方
 C．应该使用哪几个账户　　　D．各账户的增加额和减少额是多少

（四）试算平衡

1．借贷记账法的试算平衡包括（　　）。
 A．分录平衡　　　B．发生额平衡　　　C．余额平衡　　　D．资产、权益平衡
2．借贷记账法的试算平衡公式有（　　）。
 A．借方科目金额＝贷方科目金额
 B．借方期末余额＝借方期初余额＋本期借方发生额－本期贷方发生额
 C．全部账户借方发生额合计＝全部账户贷方发生额合计
 D．全部账户借方余额合计＝全部账户贷方余额合计
3．下列各项中，作为借贷记账法试算平衡的公式有（　　）。
 A．借方科目金额＝贷方科目金额
 B．借方期末金额＝借方期初余额＋本期借方发生额－本期贷方发生额
 C．贷方期末余额＝贷方期初余额＋本期贷方发生额－本期借方发生额
 D．全部账户借方余额合计＝全部账户贷方余额合计
4．下列属于对账的有（　　）。
 A．财产物资明细账账面余额与财产物资实存数之间的核对

B．现金日记账的期末余额合计与现金总账期末余额之间的核对

C．总分类账与所属明细分类账之间的核对

D．账簿记录与会计凭证之间的核对

5．对账的内容主要包括（　　）。

 A．证证核对   B．账证核对   C．账账核对   D．账实核对

6．借贷记账法的试算平衡法包括（　　）。

 A．借贷平衡法 B．发生额平衡法 C．余额平衡法 D．差额平衡法

7．下列情况中，（　　）不会影响借贷平衡关系。

 A．漏记某项经济业务 B．重记某项经济业务 C．颠倒记账方向 D．某项经济业务记错账户

（五）账户的平行登记

总账账户和明细账账户平行登记的要点有（　　）。

 A．登记的内容相同 B．登记的方向一致 C．登记的内容不同 D．登记的金额不等

 E．登记的金额相等

三、判断题

（一）复式记账

1．单式记账法是只记一个账户，复式记账法是同时登记两个账户。（　　）

2．即使采用同一种记账方法，账户的性质不同，其结构也是不同的。（　　）

3．复式记账法具有能够反映资金运作全貌、有完整的账户体系和便于检查账户记录正确性的特点。（　　）

4．复式记账法是以资产与权益平衡关系作为记账基础，对于每一笔经济业务都要在两个或两个以上相互联系的账户中进行登记，系统地反映资金运动变化结果的一种记账方法。（　　）

5．采用单式记账法，所有经济业务的会计记录同样可以试算平衡。（　　）

（二）借贷记账法

1．在借贷记账法下，费用类账户期末一般无余额。（　　）

2．按照现行规定，企业的会计分录必须采用借贷记账法。（　　）

3．借贷记账法是世界上通用的记账方法，也是我国的法定记账方法。（　　）

4．借贷记账法的记账规则是"有借必有贷，借贷必相等"。（　　）

5．在借贷记账法下，账户哪一方登记增加金额，哪一方登记减少金额，是根据账户反映的经济内容和性质来确定的。（　　）

6．对于一项经济业务，如果在一个会计科目中登记了借方，必须同时在另一个或几个会计科目中登记贷方。（　　）

（三）会计分录

1．一个复合会计分录可以分解为几个简单会计分录。（　　）

2．编制复合会计分录，能集中反映一项经济业务的全貌，并可以简化记账手续。（　　）

（四）试算平衡

1．借贷记账法的试算平衡公式分为发生额平衡公式和差额平衡公式。（　　）

2．账户记录试算不平衡，说明记账肯定有差错。（　　）

3．试算平衡表只是通过借贷金额是否平衡来检查会计科目的记录是否正确。如果借贷不平衡，则可以肯定会计科目记录出现错误或计算有错误。（　　）

4．发生额试算平衡是根据资产和权益的恒等关系，来检查本期发生额记录是否正确。（　　）

5．试算平衡表借贷余额均相等，就说明不存在任何会计处理错误。（　　）

6．发生额平衡法的理论依据是"资产＝负债＋所有者权益"等式。（　　）

7．一笔业务在相关账户中将借贷方向记反可以通过试算平衡发现。　　　　　　（　）

（五）账户的平行登记

1．平行登记是指对交易或事项要在两个或两个以上的总账账户中登记。　　（　）

2．所有的交易或事项在发生以后都要按要求进行平行登记。　　　　　　　（　）

四、计算题：试算平衡

1．资料：乙企业2022年5月有关T形账户如图4-3所示，请编制试算平衡表（见表4-3）。

借方	库存现金	贷方
期初余额　2 000		
本期发生额　1 000	本期发生额　　0	
期末余额　3 000		

借方	银行存款	贷方
期初余额　120 000		
本期发生额　13 000	本期发生额　14 000	
期末余额　119 000		

借方	应收账款	贷方
期初余额　10 000		
本期发生额　0	本期发生额　3 000	
期末余额　7 000		

借方	生产成本	贷方
期初余额　30 000		
本期发生额　20 000	本期发生额　0	
期末余额　50 000		

借方	原材料	贷方
期初余额　110 000		
本期发生额　5 000	本期发生额　20 000	
期末余额　95 000		

借方	固定资产	贷方
期初余额　500 000		
本期发生额　5 000	本期发生额　0	
期末余额　505 000		

借方	短期借款	贷方
	期初余额　60 000	
本期发生额　3 000	本期发生额　0	
	期末余额　57 000	

借方	实收资本	贷方
	期初余额　700 000	
本期发生额　0	本期发生额　18 000	
	期末余额　718 000	

借方	资本公积	贷方
	期初余额　18 200	
本期发生额　8 000	本期发生额　0	
	期末余额　10 200	

借方	库存商品	贷方
期初余额　25 000		
本期发生额　0	本期发生额　0	
期末余额　25 000		

借方	应付账款	贷方
	期初余额　7 000	
本期发生额　0	本期发生额　0	
	期末余额　7 000	

借方	应交税费	贷方
	期初余额　1 800	
本期发生额　0	本期发生额　0	
	期末余额　1 800	

借方	盈余公积	贷方
	期初余额　10 000	
本期发生额　0	本期发生额　0	
	期末余额　10 000	

图4-3　有关T形账户

表 4-3 试算平衡表　　　　　　　　　　　　　　　　　　　　单位：元

账　户	期初余额		本期发生额		期末余额	
	借　方	贷　方	借　方	贷　方	借　方	贷　方
库存现金						
银行存款						
应收账款						
生产成本						
原材料						
库存商品						
固定资产						
短期借款						
应付账款						
应交税费						
实收资本						
资本公积						
盈余公积						
合　计						

2. 资料：A 公司 2022 年 11 月各账户的有关资料如表 4-4 所示。

表 4-4 试算平衡表　　　　　　　　　　　　　　　　　　　　单位：元

账户名称	期初余额		本期发生额		期末余额	
	借　方	贷　方	借　方	贷　方	借　方	贷　方
库存现金	950		4 360	（　）	960	
银行存款	2 690		（　）	7 460	（　）	
应收账款	（　）		（　）	18 400	0	
原材料	5 000		1 720	（　）	4 100	
固定资产	（　）		5 000	0	10 400	
短期借款		（　）	2 000	0		0
应付账款		3 700	4 400	（　）		2 000
应付票据		（　）	4 000	2 600		3 600
实收资本		20 000	0	（　）		20 000
合　计	（　）	（　）	（　）	（　）	（　）	（　）

要求：根据上述资料，将相应的数字填入试算平衡表。

3. 资料：A 公司聘请了王会计和刚毕业的出纳小李。王会计临时负责将 A 公司当月的账目结清。王会计将编制好的凭证逐一登记入账后，进行试算平衡，并按规定填报了有关报表资料。过了几天，出纳小李从银行取回了银行对账单，在对账时发现，"银行对账单"的银行存款的余额比企业的"银行存款"账户的账面余额多了 9 000 元；经过逐笔核对银行存款收支业务后发现，当月一笔销售业务通过银行转账收款 1 万元，但公司原来的会计将这笔业务误记为 1 000 元；昨天销售的那批产品的单据还没记到账上去，这也是这个月的业务；有一笔应当记入"应交税费"和"银行存款"账户的金额是 1 万元，而不是 9 000 元。已经入账的那部分数字还得更改一些……"试算平衡表不是已经平衡了吗？怎么还有错呢？"小李不解地问。

要求：运用试算平衡表的有关知识谈谈你的看法。出纳小李感到奇怪，王会计在结账时明明已经进行了试算平衡，为什么没有发现这个问题？

4. 根据借贷记账法下账户记录的试算平衡原理，将正确的数据填入表 4-5 中（本期所有者没有新增投资）。

表 4-5 试算平衡表   单位：元

账户名称	期初余额 借方	期初余额 贷方	本期发生额 借方	本期发生额 贷方	期末余额 借方	期末余额 贷方
库存现金	1 500		4 600	（　）	2 530	
银行存款	253 800		（　）	88 000	221 000	
应收账款	（　）		63 500	23 100	51 900	
其他应收款	5 800		（　）	2 300	6 200	
固定资产	351 000		3 000	0	（　）	
累计折旧		32 300	0	（　）		33 100
短期借款		（　）	30 000	0		（　）
应付账款		15 600	10 000	（　）		25 890
实收资本		500 000	—	—		500 000
本年利润		（　）	（　）	65 800		48 640
合　计	623 600	623 600	203 860	（　）	635 630	635 630

五、会计核算题

1. 资料：A 公司 2022 年 11 月发生了下列经济业务：

（1）用银行存款支付本月办公用房租金 1 000 元。

（2）向银行借入半年期限的借款 1 万元，存入银行存款账户。

（3）收到国家投资 10 万元，存入银行存款账户。

（4）赊购设备一台 20 万元。

（5）偿还上月所欠部分货款 6 万元。

（6）从银行存款账户中提取库存现金 7 万元，备发工资。

（7）用银行存款购入一批材料 7 万元，材料已入库。

（8）本月销售产品取得收入 30 万元，款项已存入银行。

（9）用银行存款支付本月份水电费 2 000 元。

（10）支付短期银行借款利息 1 500 元。

（11）收到客户偿还上月所欠货款 5 万元，并存入银行。

（12）用库存现金发放职工工资 10 万元。

（13）计提本月行政办公用设备折旧费 1 000 元。

（14）开出支票支付本月电话费 1 500 元。

（15）用银行存款上缴所得税费用 3 000 元。

要求：用借贷记账法编制会计分录。

2. 资料：A 公司 2022 年 3 月发生部分经济业务如下：

（1）从银行中提取现金 400 元。
（2）购入原材料一批共计 3 500 元，货款已用银行存款支付。
（3）外单位投入资本 2 万元，存入银行存款账户。
（4）采购员王某出差，预借旅费 350 元，财务科以现金支付。
（5）购入甲材料 3 万元，乙材料 2 600 元。乙材料已用银行存款付出，甲材料款未付。
（6）收到购买单位上月所欠货款 2.5 万元，其中 1 万元直接归还银行短期借款，其余 1.5 万元存入银行。
（7）支付现金 400 元，其中 300 元为购入生产用的丙材料，100 元为采购员李某借支。
（8）B 单位投入资本 4.5 万元，其中 1.5 万元存入银行，3 万元直接归还应付的购货款。

要求：对上述经济业务进行分析，并据以做出正确的会计分录（填入表 4-6 即可）。

表 4-6 经济业务分析

顺 序 号	涉 及 账 户	账 户 性 质	增 减 变 化	记 入 方 向	会 计 分 录
1					
2					
3					
4					
5					
6					
7					
8					

3. 小李为一家计算机公司工作，为了编制年度报表，她和会计主管一起编制调整分录。小李计算出折旧费并编制如下分录：

借：管理费用——设备　　　　　　　　　　　　　　　　　　　　　　　　　10 000
　　贷：累计折旧——设备　　　　　　　　　　　　　　　　　　　　　　　　　10 000

主管认为上述分录应该直接贷记"固定资产——设备"，这样做比较简便，而且在资产负债表上两种方法计算出的结果相同。

问题：（1）折旧应该如何记录？你支持主管的观点吗？
　　　（2）请评价主管处理方法的优缺点，主管的处理方法是否符合有关会计原则？

第五章

一般企业筹资活动交易或事项的账务处理

第一节 一般企业筹资活动交易或事项概述

一、一般企业主要活动概述

企业要进行生产经营，首先必须筹集到所需要的资金，然后将资金投入到企业的生产经营过程中，这期间其形态不断发生变化，转化为企业可供出售的资产，企业再将可供出售的资产对外出售以获取利润，从而实现对投资者的回报。企业的主要经济活动具体分为四类——筹资活动、经营活动、投资活动、经营成果的形成与分配。

下面本章例题全部以 A 公司发生的交易或事项为例，介绍一般企业主要交易或事项的账务处理，本章例题的会计主体均为 A 公司，所有例题的会计分录均为 A 公司的账务处理。A 公司为股份有限公司，主要业务属于一般工业企业范畴。

二、一般企业筹资活动概述

筹资活动是指导致企业资本及债务规模和构成发生变化的活动，是企业获取经营资金，保证企业经营活动正常进行必不可少的一种活动，也是开展经营活动和投资活动的前提。在市场经营活动中，企业获取经营资金的渠道主要有两种：一是吸引投资者向企业投入资本；二是通过借款或发行企业债券等负债方式吸引社会投资。投入资本既包括实收资本（或股本），也包括资本溢价（或股本溢价）；负债既包括企业从银行借入的借款，也包括发行企业债券应予偿还的债务等。以上这些交易或事项均属于企业在筹集资金的活动中发生的。通常，企业的应付账款和应付票据不属于筹资活动，因其发生在企业的经营活动中，故属于经营活动。企业为组织生产经营活动，必须通过各种途径获取经营资金，因而会发生资金筹集交易或事项，可将该交易或事项划分为以下两类：

1. 导致企业资本规模变化的交易或事项

在筹资活动中发生的能够导致企业资本规模变化的交易或事项，主要包括投入资本和资本公积两部分。

（1）投入资本。投入资本在独资企业或合伙企业称为实收资本，在股份有限公司称为股本。在独资企业，投入资本为业主本身投入的资本；在合伙企业，投入资本为两个或两个以上的合伙人共同投入的资本；在股份有限公司，投入资本一般为公司股东购买公司发行股票所投入的资本，这部分投资应按公司发行股票的票面金额确定。

（2）资本公积。资本公积在不同类型的企业表现为不同的内容。在股份有限公司，公司以超过股票票面金额的发行价格发行股票所获取的溢价款，应当列为资本公积，作为所有者投入资本的构成部分。因此，投入资本和资本公积都会导致企业资本规模的变化。其中，资本公积可用于扩大公司生产经营规模或转增公司资本，不得用于弥补公司的亏损，所有者投入的资本主要用于企业日常经营活动。

投入资本可按以下两种方式分类：

（1）按投资形式不同，投入资本可分为货币资金投资、实物资产投资（如设备、材料等投资）和无形资产投资（如知识产权、专利权和土地使用权等投资）。

（2）按投资主体不同，投入资本可分为国家资本金、法人资本金、个人资本金和外商资本金等，分别是由国家、法人单位、个人和国外（境外）投资者向企业的投资。根据有关规定，企业资本金实行保全制度，即投资者将资本金投入企业以后一般不得随意抽回。

2. 导致企业负债规模变化的交易或事项

在筹资活动中发生的导致企业负债规模变化的交易或事项，主要包括银行借款和债券发行两部分。

（1）银行借款。企业从银行借款主要用于企业在生产经营过程中现金不足时临时周转需要；长期借款主要用于企业为扩大经营规模等而进行的工程项目建设。

（2）债券发行。企业发行债券一般应有发行期限，在债券发行期间，应按规定的利率向债券持有人支付利息；待发行期满后，应按债券面值将本金归还给债券购买者。应当支付给债券购买者的利息及尚未归还的债券本金构成企业对债券购买者的负债。银行借款和债券发行都会导致企业负债规模的变化。

第二节　股权筹资活动交易或事项的账务处理

一、股本／实收资本

"股本"（或"实收资本"）账户属于所有者权益类账户，用于核算企业收到的所有者投入资本及资本的退还等。经股东大会或类似机构决议，用资本公积转增资本也在该账户核算。该账户贷方登记按投资者在股本（或注册资本）中所占份额确定的投入资本和由资本公积转增的部分；借方登记企业按法定程序批准后减少注册的资本和归还投资者的投资等。期末为贷方余额，反映企业股本／实收资本总额。企业收到所有者投资超过在其股本（或注册资本）中所占份额的部分，作为股本／实收资本溢价，在"资本公积"账户核算，如表5-1所示。

表5-1　股本／实收资本的账务处理

事　项		会　计　分　录
股本／实收资本增加	所有者投入资本	借：银行存款／固定资产／无形资产等 　　贷：股本／实收资本（注册资本部分） 　　　　资本公积（超过注册资本部分）
	资本公积转增资本	借：资本公积 　　贷：股本／实收资本

(续)

事　项		会　计　分　录
股本/实收资本增加	盈余公积转增资本	借：盈余公积 　　贷：股本/实收资本
股本/实收资本减少		借：股本/实收资本 　　贷：银行存款

【例1】A公司收到某投资者投入的全新设备一台，协商作价18万元。
　　借：固定资产　　　　　　　　　　　　　　　　　　　　　　　　180 000
　　　　贷：股本　　　　　　　　　　　　　　　　　　　　　　　　　　　180 000

【例2】A公司收到某公司一项专利技术投资，经评估确认其价值为6万元。
　　借：无形资产　　　　　　　　　　　　　　　　　　　　　　　　 60 000
　　　　贷：股本　　　　　　　　　　　　　　　　　　　　　　　　　　　 60 000

【例3】A公司溢价发行股票，面值100万元，实际收到发行款125万元，已存入银行。
　　借：银行存款　　　　　　　　　　　　　　　　　　　　　　　1 250 000
　　　　贷：股本　　　　　　　　　　　　　　　　　　　　　　　　　1 000 000
　　　　　　资本公积　　　　　　　　　　　　　　　　　　　　　　　 250 000

【例4】A公司经股东大会批准，将资本公积30万元转作实收资本。
　　借：资本公积　　　　　　　　　　　　　　　　　　　　　　　　300 000
　　　　贷：股本　　　　　　　　　　　　　　　　　　　　　　　　　　 300 000

【例5】A公司归还投资者投资9万元，已用银行存款支付。
　　借：股本　　　　　　　　　　　　　　　　　　　　　　　　　　 90 000
　　　　贷：银行存款　　　　　　　　　　　　　　　　　　　　　　　　 90 000

二、资本公积

"资本公积"账户属于所有者权益类账户，用于核算企业取得的各种资本公积及其使用情况。该账户贷方登记企业取得的资本公积，如股本资本溢价或资本溢价等；借方登记资本公积的使用数，如转增资本等。期末为贷方余额，反映企业资本公积的实际结存数。资本公积的账务处理如表5-2所示。

表5-2　资本公积的账务处理

事　项	会　计　分　录
收到股本溢价（或资本溢价）（资本公积增加）	借：银行存款/固定资产/无形资产等 　　贷：股本/实收资本（注册资本部分） 　　　　资本公积（超过注册资本部分）
资本公积转增资本（资本公积减少）	借：资本公积 　　贷：股本/实收资本

【例6】A公司发行股票200万股，每股面值1元，发行价格1.2元。实际收到发行款240万元，已存入银行。
　　借：银行存款　　　　　　　　　　　　　　　　　　　　　　　2 400 000
　　　　贷：股本　　　　　　　　　　　　　　　　　　　　　　　　　2 000 000
　　　　　　资本公积　　　　　　　　　　　　　　　　　　　　　　　 400 000

【例7】 A公司经股东大会批准，将资本公积20万元转增股本。

借：资本公积　　　　　　　　　　　　　　　　　　　　200 000
　　贷：股本　　　　　　　　　　　　　　　　　　　　　200 000

第三节　债权筹资活动交易或事项的账务处理

一、短期借款

"短期借款"账户属于负债类账户，用于核算企业借入的偿还期在一年或一年以内的各种借款。该账户贷方登记企业借入的短期借款本金，借方登记归还的短期借款本金。期末为贷方余额，反映企业尚未归还的短期借款本金。短期借款的账务处理如表5-3所示。企业使用短期借款产生的利息应记入"财务费用"账户。

表5-3　短期借款的账务处理

事　项	会　计　分　录	事　项	会　计　分　录
从银行借入短期借款时	借：银行存款 　　贷：短期借款	支付短期借款利息时	借：应付利息 　　贷：银行存款
每月计提短期借款利息时	借：财务费用 　　贷：应付利息	归还短期借款本金时	借：短期借款 　　贷：银行存款

【例8】 A公司2021年1月1日取得为期6个月的短期借款12万元，已存入在银行开立的存款账户；每月月底需要计提1 000元的利息；6月30日支付该借款的本金和利息合计126 000元。A公司短期借款账务处理如表5-4所示。

表5-4　A公司短期借款账务处理

事　项	会　计　分　录
2021年1月1日取得短期借款时	借：银行存款　　　　　　　　　120 000 　　贷：短期借款　　　　　　　　120 000
2021年1月31日计提本月利息时	借：财务费用　　　　　　　　　　1 000 　　贷：应付利息　　　　　　　　　1 000
2021年2月28日计提本月利息时	借：财务费用　　　　　　　　　　1 000 　　贷：应付利息　　　　　　　　　1 000
2021年3月31日计提本月利息时	借：财务费用　　　　　　　　　　1 000 　　贷：应付利息　　　　　　　　　1 000
2021年4月30日计提本月利息时	借：财务费用　　　　　　　　　　1 000 　　贷：应付利息　　　　　　　　　1 000
2021年5月31日计提本月利息时	借：财务费用　　　　　　　　　　1 000 　　贷：应付利息　　　　　　　　　1 000
2021年6月30日归还借款本息时	借：应付利息　　　　　　　　　　6 000 　　短期借款　　　　　　　　　120 000 　　贷：银行存款　　　　　　　　126 000

二、长期借款

"长期借款"账户属于负债类账户,用于核算企业借入的偿还期在一年以上的各种借款。该账户贷方登记企业借入的长期借款本金和计提的一次还本付息的长期借款应支付的借款利息,借方登记偿还的长期借款本金和利息。期末为贷方余额,反映企业尚未归还的长期借款本息。长期借款的账务处理如表 5-5 所示。利用长期借款进行项目建设时,项目达到预定可使用状态前的利息支出记入"在建工程"账户;项目达到预定可使用状态之后的利息支出应记入"财务费用"账户。

表 5-5　长期借款的账务处理

事　项	会 计 分 录
借入长期借款时	借:银行存款 　　贷:长期借款
计提长期借款利息时	借:在建工程(专门借款,项目达到预定可使用状态前) 　　财务费用(专门借款,项目达到预定可使用状态后;一般借款) 　　贷:长期借款(一次还本付息) 　　　　应付利息(分期付息,到期还本)
支付长期借款利息时	借:长期借款(一次还本付息) 　　应付利息(分期付息,到期还本) 　　贷:银行存款
归还长期借款本金时	借:长期借款 　　贷:银行存款

【例 9】A 公司 2019 年 1 月 1 日从银行借入 3 年期长期借款 20 万元,用于甲生产车间的扩建,该借款已存入在银行开立的存款账户。该借款到期一次还本付息,每月需要计提 1 500 元的利息。2021 年 12 月 31 日,A 公司支付该借款的本息共计 25.4 万元。甲生产车间于 2019 年 1 月 1 日开始扩建,2019 年 12 月 31 日扩建完工并交付使用。A 公司甲生产车间扩建的账务处理如表 5-6 所示。

表 5-6　A 公司甲生产车间扩建的账务处理

事　项	会 计 分 录	
2019 年 1 月 1 日借款时	借:银行存款 　　贷:长期借款——本金	200 000 200 000
2019 年每月月底计提利息时(有 12 笔分录)	借:在建工程——甲生产车间 　　贷:长期借款——应付利息	1 500 1 500
2020 年和 2021 年每月月底计提利息时(有 24 笔分录)	借:财务费用 　　贷:长期借款——应付利息	1 500 1 500
2021 年 12 月 31 日到期还本付息时	借:长期借款——本金 　　　　　　——应付利息 　　贷:银行存款	200 000 54 000 254 000

【例 10】A 公司 2019 年 1 月 1 日从银行借入 3 年期长期借款 20 万元,用于乙生产车间的扩建,该借款已存入在银行开立的存款账户。该借款每月需要计提 1 500 元的利息,利息每年底付息一次,到期还本。2019 年 12 月 31 日和 2020 年 12 月 31 日,分别支付年度利息 1.8 万元。2021 年 12 月 31 日,A 公司支付该借款的本金和第 3 年的利息共计 21.8 万元。乙

生产车间于 2019 年 1 月 1 日开始扩建，2019 年 12 月 31 日扩建完工并交付使用。A 公司乙生产车间扩建的账务处理如表 5-7 所示。

表 5-7　A 公司乙生产车间扩建的账务处理

事　项	会　计　分　录
2019 年 1 月 1 日借款时	借：银行存款　　　　　　　　　　　　200 000 　贷：长期借款　　　　　　　　　　　　200 000
2019 年每月月底计提利息时（有 12 笔分录）	借：在建工程——乙生产车间　　　　　　1 500 　贷：应付利息　　　　　　　　　　　　　1 500
2019 年 12 月 31 支付当年利息时	借：应付利息　　　　　　　　　　　　18 000 　贷：银行存款　　　　　　　　　　　　18 000
2020 年每月月底计提利息时（有 12 笔分录）	借：财务费用　　　　　　　　　　　　　1 500 　贷：应付利息　　　　　　　　　　　　　1 500
2020 年 12 月 31 支付当年利息时	借：应付利息　　　　　　　　　　　　18 000 　贷：银行存款　　　　　　　　　　　　18 000
2021 年每月月底计提利息时（有 12 笔分录）	借：财务费用　　　　　　　　　　　　　1 500 　贷：应付利息　　　　　　　　　　　　　1 500
2021 年 12 月 31 日到期还本和支付当年利息时	借：长期借款　　　　　　　　　　　　200 000 　　应付利息　　　　　　　　　　　　 18 000 　贷：银行存款　　　　　　　　　　　　218 000

三、应付债券

"应付债券"账户属于负债类账户，用于核算企业为筹集长期经营资金发行债券的本金和计提的到期一次性还本付息债券的应付利息。该账户贷方登记企业发行债券的本金及应付利息，借方登记企业到期归还的债券本金和利息。利用债券本金进行项目建设时，项目达到预定可使用状态之前的利息支出应记入"在建工程"账户，项目达到预定可使用状态之后的利息支出应记入"财务费用"账户。应付债券的账务处理如表 5-8 所示。

表 5-8　应付债券的账务处理

事　项	会　计　分　录
发行债券时	借：银行存款 　贷：应付债券
计提债券利息时	借：在建工程（项目达到预定可使用状态前） 　　财务费用（项目达到预定可使用状态后） 　贷：长期债券（一次还本付息） 　　　应付利息（分期付息，到期还本）
支付债券利息时	借：应付债券（一次还本付息） 　　应付利息（分期付息，到期还本） 　贷：银行存款
归还债券本金时	借：应付债券 　贷：银行存款

【例 11】A 公司 2020 年 1 月 1 日按面值 50 元发行 2 年期的债券 1 万张，共获得债券发行款 50 万元，该款项已存入在银行开立的存款账户。债券到期一次还本付息，资金用于经

营周转。A 公司计算每月应付债券利息 3 000 元，暂未支付。2021 年 12 月 31 日，发行的债券到期，用银行存款支付债券本金 50 万元、债券利息 7.2 万元。A 公司发行债券的账务处理如表 5-9 所示。

表 5-9 A 公司发行债券的账务处理

事　　项	会　计　分　录	
2020 年 1 月 1 日发行债券时	借：银行存款 　　贷：应付债券——本金	500 000 500 000
2020 年和 2021 年每月月底计提利息时（有 24 笔分录）	借：财务费用 　　贷：应付债券——应付利息	3 000 3 000
2021 年 12 月 31 日到期还本付息时	借：应付债券——本金 　　　　　　——应付利息 　　贷：银行存款	500 000 72 000 572 000

【例 12】A 公司 2020 年 1 月 1 日按面值 50 元发行 2 年期的债券 1 万张，共获得债券发行款 50 万元，该款项已存入在银行开立的存款账户。债券按年付息，到期还本。资金用于生产线建造，2020 年 1 月 1 日，生产线开始建造；2020 年 12 月 31 日，生产线完工并投入使用。A 公司计算每月应付债券利息 3 000 元，暂未支付。2021 年 12 月 31 日，发行的债券到期，用银行存款支付债券本金 50 万元、债券利息 3.6 万元。A 公司发行债券用于生产线建造的账务处理如表 5-10 所示。

表 5-10 A 公司发行债券用于生产线建造的账务处理

事　　项	会　计　分　录	
2020 年 1 月 1 日发行债券时	借：银行存款 　　贷：应付债券	500 000 500 000
2020 年每月月底计提利息时（有 12 笔分录）	借：在建工程 　　贷：应付利息	3 000 3 000
2020 年 12 月 31 日支付当年利息时	借：应付利息 　　贷：银行存款	36 000 36 000
2021 年每月月底计提利息时（有 12 笔分录）	借：财务费用 　　贷：应付利息	3 000 3 000
2021 年 12 月 31 日到期还本并支付 2021 年当年利息时	借：应付债券 　　　应付利息 　　贷：银行存款	500 000 36 000 536 000

要 点 回 顾

会计核算的对象是企业的经济活动，会计报表是企业经济活动相关信息的集中反映。企业的经济活动具体可分为四大类：筹资活动、经营活动、投资活动、经营成果的形成与分配。

筹资活动分为以股权方式筹资和以债权方式筹资两种。企业以股权方式筹资时，一方面企业的银行存款、原材料、固定资产或无形资产等资产增加；另一方面企业的实收资本、资本公积等所有者权益增加。企业以债权方式筹资时，资产类的银行存款与负债类的短期借款、长期借款或应付债券同时增加。

课程思政

港珠澳大桥的融资之路

【思政目标】

作为"一国两制"体制下第一个涉及内地及港澳两个特别行政区的大型跨境基础设施合作项目，港珠澳大桥主体工程及三地口岸、连接线共投资约 1 200 亿元。如此大规模的资金从哪里来？港珠澳大桥投融资决策过程是怎样的？回答这些问题能够帮助同学们了解融资的意义和价值。

【思政案例】

2009 年《港珠澳大桥工程可行性研究报告》获得批准，将港珠澳大桥工程分为三部分：一是主体工程；二是三地口岸；三是连接线。主体工程预算 380 亿元，口岸和连接线工程预算 349.4 亿元，三部分工程合计 729.4 亿元，如何才能筹集到这笔巨款，这确实让大家很头疼。港珠澳大桥前期工作协调小组多次组织会议讨论解决方案，参考国内外做法，想出了很多筹集资金的办法，主要有三种模式：第一种是 BOT（建设－经营－转让）模式，粤港澳三地政府通过招投标方式引入国内外投资者出钱投资，负责大桥的建设、运营和维护，政府授予一定年限的特许经营权，在这些年内投资者可以通过收取车辆通行费、投放广告等方式取得商业利润，特许经营期满后再将大桥归还政府。这种模式在高速公路建设项目上经常使用，政府不出钱就能解决大桥的建设费用。第二种是 PPP（政府和社会资本合作）模式，政府负责提供政策和一部分资金，社会投资人主要负责出钱投资，双方达成合作伙伴关系，政府和投资人共享投资收益，共担风险和责任。第三种是政府投资模式，也就是全部由政府出资，不需要任何社会资本参与。这三种模式各有优缺点。最终一致认为港珠澳三地的过境口岸应该属于国家边防基础设施，更多体现了国家利益的需要，不应该进行社会融资和获取经济利益。因此，三地过境口岸以及连接线，按照属地划分的原则，由三地政府自行出资。将这两部分工程分割出来，只需要对大桥主体工程进行融资。按照主体工程预算 380 亿元，采取"资本金＋贷款"的方式，三地政府全额出资本金，资本金以外部分由粤港澳三方共同组建的项目管理机构通过贷款解决。按照"效益费用比相同原则"分摊资本金，即中国香港 50.2%、中国内地 35.1%、中国澳门 14.7%。至此，港珠澳大桥的工程投融资问题得到了圆满解决。

【思政问题】

请同学们结合案例的相关资料，分析融资业务对于企业乃至国家的重要意义和作用。

练 习 题

一、单选题

（一）一般企业筹资活动交易或事项概述

1. 在下列各类企业中，不属于一般企业的是（　　）。

A. 从事产品生产和销售的企业　　　　　　B. 从事商品销售的企业

C. 从事证券经销的证券机构 D. 提供某种劳务的企业
2. 在下列各项中,不属于企业筹资活动主要交易和事项的是( )。
A. 接受投资者投资 B. 银行借款 C. 销售商品 D. 发行债券
3. 在下列各项中,不属于企业资金筹集活动内容的是( )。
A. 接受投资者投资 B. 银行借款 C. 发行企业债券 D. 进行产品生产

(二)股权筹资活动交易或事项的账务处理
1. 有限责任公司增资扩股时,如果有新的投资者加入,则加入的投资者缴纳的出资额大于按约定比例计算的其在注册资本中所占份额部分,应记入的贷方账户是( )。
A. 实收资本 B. 股本 C. 资本公积 D. 盈余公积
2. 在下列各项中,不属于企业的投入资本按投资形式分类的是( )。
A. 货币资金投资 B. 实物资产投资 C. 无形资产投资 D. 法人资本金
3. 在下列各项中,不属于企业的投入资本按投资主体分类的是( )。
A. 国家资本金 B. 个人资本金 C. 无形资产投资 D. 法人资本金

(三)债权筹资活动交易或事项的账务处理
1. 企业为维持正常的生产经营所需资金而向银行等金融机构临时借入的款项称为( )。
A. 长期借款 B. 短期借款 C. 长期负债 D. 流动负债
2. 短期借款所发生的利息,一般应计入( )。
A. 管理费用 B. 营业外支出 C. 财务费用 D. 投资收益
3. 借入资金一般都是采用借入( )的方式进行。
A. 货币性资金 B. 实物资产 C. 无形资产 D. 递延资产
4. ( )是指为筹集生产经营所需资金而发生的费用。
A. 财务费用 B. 借入资本 C. 投入资本 D. 管理费用
5. 企业向银行或其他金融机构等借入的借款期在1年以下(含1年)的各种借款一般称为( )。
A. 长期借款 B. 短期借款 C. 长期负债 D. 流动负债

二、多选题

(一)一般企业筹资活动交易或事项概述
1. 资金循环过程中资金的形态包括( )。
A. 储备资金 B. 生产资金 C. 产品资金 D. 货币资金
2. 制造企业的主要经济业务包括( )。
A. 资金筹集 B. 生产准备 C. 产品生产 D. 产品销售
3. 资金运动过程包括( )。
A. 资金投入 B. 资金筹集 C. 资金循环和周转 D. 资金退出
4. 企业的主要经济活动包括( )。
A. 生产活动 B. 经营活动 C. 筹资活动 D. 投资活动
5. 在下列各类企业中,属于一般企业的有( )。
A. 从事产品生产和销售的企业 B. 从事商品销售的企业
C. 提供某种劳务的企业 D. 吸收存款、发放贷款的商业银行
E. 办理保险业务的保险机构
6. 属于产品生产企业的主要交易或事项的有( )。
A. 筹资活动的交易或事项 B. 投资活动的交易或事项
C. 经营活动的交易或事项 D. 经营成果的形成交易或事项

E．经营成果的分配交易或事项

7．在以下各项中，属于筹资活动主要交易或事项的有（　　）。

A．吸引投资者投资　　B．从银行借款　　C．发行债券　　D．退还投资者投资

E．偿还债务

8．在下列各项中，属于企业经营资金筹集交易或事项的有（　　）。

A．导致企业利润规模变化的交易或事项　　B．导致企业资本规模变化的交易或事项
C．导致企业费用规模变化的交易或事项　　D．导致企业负债规模变化的交易或事项
E．导致企业收入规模变化的交易或事项

（二）股权筹资活动交易或事项的账务处理

1．下列事项会导致股本发生变动的有（　　）。

A．盈余公积转增资本　　B．资本公积转增资本　　C．派送新股　　D．盈余公积补亏

2．接受投资转入的物资，如果其增值税不能抵扣的，其核算处理为（　　）。

A．借记有关资产科目
B．全额按投资比例贷记实收资本或股本科目，按其差额贷记资本公积科目
C．不含税价格按投资比例贷记实收资本或股本科目，按其差额贷记资本公积科目
D．不含税价格按投资比例贷记实收资本或股本科目，按其差额贷记营业外收入

3．在下列各项中，属于导致企业资本规模变化交易或事项的有（　　）。

A．实收资本　　B．资本公积　　C．盈余公积　　D．借入借款

E．发行债券

4．企业的投入资本按投资形式可划分为（　　）。

A．货币资金投资　　B．法人资本金　　C．无形资产投资　　D．实物资产投资

E．外商资本金

5．企业的投入资本按投资主体可划分为（　　）。

A．国家资本金　　B．法人资本金　　C．个人资本金　　D．货币资金投资

E．外商资本金

（三）债权筹资活动交易或事项的账务处理

1．如果债券发行费用大于发行期间冻结资金所产生的利息收入，按其差额应记入的科目有（　　）。

A．管理费用　　B．长期待摊费用　　C．财务费用　　D．在建工程

2．“应付债券”账户借方反映的内容有（　　）。

A．债券溢价的摊销　　　　　　　　　　B．债券发行时产生的债券折价
C．期末计提应付债券利息　　　　　　　D．债券折价的摊销

3．企业使用长期借款进行项目建设时，其建设期及还款期的借款利息应记入的账户有（　　）。

A．"财务费用"账户　　B．"短期借款"账户　　C．"在建工程"账户　　D．"长期借款"账户

E．"应付账款"账户

三、判断题

（一）一般企业筹资活动交易或事项概述

1．工业企业资本由货币资金为起点，分别经过储备资金、生产资金、成本资金、货币资金等的循环和周转构成了会计核算和监督的对象。　　　　　　　　　　　　　　　　　　　　　　　　　（　　）

2．企业的生产经营活动包括筹资活动、投资活动和经营活动，购买生产所需的设备属于经营活动。
　　　（　　）

3．企业资金运动的起点和终点都是现金，其他资产都是现金在流转中的转化形式。　（　　）

4．资金运动包括资金投入、资金循环与周转和资金退出三个过程。　　　　（　）
5．工业企业资金运动表现为经营资金的循环与周转。　　　　　　　　　（　）
6．一般企业是以盈利为其主要经营目标的经济组织。　　　　　　　　　（　）

（二）股权筹资活动交易或事项的账务处理
1．企业收到投资者的投资都应按实际投资额入账。　　　　　　　　　　（　）
2．企业向投资人分配股票股利不需要进行账务处理。　　　　　　　　　（　）
3．在采用溢价发行股票时，委托证券商代理发行股票所支付的手续费、佣金等，作为财务费用。（　）

（三）债权筹资活动交易或事项的账务处理
1．"短期借款"账户不核算应支付的借款利息。　　　　　　　　　　　　（　）
2．对于到期一次还本付息的长期借款，在到期前的各个会计期末计提利息时，应增加长期借款的账面价值。
　　　　　　　　　　　　　　　　　　　　　　　　　　　　　　　　　（　）
3．长期借款的利息支出应根据利息支出的具体情况予以资本化或计入当期损益。（　）
4．短期借款的利息必须在实际支付或收到银行的计息通知时，直接计入当期损益。（　）
5．企业折价发行的主要原因是债券票面利率低于市场利率。　　　　　　（　）
6．企业发生的所有借款利息都应记入"财务费用"账户。　　　　　　　　（　）
7．企业发行债券会增加企业资产，也会形成企业负债。　　　　　　　　（　）

四、会计核算题

1．资料：A 公司 2022 年 11 月发生了下列筹资业务：
（1）收到 B 公司投入款项一笔 5 万元，已存入 A 公司银行存款账户。
（2）收到发明人甲投入专利权一项，确认价值 5 万元。
（3）收到 C 公司投入新设备一台，价值 3 万元，设备已交付使用。
（4）收到 D 公司投入原材料一批，价值 1 万元，增值税 1 700 元，材料已验收入库。
（5）向银行取得半年的周转借款 1 万元，利率 4%，已转入 A 公司银行存款账户。
（6）向银行借入 4 年期的 10 万元款项，准备用于建造办公用房，利率 6%，该笔款项已存入 A 公司银行存款账户。
（7）本月归还到期的临时周转借款本金 4 000 元，支付利息 200 元（利息以前均未计提）。
要求：编制上述筹资活动的会计分录。

2．资料：A 公司 2022 年度发生的部分经济业务如下：
3 月 1 日从银行借入短期借款 200 万元，年利率 6%，期限 1 年，到期一次还本付息。公司短期借款利息采用预提的方法核算。
要求：对 A 公司的上述经济业务编制会计分录。

3．资料：假定 A 公司 2022 年 12 月发生如下交易或事项：
（1）溢价发行股票，面值 100 万元，实际收到发行款 120 万元，款项已存入银行。
（2）收到某投资者投入的全新设备一台，协商作价 15 万元。
（3）收到某公司一项专有技术投资，经评估确认其价值为 5 万元。
（4）经股东大会批准，将资本公积 20 万元转为实收资本。
（5）归还投资者投资 8 万元，已用银行存款支付。
（6）取得为期 6 个月的短期借款 10 万元，已存入在银行开立的存款账户。
（7）从银行借入长期借款 20 万元，用于生产车间的扩建，已存入在银行开立的存款账户。
（8）按面值 50 元发行 2 年期、年利率为 10% 的债券 1 万张，共获得债券发行款 50 万元，已存入在银行开立的存款账户。

(9) 接银行通知,短期借款利息为 1 500 元,已用银行存款支付。

(10) 接银行通知,长期借款利息为 12 000 元,长期借款到期一次还本付息。

(11) 长期借款到期,用银行存款偿还借款本金 20 万元,支付利息 12 000 元。

(12) 计算出本期应付债券利息 5 万元,暂未支付。债券到期一次还本付息,资金现用于经营周转。

(13) 发行的债券到期,用银行存款支付债券本金 50 万元、债券利息 5 万元。

要求:对 A 公司的上述经济业务编制会计分录。

第六章

一般企业经营活动交易或事项的账务处理

第一节 一般企业经营活动交易或事项概述

一、一般企业经营活动概述

经营活动是指企业除筹资活动和投资活动以外的活动,是企业的主要业务活动内容。各类企业由于其行业特点不同,对经营活动具体内容的认定存在较大差异。对于工业企业而言,其经营活动主要包括生产产品、销售产品、购买商品、接受劳务和支付税费等交易或事项。工业企业为生产产品,需要进行材料物资准备,即进行材料物资采购、税费缴纳和货款结算等;在生产过程中,会发生材料、设备和人工等各个方面的消耗,才能够生产出为生产和生活所需要的产品;在销售过程中,通过市场把生产出来的产品提供给消费者,并与客户结算货款,按规定向税务机关缴纳税费等。以上这些构成了工业企业经营活动交易或事项的基本内容。

经营活动主要体现为企业将筹集到的资金用于其基本业务活动的组织与管理,并最终创造经济利益。

二、供应过程的交易或事项概述

供应过程是工业企业为生产产品做必要准备的过程。在供应过程中,企业主要进行材料等劳动对象的准备,即用筹集到的资金购买材料,与材料供应方进行货款的结算,支付材料的价款和缴纳税费等。货款结算方式有现金结算和信用结算等。在采用信用结算方式时,企业会产生应付账款和预付账款等,形成供应过程的结算资金。另外,企业还应对购入的各种材料进行成本计算。值得注意的是,企业在供应过程中进行设备购买和房屋建造等活动,属于对内投资活动。

1. 材料的购入与保管

材料是产品生产企业必不可少的物质条件。其特点是:一旦投入产品生产或被其他方面耗用,便会改变其原有的实物形态,其价值也随之转化为产品的成本或直接转化为有关费用。其中,用于产品生产的材料,其价值会一次性全部转移到所生产产品的成本中;用于其他方面的材料一般会形成当期的有关费用。企业进行生产经营所用的材料主要通过采购获取,并主要用于产品生产。企业应根据产品生产的需要,合理地确定各种材料的采购品种和数量,并及时进行材料采购。对需要预先订购的材料,应与供应商及时签订材料的采购合同，以确保企业所需材料的及时取得。企业购入的材料应由材料管理部门设专人保管，确保材料保管有序、供应及时。当购入和发出材料时，应办理严格的手续，如填写材料入库单和领料单等，如实记录材料收发的数量，有关经办人员应在单据上签名盖章。另外，应及时计算购入材料和发出材料的成本，以便及时确认由于材料的领用而产生的各种成本费用。

2. 材料采购实际成本的构成

材料采购实际成本是企业为采购一定种类和数量的材料而发生的各种耗费之和，由买价和采购费用两个部分构成。

（1）买价。买价即由供应商开具的增值税专用发票上开列的购买材料的价格，应根据购买材料的单价和数量计算确定。买价中不包括增值税专用发票上开列的进项税额。

（2）采购费用。采购费用是指企业将材料运达企业，以及验收入库过程中发生的有关费用，包括运输费、装卸费、包装费、保险费和运输途中的合理损耗，以及入库前的挑选和整理费用等。企业材料收发交易或事项的日常核算通常采用实际成本法。

3. 材料采购货款的结算方式

在企业验收运达的材料，对数量及质量等不存在异议后，应及时向供应商支付货款。支付的款项包括材料的买价、增值税进项税额和供应商为企业代垫的运费等。货款的结算方式主要有以下四种：

（1）现金结算方式。直接用货币资金（包括库存现金和银行存款）支付货款。

（2）预付款结算方式。企业在从供应商处取得材料之前，预先将货款付给供应商，当供应商实际供应材料时，购买企业可一次或分次抵扣先前预付的款项，待材料采购业务结束后再结清货款。

（3）赊购方式。在企业从供应商处取得材料时并不马上支付货款，而是与供应商达成协议，将支付货款的时间推迟到以后会计期间。

（4）商业汇票结算方式。企业在购入材料后开出商业汇票（应付票据），承诺在未来的某个会计期间向供应商支付货款。商业汇票分为带息汇票和不带息汇票。如果是带息汇票，购货企业向供应商付款时，不仅要支付票面金额，还应根据商定的利率支付一定的利息。

三、生产过程的交易或事项概述

在生产过程中，企业根据产品生产计划或客户订单组织产品的生产。生产过程发生的交易或事项大量表现为对经营资金的消耗。比如，进行产品生产会消耗储备的材料，消耗各种固定资产；与企业员工进行薪酬的结算和支付；用货币资金支付各种生产费用等。在一些应付账款暂时没有支付时，也会形成应付款项方面的结算资金。当产品生产的全部工序完成后会形成产成品，应进行完工产品和在产品成本的计算，以便确定产品生产所发生的各种耗费，并为产品销售价格的制定提供依据。

1. 生产费用

生产费用是指企业在组织产品生产过程中发生的各种资产消耗，如对原材料等劳动对象的耗费，对房屋、机器设备等劳动资料的消耗，以及对人力资源的耗费等，这些耗费统称为生产费用。生产费用主要由三个部分构成：①直接材料。它是指企业在产品生产过程中消耗并构成产品实体的原料、主要材料以及有助于产品形成的辅助材料、设备配件和外购的半成品等。②直接人工。它是指企业支付给直接参加产品生产职工的工资，以及支付给生产人员的福利费等。③制造费用。它是指与产品生产密切相关，但在发生后不便于直接计入产品成本，须在会计期末采用分配方法计入产品生产成本的耗费。制造费用包括企业产品生产部门管理人员的工资及福利费、固定资产的折旧费和修理费、物料耗费、办公费、水电费、保险费和劳动保护费等。

2. 生产成本

生产成本也称制造成本，一般是指已计入一定产品成本的那部分生产费用。生产费用按规定方法计入一定的产品以后，即构成这些产品的生产成本。由此可见，生产费用的发生是产品生产成本形成的基础，生产成本是生产费用计入一定产品之后的结果，也是对象化了的生产费用。

3. 生产费用计入生产成本的方式

生产费用计入生产成本一般有两种方式。

（1）直接计入。通常，直接材料和直接人工可以直接分清是为生产哪一种产品而发生的，因而在发生后可直接计入所生产产品的成本。为此，这两项生产费用也称为直接费用。

（2）间接计入，也称为分配计入。生产费用中的制造费用最终也要计入产品的生产成本，但因其内容比较繁杂，往往与多种产品的生产都有密切关系，所以需要采用分配的方法计入产品生产成本。基本做法是：企业对日常发生的制造费用先利用"制造费用"账户进行归集，待期末（一般为月末）时再采用一定的分配方法计入有关产品的成本。

4. 企业在经营活动中发生的其他方面的耗费

企业在经营活动中发生的其他方面的耗费有销售费用、管理费用和财务费用等。这些费用与产品的生产没有直接关系，发生以后不计入产品的生产成本，而是作为期间费用处理，即直接计入这些费用所发生期间的损益。

5. 完工产品成本的结转

完工产品是指已经完成所有生产工序并具备对外销售条件的产品。当产品生产完工后，应当将其全部成本从"生产成本"账户转入"库存商品"账户。如果结转后"生产成本"账户仍有余额，说明有一部分产品尚未完工，仍处于生产过程当中，这部分产品称为在产品。

四、销售过程的交易或事项概述

销售过程交易或事项主要有：与客户进行产品货款结算，收取销货价款及税金。货款的结算方式有现金结算和信用结算等。在采用信用结算方式时，企业会产生应收账款和预收账款，形成销售过程的结算资金。另外，当产品销售以后，企业应适时进行产品销售成本的计算，以便将这些成本与实现的收入进行配比，确定产品销售的成果。

产品销售一般是指企业对其所生产的产品的销售。发生的主要交易或事项有：与客户进行价款和税金的结算；按要求进行销售收入和销售成本的确认；支付销售费用；计算和缴纳税金等。

五、其他经营活动的交易或事项概述

企业的经营活动除以上主要交易或事项内容以外，还包括其他一些交易和事项。比如，企业进行材料销售等实现收入和产生成本，支付企业管理方面的各种费用，为保证财产物资的安全完整进行财产清查，并对清查结果进行账务处理。

第二节 供应过程交易或事项的账务处理

一、在途物资

"在途物资"账户属于资产类账户，也是材料采购成本的计算账户，用于核算并归集企业外购各种材料的买价和采购费用，以及材料验收入库的实际成本。该账户的借方登记购入材料的实际成本（包括买价和采购费用），贷方登记已经验收入库材料的实际成本。期末为借方余额，反映期末尚未运达企业，或虽已运达企业但尚未办理验收入库手续的在途材料的实际成本。值得注意的是，购买材料发生的市内零星运费可不计入购入材料成本，而是计入企业的管理费用。在途物资的账务处理如表6-1所示。

表6-1 在途物资的账务处理

事 项	会 计 分 录
购入材料时	借：在途物资 　　应交税费——应交增值税（进项税额） 　贷：银行存款/应付账款/应付票据/预收账款
材料验收入库时	借：原材料 　贷：在途物资

【例1】（1）2021年10月9日，A公司从C公司购入甲材料。对方开具的增值税专用发票载明：数量2 000千克，单价20元，价款40 000元，增值税税额5 200元，价税款合计45 200元。已用银行存款支付，但材料尚未运达企业。

（2）2021年10月12日，甲材料运达A公司，并验收入库。在途物资购买及入库的账务处理如表6-2所示。

表6-2 在途物资购买及入库的账务处理

时 间	A公司的会计分录（材料购买方）	C公司的会计分录（材料销售方）
2021年 10月9日	借：在途物资——甲材料　　40 000 　　应交税费——应交增值税（进项税额） 　　　　　　　　　　　　　　　5 200 　贷：银行存款　　　　　　　　45 200	借：银行存款　　　　　　　　45 200 　贷：主营业务收入　　　　　　40 000 　　　应交税费——应交增值税（销项税额） 　　　　　　　　　　　　　　　5 200
2021年 10月12日	借：原材料——甲材料　　　　40 000 　贷：在途物资——甲材料　　　40 000	无

【例2】A公司从C公司购入的甲材料和乙材料一并运达企业，发生的共同运费为4 800元，已用银行存款支付。按照两种材料的重量分配，甲材料应分配1 200元，乙材料应分配3 600元。

借：在途物资——甲材料　　　　　　　　　　　　　　　　　　　　　1 200
　　　　　——乙材料　　　　　　　　　　　　　　　　　　　　　3 600
　　贷：银行存款　　　　　　　　　　　　　　　　　　　　　　　　4 800

【例3】假定A公司购入的甲、乙两种材料发生市内运输费150元，用库存现金支付。
借：管理费用　　　　　　　　　　　　　　　　　　　　　　　　　　150
　　贷：库存现金　　　　　　　　　　　　　　　　　　　　　　　　　150

二、应交税费

"应交税费——应交增值税"属于负债类账户，该账户的记录内容主要包括：企业在材料采购过程中按照规定随同买价一并支付给供应商的增值税进项税额，企业在产品销售以后计算确定的应缴纳的增值税销项税额等。该账户的贷方登记应缴纳的税费数，借方登记企业实际缴纳的税费数（含已支付的进项税额）。该账户期末余额的方向具有不确定性，贷方余额反映企业欠缴税费数；借方余额反映企业多缴纳的税费数（或已缴纳的进项税额）。该账户期末一般应为贷方余额，反映企业尚未缴纳的税费。在企业只发生了进项税额而暂时没有发生销项税额或进项税额多而销项税额少时，该账户会产生借方余额。纳税人购进货物、劳务、服务、无形资产、不动产支付或负担的增值税额，为进项税额，进项税额准予从销项税额中抵扣。进项税额等于买价乘以扣除率（通常为13%）。应交税费——应交增值税的账务处理如表6-3所示。

表6-3　应交税费——应交增值税的账务处理

事　　　项	会　计　分　录
购进货物、无形资产、不动产支付或负担的增值税额时	借：原材料/固定资产/无形资产等 　　应交税费——应交增值税（进项税额） 　贷：银行存款/应付账款/应付票据等
企业在产品销售以后计算确定的应缴纳的增值税销项税额时	借：银行存款/应收账款/应收票据等 　贷：主营业务收入 　　　应交税费——应交增值税（销项税额）
计算本月应缴纳的增值税时	借：应交税费——应交增值税（应交未交增值税） 　贷：应交税费——未交增值税
缴纳增值税时	借：应交税费——未交增值税 　贷：银行存款

【例4】A公司从F公司购入乙材料。对方开具的增值税专用发票载明：价款60 000元，增值税税额7 800元，价税款合计67 800元，款项暂未支付。增值税进项税额和销项税额的账务处理如表6-4所示。

表6-4　增值税进项税额和销项税额的账务处理

A公司的会计分录（材料购买方）	F公司的会计分录（材料销售方）
借：在途物资——甲材料　　　　60 000 　　应交税费——应交增值税（进项税额）　7 800 　贷：应付账款　　　　　　　　67 800	借：应收账款　　　　　　　　67 800 　贷：主营业务收入　　　　　　60 000 　　　应交税费——应交增值税（销项税额）　7 800

三、原材料

"原材料"账户属于资产类账户,用于核算企业库存材料实际成本的增减变动情况。该账户的借方登记购入材料的实际成本,贷方登记发出材料的实际成本。期末为借方余额,反映企业期末各种库存材料的实际成本。原材料的账务处理如表 6-5 所示。

表 6-5 原材料的账务处理

事 项	会 计 分 录
原材料入库时	借:原材料 　　贷:在途物资
生产产品等领用材料时	借:生产成本/制造费用/管理费用/销售费用 　　贷:原材料
多余材料直接出售时	借:银行存款等 　　贷:其他业务收入 　　　　应交税费——应交增值税(销项税额) 借:其他业务成本 　　贷:原材料

【例 5】A 公司购入的甲、乙两种材料已验收入库。其中:甲材料实际成本为 41 200 元(40 000 元货款 + 1 200 元分摊的运费),乙材料实际成本为 63 600 元(60 000 元货款 + 3 600 元分摊的运费)。材料验收入库的账务处理如表 6-6 所示。

表 6-6 材料验收入库的账务处理

复 合 分 录		简 单 分 录	
借:原材料——甲材料 　　　　　——乙材料 　贷:在途物资——甲材料 　　　　　　　——乙材料	41 200 63 600 41 200 63 600	借:原材料——甲材料 　贷:在途物资——甲材料 借:原材料——乙材料 　贷:在途物资——乙材料	41 200 41 200 63 600 63 600

【例 6】A 公司根据当月各种领料单编制的发出材料汇总表如表 6-7 所示,发出材料的账务处理如表 6-8 所示。

表 6-7 发出材料汇总表

用 途	甲 材 料			乙 材 料			金额合计(元)
	数量/kg	单价(元/kg)	金额(元)	数量/kg	单价(元/kg)	金额(元)	
制造产品耗用							
A 产品	10 000	2.00	20 000				20 000
B 产品				40 000	1.10	44 000	44 000
制造部门一般耗用				600	1.10	660	660
合 计	10 000	2.00	20 000	40 600		44 660	64 660

表 6-8 发出材料的账务处理

复 合 分 录		简 单 分 录	
借:生产成本——A 产品 　　　　　——B 产品 　　制造费用 　贷:原材料——甲材料 　　　　　——乙材料	20 000 44 000 600 20 000 44 660	借:生产成本——A 产品 　贷:原材料——甲材料 借:生产成本——B 产品 　贷:原材料——乙材料 借:制造费用 　贷:原材料——乙材料	20 000 20 000 44 000 44 000 600 600

四、预付账款

"预付账款"账户属于资产类账户,该账户是企业采用预付款结算方式采购材料、设备等设置的账户,用于核算企业按照购销合同规定预先支付给供应商的款项及其结算情况。该账户的借方登记预先支付给供应商的货款和补付的货款等,贷方登记收到购入材料后抵扣的预付货款和供应商退回的多支付的预付货款。期末一般为借方余额,反映企业期末预付账款的余额;如为贷方余额,反映企业期末尚应补付的款项(即供应商实际供货超过企业原预付款的差额)。预付账款的账务处理如表6-9所示。

表6-9 预付账款的账务处理

事项	购货方的会计分录(预付方)	销货方的会计分录(预收方)

预先支付给供应商的货款	借:预付账款
	  贷:银行存款
		借:银行存款
		  贷:预收账款

收到购入材料后抵扣预付货款数	借:在途物资
	    应交税费——应交增值税(进项税额)
	  贷:预付账款	

补付供应商的货款	借:预付账款
	  贷:银行存款
		借:预收账款
		    银行存款
		  贷:主营业务收入
		    应交税费——应交增值税(销项税额)

供应商退回多付的预付货款	借:银行存款
	  贷:预付账款
		借:预收账款
		  贷:银行存款
		    主营业务收入
		    应交税费——应交增值税(销项税额)

【例7】(1)A公司于2021年10月8日,根据合同规定,用银行存款67 800元向C公司预付购买乙材料价税款。

(2)2021年10月20日,A公司向C公司预付款的乙材料到货。对方开具的增值税专用发票载明:数量6 000kg,单价10元,价款60 000元,增值税税额7 800元,价税款合计67 800元。预付账款的账务处理示例如表6-10所示。

表6-10 预付账款的账务处理示例(预付与实付金额相等)

时间	A公司的会计分录(材料购买方)(预付方)	C公司的会计分录(材料销售方)(预收方)

2021年
10月8日
	借:预付账款——C公司 67 800
	  贷:银行存款 67 800
		借:银行存款 67 800
		  贷:预收账款——A公司 67 800

2021年
10月20日
	借:在途物资——乙材料 60 000
	    应交税费——应交增值税(进项税额)
	                        7 800
	  贷:预付账款——C公司 67 800
		借:预收账款——A公司 67 800
		  贷:主营业务收入 60 000
		    应交税费——应交增值税(销项税额)
		                        7 800

【例8】(1)A公司于2021年10月8日,根据合同规定,用银行存款60 000元向C公司预付购买乙材料价税款。

(2)2021年10月20日,A公司向C公司预付款的乙材料到货。对方开具的增值税专用发票载明:数量6 000千克,单价10元,价款60 000元,增值税税额7 800元,价税款合计67 800元。A公司补付7 800元。相关账务处理示例如表6-11所示。

表 6-11　预付账款的账务处理示例（预付不足，需要补付）

时间	A 公司的会计分录（材料购买方）（预付方）	C 公司的会计分录（材料销售方）（预收方）
2021 年 10 月 8 日	借：预付账款——C 公司　　60 000 　　贷：银行存款　　　　　　　60 000	借：银行存款　　　　　　　　60 000 　　贷：预收账款——A 公司　　60 000
2021 年 10 月 20 日	借：在途物资——乙材料　　60 000 　　应交税费——应交增值税（进项税额） 　　　　　　　　　　　　　　 7 800 　　贷：预付账款——C 公司　　60 000 　　　　银行存款　　　　　　　 7 800	借：银行存款　　　　　　　　 7 800 　　预收账款——A 公司　　60 000 　　贷：主营业务收入　　　　　60 000 　　　　应交税费——应交增值税（销项税额） 　　　　　　　　　　　　　　 7 800

【例 9】（1）A 公司于 2021 年 10 月 8 日，根据合同规定，用银行存款 70 000 元向 C 公司预付购买乙材料价税款。

（2）2021 年 10 月 20 日，A 公司向 C 公司预付款的乙材料到货。对方开具的增值税专用发票载明：数量 6 000kg，单价 10 元，价款 60 000 元，增值税税额 7 800 元，价税款合计 67 800 元。A 公司收到多付的 2 200 元。相关账务处理示例如表 6-12 所示。

表 6-12　预付账款的财务处理示例（预付太多，需要退回）

时间	A 公司的会计分录（材料购买方）（预付方）	C 公司的会计分录（材料销售方）（预收方）
2021 年 10 月 8 日	借：预付账款——C 公司　　70 000 　　贷：银行存款　　　　　　　70 000	借：银行存款　　　　　　　　70 000 　　贷：预收账款——A 公司　　70 000
2021 年 10 月 20 日	借：在途物资——乙材料　　60 000 　　应交税费——应交增值税（进项税额） 　　　　　　　　　　　　　　 7 800 　　银行存款　　　　　　　　 2 200 　　贷：预付账款——C 公司　　70 000	借：预收账款——A 公司　　70 000 　　贷：主营业务收入　　　　　60 000 　　　　应交税费——应交增值税（销项税额） 　　　　　　　　　　　　　　 7 800 　　　　银行存款　　　　　　　 2 200

五、应付账款

"应付账款"账户属于负债类账户，该账户是企业采用赊购方式采购材料和设备等而设置的账户，用于核算企业因购买材料和设备等而产生的应付给供应商的款项及其偿还情况。该账户的贷方登记应予偿还但暂未付款的应付账款，借方登记已经偿还的应付账款。期末为贷方余额，反映企业期末尚未偿还的应付款项。应付账款的账务处理如表 6-13 所示。

表 6-13　应付账款的账务处理

事项	会计分录（赊购方）	会计分录（赊销方）
采用赊购方式采购材料和设备等应付给供应商的款项	借：在途物资/固定资产/无形资产等 　　应交税费——应交增值税（进项税额） 　　贷：应付账款	借：应收账款 　　贷：主营业务收入 　　　　应交税费——应交增值税（销项税额）
偿还赊购方式采购材料和设备等应付给供应商的款项	借：应付账款 　　贷：银行存款	借：银行存款 　　贷：应收账款

【例 10】（1）2021 年 9 月 2 日，A 公司从 C 公司购入乙材料。对方开具的增值税专用发票载明：数量 3 000kg，单价 10 元，价款 30 000 元，增值税税额 3 900 元，价税款合计

33 900元。另由C公司为本公司（A公司）代垫该批材料运输费1 800元。购货款暂未支付。

（2）2021年10月9日，A公司用银行存款35 700元支付该笔应付账款。应付账款的账务处理示例如表6-14所示。

表6-14　应付账款的账务处理示例

时间	A公司的会计分录（赊购方）	C公司的会计分录（赊销方）
2021年 9月2日	借：在途物资——乙材料　　　　31 800 　　应交税费——应交增值税（进项税额） 　　　　　　　　　　　　　　3 900 　贷：应付账款——C公司　　　35 700	借：应收账款——A公司　　　　35 700 　贷：主营业务收入　　　　　　30 000 　　　应交税费——应交增值税（销项税额） 　　　　　　　　　　　　　　3 900 　　　银行存款　　　　　　　　1 800
2021年 10月9日	借：应付账款——C公司　　　　35 700 　贷：银行存款　　　　　　　　35 700	借：银行存款　　　　　　　　　35 700 　贷：应收账款——A公司　　　35 700

六、应付票据

"应付票据"账户属于负债类账户，用于核算企业因购买材料而开出并承兑的商业汇票。商业汇票有带息和不带息两种，都有一定的承兑期限。该账户的贷方登记企业已经开出、承兑的商业汇票的票面金额及应支付的利息，借方登记汇票到期后实际支付的款项。期末为贷方余额，反映企业尚未到期的应付票据面额以及利息。应付票据的账务处理如表6-15所示。

表6-15　应付票据的账务处理

事项		会计分录（购买方）	会计分录（销售方）
开具商业汇票购买材料时		借：在途物资 　　应交税费——应交增值税（进项税额） 　贷：应付票据	借：应收票据 　贷：主营业务收入 　　　应交税费——应交增值税（销项税额）
材料验收入库时		借：原材料 　贷：在途物资	
商业汇票到期时	兑付商业汇票	借：应付票据 　贷：银行存款	借：银行存款 　贷：应收票据
	无法承兑的商业承兑汇票	借：应付票据 　贷：应付账款	借：应收账款 　贷：应收票据
	无法承兑的银行承兑汇票	借：应付票据 　贷：短期借款	借：银行存款 　贷：应收票据

【例11】（1）2021年9月2日，A公司从C公司购入乙材料。对方开具的增值税专用发票载明：数量3 000kg，单价10元，价款30 000元，增值税税额3 900元，价税款合计33 900元。A公司向C公司开出金额为33 900元的商业承兑汇票一张，汇票1个月后到期。

（2）2021年10月2日，A公司用银行存款33 900元承兑该到期汇票。应付票据的账务处理示例如表6-16所示。

表 6-16　应付票据的账务处理示例（商业承兑汇票到期正常兑付）

时间	A 公司的会计分录（购买方）	C 公司的会计分录（销售方）
2021 年 9 月 2 日	借：在途物资——乙材料　　　30 000 　　应交税费——应交增值税（进项税额） 　　　　　　　　　　　　　　3 900 　贷：应付票据——C 公司　　　33 900	借：应收票据——A 公司　　　33 900 　贷：主营业务收入　　　　　　30 000 　　　应交税费——应交增值税（销项税额） 　　　　　　　　　　　　　　3 900
2021 年 10 月 2 日	借：应付票据——C 公司　　　33 900 　贷：银行存款　　　　　　　　33 900	借：银行存款　　　　　　　　33 900 　贷：应收票据——A 公司　　　33 900

【例 12】（1）2021 年 9 月 2 日，A 公司从 C 公司购入乙材料。对方开具的增值税专用发票载明：数量 3 000kg，单价 10 元，价款 30 000 元，增值税税额 3 900 元，价税款合计 33 900 元。A 公司向 C 公司开出金额为 33 900 元的商业承兑汇票一张，汇票 1 个月后到期。

（2）2021 年 10 月 2 日，该商业承兑汇票到期，但 A 公司无力承兑。应付票据的账务处理示例如表 6-17 所示。

表 6-17　应付票据的账务处理示例（商业承兑汇票到期企业无力承兑）

时间	A 公司的会计分录（购买方）	C 公司的会计分录（销售方）
2021 年 9 月 2 日	借：在途物资——乙材料　　　30 000 　　应交税费——应交增值税（进项税额） 　　　　　　　　　　　　　　3 900 　贷：应付票据——C 公司　　　33 900	借：应收票据——A 公司　　　33 900 　贷：主营业务收入　　　　　　30 000 　　　应交税费——应交增值税（销项税额） 　　　　　　　　　　　　　　3 900
2021 年 10 月 2 日	借：应付票据——C 公司　　　33 900 　贷：应付账款——C 公司　　　33 900	借：应收账款——A 公司　　　33 900 　贷：应收票据——A 公司　　　33 900

【例 13】（1）2021 年 9 月 2 日，A 公司从 C 公司购入乙材料。对方开具的增值税专用发票载明：数量 3 000kg，单价 10 元，价款 30 000 元，增值税税额 3 900 元，价税款合计 33 900 元。A 公司的开户银行向 C 公司开出金额为 33 900 元的银行承兑汇票一张，汇票 1 个月后到期。

（2）2021 年 10 月 2 日，该银行承兑汇票到期，但 A 公司无力承兑。A 公司的开户银行承兑了该汇票。应付票据的账务处理示例如表 6-18 所示。

表 6-18　应付票据的账务处理示例（银行承兑汇票到期企业无力承兑）

时间	A 公司的会计分录	C 公司的会计分录
2021 年 9 月 2 日	借：在途物资——乙材料　　　30 000 　　应交税费——应交增值税（进项税额） 　　　　　　　　　　　　　　3 900 　贷：应付票据——C 公司　　　33 900	借：应收票据——A 公司　　　33 900 　贷：主营业务收入　　　　　　30 000 　　　应交税费——应交增值税（销项税额） 　　　　　　　　　　　　　　3 900
2021 年 10 月 2 日	借：应付票据——C 公司　　　33 900 　贷：短期借款　　　　　　　　33 900	借：银行存款　　　　　　　　33 900 　贷：应收票据——A 公司　　　33 900

七、总结：四种结算方式下材料采购的会计分录

材料采购有银行存款、预付账款、应付账款、应付票据四种常见的结算方式，相关账务处理如表 6-19 所示。

表 6-19 材料采购的四种常见结算方式的账务处理

结算方式	事项	会计分录（购货方）	会计分录（销售方）
银行存款结算方式	用银行存款购入材料时	借：在途物资 　　应交税费——应交增值税（进项税额） 　贷：银行存款	借：银行存款 　贷：主营业务收入 　　　应交税费——应交增值税（销项税额）
	材料验收入库时	借：原材料 　贷：在途物资	
预付账款结算方式	预付货款时	借：预付账款 　贷：银行存款	借：银行存款 　贷：预收账款
	收到材料并多退少补货款时	借：在途物资 　　应交税费——应交增值税（进项税额） 　　预付账款（多付退回） 　贷：预付账款 　　　银行存款（少付补付）	借：预收账款 　　银行存款（少收补收） 　贷：主营业务收入 　　　应交税费——应交增值税（销项税额） 　　　银行存款（多收退回）
	材料验收入库时	借：原材料 　贷：在途物资	
应付账款结算方式	赊购材料时	借：在途物资 　　应交税费——应交增值税（进项税额） 　贷：应付账款	借：应收账款 　贷：主营业务收入 　　　应交税费——应交增值税（销项税额）
	材料验收入库时	借：原材料 　贷：在途物资	
	支付赊购款时	借：应付账款 　贷：银行存款	借：银行存款 　贷：应收账款
应付票据结算方式	开具商业汇票购买材料时	借：在途物资 　　应交税费——应交增值税（进项税额） 　贷：应付票据	借：应收票据 　贷：主营业务收入 　　　应交税费——应交增值税（销项税额）
	材料验收入库时	借：原材料 　贷：在途物资	
	商业汇票到期时	借：应付票据 　贷：银行存款/应付账款/短期借款	借：银行存款/应收账款 　贷：应收票据

第三节 生产过程交易或事项的账务处理

一、生产成本

"生产成本"账户属于资产类账户，也是产品生产成本的计算账户，用于核算企业在产品生产过程中发生的各种费用，以及完工产品成本的结转情况。该账户的借方登记进行产品生产所发生的直接材料、直接人工和制造费用，贷方登记结转的已完工产品的实际成本。期末为借方余额，反映企业期末尚未完工产品（即在产品）的实际成本。生产成本的常见账务处理如表 6-20 所示。

表 6-20　生产成本的常见账务处理

事　　项	会 计 分 录	事　　项	会 计 分 录
进行产品生产发生的直接材料	借：生产成本 　贷：原材料	进行产品生产分摊的制造费用	借：生产成本 　贷：制造费用
进行产品生产发生的直接人工	借：生产成本 　贷：应付职工薪酬	结转已完工产品的实际成本	借：库存商品 　贷：生产成本

【例 14】A 公司根据当月各种领料单编制的发出材料汇总表如表 6-21 所示。

表 6-21　发出材料汇总表

用　　途	甲材料			乙材料			金额合计（元）
	数量/kg	单价（元/kg）	金额（元）	数量/kg	单价（元/kg）	金额（元）	
制造产品耗用							
M 产品	1 500	20	30 000				30 000
N 产品				8 000	10	80 000	80 000
制造部门一般耗用				60	10	600	600
合　　计	1 500	20	30 000	8 060	10	80 600	110 600

借：生产成本——M 产品　　　　　　　　　　　　　　　　　　30 000
　　　　　——N 产品　　　　　　　　　　　　　　　　　　　80 000
　　制造费用　　　　　　　　　　　　　　　　　　　　　　　　600
　贷：原材料——甲材料　　　　　　　　　　　　　　　　　　30 000
　　　　　——乙材料　　　　　　　　　　　　　　　　　　　80 600

【例 15】2021 年 11 月 3 日，A 公司生产 M 产品领用了原材料甲材料 10 000 元；2021 年 11 月 30 日，计算生产 M 产品的直接人工为 20 000 元；2021 年 11 月 30 日，计算生产 M 产品应分摊的制造费用为 2 000 元；2021 年 11 月 30 日，100 件 M 产品完工，结转完工成本 25 000 元。生产成本的账务处理示例如表 6-22 所示。

表 6-22　生产成本的账务处理示例

事　　项	会 计 分 录
2021 年 11 月 3 日领用原材料	借：生产成本——M 产品　　　10 000 　贷：原材料——甲材料　　　　10 000
2021 年 11 月 30 日计提工资	借：生产成本——M 产品　　　20 000 　贷：应付职工薪酬　　　　　　20 000
2021 年 11 月 30 日分摊制造费用	借：生产成本——M 产品　　　2 000 　贷：制造费用　　　　　　　　2 000
2021 年 11 月 30 日结转完工产品成本	借：库存商品　　　　　　　　25 000 　贷：生产成本　　　　　　　　25 000

二、制造费用

"制造费用"账户属于资产类账户，用于核算企业在产品生产过程中发生的制造费用及其分配情况。该账户的借方登记日常发生的各种制造费用，贷方登记按照一定的方法分配计入产品生产成本的制造费用。通常，该账户期末没有余额，因为在一定会计期间（通常为月)该账户贷方的分配数与借方的实际发生数是相等的。制造费用的账务处理如表6-23所示。

表6-23 制造费用的账务处理

事　项	会　计　分　录
日常发生的各种制造费用	借：制造费用 　　贷：银行存款/库存现金/累计折旧等
按一定方法分配计入产品生产成本	借：生产成本 　　贷：制造费用

【例16】A公司用银行存款支付生产车间发生的水电费800元。

借：制造费用　　　　　　　　　　　　　　　　　　　　800
　　贷：银行存款　　　　　　　　　　　　　　　　　　　　800

【例17】A公司用现金支付车间使用的设备租金400元。

借：制造费用　　　　　　　　　　　　　　　　　　　　400
　　贷：库存现金　　　　　　　　　　　　　　　　　　　　400

【例18】A公司月末计提生产车间固定资产折旧900元。

借：制造费用　　　　　　　　　　　　　　　　　　　　900
　　贷：累计折旧　　　　　　　　　　　　　　　　　　　　900

【例19】A公司月末按生产M产品、N产品两种产品生产工人工资总额比例分配制造费用，并计入产品生产成本。本月发生制造费用总额为25 500元，假定M产品应分配制造费用10 500元，N产品应分配制造费用15 000元。

借：生产成本——M产品　　　　　　　　　　　　　　10 500
　　　　　　——N产品　　　　　　　　　　　　　　　15 000
　　贷：制造费用　　　　　　　　　　　　　　　　　　　25 500

三、应付职工薪酬

"应付职工薪酬"账户属于负债类账户，用于核算企业应付职工（包括生产职工、生产单位管理人员和企业管理人员等）的薪酬总额及实际支付情况。该账户的贷方登记应付职工薪酬总额，同时按工资的不同用途记入有关的成本费用账户（即职工薪酬的分配）；借方登记实际支付给职工的薪酬。期末一般为贷方余额，反映企业应付而未付的职工薪酬。应付职工薪酬的账务处理如表6-24所示。

表6-24 应付职工薪酬的账务处理

事　项	会　计　分　录
"应付职工薪酬"的计提	借：生产成本（生产工人的职工薪酬） 　　制造费用（生产单位管理人员薪酬） 　　管理费用（企业管理人员薪酬） 　　销售费用（销售人员薪酬） 　　贷：应付职工薪酬
"应付职工薪酬"的支付	借：应付职工薪酬 　　贷：银行存款

【例20】（1）2021年11月30日，A公司计算出本月应付职工工资20万元。其中：生产M产品工人工资7万元，生产N产品工人工资10万元；产品生产部门管理人员工资2万元；A公司管理人员工资1万元。

（2）2021年12月8日，A公司从银行提取现金20万元准备发工资。

（3）2021年12月9日，A公司用现金20万元支付职工工资。工资发放的账务处理示例如表6-25所示。

表6-25 工资发放的账务处理示例

事 项	会 计 分 录	
2021年11月30日计提工资	借：生产成本——M产品 　　　　　　——N产品 　　制造费用 　　管理费用 　贷：应付职工薪酬	70 000 100 000 20 000 10 000 200 000
2021年12月8日提现	借：库存现金 　贷：银行存款	200 000 200 000
2021年12月9日发放现金工资	借：应付职工薪酬 　贷：库存现金	200 000 200 000

【例21】（1）2021年11月30日，A公司计算分配本月福利费。其中：生产M产品的工人福利费9 800元，生产N产品的工人福利费14 000元；产品生产部门管理人员的福利费2 800元；销售部门销售人员的福利费1 000元；管理部门管理人员的福利费1 000元。

（2）2021年12月9日，A公司用银行存款28 600元支付职工福利费。福利费发放的账务处理示例如表6-26所示。

表6-26 福利费发放的账务处理示例

事 项	会 计 分 录	
2021年11月30日计提福利费	借：生产成本——M产品 　　　　　　——N产品 　　制造费用 　　销售费用 　　管理费用 　贷：应付职工薪酬	9 800 14 000 2 800 1 000 1 000 28 600
2021年12月9日用银行存款发放福利费	借：应付职工薪酬 　贷：银行存款	28 600 28 600

四、累计折旧

"累计折旧"账户属于资产类账户，而且是资产类账户中的备抵类账户，用于核算企业的固定资产在使用过程中的累计折旧。该账户的贷方登记按月计算的应计入当月成本或费用的折旧额和盘盈固定资产的已提折旧数（增加额），借方登记处置、清理和盘亏固定资产时结转的折旧额（减少额）。期末为贷方余额，反映企业期末累计折旧的实有额。累计折旧的账务处理如表6-27所示。

表 6-27　累计折旧的账务处理

事　项	会　计　分　录
按月计提固定资产折旧时	借：生产成本（只生产一种产品的车间生产用固定资产） 　　制造费用（生产几种产品的车间生产用固定资产） 　　销售费用（销售部门用固定资产） 　　管理费用（管理部门用固定资产） 　贷：累计折旧
固定资产转入清理时	借：固定资产清理 　　累计折旧 　　固定资产减值准备 　贷：固定资产

【例22】A公司月末计算本月设备折旧额为8 000元，其中，产品生产部门使用的固定资产折旧额为5 000元；公司管理部门使用的固定资产折旧额为2 000元；公司销售部门使用的固定资产折旧额为1 000元。

借：制造费用　　　　　　　　　　　　　　　　　　　　　5 000
　　管理费用　　　　　　　　　　　　　　　　　　　　　2 000
　　销售费用　　　　　　　　　　　　　　　　　　　　　1 000
　贷：累计折旧　　　　　　　　　　　　　　　　　　　　　　8 000

五、库存商品

"库存商品"账户属于资产类账户，用于核算企业库存各种商品成本的增减变动及结存情况。该账户的借方登记已经验收入库的完工产品的实际成本，贷方登记发出商品（如销售）的实际成本。期末为借方余额，反映企业期末结存的各种商品的实际成本。库存商品的账务处理如表6-28所示。

表 6-28　库存商品的账务处理

事　项	会　计　分　录
完工产品验收入库时	借：库存商品 　贷：生产成本
商品销售结转成本时	借：主营业务成本 　贷：库存商品
本年销售本年退回，转回销售成本时	借：库存商品 　贷：主营业务成本

【例23】A公司本月生产M、N两种产品各50件，月末时，M产品全部完工，N产品部分完工。假定完工产品成本分别为180 450元和209 000元，结转两种产品的完工产品成本。

借：库存商品——M产品　　　　　　　　　　　　　　　180 450
　　　　　　——N产品　　　　　　　　　　　　　　　209 000
　贷：生产成本——M产品　　　　　　　　　　　　　　　　180 450
　　　　　　——N产品　　　　　　　　　　　　　　　　209 000

【例24】A公司2021年11月30日,结转本月M产品的销售成本,共计10万元。
借:主营业务成本　　　　　　　　　　　　　　　　　100 000
　　贷:库存商品　　　　　　　　　　　　　　　　　　　　100 000

六、总结:生产与完工的会计分录

生产与完工涉及的账务处理如表6-29所示,生产与完工在相关会计科目之间的结转如图6-1所示。

表6-29　生产与完工涉及的账务处理

会计科目	增加的会计分录	减少的会计分录
制造费用	制造费用的归集: 借:制造费用 　　贷:银行存款/库存现金/累计折旧等	制造费用的分配: 借:生产成本 　　贷:制造费用
生产成本	在产品成本的归集: 借:生产成本 　　贷:原材料/应付职工薪酬/制造费用	产品完工入库: 借:库存商品 　　贷:生产成本
库存商品	产品完工入库: 借:库存商品 　　贷:生产成本	产品销售: 借:主营业务成本 　　贷:库存商品

图6-1　生产与完工在相关会计科目之间的结转

第四节　销售过程交易或事项的账务处理

一、主营业务收入

主营业务收入是指企业在其主要的经营活动中获得的经营利益的总流入,在产品生产企业是指在产品的销售过程中实现的收入,是企业获取营业收入的主要方式。

"主营业务收入"账户属于收入(损益)类账户,用于核算企业因销售产品等主营业务产生的收入。该账户的贷方登记企业实现的主营业务收入,借方登记发生的销售退回和在会计期末结转入"本年利润"账户的收入。期末结转后,该账户应无余额。主营业务收入的账务处理如表6-30所示。

表6-30　主营业务收入的账务处理

事项		会计分录
企业销售产品、提供劳务时	确认销售收入	借:银行存款/应收账款/应收票据等 　　贷:主营业务收入 　　　　应交税费——应交增值税(销项税额)
	结转销售成本	借:主营业务成本 　　贷:库存商品

（续）

事　项		会　计　分　录
当年发生销售退回时	转回销售收入	借：主营业务收入 　　应交税费——应交增值税（销项税额） 　贷：银行存款/应收账款/应收票据等
	转回销售成本	借：库存商品 　贷：主营业务成本
当年发生销售折让时	转回折让部分的销售收入	借：主营业务收入 　　应交税费——应交增值税（销项税额） 　贷：银行存款/应收账款/应收票据等
会计期末结转时		借：主营业务收入 　贷：本年利润

【例25】A公司销售M产品200件，每件售价4 000元，价款80万元，应缴纳增值税销项税额10.4万元。价税款90.4万元已存入银行。

借：银行存款　　　　　　　　　　　　　　　　　　　　　　　　　904 000
　贷：主营业务收入——M产品　　　　　　　　　　　　　　　　　800 000
　　　应交税费——应交增值税（销项税额）　　　　　　　　　　　104 000

【例26】（1）2021年11月8日，A公司赊销M产品给B公司，价款80万元，应交增值税销项税额10.4万元，M产品的成本为70万元。

（2）2021年11月15日，因M产品质量问题，发生退货，A公司收回M产品。相关账务处理示例如表6-31所示。

表6-31　赊销及退货的账务处理示例

时　间	A公司的会计分录（销售方）	B公司的会计分录（购货方）
2021年 11月8日	借：应收账款——B公司　　904 000 　贷：主营业务收入　　　　　800 000 　　　应交税费——应交增值税（销项税额） 　　　　　　　　　　　　　　104 000 借：主营业务成本　　　　　700 000 　贷：库存商品——M产品　　700 000	借：在途物资　　　　　　　800 000 　　应交税费——应交增值税（进项税额） 　　　　　　　　　　　　　　104 000 　贷：应付账款——A公司　　904 000
2021年 11月15日	借：主营业务收入　　　　　800 000 　　应交税费——应交增值税（销项税额） 　　　　　　　　　　　　　　104 000 　贷：应收账款——B公司　　904 000 借：库存商品——M产品　　700 000 　贷：主营业务成本　　　　　700 000	借：应付账款　　　　　　　904 000 　贷：在途物资　　　　　　　800 000 　　　应交税费——应交增值税（进项税额） 　　　　　　　　　　　　　　104 000

二、主营业务成本

主营业务成本是指企业在确认销售产品后应结转的成本，在产品生产企业是指其已经销售的那部分产品的成本。这部分成本实质上是产品在生产过程产生的成本，即人工、材料和设备等方面的耗费。

"主营业务成本"账户属于费用（损益）类账户，用于核算企业在确认销售商品等主营业务收入时应结转的成本。对销售产品而言，所结转的就是商品的销售成本。该账户借方登记在确认产品销售收入后结转的销售成本，贷方登记退回商品的成本以及在会计期末结转入"本年利润"账户的商品销售成本。期末结转后应无余额。主营业务成本的账务处理如表 6-32 所示。

表 6-32　主营业务成本的账务处理

事　　项	会　计　分　录
确认产品销售收入后结转销售成本时	借：主营业务成本 　　贷：库存商品
当年退货商品的成本转回时	借：库存商品 　　贷：主营业务成本
会计期末结转入"本年利润"时	借：本年利润 　　贷：主营业务成本

【例 27】A 公司本月销售 M 产品的成本为 900 450 元，销售 N 产品的成本为 414 000 元。结转已销售产品成本。

```
借：主营业务成本——M 产品                               900 450
           ——N 产品                                414 000
    贷：库存商品——M 产品                               900 450
           ——N 产品                                414 000
```

三、应交税费

"应交税费"账户属于负债类账户，用于核算企业按照税法规定应缴纳的各种税费，包括增值税、消费税、企业所得税、城市维护建设税、土地使用税和教育费附加等。该账户的贷方登记按规定计算出来的各种应缴纳税费，借方登记已经缴纳的各种税费。该账户期末为贷方余额时，反映企业未缴纳的税费；如果为借方余额，反映企业多缴或尚未抵扣的进项税额等。应交税费的计提和缴纳的账务处理如表 6-33 所示。

表 6-33　应交税费的计提和缴纳的账务处理

税　　种	事　项	会　计　分　录
增值税	购货时	借：在途物资等 　　应交税费——应交增值税（进项税额） 　　贷：银行存款／应付账款／应付票据等
	销售时	借：银行存款／应收账款／应收票据等 　　贷：主营业务收入 　　　　应交税费——应交增值税（销项税额）
	计提时	借：应交税费——应交增值税（转出未交增值税） 　　贷：应交税费——未交增值税
	缴纳时	借：应交税费——未交增值税 　　贷：银行存款

（续）

税　种	事　项	会　计　分　录
消费税、城市维护建设税、土地使用税、教育费附加	发生时	借：税金及附加 　　贷：应交税费——应交消费税 　　　　　　　　——应交城市维护建设税 　　　　　　　　——应交土地使用税 　　　　　　　　——应交教育费附加
	缴纳时	借：应交税费——应交消费税 　　　　　　——应交城市维护建设税 　　　　　　——应交土地使用税 　　　　　　——应交教育费附加 　　贷：银行存款
企业所得税	计提时	借：所得税费用 　　贷：应交税费——应交企业所得税
	缴纳时	借：应交税费——应交企业所得税 　　贷：银行存款

四、税金及附加

企业在实现销售收入后，应按照税法的规定计算缴纳有关税费。税金及附加在实务中不计入主营业务成本，而是设立专门账户单独核算。销售过程中的税金及附加主要包括三种税：消费税，是指企业生产和销售应纳消费税的产品（如烟酒和高档化妆品等）而应缴纳的税金；城市维护建设税，是指企业为进行城市公共设施的维护和建设而缴纳的税金；教育费附加，是指企业为支持教育事业发展而缴纳的一种附加税。

"税金及附加"账户属于费用（损益）类账户，用于核算企业按税法规定计算确定的除所得税、增值税以外的其他各项税费及其结转情况。该账户的借方登记按规定应由企业负担的税金及附加，贷方登记在会计期末结转入"本年利润"账户的税金及附加。期末结转后该账户应无余额。税金及附加的账务处理如表6-34所示。

表6-34　税金及附加的账务处理

事　项	会　计　分　录
发生应交消费税、城市维护建设税、土地使用税和教育费附加时	借：税金及附加 　　贷：应交税费——应交消费税 　　　　　　　　——应交城市维护建设税 　　　　　　　　——应交土地使用税 　　　　　　　　——应交教育费附加
期末结转时	借：本年利润 　　贷：税金及附加

【例28】假设A公司销售的M产品属于消费税征收范围，税率为10%。按规定计算的应缴消费税为10万元，暂未缴纳。

借：税金及附加　　　　　　　　　　　　　　　　　　　　100 000
　　贷：应交税费——应交消费税　　　　　　　　　　　　　　　100 000

五、应收账款

"应收账款"账户属于资产类账户，用于核算企业因销售产品、提供劳务而应向客户收取的款项。该账户的借方登记各种应收款项，贷方登记实际收回的应收款项。期末为借方余额，反映企业应收但尚未收回的款项。值得注意的是，其他业务产生的应收款项在"其他应收款"账户中核算，不能记入"应收账款"账户。应收账款的账务处理如表 6-35 所示。

表 6-35 应收账款的账务处理

事 项	会 计 分 录
赊销时	借：应收账款 　　贷：主营业务收入 　　　　应交税费——应交增值税（销项税额）
当年赊销退回时	借：主营业务收入 　　应交税费——应交增值税（销项税额） 　　贷：应收账款
当年销售折让时，按折让金额	借：主营业务收入 　　应交税费——应交增值税（销项税额） 　　贷：应收账款
收到赊销货款时	借：银行存款 　　贷：应收账款

【例 29】（1）A 公司向 P 公司销售 Y 产品 40 件，每件售价 2 500 元，增值税销项税额 13 000 元。已委托开户银行向购货方收款。

（2）A 公司接银行通知，委托银行向 P 公司收取的应收款项 113 000 元已收到并入账。

应收账款发生和收回的账务处理示例如表 6-36 所示。

表 6-36 应收账款发生和收回的账务处理示例

事 项	会 计 分 录	
赊销时	借：应收账款——P 公司 　　贷：主营业务收入——Y 产品 　　　　应交税费——应交增值税（销项税额）	113 000 100 000 13 000
收款时	借：银行存款 　　贷：应收账款——P 公司	113 000 113 000

六、应收票据

"应收票据"账户属于资产类账户，用于核算企业因销售商品而收到的商业汇票。该账户的借方登记企业应收票据本息，贷方登记票据到期时收回的票据本息。期末为借方余额，反映尚未到期暂未收回的应收票据金额。应收票据的账务处理如表 6-37 所示。

表 6-37 应收票据的账务处理

事 项	会 计 分 录
销售收到商业汇票时	借：应收票据 　　贷：主营业务收入 　　　　应交税费——应交增值税（销项税额）

（续）

事　项	会 计 分 录
商业汇票到期前在银行贴现时	借：银行存款 　　财务费用 　贷：应付票据
商业汇票到期时	借：银行存款（承兑） 　　应收账款（未承兑） 　贷：应收票据

【例30】A公司向E公司销售M产品50件，每件售价4 000元，价款20万元，应交增值税销项税额26 000元。商品已经发出，收到购货单位开出并承兑的商业汇票一张，款项暂未收到。

借：应收票据——E公司　　　　　　　　　　　　　　　　226 000
　贷：主营业务收入——M产品　　　　　　　　　　　　　200 000
　　　应交税费——应交增值税（销项税额）　　　　　　　 26 000

七、预收账款

"预收账款"账户属于负债类账户，用于核算企业按照合同的规定向购货方预收的款项及其结算情况。该账户的贷方登记预收客户的款项，借方登记向客户发出商品抵扣的预收款。期末一般为贷方余额，反映预收购货单位款项的余款。预收账款的账务处理如表6-38所示。

表6-38　预收账款的账务处理

事　项	会 计 分 录
预收货款时	借：银行存款 　贷：预收账款
发出商品，确认收入时	借：预收账款 　　银行存款（补收差额） 　贷：主营业务收入 　　　应交税费——应交增值税（销项税额） 　　　银行存款（退还多收）

【例31】（1）2021年11月5日，A公司预收F公司购买N产品60件的价税款合计339 000元，已存入银行。

（2）2021年11月10日，A公司向F公司发出N产品60件，每件售价5 000元，价款30万元，应交增值税销项税额39 000元。预收账款收到和确认收入时的账务处理示例如表6-39所示。

表6-39　预收账款收到和确认收入时的账务处理示例

事　项	会 计 分 录	
2021年11月5日	借：银行存款 　贷：预收账款——F公司	339 000 339 000
2021年11月10日	借：预收账款——F公司 　贷：主营业务收入——N产品 　　　应交税费——应交增值税（销项税额）	339 000 300 000 39 000

八、总结：销售的会计分录

销售环节确认收入和结转成本的账务处理如表 6-40 所示。

表 6-40　销售环节确认收入和结转成本的账务处理

事　项		会　计　分　录
销售收入	确认销售收入时	借：银行存款/应收账款/应收票据等 　　贷：主营业务收入 　　　　应交税费——应交增值税（销项税额）
	发生销售退回或销售折让时	借：主营业务收入 　　应交税费——应交增值税（销项税额） 　　贷：银行存款/应收账款/应收票据等
销售成本	结转销售成本时	借：主营业务成本 　　贷：库存商品
	发生销售退回时	借：库存商品 　　贷：主营业务成本

第五节　其他经营活动交易或事项的账务处理

一、其他业务收入

其他业务收入是指企业确认的在其他经营活动中实现的收入，包括出租固定资产、无形资产和包装物，以及销售材料等实现的收入。

"其他业务收入"账户属于收入（损益）类账户，用于核算企业确认的主营业务活动之外的其他经营活动实现的收入。该账户的贷方登记企业获得的各项其他业务收入，借方登记会计期末结转入"本年利润"账户的已经实现的其他业务收入。期末结转后无余额。其他业务收入的账务处理如表 6-41 所示。

表 6-41　其他业务收入的账务处理

事　项		会　计　分　录
销售原材料	确认收入时	借：银行存款等 　　贷：应交税费——应交增值税（销项税额） 　　　　其他业务收入
	结转成本时	借：其他业务成本 　　贷：原材料
经营租赁方式出租	确认租金收入时	借：银行存款等 　　贷：应交税费——应交增值税（销项税额） 　　　　其他业务收入
	计提租赁资产折旧时	借：其他业务成本 　　贷：累计折旧
会计期末结转时		借：其他业务收入 　　贷：本年利润

【例32】A公司出售甲材料一批,价款1万元,增值税销项税额1 300元。价税款合计11 300元收到并已存入银行。甲材料的成本为8 000元。材料出售业务的账务处理示例如表6-42所示。

表6-42 材料出售业务的账务处理示例

事　　项	会　计　分　录
确认材料销售收入	借:银行存款　　　　　　　　　　　　　　　　　　　　　11 300 　贷:其他业务收入　　　　　　　　　　　　　　　　　　10 000 　　　应交税费——应交增值税(销项税额)　　　　　　　1 300
结转材料成本	借:其他业务成本　　　　　　　　　　　　　　　　　　　　8 000 　贷:原材料——甲材料　　　　　　　　　　　　　　　　8 000

【例33】A公司采用经营租赁方式出租一台设备,收到租用方支付的租金2万元,增值税销项税额2 600元,款项已存入银行。本月该设备应计提折旧1 000元。设备出租的账务处理示例如表6-43所示。

表6-43 设备出租的账务处理示例

事　　项	会　计　分　录
确认租金收入	借:银行存款　　　　　　　　　　　　　　　　　　　　　22 600 　贷:其他业务收入　　　　　　　　　　　　　　　　　　20 000 　　　应交税费——应交增值税(销项税额)　　　　　　　2 600
计提设备折旧	借:其他业务成本　　　　　　　　　　　　　　　　　　　　1 000 　贷:累计折旧　　　　　　　　　　　　　　　　　　　　1 000

二、其他业务成本

其他业务成本是指企业确认的在其他经营活动中所发生的支出,包括出租固定资产的折旧额、出租无形资产和包装物的摊销额,以及所销售材料本身的成本等。

"其他业务成本"账户属于费用(损益)类账户,用于核算企业确认的主营业务活动以外的其他经营活动所发生的支出。该账户的借方登记企业为获得各项其他业务收入而产生的相关成本,贷方登记在会计期末时结转入"本年利润"账户的其他业务成本。期末结转后应无余额。其他业务成本的账务处理如表6-44所示。

表6-44 其他业务成本的账务处理

事　　项	会　计　分　录
企业为获得各项其他业务收入而产生的相关成本	借:其他业务成本 　贷:原材料/银行存款/累计折旧等
期末结转时	借:本年利润 　贷:其他业务成本

【例34】确认并结转出售甲材料的成本9 000元。
　借:其他业务成本　　　　　　　　　　　　　　　　　　　　　　　　　9 000
　　贷:原材料——甲材料　　　　　　　　　　　　　　　　　　　　　　9 000

【例35】确认并结转上述出租包装物本月应摊销成本12 000元。
　借:其他业务成本　　　　　　　　　　　　　　　　　　　　　　　　　12 000
　　贷:周转材料——摊销　　　　　　　　　　　　　　　　　　　　　　12 000

三、销售费用

销售费用是在产品销售过程中发生的有关费用。销售费用属于企业开展日常经营活动所发生的费用，在实务中不计入主营业务成本，而是设立专门账户单独核算。销售费用包括保险费、包装费、展览费和广告费、商品维修费、预计产品质量保证损失，以及为销售企业产品而专设的销售机构（含销售网点、售后服务网点等）的职工薪酬、业务费和折旧费等。

"销售费用"账户属于费用（损益）类账户，用于核算企业因销售商品而发生的各种费用及其结转情况。该账户的借方登记各种销售费用的发生额，贷方登记在会计期末结转入"本年利润"账户的销售费用。期末结转后该账户应无余额。

企业在销售商品过程中发生的包装费、保险费、展览费和广告费、运输费、装卸费等费用，借记"销售费用"账户，贷记"库存现金""银行存款"等账户。企业发生的为销售本企业商品而专设的销售机构的职工薪酬、业务费等经营费用，借记"销售费用"账户，贷记"应付职工薪酬""银行存款""累计折旧"等账户。销售费用的账务处理如表6-45所示。

表6-45 销售费用的账务处理

事　项	会　计　分　录
发生销售费用时	借：销售费用 　贷：应付职工薪酬 　　　原材料 　　　累计折旧 　　　银行存款 　　　库存现金
期末结转时	借：本年利润 　贷：销售费用

【例36】A公司用银行存款支付销售产品的广告费3 000元、展销产品的场地租用费1 000元。

　　借：销售费用　　　　　　　　　　　　　　　　　　　　　　　　4 000
　　　　贷：银行存款　　　　　　　　　　　　　　　　　　　　　　4 000

【例37】A公司用现金支付展销产品运费300元。

　　借：销售费用　　　　　　　　　　　　　　　　　　　　　　　　300
　　　　贷：库存现金　　　　　　　　　　　　　　　　　　　　　　300

四、管理费用

"管理费用"账户用于核算企业为组织和管理企业生产经营所发生的管理费用，包括企业在筹建期间内发生的开办费、董事会和行政管理部门在企业的经营管理中发生的或者应由企业统一负担的公司经费（包括行政管理部门职工工资及福利费、物料消耗、低值易耗品摊销、办公费和差旅费等）、工会经费、董事经费（包括董事会成员津贴、会议费和差旅费等）、聘请中介机构费、咨询费（含顾问费）、诉讼费、业务招待费、房产税、车船使用税、土地使用税、印花税、技术转让费、矿产资源补偿费、研究费用、排污费等。

行政管理部门人员的职工薪酬，借记"管理费用"账户，贷记"应付职工薪酬"账户。

行政管理部门计提的固定资产折旧，借记"管理费用"账户，贷记"累计折旧"账户。

发生的办公费、水电费、业务招待费、聘请中介机构费、咨询费、诉讼费、技术转让费、研究费用，借记"管理费用"账户，贷记"银行存款"账户。

企业在筹建期间内发生的开办费，包括人员工资、办公费、培训费、差旅费、印刷费、注册登记费以及不计入固定资产成本的借款费用等在实际发生时，借记"管理费用"账户，贷记"银行存款"等账户。管理费用的账务处理如表6-46所示。

表6-46 管理费用的账务处理

事 项	会 计 分 录
行政管理部门人员的职工薪酬	借：管理费用 　　贷：应付职工薪酬
行政管理部门计提的固定资产折旧	借：管理费用 　　贷：累计折旧
发生的办公费、水电费、业务招待费、聘请中介机构费、咨询费、诉讼费、技术转让费、研究费用	借：管理费用 　　贷：银行存款
企业在筹建期间内发生的开办费	借：管理费用——开办费 　　贷：银行存款等
期末结转本年利润时	借：本年利润 　　贷：管理费用

【例38】A公司以现金支付公司办公用品费1 000元。

借：管理费用　　　　　　　　　　　　　　　　　　　　　　1 000
　　贷：库存现金　　　　　　　　　　　　　　　　　　　　1 000

【例39】A公司计提公司管理人员工资5万元。

借：管理费用　　　　　　　　　　　　　　　　　　　　　50 000
　　贷：应付职工薪酬　　　　　　　　　　　　　　　　　50 000

五、财务费用

"财务费用"账户用于核算企业为筹集生产经营所需资金等而发生的筹资费用，包括利息支出（减利息收入）、汇兑损益以及相关的手续费、企业发生的现金折扣或收到的现金折扣等。

企业发生的财务费用，借记"财务费用"账户，贷记"银行存款""应付利息"等账户。发生的应冲减财务费用的利息收入、汇兑损益，借记"银行存款"账户，贷记"财务费用"账户。财务费用的账务处理如表6-47所示。

表6-47 财务费用的账务处理

事 项	会 计 分 录
发生财务费用时	借：财务费用 　　贷：银行存款 　　　　应付利息 　　　　长期借款——应付利息 　　　　应付债券——应付利息

(续)

事　项	会 计 分 录
发生的应冲减财务费用的利息收入、汇兑损益时	借：银行存款 　贷：财务费用
期末结转本年利润时	借：本年利润 　贷：财务费用

【例 40】A 公司用银行存款支付在银行办理业务的手续费 500 元。

借：财务费用　　　　　　　　　　　　　　　　　　　　　　　500
　　贷：银行存款　　　　　　　　　　　　　　　　　　　　　500

六、待处理财产损溢

企业期末进行财产清查时，涉及资产的盘盈或盘亏，在报请审批前，需要通过"待处理财产损溢"科目核算。待处理财产损溢的账务处理如表 6-48 所示。

表 6-48　待处理财产损溢的账务处理

事　项			会 计 分 录
各种材料、在产品和产成品	盘亏	发现时	借：待处理财产损溢 　贷：原材料/库存商品等
		处理时	借：原材料（残料价值） 　　其他应收款（可收回的保险或过失人赔款） 　　管理费用（管理原因造成的） 　　营业外支出（非正常损失） 　贷：待处理财产损溢
	盘盈	发现时	借：原材料/库存商品等 　贷：待处理财产损溢
		处理时	借：待处理财产损溢 　贷：管理费用/营业外收入
固定资产	盘亏	发现时	借：待处理财产损溢 　　累计折旧 　　固定资产减值准备 　贷：固定资产
		处理时	借：营业外支出 　　其他应收款（可收回的保险或过失人赔款） 　贷：待处理财产损溢
	盘盈	发现时	借：固定资产 　贷：待处理财产损溢
		处理时	借：待处理财产损溢 　贷：以前年度损益调整
库存现金	盘亏	发现时	借：待处理财产损溢 　贷：库存现金
		处理时	借：其他应收款（出纳人员造成的短款） 　　管理费用（无法查明原因的短款） 　贷：待处理财产损溢

第六章 一般企业经营活动交易或事项的账务处理

(续)

事　项			会　计　分　录
库存现金	盘盈	发现时	借：库存现金 　　贷：待处理财产损溢
		处理时	借：待处理财产损溢 　　贷：营业外收入（无法查明原因的长款）

【例41】A公司2021年12月16日对原材料进行盘点，发现甲材料盘盈，价值2 000元；乙材料盘亏，价值3 000元。12月31日，经查明，甲材料的盘盈是因为计量仪器不准造成领用时少发多计，经批准冲减本月管理费用；经查明，乙材料的盘亏中有1 000元属于不可抗力造成的非正常损失，经批准列作营业外支出；有1 000元属于管理人员（张某）过失造成，经批准由张某赔偿1 000元；其余1 000元由企业承担，计入管理费用。材料盘盈的账务处理示例如表6-49所示。

表6-49　材料盘盈的账务处理示例

时　间	甲　材　料		乙　材　料	
2021年 12月16日	借：原材料——甲材料 　　贷：待处理财产损溢	2 000 2 000	借：待处理财产损溢——乙材料 　　贷：原材料——乙材料	3 000 3 000
2021年 12月31日	借：待处理财产损溢 　　贷：管理费用	2 000 2 000	借：营业外支出 　　其他应收款——张某 　　管理费用 　　贷：待处理财产损溢	1 000 1 000 1 000 3 000

要点回顾

一般企业经营活动包括供应过程、生产过程、销售过程和其他经营活动的交易或事项。

供应过程的交易或事项主要涉及在途物资、应交税费——应交增值费、原材料、预付账款、应付账款和应付票据等账户的账务处理。

生产过程的交易或事项主要涉及生产成本、制造费用、应付职工薪酬、累计折旧和库存商品等账户的账务处理。

销售过程的交易或事项主要涉及主营业务收入、主营业务成本、应交税费、税金及附加、应收账款、应收票据和预收账款等账户的账务处理。

其他经营活动的经营或事项主要涉及其他业务收入、其他业务成本、销售费用、管理费用、财务费用和待处理财产损溢等账户的账务处理。

课程思政

汽车变生铁

【思政目标】

第四章的思政案例"汽车变生铁"除了让学生更加了解借贷记账法中"借"和"贷"的区别及两者的关系外，还要注意企业经营活动会计处理的正确性。会计人员在处理业务

143

过程中，要严格按照会计法律制度办事，不为主观意志或他人意志所左右。

【思政案例】

会计专业学生小张在A厂进行毕业实习。有一天，小张在翻阅以往会计凭证时，发现该厂一张记账凭证上的会计分录如下：

借：原材料——生铁　　　　　　　　　　　　　　　　　　　2 000
　　贷：应收账款——B公司　　　　　　　　　　　　　　　　　　2 000

但是，购进生铁没有发票，也没有收料单，只是在记账凭证后面附了一张由该厂开具给B公司的收款收据，而B公司并不对外经销生铁。后来，小张从一位老会计那里了解到真实情况。原来是A厂以收购生铁为名，行购车抵债之实。B公司以一台自产小轿车抵偿了欠该厂的货款，由于厂长叮嘱不要将其记入固定资产账户，便做生铁处理了。

【思政问题】

（1）A厂的会计处理符合一般企业供应过程交易的账务处理吗？

（2）A厂的供应过程的正确会计处理应是怎样的？

练 习 题

一、单选题

（一）一般企业经营活动交易或事项概述

1. 下列各项中，不属于工业企业资金的循环与周转阶段的是（　　）。
   A．供应过程　　　　B．生产过程　　　　C．销售过程　　　　D．分配过程
2. （　　）是企业经营活动循环的出发点。
   A．产品的销售　　　B．产品的生产　　　C．材料的采购　　　D．资本的取得
3. 通过供应阶段，企业的资金（　　）。
   A．由货币资金转化为储备资金　　　　　B．由储备资金转化为生产资金
   C．由生产资金转化为成本资金　　　　　D．由成本资金转化为货币资金
4. 在下列各项中，不属于企业经营活动交易和事项的是（　　）。
   A．生产产品　　　　B．销售商品　　　　C．从银行借款　　　D．提供劳务
5. 对于企业日常活动之外特殊的、不经常发生的项目，如果能够确定属于流动资产损失的，应当视为（　　）。
   A．筹资活动产生的事项　　　　　　　　B．经营活动产生的事项
   C．投资活动产生的事项　　　　　　　　D．经营成果形成的事项
6. 在下列各种特殊事项中，不可视为经营活动产生的事项是（　　）。
   A．自然灾害损失　　B．固定资产损失　　C．保险赔款　　　　D．捐赠收入和支出
7. 在下列各项中，不属于企业经营活动内容的是（　　）。
   A．供应过程的交易或事项　　　　　　　B．生产过程的交易或事项
   C．对外投资过程的交易或事项　　　　　D．销售过程的交易或事项
8. 在下列各项中，不属于企业经营活动内容的是（　　）。
   A．进行产品生产　　B．计算并支付税费　　C．进行产品销售　　D．固定资产购建

（二）供应过程的交易或事项概述

1. 下列项目中不属于企业外购材料成本的是（　　）。
   A．买价（扣除商业折扣）　　　　　　　B．入库前的合理挑选费

C．关税 D．一般纳税人支付的增值税进项税额

2．企业承兑汇票到期无力偿付时，企业应将"应付票据"（　　）。
A．转入应付账款　　B．转入短期借款　　C．不进行处理　　D．转入其他应付款

3．企业的应付账款如果确实无法支付，经批准后，应贷记（　　）账户。
A．营业外收入　　B．营业外支出　　C．管理费用　　D．资本公积

4．某制造企业为增值税一般纳税人。本期外购原材料一批，发票注明买价20 000元，增值税税额为3 400元，入库前的挑选整理费用为1 000元，则该批原材料的入账价值为（　　）元。
A．20 000　　B．23 400　　C．21 000　　D．24 400

5．"在途物资"账户期末若有余额，表示（　　）。
A．已购入但尚未验收入库的材料　　B．本月及以前各期累计购买的材料金额
C．企业目前尚存的原材料　　D．企业已入库和已耗用材料的差额

6．制造企业购进存货运输途中发生的合理损耗应（　　）。
A．计入存货采购成本　　B．由运输单位赔偿　　C．计入管理费用　　D．由保险公司赔偿

7．"在途物资"账户一般按（　　）设置明细分类账户。
A．材料供应商　　B．消耗领用部门　　C．材料品名、规格　　D．采购材料人员

8．购进材料时支付的税金应借记（　　）科目。
A．物资采购　　B．营业税金　　C．应交税费　　D．所得税费用

9．企业购入材料发生的运杂费等采购费用，应计入（　　）成本。
A．管理费用　　B．材料采购　　C．生产成本　　D．营业费用

10．在（　　）情况下，贷记"预付账款"账户。
A．预收购货单位的货款　　B．向供应单位预付货款
C．收到供应单位提供的材料，冲销预付款　　D．用产品或劳务抵偿预收货款

（三）生产过程的交易或事项概述

1．下列项目中不属于企业制造成本的是（　　）。
A．管理费用　　B．直接材料费　　C．直接人工费　　D．制造费用

2．下列各项支出中，应列入"制造费用"科目的项目是（　　）。
A．生产车间的固定资产折旧费　　B．管理部门的固定资产折旧费
C．生产车间生产工人的工资　　D．管理部门人员的工资

3．下列费用中，不构成产品成本，而应直接计入当期损益的是（　　）。
A．直接材料费　　B．期间费用　　C．直接人工费　　D．制造费用

4．下列各项目中，应记入"制造费用"账户的是（　　）。
A．生产产品耗用的材料　　B．生产用机器设备的折旧费
C．生产工人的工资　　D．行政管理人员的工资

5．企业计提福利费时，应贷记（　　）科目。
A．应付职工薪酬　　B．生产成本　　C．管理费用　　D．制造费用

6．用于生产产品、提供劳务负担的职工薪酬，应当计入（　　）。
A．管理费用　　B．生产成本或劳务成本
C．销售费用　　D．期间费用

7．"生产成本"账户期末有借方余额，表示（　　）。
A．本期完工产品成本　　B．本期投入生产费用　　C．期末库存产品成本　　D．期末在产品成本

8．企业"应付账款"账户的借方余额反映的是（　　）。

A．应付给供货单位的款项 B．预收购货单位的款项
C．预付给供货单位的款项 D．应收购货单位的款项

9．下列费用中，应计入产品成本的是（ ）。
A．医务和福利部门人员的工资 B．提取的车间管理人员工资
C．广告费 D．劳动保险费

(四) 销售过程的交易或事项概述

1．下列项目中，会计上作为销售商品处理的是（ ）。
A．以商品进行投资 B．包装物的销售
C．企业将产品捐赠给希望工程 D．用商品抵债

2．按权责发生制原则的要求，下列货款应确认为本期主营业务收入的是（ ）。
A．本月销售产品款未收到 B．上月销售货款本月收到并存入银行
C．本月预收下月货款存入银行 D．收到本月仓库租金存入银行

3．下列账户中同"主营业务收入"账户发生对应关系的账户是（ ）。
A．主营业务成本　　B．销售费用　　C．税金及附加　　D．本年利润

4．销售预收货款的产品时，应借记（ ）科目。
A．银行存款　　B．预收账款　　C．应收账款　　D．库存现金

5．费用按计入成本的（ ）不同，可分为直接费用、间接费用和期间费用。
A．程序　　B．方式　　C．多少　　D．内容

(五) 其他经营活动的交易或事项概述

1．下列内容中属于其他业务收入的是（ ）。
A．罚款收入　　B．出售材料收入　　C．委托代销商品收入　　D．清理固定资产净收益

2．下列费用中，不构成产品成本，而应直接计入当期损益的是（ ）。
A．直接材料费　　B．直接人工费　　C．期间费用　　D．制造费用

3．摊销管理部门用房租金应记入（ ）账户的借方。
A．预付账款　　B．销售费用　　C．管理费用　　D．财务费用

二、多选题

(一) 一般企业经营活动交易或事项概述

1．企业的生产经营过程分为（ ）。
A．采购阶段　　B．生产阶段　　C．筹资阶段　　D．销售阶段
E．分配阶段

2．在下列各项中，属于企业经营活动交易和事项的有（ ）。
A．销售商品　　B．提供劳务　　C．购买商品　　D．接受劳务
E．支付税费

3．在下列各种特殊事项中，可视为经营活动产生的事项有（ ）。
A．自然灾害损失　　B．保险赔款　　C．固定资产损失　　D．捐赠收入
E．捐赠支出

4．在下列各项中，属于企业经营活动的内容的有（ ）。
A．资金筹集过程的交易或事项 B．供应过程的交易或事项
C．对外投资过程的交易或事项 D．销售过程的交易或事项
E．生产过程的交易或事项

(二) 供应过程的交易或事项概述

1．企业购入材料的采购成本包括（ ）。
A．材料买价　　B．增值税进项税额　　C．采购费用　　D．采购人员差旅费

2. 购入货物时即能确认其进项税额，但不能抵扣的项目有（　　）。
   A．购进固定资产　　　　　　　　　　B．购进货物用于集体福利
   C．购进货物直接用于免税项目　　　　D．购进货物用于在建工程
3. 会计人员误将当月发生的增值税进项税额计入材料采购成本，其结果会有（　　）。
   A．月末资产增加　　B．月末利润增加　　C．月末负债增加　　D．月末应交税费增加
4. 下列各项，应计入企业（一般纳税人）外购存货入账价值的有（　　）。
   A．存货的购买价格　　　　　　　　　　B．运输途中的合理损耗
   C．入库前的挑选整理费　　　　　　　　D．运输途中的保险费
5. 对于共同性采购费用，应分配计入材料采购成本，下列内容可以用来作为分配材料采购费用标准的有（　　）。
   A．材料的买价　　B．材料的种类　　C．材料的重量　　D．材料的体积
6. 企业采购阶段经济业务核算应设置的主要账户有（　　）。
   A．预收账款　　B．在途物资　　C．原材料　　D．应付账款
7. 购入材料的采购成本一般包括（　　）。
   A．买价　　　　　　　　　　　　　　　B．采购材料过程中支付的各项费用
   C．入库前的挑选整理费用　　　　　　　D．增值税进项税额
8. 关于"在途物资"账户，正确的说法有（　　）。
   A．借方登记购入的买价和采购费用等
   B．贷方登记入库材料的实际成本
   C．期末如有余额在借方，表示未付款、未入库在途材料的实际成本
   D．是计算物资采购成本的账户
9. 在材料采购业务核算时，与"在途物资"账户相对应的账户一般有（　　）。
   A．应付账款　　B．应付票据　　C．银行存款　　D．预付账款
10. "在途物资"账户的借方登记的内容有（　　）。
    A．材料的保管费用　　B．材料的买价　　C．材料的采购费用　　D．材料的合理损耗
    E．材料采购人员的差旅费
11. 在下列各项中，属于企业材料采购费用的有（　　）。
    A．买价　　B．运输费　　C．装卸费　　D．包装费
    E．运输途中的合理损耗

（三）生产过程的交易或事项概述

1. 下列内容可在"应付职工薪酬"账户中开支的有（　　）。
   A．职工的医药费　　B．职工困难补助　　C．职工福利费　　D．职工教育经费
2. 产品在生产过程中发生的各项生产费用按其经济用途进行分类，构成产品生产成本的成本项目具体包括（　　）。
   A．直接材料费　　B．直接工资费　　C．期间费用　　D．制造费用
3. 关于"制造费用"账户，下列说法正确的有（　　）。
   A．借方登记实际发生的各项制造费用　　B．贷方登记分配转入产品成本的制造费用
   C．期末结转本年利润账户后没有余额　　D．期末一般没有余额
4. 在下列各项中，属于企业生产过程交易或事项的内容有（　　）。
   A．原材料耗费　　B．固定资产耗费　　C．支付职工薪酬　　D．完成产品成本计算
   E．从银行借款

5．在下列各项中，属于企业生产费用的内容的有（　　）。
　A．直接材料费用　　　B．直接人工费用　　　C．管理费用　　　D．制造费用
　E．财务费用
6．企业进行完工产品成本结转时，应记入的账户有（　　）。
　A．"生产成本"账户　　B．"制造费用"账户　　C．"原材料"账户　　D．"库存商品"账户
　E．"应付职工薪酬"账户

（四）销售过程的交易或事项概述
1．在下列各项中，属于企业销售过程交易或事项的内容的有（　　）。
　A．进行销售产品货款结算　　　　　　B．完工产品成本计算
　C．确认产品销售收入　　　　　　　　D．产品销售成本计算
　E．收取销货价款及相关税金
2．企业在确认商品销售收入时应满足的条件有（　　）。
　A．企业已经将商品所有权上的主要风险和报酬转移给购货方
　B．企业没有保留通常与所有权相联系的继续管理权
　C．收入的金额能够可靠计量
　D．相关的经济利益很可能流入企业
　E．相关的已发生或将发生的成本能够可靠计量
3．企业向预交货款的客户提供产品时，应记入的账户有（　　）。
　A．"主营业务收入"账户　　　　　　B．"其他业务收入"账户
　C．"应交税费"账户　　　　　　　　D．"预收账款"账户
　E．"银行存款"账户
4．企业进行产品销售成本结转时，应记入的账户有（　　）。
　A．"生产成本"账户　　　　　　　　B．"制造费用"账户
　C．"原材料"账户　　　　　　　　　D．"库存商品"账户
　E．"主营业务成本"账户
5．计提折旧时，与"累计折旧"账户对应的账户为（　　）。
　A．"生产成本"账户　　B．"制造费用"账户　　C．"管理费用"账户　　D．"预付账款"账户
6．下列属于直接费用的有（　　）。
　A．固定资产折旧　　　B．生产用电费　　　　C．生产耗用材料　　　D．生产工人工资
7．"生产成本"账户的借方登记（　　）。
　A．直接材料　　　　　　　　　　　　B．直接工资
　C．分配计入的制造费用　　　　　　　D．计提的折旧
8．不应计入产品生产成本的下列账户有（　　）。
　A．销售费用　　　　　B．管理费用　　　　　C．财务费用　　　　　D．营业外支出
9．关于"制造费用"账户，正确的结构有（　　）。
　A．借方登记实际发生的各项费用　　　B．贷方登记分配计入产品成本的制造费用
　C．期末余额在借方，表示在产品的制造费用　　D．期末一般没有余额
10．"税金及附加"账户借方登记的内容有（　　）。
　A．消费税　　　　　　B．城市维护建设税　　C．土地使用税　　　　D．教育费附加
11．与主营业务收入相配比的成本、费用是指（　　）。
　A．销售费用　　　　　B．主营业务成本　　　C．税金及附加　　　　D．管理费用

12. 计提固定资产折旧时，下列可能涉及的账户有（　　）。
A．"固定资产"账户　　B．"累计折旧"账户　　C．"制造费用"账户　　D．"管理费用"账户
13. 下列属于应收票据核算范围的有（　　）。
A．商业承兑汇票　　B．银行汇票　　C．银行承兑汇票　　D．银行本票

（五）其他经营活动的交易或事项概述

1. 在下列各项中，属于销售费用的有（　　）。
A．销售商品本身的成本　B．保险费和包装费　C．展览费和广告费　D．预计产品质量保证损失
E．运输费和装卸费
2. 在下列业务内容中，属于企业其他业务的有（　　）。
A．销售产品　　B．销售积压材料　　C．出租固定资产　　D．出租包装物
E．出租无形资产
3. 在下列各项中，属于企业其他业务成本的有（　　）。
A．销售材料本身的成本　　　　　　B．出租固定资产的折旧额
C．出租无形资产的摊销额　　　　　D．出租包装物的成本或摊销额
E．销售产品的成本
4. 期间费用一般包括（　　）。
A．财务费用　　B．管理费用　　C．销售费用　　D．制造费用
5. 下列收入中，（　　）应记入"其他业务收入"账户。
A．租金收入　　　　　　　　　　　B．材料出售收入
C．提供产品修理服务收入　　　　　D．投资收入

三、判断题

（一）一般企业经营活动交易或事项概述

1. 通过销售过程，企业的资金实现了由生产资金向货币资金的转化。（　　）
2. 进行产品销售是产品生产企业的主要经营活动。（　　）
3. 企业的应付账款和应付票据等也可增加企业的资金来源，因而也属于筹资活动中的交易和事项。
（　　）

（二）供应过程的交易或事项概述

1. 企业用支票支付购货款时，应通过"应付票据"账户进行核算。（　　）
2. "应付账款"和"预付账款"都应按供应单位名称分别设置明细账。（　　）
3. 企业为生产产品而购进材料时需要向供货方支付增值税税额，称为进项税额，计入所购商品成本。
（　　）
4. 企业在采购材料过程中发生的运输费应记入"销售费用"账户。（　　）
5. 企业购入材料的实际成本就是材料的买价。（　　）
6. 企业材料采购的买价和采购费用，在期末应全部转入"本年利润"账户的借方。（　　）
7. "在途物资"账户的余额一般在借方，反映已经验收入库尚未支付货款的外购材料。（　　）
8. 材料按实际采购成本计价后，如遇有物价调整时，入账的材料价值也应随之变动。（　　）
9. 在采用信用结算方式结算货款时，企业会产生应付账款和预付账款等，形成供应过程的储备资金。
（　　）
10. 材料采购的实际成本由买价和采购费用两个部分组成。（　　）

（三）生产过程的交易或事项概述

1. 生产费用是指产品生产过程中所发生的应当计入产品成本的各种费用。（　　）

2．车间领用作为一般耗用的原材料，在账务处理上应相应地增加企业的管理费用。（　）

3．"生产成本"账户期末若有借方余额，表示企业月末有在产品。（　）

4．"制造费用"账户本期借方发生额应于月末分配转入"生产成本"账户，结转后"制造费用"账户一般无余额。（　）

5．企业固定资产的折旧费只能作为管理费用列支。（　）

6．企业为生产产品或提供劳务而发生的制造费用，应直接计入当期损益。（　）

7．车间管理人员的工资及福利费不属于直接人工费。（　）

8．期末，结转完工入库产品的生产成本后，"生产成本"总账及所属明细分类账户应均无余额。（　）

9．产品的生产成本通常包括直接材料、直接人工费用和制造费用三个成本项目。（　）

10．"税金及附加"账户用于核算企业日常经营活动应负担的税金及附加，包括增值税、营业税、消费税和资源税等。（　）

11．生产成本是对象化了的生产费用。（　）

12．直接材料、直接人工和制造费用通常称为产品的成本项目。（　）

13．"制造费用"账户在月末一般没有余额。（　）

（四）销售过程的交易或事项概述

1．企业在其生产经营中所取得的收入和收益，所发生的费用和损失，为简化核算可直接增减投入资本。（　）

2．支付职工退休金应在"营业外支出"账户中列示。（　）

3．资产的计税基础是指企业收回资产账面价值的过程中，计算应纳税所得额时按照税法规定可以从应税经济利益中抵扣的金额。（　）

4．负债的计税基础是指负债在未来期间计税时可以税前扣除的金额。（　）

5．"制造费用"账户期末在费用结转后一般没有余额。（　）

6．制造费用是指企业各生产车间等生产单位为组织和管理生产而发生的各项间接费用。（　）

7．最基本的成本项目有三项，即直接材料、直接人工和制造费用，简称"料、工、费"。（　）

8．企业对于确实无法支付的应付账款，应在确认时增加企业的资本公积。（　）

9．应交税费中的销项税额，可以确认为企业当期的收入。（　）

10．产品生产企业的商品销售成本是指所需资金所发生的各种费用。（　）

（五）其他经营活动的交易或事项概述

1．企业对外出售固定资产时，获得的收入应记入"其他业务收入"账户。（　）

2．企业在经营过程中所产生的各种利息收入都属于投资收益，应在"投资收益"账户进行核算。（　）

3．销售费用是企业筹集生产经营所需资金所发生的各种费用。（　）

四、会计核算题

（一）供应过程的交易或事项的账务处理

1．资料：A公司2022年11月发生下列资产购置业务：

（1）从B公司购入打印机一台，价值3万元，运费200元，款项已用银行存款支付，打印机已交付使用。

（2）从C公司购入需要安装的生产设备一台，价值10万元，增值税1.7万元，包装费1 000元，运费500元，全部款项已用银行存款支付，设备已运达A公司。安装该设备耗用材料1 000元，发生安装人员工资200元。该设备安装完毕后，经验收合格交付使用。

（3）从D公司购入甲材料1 000kg，单价10元。收到D公司开具的增值税专用发票，价款10 000元，增值税1 300元，货款及增值税均以银行存款支付。此外，用银行存款支付甲材料运费1 000元。甲材料已验收入库。

（4）从 E 公司购入乙材料 4 000kg，单价 5 元，丙材料 1 000kg，单价 15 元。收到 E 公司开具的增值税专用发票，货款 35 000 元，增值税 4 550 元，货款及增值税均未支付。A 公司用银行存款支付乙材料和丙材料的运费 300 元，运费按材料重量比例分配。乙材料和丙材料已验收入库。

（5）A 公司用银行存款偿还前欠 F 公司的货款 4 万元。

（6）A 公司根据合同规定预付给 G 公司购买丁材料货款 30 510 元。后续收到 G 公司发来用预付款购买的丁材料 3 000kg，单价 9 元，增值税 3 510 元。丁材料已验收入库。

要求：编制上述资产购置活动的会计分录。

2. 资料：甲公司 2022 年度发生的部分经济业务如下：

6 月 10 日购入一批商品，金额 9 万元，增值税税率为 13%，该商品于当期入库，付款条件为"2/10，n/30"（采用总价法核算）。

要求：对甲公司的上述经济业务编制会计分录。

（二）生产过程的交易或事项的账务处理

1. 资料：甲公司 2022 年生产 A、B 两种产品，11 月初在产品成本资料如表 6-50 所示。

表 6-50　甲公司 2022 年 11 月初在产品成本资料

名　称	数量（件）	直接材料（元）	直接人工（元）	制造费用（元）	合计（元）
A 产品	200	7 417	3 090	2 420	12 927
B 产品	75	4 726	1 610	1 288	7 624
合　计		12 143	4 700	3 708	20 551

甲公司 11 月发生了下列生产业务：

（1）生产 A 产品领用甲材料 500kg，单价 12.25 元；领用乙材料 300kg，单价 5.06 元，仓库已发料。

（2）用银行存款支付生产车间办公费 500 元。

（3）用银行存款 2 400 元支付第三季度车间房租，并相应摊销应由本月负担的部分。

（4）生产车间领用丁材料 200kg，单价 9 元，用于生产设备维修，仓库已发料。

（5）开出转账支票支付本月生产车间水电费 900 元。

（6）生产 B 产品领用丙材料 600kg，单价 15.06 元，仓库已发料。

（7）月末，计算本月应付职工工资 16 800 元，其中：A 产品生产工人工资 8 000 元，B 产品生产工人工资 6 000 元，车间管理人员工资 1 800 元，厂部管理人员工资 1000 元。

（8）月末，依据职工工资总额的 14% 计提职工福利费。

（9）月末，依据计划预提本月车间固定资产维修费 320 元。

（10）月末，计提本月车间固定资产折旧 628 元。

（11）月末，将 16 800 元转入职工工资存折。

（12）月末，将本月发生的制造费用按生产工人的工资比例分配转入生产成本。

（13）月末，A 产品 120 件、乙产品 100 件全部完工验收入库，均无期末在产品，计算并结转完工产品的实际生产成本。

要求：编制上述产品生产活动的会计分录。

2. 资料：甲公司 2022 年度发生的部分经济业务如下：

（1）5 月 30 日，汇总分配本月应付的职工薪酬，其中生产工人工资 35 万元，车间管理人员工资 8.5 万元，厂部管理人员工资 5.5 万元，在建工程人员工资 11 万元。企业代扣代缴个人所得税 0.3 万元。

（2）6 月 1 日提取现金 60 万元，发放上月职工工资。

要求：对甲公司的上述经济业务编制会计分录。

（三）销售过程的交易或事项的账务处理

1．资料：天天公司 2022 年 11 月发生下列业务：

（1）销售给甲公司 A 产品 40 件，单价 450 元，B 产品 10 件，单价 390 元，增值税 2 847 元，货款及增值税已存入银行。

（2）用银行存款支付销售 A、B 两种产品运费 500 元。

（3）销售给乙公司 B 产品 20 件，单价 390 元，增值税 1 014 元，用银行存款代垫运杂费 180 元，货款、增值税及运费均未收到。

（4）预收二建公司购买 A 产品货款 7 800 元存入银行。

（5）计算本月应缴纳的已售产品消费税 1 600 元。

（6）结转本月已售 A、B 两种产品的成本，A 产品单位成本 280.75 元，B 产品单位成本 265 元。

要求：编制上述销售活动的会计分录。

2．资料：丙企业 2022 年 11 月发生了如下业务：

（1）丙企业销售一批商品，商品成本 20 万元，售价 30 万元，增值税 3.9 万元，收到购买方承兑的商业汇票一张，面值 33.9 万元。

（2）企业采用分期收款销售方式销售商品 40 万元，分 4 期收款，本期收款 10 万元，增值税 1.3 万元。该批发出商品的生产成本为 20 万元。

（3）本月收到上月销售商品退货 2 万元，该商品按现在库存商品成本计价为 1.5 万元，退回商品入库，丙企业用银行存款支付退货款及增值税 2.26 万元。

（4）企业本月发出一批商品，成本 5 万元，售价 8 万元，增值税销项税额 1.04 万元，款项已存入银行，但到月末该销售尚未完全满足收入的确认条件。

要求：编制上述销售业务的会计分录。

（四）其他经营活动交易或事项的账务处理

资料：天天公司 2022 年 11 月发生下列业务：

（1）出售原材料，售价 1 万元，成本 8 000 元。

（2）出租闲置厂房，取得本月租金收入 2 万元，厂房本月折旧 1 万元。

要求：编制上述其他经营活动的会计分录。

（五）综合：经营活动交易或事项的账务处理

资料：假定 A 公司 2022 年 12 月发生如下交易或事项：

（1）从 B 公司购入甲材料。对方开具的增值税专用发票载明：数量 2 000kg，单价 2 元，价款 4 000 元，增值税税额 520 元，价税款合计 4 520 元。已用银行存款支付。

（2）根据合同规定，用银行存款 6 780 元向 C 公司预付购买乙材料价税款。

（3）向 C 公司预付款的乙材料到货。对方开具的增值税专用发票载明：数量 6 000kg，单价 1 元，价款 6 000 元，增值税 780 元，价税款合计 6 780 元。

（4）从 C 公司购入的甲、乙两种材料发生共同性运费 480 元。按两种材料的重量分配，甲材料应分配 120 元，乙材料应分配 360 元。

（5）从 C 公司购入乙材料。对方开具的增值税专用发票载明：数量 3 000kg，单价 1 元，价款 3 000 元，增值税 390 元，价税款合计 3 390 元。另由 C 公司为本公司代垫该批材料运输费 180 元。材料已运达企业，但货款尚未支付。

（6）用银行存款 3 570 元偿还前欠 C 公司货款。

（7）购入的甲、乙两种材料已验收入库。甲材料实际成本为 3 920 元，乙材料实际成本为 9 540 元。

(8) 购入甲材料发生市内运输费 100 元,用现金支付。

(9) 月末计算本月设备折旧额为 5 800 元,其中,产品生产部门使用的固定资产折旧额为 5 000 元;公司管理部门使用的固定资产折旧额为 800 元。

(10) 根据当月各种领料单编制的发出材料汇总表如表 6-51 所示。

表 6-51　发出材料汇总表

用　　途	甲　材　料			乙　材　料			金额合计(元)
	数量/kg	单价(元/kg)	金额(元)	数量/kg	单价(元/kg)	金额(元)	
制造产品耗用							
M 产品	10 000	2	20 000				20 000
N 产品				40 000	1.1	44 000	44 000
制造部门一般耗用				600	1.1	660	660
合　　计	10 000	2	20 000	40 600		44 660	64 660

(11) 计算出本月应付职工工资 19 000 元。其中:生产 M 产品工人工资 7 000 元,生产 N 产品工人工资 10 000 元;产品生产部门管理人员工资 2 000 元。

(12) 从银行提取现金 19 000 元准备发工资。

(13) 用现金 19 000 元支付职工工资。

(14) 计算分配本月福利费 2 660 元。其中:生产 M 产品工人福利费 980 元,N 产品生产工人福利费 1 400 元;产品生产部门管理人员福利费 280 元。

(15) 用银行存款支付生产车间发生的水电费 420 元。

(16) 计提生产车间固定资产折旧 900 元。

(17) 按生产 M、N 两种产品生产工人工资总额比例分配制造费用,并计入产品生产成本。假定本月应分配制造费用总额为 4 760 元。按生产工人工资总额为标准分配,M 产品生产应分配制造费用 1 960 元,N 产品生产应分配制造费用 2 800 元。

(18) 本月生产 M 和 N 两种产品各 50 件,月末全部完工,完工成本分别为 29 940 元和 58 200 元。结转两种产品的完工成本。

(19) 销售 M 产品 200 件,每件售价 3 000 元,增值税销项税额 78 000 元。价税款合计 678 000 元收到并已存入银行。

(20) 向 D 公司销售 N 产品 40 件,每件售价 2 500 元,增值税销项税额 13 000 元。已委托开户银行向购货方收款。

(21) 向 E 公司销售 M 产品 30 件,每件售价 3 000 元,增值税销项税额 11 700 元。商品已经发出,收到购货单位开出并承兑的商业汇票一张,票面金额为 101 700 元。

(22) 预收 F 公司购买 B 产品 300 件的价税款 847 500 元,已存入银行。

(23) 向 F 公司发出 N 产品 150 件,每件售价 2 500 元,增值税销项税额 48 750 元,价税款合计 423 750 元。

(24) 接银行通知,委托银行向盛华公司收取的应收款项 113 000 元已收妥入账。

(25) 本月销售 M 产品的成本为 490 000 元、销售 N 产品的成本为 385 000 元。结转已销售产品成本。

(26) 出售甲材料一批,价款 10 000 元,增值税销项税额 1 300 元。价税款合计 11 300 元收到并已存入银行。

(27) 确认并结转出售甲材料的成本 9 000 元。

要求:编制 A 公司上述经济活动的会计分录。

第七章

一般企业投资活动交易或事项的账务处理

第一节 一般企业投资活动交易或事项概述

一、一般企业投资活动概述

投资活动是指企业长期资产的购建和不包括在现金等价物范围的投资及其处置活动。现金等价物范围内的投资是指交易性资产这种投资，因其具有现金等价物的某些特征，往往被排除在企业的投资活动之外。投资活动可以分为对内投资和对外投资。不同企业由于其行业特点不同，对投资活动的认定也存在差异。就工业企业而言，长期资产是指固定资产、无形资产、在建工程等持有期限在一年或一个营业周期以上的资产。这里所说的投资活动，既包括实物资产投资活动，也包括企业对外投资中的权益性投资活动。企业在长期资产投资和对外权益性投资活动中发生的资产购建与处置、权益获取与解除等均属于投资活动交易或事项。企业的长期资产投资活动（如固定资产投资等）可以为经营活动提供劳动手段上的支持，促进劳动生产率的提高，进而导致更多的经营利益流入企业。企业的对外权益性投资活动（如长期股权投资等）可以使其富余资金得到更加充分的利用，为企业创造更多的经济利益。

二、一般企业对内投资活动概述

对内投资是指企业长期资产的购建。长期资产包括固定资产、无形资产、在建工程和其他资产等持有期限在一年或一个营业周期以上的资产。根据投资的形态可以具体划分为实物资产投资和非实物资产投资两类。

（1）实物资产投资，如固定资产和在建工程等。固定资产是指企业利用自有资金或其他方式取得的房屋、设备等资产；在建工程是指企业进行的项目建设工程，在建工程可以是建筑工程，也可以是安装工程。通常，在建工程完工以后能转化为企业的固定资产。

（2）非实物资产投资，如无形资产和其他资产等。无形资产包括企业用现金购买的专利权和商标权等无形资产，也包括企业自行组织力量研究与开发的无形资产。其他资产是指固定资产、无形资产和在建工程以外的长期资产，如长期待摊费用，主要是指企业在筹建期间所发生的开办费。

三、一般企业对外投资活动概述

对外投资是指企业出于不同目的而对外部的投资活动。对外投资有不同的分类方法。按投资性质，对外投资分为债权性投资和权益性投资。债权性投资通常是指3个月内到期的短期债权投资。这种投资符合现金等价物的确认条件，即期限短、流动性强、易于转换为已知金额的现金、价值变动风险很小，往往被排除在投资活动之外，而将其视同现金等价物范围的现金。权益性投资是指企业为取得被投资方资产，对被投资方实施影响或控制而进行的投资。这种投资具有期限长、流动性差、变现的金额通常不确定性、价值变动风险大等特点。从金融资产后续计量的角度，将金融资产分为三类：以摊余成本计量的金融资产（债权投资）；以公允价值计量且变动计入其他综合收益的金融资产（其他债权投资、其他权益工具投资）；以公允价值计量且变动计入当期损益的金融资产（交易性金融资产）。

第二节　固定资产投资活动交易或事项的账务处理

一、固定资产

固定资产必须是具有以下两个特征的有形资产：一是为生产商品、提供劳务、出租或经营管理而持有；二是使用寿命超过一个会计年度。固定资产必须同时满足资产确认的两个条件：该固定资产包含的经济利益很可能流入企业；该固定资产的成本能够可靠地计量。

固定资产的计量包括初始计量和后续计量两个方面。初始计量是指企业在以不同方式取得固定资产时对其成本的确定。后续计量是指企业在固定资产的存续期间，具体考虑其实际使用状况及其市场价格变化等因素，对固定资产价值的重新确认，既应考虑固定资产在使用过程中发生的物理损耗，也应考虑由于技术进步等产生的无形损耗，并根据所选用的方法计提固定资产折旧等。

企业固定资产的形成方式有从外部购买、自行建造和由投资者投入等方式。固定资产交易或事项主要有购置固定资产的货款及税金的结算，建造固定资产发生的工程物资、人工和机械设备消耗，固定资产在使用过程中发生的价值损耗或减值，固定资产出售和报废清理的处置等。

"固定资产"账户属于资产类账户，用于核算企业固定资产的原价。该账户的借方登记以各种方式形成的固定资产的原始价值；贷方登记由于出售或报废而减少的固定资产的原始价值，但不包括因提取折旧而减少的价值。期末为借方余额，反映企业期末固定资产的原始价值。固定资产增加的账务处理如表 7-1 所示。

表 7-1　固定资产增加的账务处理

事　项		会　计　分　录
固定资产的增加	外购固定资产时	借：固定资产（不需要安装） 　　应交税费——应交增值税（进项税额） 　贷：银行存款
	自建固定资产时	借：固定资产 　贷：在建工程
	投资者投入固定资产时	借：固定资产 　贷：股本／实收资本 　　　资本公积

【例 1】A 公司购入不需要安装的生产设备一台，买价 3 万元，销售方开具的增值税专

用发票上注明增值税进项税额 3 900 元，发生运输费 900 元。以上款项已全部用银行存款支付。假定不考虑运输费用涉及的增值税。

  借：固定资产   30 900
    应交税费——应交增值税（进项税额）   3 900
    贷：银行存款   34 800

【例2】A 公司自行建造的办公楼完工，已办理竣工结算并交付使用，实际成本为 19 万元。

  借：固定资产   190 000
    贷：在建工程——建筑工程   190 000

【例3】（1）2021 年 11 月 1 日，A 公司购入需要安装的 E 设备一台，买价 18 000 元，增值税进项税额 2 340 元，运输费 1 500 元，包装费 500 元。假定不考虑运输费增值税进项税额的账务处理。全部款项已经用银行存款支付。

（2）2021 年 11 月 10 日，用银行存款支付 E 设备安装费 2 000 元。

（3）2021 年 11 月 13 日，E 设备安装完成，交付使用。固定资产购入和安装的账务处理示例如表 7-2 所示。

表 7-2 固定资产购入和安装的账务处理示例

事 项	会 计 分 录

2021 年 11 月 1 日	借：在建工程——E 设备 20 000
	  应交税费——应交增值税（进项税额） 2 340
	  贷：银行存款 22 340

2021 年 11 月 10 日	借：在建工程——E 设备 2 000 贷：银行存款 2 000
2021 年 11 月 13 日	借：固定资产——E 设备 22 000 贷：在建工程——E 设备 22 000

二、在建工程

"在建工程"账户属于资产（成本）类账户，用于核算企业进行设备安装工程（包括已投入安装的需要安装设备的购买价值）、建造固定资产的建筑工程等发生的实际支出。该账户的借方登记进行设备安装或建筑工程的施工所发生的全部支出，贷方登记安装或建筑工程完成后结转入"固定资产"账户的工程实际成本。期末为借方余额，反映企业期末尚未完工的在建工程所发生的实际支出。在建工程的账务处理如表 7-3 所示。

表 7-3 在建工程的账务处理

事 项	会 计 分 录

在建工程的建造阶段	借：在建工程
	  贷：银行存款
	    工程物资
	    应付职工薪酬
	    应付利息
	    长期借款——应付利息
	    应付债券——应付利息

在建工程完工时	借：固定资产 贷：在建工程

第七章 一般企业投资活动交易或事项的账务处理

【例4】A 公司需要安装设备，发生安装费 800 元，调试费 200 元，款项已通过银行支付。
借：在建工程——安装工程　　　　　　　　　　　　　　1 000
　　贷：银行存款　　　　　　　　　　　　　　　　　　　　1 000

【例5】A 公司需要安装的设备安装完毕，经负荷联合试车已达到可使用状态，结转其实际成本 51 500 元。
借：固定资产　　　　　　　　　　　　　　　　　　　　51 500
　　贷：在建工程　　　　　　　　　　　　　　　　　　　　51 500

【例6】A 公司自营建造办公楼，领用专用材料 15 万元，发生人工费 3.5 万元。
借：在建工程——建筑工程　　　　　　　　　　　　　185 000
　　贷：工程物资——专用材料　　　　　　　　　　　　　150 000
　　　　应付职工薪酬　　　　　　　　　　　　　　　　　35 000

【例7】A 公司自营建造办公楼项目，用银行存款支付租用施工机械费 5 000 元。
借：在建工程——建筑工程　　　　　　　　　　　　　　5 000
　　贷：银行存款　　　　　　　　　　　　　　　　　　　　5 000

【例8】（1）A 公司将用长期借款建造的生产车间工程发包给 H 建筑工程公司，用银行存款支付工程价款 20 万元。

（2）支付用于该生产车间建造的长期借款的利息 12 000 元。

（3）A 公司新建生产车间完工，经验收已达到预计可使用状态，结转其实际成本 212 000 元。用长期借款建造固定资产的账务处理示例如表 7-4 所示。

表 7-4　用长期借款建造固定资产的账务处理示例

事　项	会　计　分　录	
支付工程价款时	借：在建工程——建筑工程 　　贷：银行存款	200 000 200 000
计提专门借款利息时	借：在建工程——建筑工程 　　贷：长期借款——应付利息	12 000 12 000
工程完工时	借：固定资产 　　贷：在建工程——建筑工程	212 000 212 000

【例9】（1）A 公司购入需要安装的 H 设备一台，买价 86 000 元，增值税进项税额 11 180 元，包装费和运输费 2 400 元。假定不考虑运输费增值税进项税额的账务处理。货款暂未支付。

（2）A 公司进行 H 设备安装，领用乙材料 4 500 元。

（3）A 公司进行 H 设备安装，用银行存款支付外聘技术人员费用 2 100 元。

（4）A 公司 H 设备安装完毕，经验收合格交付使用，结转其实际成本。在建工程的账务处理示例如表 7-5 所示。

表 7-5　在建工程的账务处理示例

事　项	会　计　分　录	
外购时	借：在建工程——H 设备 　　应交税费——应交增值税（进项税额） 　　贷：应付账款	88 400 11 180 99 580
安装领用材料时	借：在建工程——H 设备 　　贷：原材料——乙材料	4 500 4 500

（续）

安装支付人员费用时	借：在建工程——H 设备　　　　　　　　　　　　2 100 　　贷：银行存款　　　　　　　　　　　　　　　　　　2 100
安装完毕交付使用时	借：固定资产——H 设备　　　　　　　　　　　　95 000 　　贷：在建工程——H 设备　　　　　　　　　　　　95 000

三、工程物资

"工程物资"账户属于资产（成本）类账户，用于核算企业为在建工程准备的各种物资的成本，包括工程用材料、尚未投入安装的设备以及为生产准备的工器具等的成本。该账户可按"专用材料""专用设备""工器具"等设置明细账户。借方登记企业购入为建设项目准备的工程物资，贷方登记领用的工程物资。期末为借方余额，反映企业为在建工程准备的各种工程物资的成本。工程物资的账务处理如表 7-6 所示。

表 7-6　工程物资的账务处理

事　　项	会　计　分　录
购入工程物资时	借：工程物资 　　应交税费——应交增值税（进项税额） 　　贷：银行存款
领用工程物资时	借：在建工程 　　贷：工程物资

【例 10】（1）A 公司购入需要安装的生产用设备一台，买价 5 万元，销售方开具的增值税专用发票上注明增值税税额 6 500 元，发生运输费 500 元。款项已用银行存款支付。假定不考虑运输费用涉及的增值税。

（2）该设备投入安装，设备成本 50 500 元。购入和领用工程物资的账务处理示例如表 7-7 所示。

表 7-7　购入和领用工程物资的账务处理示例

事　　项	会　计　分　录
购入设备时	借：工程物资——专用设备　　　　　　　　　　　　50 500 　　应交税费——应交增值税（进项税额）　　　　　　6 500 　　贷：银行存款　　　　　　　　　　　　　　　　　　57 000
投入安装时	借：在建工程——在安装设备　　　　　　　　　　　50 500 　　贷：工程物资——专用设备　　　　　　　　　　　　50 500

【例 11】A 公司拟自营建造办公楼一幢。购入工程用材料一批，买价 147 000 元，销售方开具的增值税专用发票上注明增值税税额 19 110 元，发生运输费 3 000 元。以上款项已全部用银行存款支付。假设不考虑运输费用涉及的增值税。

借：工程物资——专用材料　　　　　　　　　　　　150 000
　　应交税费——应交增值税（进项税额）　　　　　　19 110
　　贷：银行存款　　　　　　　　　　　　　　　　　　169 110

四、累计折旧

"累计折旧"账户属于资产类账户，是备抵类资产类账户。注意：本月增加的固定资产，本月不计提折旧；本月减少的固定资产，本月计提折旧。企业可以采用直接法（年限平均法、工作量法）和加速折旧法（双倍余额递减法、年数总和法）计提折旧。

企业应当根据与固定资产有关的经济利益的预期消耗方式，合理选择折旧方法。可选用的折旧方法包括年限平均法、工作量法、双倍余额递减法和年数总和法等。各种累计折旧方法的定义和计算公式分别如表7-8和表7-9所示，计提折旧的账务处理如表7-10所示。

表7-8 各种累计折旧方法的定义

折旧方法	定义
年限平均法	又称直线法，是指将固定资产的应计折旧额均衡地分摊到固定资产预计使用寿命内的一种方法。采用这种方法计算的每期折旧额均相等
工作量法	根据实际工作量计算每期应提折旧额的一种方法
双倍余额递减法	是指在不考虑固定资产预计净残值的情况下，根据每期期初固定资产原价减去累计折旧后的金额（即固定资产净值）和双倍的直线法折旧率计算固定资产折旧的一种方法
年数总和法	又称年限合计法，是指将固定资产的原价减去预计净残值的余额乘以一个以固定资产尚可使用寿命为分子、以预计使用寿命逐年数字之和为分母的逐年递减的分数计算每年的折旧额的一种方法

表7-9 各种累计折旧方法的计算公式

折旧方法	计算公式
年限平均法	年折旧率＝（1－预计净残值率）/预计使用寿命（年）×100% 月折旧率＝年折旧率/12 月折旧额＝固定资产原价×月折旧率
工作量法	单位工作量折旧额＝[固定资产原价×（1－预计净残值率）]/预计总工作量 某项固定资产月折旧额＝该项固定资产当月工作量×单位工作量折旧额
双倍余额递减法	年折旧率＝2/预计使用寿命（年）×100% 月折旧率＝年折旧率/12 月折旧额＝固定资产净值×月折旧率
年数总和法	年折旧率＝尚可使用寿命/预计使用寿命的年数总和×100% 月折旧率＝年折旧率/12 月折旧额＝（固定资产原价－预计净残值）×月折旧率

表7-10 计提折旧的账务处理

事项	会计分录
计提折旧时	借：制造费用（基本生产车间所使用的固定资产） 　　管理费用（管理部门所使用的固定资产） 　　销售费用（销售部门所使用的固定资产） 　　在建工程（自行建造固定资产过程中使用的固定资产） 　　其他业务成本（经营租出的固定资产） 　　管理费用（未使用的固定资产） 　贷：累计折旧

【例12】A公司某项设备原价为120万元，预计使用寿命为5年，预计净残值为4%；假定A公司没有对该机器设备计提减值准备。分别用年限平均法、双倍余额递减法和年数总和法计算每年的折旧额。各种折旧方法的计算示例如表7-11所示。

159

表 7-11 各种折旧方法的计算示例

折旧方法	计算
年限平均法	年折旧率 =（1 - 4%）/5 = 19.2% 每年的折旧额 = 1 200 000 元 × 19.2% = 230 400（元）
双倍余额递减法	年折旧率 = 2/5 × 100% = 40% 第一年应提的折旧额 = 120 × 40% = 48（万元） 第二年应提的折旧额 =（120 - 48）× 40% = 28.8（万元） 第三年应提的折旧额 =（120 - 48 - 28.8）× 40% = 17.28（万元） 第四年应提的折旧额 =（120 - 48 - 28.8 - 17.28 - 120 × 4%）/2 = 10.56（万元） 第五年应提的折旧额 =（120 - 48 - 28.8 - 17.28 - 120 × 4%）/2 = 10.56（万元）
年数总和法	1 + 2 + 3 + 4 + 5 = 15（年） 第一年应提的折旧额 = 1 200 000 ×（1 - 4%）× 5/15 = 384 000（元） 第二年应提的折旧额 = 1 200 000 ×（1 - 4%）× 4/15 = 307 200（元） 第三年应提的折旧额 = 1 200 000 ×（1 - 4%）× 3/15 = 230 400（元） 第四年应提的折旧额 = 1 200 000 ×（1 - 4%）× 2/15 = 153 600（元） 第五年应提的折旧额 = 1 200 000 ×（1 - 4%）× 1/15 = 76 800（元）

【例13】A公司2021年11月固定资产计提折旧情况为：第一生产车间计提折旧7.6万元，机器设备计提折旧9万元；管理部门房屋建筑物计提折旧13万元，运输工具计提折旧4.8万元；销售部门房屋建筑物计提折旧6.4万元，运输工具计提折旧5.26万元。

借：制造费用——第一生产车间　　　　　　　　　　　　　　　166 000
　　管理费用　　　　　　　　　　　　　　　　　　　　　　　178 000
　　销售费用　　　　　　　　　　　　　　　　　　　　　　　116 600
　　贷：累计折旧　　　　　　　　　　　　　　　　　　　　　　　　460 600

五、资产处置损益

"资产处置损益"账户属于收入（损益）类账户，反映企业出售划分为持有待售的非流动资产（金融工具、长期股权投资和投资性房地产除外）或处置组时确认的处置利得或损失，以及处置未划分为持有待售的固定资产、在建工程、生产性生物资产及无形资产而产生的处置利得或损失。该账户的贷方登记资产处置利得、资产处置净损失的结转，借方登记资产处置损失、资产处置净收益的结转。期末结转后，该账户应无余额。"资产处置损益"账户核算因人为原因（出售、转让等原因）产生的资产处置利得或损失。资产处置损益的账务处理如表7-12所示。

表 7-12 资产处置损益的账务处理

事项	会计分录
出售、转让资产处置利得时	借：固定资产清理 　　贷：资产处置损益
出售、转让资产处置损失时	借：资产处置损益 　　贷：固定资产清理

【例14】A公司出售某设备，"固定资产清理"贷方余额为1万元，转入"资产处置损益"。

借：固定资产清理　　　　　　　　　　　　　　　　　　　　　　　　10 000
　　贷：资产处置损益　　　　　　　　　　　　　　　　　　　　　　　　10 000

六、固定资产清理

"固定资产清理"账户属于资产类账户，用于核算企业因出售、报废和毁损等转入清理的固定资产价值以及在清理过程中所发生的清理费用和清理收入等。企业因出售、报废和毁损等原因处置固定资产时，按该项固定资产的账面净额记入该账户的借方，按其账面余额记入"固定资产"账户的贷方；出售固定资产时，按实际收回价款和收回材料的价值记入"银行存款""原材料"等账户的借方，同时记入"固定资产清理"账户的贷方。清理过程中产生的损益分以下两种情况处理：属于出售或转让固定资产所发生的净损益，记入"资产处置损益"账户的贷方或借方；属于报废或毁损固定资产所发生的净损益，记入"营业外支出"账户的借方或"营业外收入"账户的贷方。固定资产清理的账务处理如表 7-13 所示。

表 7-13　固定资产清理的账务处理

事　　项	会 计 分 录
固定资产转入清理时	借：固定资产清理 　　累计折旧 　　固定资产减值准备 　　贷：固定资产
发生清理费用时	借：固定资产清理 　　贷：银行存款
发生残值变卖等清理收入时	借：银行存款 　　贷：固定资产清理
发生清理净损失时	借：营业外支出 / 资产处置损益 　　贷：固定资产清理
发生清理净收益时	借：固定资产清理 　　贷：营业外收入 / 资产处置损益

【例 15】（1）A 公司的 H 设备使用寿命期满，转入报废清理。"固定资产"账户中记录的该设备原始价值为 10 万元，"累计折旧"账户该设备已提取折旧额为 9.6 万元。

（2）A 公司对 H 设备进行清理，发生清理费用 700 元，用库存现金支付。

（3）A 公司对 H 设备在清理过程中处理收回的废旧残料，收入款项 6 500 元，已存入银行。

（4）A 公司将清理 H 设备产生的净收入 1 800 元（6 500 − 4 000 − 700）转为营业外收入。固定资产报废清理的账务处理示例如表 7-14 所示。

表 7-14　固定资产报废清理的账务处理示例

事　　项	会 计 分 录	
H 设备转入清理时	借：固定资产清理 　　累计折旧 　　贷：固定资产	4 000 96 000 100 000
用现金支付清理费时	借：固定资产清理 　　贷：库存现金	700 700

（续）

取得清理收入时	借：银行存款 　贷：固定资产清理	6 500 6 500
清理结束时	借：固定资产清理 　贷：营业外收入	1 800 1 800

第三节　无形资产投资活动交易或事项的账务处理

一、无形资产

无形资产的确认是企业对不同来源取得的无形资产加以认定的过程。只有同时满足下列条件，才能确认为无形资产：符合无形资产的定义；与该资产相关的预计未来经济利益很可能流入企业；该资产的成本能够可靠地计量。

无形资产的计量包括无形资产的初始计量和后续计量。初始计量是指企业对其取得的无形资产的成本确定。无形资产通常按实际成本计量，即以取得无形资产并使之达到预定用途而发生的全部支出作为无形资产的成本。后续计量是指无形资产在使用期间以成本减去其累计摊销额或累计减值损失后的余额计量。确定无形资产在使用过程中的累计摊销额，其基础是估计其使用寿命，只有使用寿命有限的无形资产，才能够在其使用寿命内采用合理的方法进行摊销；对于使用寿命不确定的无形资产，每年应进行减值测试，并对其减值部分进行必要的账务处理。

企业无形资产的形成方式有购买、自行组织人力进行研究开发和由投资者投入等方式。发生的交易或事项主要有购买无形资产价款结算，研发无形资产过程中发生的各种支出及其成本计算和结转，无形资产在使用过程中发生的价值摊销或减值，以及无形资产的出售和转让等。

"无形资产"账户属于资产类账户，用于核算企业持有的无形资产，包括专利权、非专利技术、商标权、著作权和土地使用权等。该账户的借方登记企业外购和自行研发以及其他方式取得的无形资产成本，贷方登记企业处置或转让无形资产的成本。期末为借方余额，反映企业期末无形资产的成本。无形资产取得的账务处理如表7-15所示。

表7-15　无形资产取得的账务处理

事　　项	会　计　分　录
取得无形资产时	借：无形资产 　贷：银行存款（外购） 　　　实收资本／股本（投资者投入） 　　　研发支出——资本化支出（内部研发）

【例16】A公司购得一项专利权，价款20万元，款项已用银行存款支付。假设不考虑涉及的增值税。

　　借：无形资产——专利权　　　　　　　　　　　　　　　　　　　200 000
　　　贷：银行存款　　　　　　　　　　　　　　　　　　　　　　　　　　200 000

【例17】A公司将其拥有的一项商标权出售给G公司，双方协商作价19万元，款项暂未收到。该商标权账面余额为 189 500 元,累计摊销额为 5 万元。实现营业外收入 50 500 元 [190 000 −（189 500 − 50 000）]。

  借：其他应收款   190 000
    累计摊销   50 000
    贷：无形资产——商标权   189 500
      资产处置损益   50 500

【例18】A 公司的某项非专利技术因不再使用予以报废,其账面余额为 30 万元,累计摊销额为 28 万元。假定该非专利技术没有残值。产生营业外支出 2 万元（300 000 − 280 000）。

  借：累计摊销   280 000
    营业外支出   20 000
    贷：无形资产——非专利技术   300 000

二、累计摊销

"累计摊销"账户属于资产类账户,用于核算企业对使用寿命有限的无形资产计提的累计摊销额。该账户的贷方登记企业按月计提的无形资产摊销额,借方登记处置无形资产时结转的累计摊销额。期末为贷方余额,反映企业无形资产的累计摊销额。累计摊销计提的账务处理如表 7-16 所示。

表 7-16 累计摊销计提的账务处理

事 项	会 计 分 录

计提摊销时	借：制造费用（生产产品使用）
	   管理费用（自用）
	   其他业务成本（经营出租）
	  贷：累计摊销

【例19】A 公司本月使用无形资产应摊销使用费 5 000 元,其中,4 000 元应计入管理费用,1 000 元应计入其他业务成本。

  借：管理费用   4 000
    其他业务成本   1 000
    贷：累计摊销   5 000

【例20】(1) A 公司将一项专利技术出租给另一家企业。合同规定,承租方每销售一件用该专利生产的产品,须付给本公司（A 公司）10 元专利技术使用费。假定承租方本月销售该产品 2 万件,应向其收取专利技术使用费 20 万元,款项暂未收到。假定暂不考虑其他税费。

(2) A 公司出租给另一家企业使用的该专利技术本月应摊销额为 15 万元。无形资产出租的租金收入和计提摊销的账务处理示例如表 7-17 所示。

表 7-17 无形资产出租的租金收入和计提摊销的账务处理示例

事 项	会 计 分 录	
确认出租收入时	借：其他应收款 贷：其他业务收入	200 000 200 000
计提出租专利的摊销时	借：其他业务成本 贷：累计摊销	150 000 150 000

三、研发支出

"研发支出"账户属于资产类账户,该账户借方登记企业在研究和开发无形资产过程中发生的各项支出,包括费用化支出和资本化支出。贷方登记研发项目达到预定用途所形成的无形资产成本,以及不符合资本化支出条件的费用化支出的转出。期末为借方余额,反映企业研究开发中的无形资产项目的支出。研发支出的账务处理如表 7-18 所示。

表 7-18 研发支出的账务处理

事 项	会 计 分 录
发生研发支出时	借:研发支出——费用化支出 　　　　　——资本化支出 　贷:原材料 　　　应付职工薪酬 　　　银行存款
研发完成时	借:管理费用 　　无形资产 　贷:研发支出——费用化支出 　　　　　——资本化支出

【例 21】(1) A 公司自行组织技术人员开发一项新产品专利技术,发生材料费 5 万元,其中,甲材料 1 万元,乙材料 4 万元。开发人员薪酬 8 万元,暂未支付。

(2) A 公司用银行存款支付新产品专利技术研发费用 2 万元。

(3) 经确认,上述研发支出中的 14 万元满足资本化支出的确认条件,应计入无形资产成本,另外 1 万元应作为费用化支出计入当期损益。A 公司研发支出的账务处理示例如表 7-19 所示。

表 7-19 A 公司研发支出的账务处理示例

事 项	会 计 分 录	
发生研发支出时	借:研发支出 　贷:原材料——甲材料 　　　　　——乙材料 　　　应付职工薪酬	130 000 10 000 40 000 80 000
发生研发支出时	借:研发支出 　贷:银行存款	20 000 20 000
研发结束时	借:无形资产——非专利技术 　　管理费用 　贷:研发支出	140 000 10 000 150 000

第四节　交易性金融资产投资活动交易或事项的账务处理

一、交易性金融资产

交易性金融资产是企业对外投资的一个组成部分,是指企业持有的以公允价值计量且其变动计入当期损益的金融资产。例如,企业为交易目的而持有的债券投资、股票投资和基金投资。交易性金融资产交易或事项主要有购买价款的支付、持有期间损益的处理及其处置等。

"交易性金融资产"账户属于资产类账户,用于核算企业持有的以公允价值计量且其变动计入当期损益的金融资产。该账户的借方登记企业取得交易性金融资产时的公允价值(发生的交易费用借记"投资收益"账户),贷方登记企业在处置交易性金融资产时的账面成本。期末为借方余额,反映企业交易性金融资产的公允价值。交易性金融资产的账务处理如表 7-20 所示。

表 7-20 交易性金融资产的账务处理

事 项	会 计 分 录
购入时	借:交易性金融资产——成本 贷:银行存款

公允价值变动时	借:交易性金融资产——公允价值变动
	  贷:公允价值变动损益
	或者
	借:公允价值变动损益
	  贷:交易性金融资产——公允价值变动

应收股利或利息时	借:应收股利/应收利息 贷:投资收益

处置时	借:银行存款
	  贷:交易性金融资产——成本
	           ——公允价值变动(或借方)
	     投资收益

【例 22】(1) A 公司购入 G 公司每股面值 1 元的股票 8 万股作为交易性金融资产,购买股票款为 8 万元,另支付交易费用 2 000 元,已用银行存款支付。

(2) A 公司投资的 G 公司宣告发放现金股利,本公司(A 公司)应分得现金股利 8 200 元,款项暂未收到。

(3) A 公司收到 G 公司支付的现金股利 8 200 元,已存入银行。

(4) A 公司处置从 G 公司购入的部分股票,获得价款 5 万元,款项已存入银行。该部分股票的账面成本为 4 万元。交易性金融资产的账务处理示例如表 7-21 所示。

表 7-21 交易性金融资产的账务处理示例

事 项	会 计 分 录	

购买时	借:交易性金融资产——成本
	    投资收益
	  贷:银行存款
		80 000
		2 000
		82 000

宣告发放股利时	借:应收股利——G 公司 贷:投资收益	8 200 8 200
收到股利时	借:银行存款 贷:应收股利——G 公司	8 200 8 200

出售时	借:银行存款
	  贷:交易性金融资产——成本
	    投资收益
		50 000
		40 000
		10 000

【例23】（1）A公司按面值购入H公司发行的面值为10万元的债券作为交易性金融资产，产生交易费用3 000元。款项已用银行存款支付。

（2）A公司按规定利率计算本月应收购买H公司发行的债券利息9 000元，款项暂未收到。

（3）A公司收到H公司支付的债券利息9 000元，已存入银行。

（4）A公司将该债券全部出售，收到10.2万元。A公司交易性金融资产的账务处理示例如表7-22所示。

表7-22　A公司交易性金融资产的账务处理示例

事　项	会　计　分　录
购买债券时	借：交易性金融资产　　　　　　　　　　　100 000 　　投资收益　　　　　　　　　　　　　　3 000 　　贷：银行存款　　　　　　　　　　　　　103 000
计提债券利息时	借：应收利息——H公司　　　　　　　　　　9 000 　　贷：投资收益　　　　　　　　　　　　　　9 000
收到债券利息时	借：银行存款　　　　　　　　　　　　　　　9 000 　　贷：应收利息——H公司　　　　　　　　　9 000
出售时	借：银行存款　　　　　　　　　　　　　　102 000 　　贷：交易性金融资产　　　　　　　　　　100 000 　　　　投资收益　　　　　　　　　　　　　2 000

二、投资收益

投资收益是指企业确认的因对外投资而取得的收益（或发生的损失），包括企业购买股票的股利收益和购买债券的利息收益等。通常，企业对外投资从被投资方分得的股利（或利润）、从债券发行方获取的利息，以及处置对外投资收回金额大于实际投资金额的差额，即为企业的投资收益；购买交易性金融资产时支付的交易费用，以及处置对外投资收回金额小于实际投资金额的差额，即为企业的投资损失。除以上各项外，交易性金融资产的损益还包括该类资产在持有期间由于其公允价值变动而产生的损益。

"投资收益"账户属于收入（损益）类账户，用于核算企业确认的对外投资取得的收益或发生的损失。该账户的贷方登记取得的投资收益、投资净损失的结转，借方登记发生的投资损失和投资净收益的结转。期末结转后，该账户应无余额。

三、应收股利

"应收股利"账户（非股份制企业设置"应收利润"账户）属于资产类账户，用于核算企业应从被投资方分享的现金股利（或利润）。该账户的借方登记被投资单位宣告发放的归本企业享有的现金股利（或利润）；贷方登记企业实际收到的现金股利（或利润）。期末为借方余额，反映企业尚未收回的现金股利（或利润）。

四、应收利息

"应收利息"账户属于资产类账户，用于核算企业应从债券发行方收取的债券利息。该账户的借方登记按债券利率计算确定的本企业应获取的债券利息,贷方登记企业实际收到的债券利息。期末为借方余额,反映企业尚未收回的债券利息。

要点回顾

企业的投资根据其投向可分为对内投资和对外投资两大类。对内投资是指企业为固定资产的购置或建造,以及无形资产的购买或研制等活动所进行的投资,进行这类投资的目的是增强企业的经营实力,为企业的长远发展提供生产资料等方面的支持,进而创造更大的经济效益。对外投资则是指企业根据发展战略将资金投向企业外部,并获取一定经济利益的一种投资方式。这种投资方式具体又分为两种:债权性投资和权益性投资。债权性投资通常是指3个月内到期的短期债券投资。权益性投资是指企业为取得被投资方资产的享有权,对被投资方实施影响或控制而进行的投资。这种投资具有期限长、流动性差、变现的金额通常不确定、价值变动风险大等特点。而债权性投资符合现金等价物的期限短、流动性强、易于转换为已知金额的现金、价值变动风险很小等确认条件,往往被排除在投资活动之外,被视同现金等价物范围的现金,即交易性金融资产。

课程思政

投资收益真这么好确认吗

【思政目标】

根据《企业会计准则第23号——金融资产转移》第十五条的规定来确认投资收益。作为会计人员,我们需要时刻保持独立性,守住原则底线,遵守国家法律法规,不做假账。

【思政案例】

2015年12月,为提升考核利润和管理层薪酬,时任香溢融通的董事邱樟海决定转让香溢融通子公司持有的资管产品收益权。2015年12月下旬,香溢融通子公司香溢融通(浙江)投资有限公司将其持有的东海瑞京——瑞龙7号的收益权转让给宁波开泰投资合伙企业,转让价款共计6 000万元。香溢融通子公司浙江溢金联有限公司(以下简称香溢金联)将其持有的浦银安盛——浦发银行——君证1号管理计划的收益权转让给宁波超宏投资咨询有限公司(以下简称宁波超宏投资)和宁波九牛投资咨询有限公司(以下简称宁波九牛投资)。收益权转让同时,香溢融通约定如果每年的收益达不到12%,那么就由自己承担差额补足义务,也就是达不到收益就由香溢融通把没达到的部分自己补给购买方。2015年12月28日至29日,香溢投资分2笔收到开泰投资汇入的转让价款合计6 000万元,并于当月29日确认投资收益6 000万元。2015年12月30日,香溢金联分别收到宁波超宏投资、宁波九牛投资公司汇入的转让价款合计4 300万元,并于当日确认投资收益4 300万元。

2016年3月,瑞龙7号清算后,实际收益不足以覆盖转让价款和约定收益。2016年5月,香溢融通虚构融资租赁业务,将3 550万元以支付融资租赁款的形式转至宁波开泰投资公司指定的公司,履行了瑞龙7号的差额补足义务。2018年1月,香溢融资又虚构投资项目,利用该项目将资金转回,这样就掩盖了此前虚构的融资租赁业务。2017年7月,香溢融通又虚构投资项目,将2 606万元转至宁波超宏投资和宁波九牛投资指定的公司,履行了君证1号的差额补足义务。

【思政问题】

(1) 香溢融通在收到收益权转让价款时能否确认投资收益？

(2) 香溢融通按照约定履行差额补足义务是否是负责任的表现？

练 习 题

一、单选题

1. 在下列各项中，不属于企业投资活动交易和事项的是（ ）。
   A. 固定资产购建　　B. 无形资产研发　　C. 投资权益获取　　D. 产品生产与销售
2. 在下列各项中，不属于企业对内投资活动交易和事项的是（ ）。
   A. 固定资产购建　　B. 投资权益获取　　C. 无形资产研发　　D. 在建工程建设
3. 对于企业日常活动之外特殊的、不经常发生的项目，如果能够确定属于固定资产损失的，应当视为（ ）。
   A. 筹资活动产生的事项　　　　　　　B. 经营活动产生的事项
   C. 投资活动产生的事项　　　　　　　D. 经营成果形成的事项
4. 在下列各项中，不属于企业投资活动交易和事项的是（ ）。
   A. 固定资产购建　　B. 无形资产研发　　C. 发行企业债券　　D. 在建工程建设
5. 在下列各项中，不属于债权性投资特点的是（ ）。
   A. 持有期限短　　　　　　　　　　　B. 流动性差
   C. 易于转换为已知金额的现金　　　　D. 价值变动风险很小
6. 在下列各项中，不属于权益性投资特点的是（ ）。
   A. 持有期限长　　　　　　　　　　　B. 流动性差
   C. 变现金额通常不确定　　　　　　　D. 价值变动风险很小

二、多选题

1. 在下列各项中，属于企业投资活动交易和事项的有（ ）。
   A. 固定资产购建　　B. 无形资产研发　　C. 在建工程建设　　D. 投资权益获取
   E. 投资权益解除
2. 在下列各项中，属于企业对外投资活动交易和事项的有（ ）。
   A. 固定资产购建　　B. 投资权益解除　　C. 在建工程建设　　D. 投资权益获取
   E. 无形资产研发
3. 在下列各项中，属于企业对内投资活动交易和事项的有（ ）。
   A. 固定资产购建　　B. 无形资产研发　　C. 在建工程建设　　D. 投资权益获取
   E. 投资权益解除
4. 在下列各种投资中，属于企业对内投资的交易或事项的有（ ）。
   A. 实物资产投资　　B. 债权性投资　　C. 非实物资产投资　　D. 交易性投资
   E. 权益性投资
5. 在下列各种投资中，属于企业对外投资的交易或事项的有（ ）。
   A. 实物资产投资　　B. 权益性投资　　C. 非实物资产投资　　D. 交易性投资
   E. 债权性投资

6. 在下列各种投资中，属于企业固定资产投资的交易或事项的有（　　）。
   A．购置固定资产的货款及税金的结算
   B．建造固定资产发生的工程物资、人工和机械设备消耗等
   C．固定资产在使用过程中发生价值损耗或减值
   D．固定资产在使用过程中发生减值
   E．固定资产出售和报废清理的处置

7. 将一项资产确认为企业的固定资产，除必须符合固定资产的定义外，还必须同时满足的条件有（　　）。
   A．该固定资产包含的经济利益很可能流出企业
   B．该固定资产包含的经济利益很可能流入企业
   C．该固定资产的成本能够可靠认定
   D．该固定资产的价值能够可靠计量
   E．该固定资产的来源方式能够可靠认定

8. 在下列各项中，属于无形资产投资交易和事项的有（　　）。
   A．购买无形资产发生的价款结算　　B．研发无形资产过程中发生的各项支出
   C．研发成本的计算和结转　　　　　D．在使用过程中发生价值摊销或减值
   E．无形资产的出售和转让

三、判断题

1. 企业投资仅仅是指其对外投资。（　）
2. 对内投资是指企业固定资产的购建。（　）
3. 长期待摊费用属于企业的其他资产，也是企业的非实物资产投资。（　）
4. 固定资产的后续计量是指企业在固定资产的存续期间考虑其使用状况以及与固定资产成本相关的市场价格变化等因素对固定资产价值的重新确认。（　）
5. "工程物资"账户核算企业为在建工程准备的各种物资的成本，包括工程用材料、尚未安装的设备以及为生产准备的工器具等。（　）
6. "累计折旧"账户属于资产类账户，其账户结构与一般的资产类账户完全相同。（　）
7. 对使用寿命不确定的无形资产需要在其使用寿命内采用系统、合理的方法进行摊销。（　）
8. 交易性金融资产是企业为近期出售而持有的、以公允价值计量且其变动计入当期损益的金融资产。（　）
9. 投资收益是指企业由于对内投资而取得的收益（或发生的损失）。（　）
10. 长期股权投资是企业准备短期持有的权益性投资。（　）

四、计算题：固定资产折旧

A 公司 2020 年 12 月 10 日购入设备一台，该设备原值为 800 000 元，预计使用年限为 5 年，预计净残值为 50 000 元。

要求：请分别采用双倍余额递减法和年数总和法计算该设备 2021 年和 2022 年应计提的折旧额，计算过程和结果填写在表 7-23 中。

表 7-23　折旧额的计算

双倍余额递减法	2021 年	
	2022 年	
年数总和法	2021 年	
	2022 年	

五、会计核算题

1．资料：假定 A 公司 2022 年 12 月发生如下交易或事项：

（1）A 公司 2022 年 12 月 1 日购入 E 公司发行的股票 2 000 股，作为交易性金融资产，该股票的公允价值为每股 10.10 元，不考虑交易费用，款项以银行存款支付。

（2）A 公司购买的股票于 2022 年 12 月 15 日以每股 11 元的价格出售了 1 000 股，手续费 350 元从出售价款中扣除，收到价款共计 10 650 元存入银行。

（3）2022 年 12 月 31 日，本月 1 日购买的未出售的股票其公允价值为每股 10.3 元。

要求：请编制 A 公司上述业务的会计分录。

2．资料：假定 A 公司 2022 年 12 月发生如下交易或事项：

（1）购入不需要安装的 E 设备一台，买价 18 000 元，增值税进项税额 2 340 元，运输费 1 500 元，包装费 500 元。假定不考虑运输费增值税进项税额的账务处理。全部款项已用银行存款支付。

（2）购入需要安装的 H 设备一台，买价 86 000 元，增值税进项税额 11 180 元，包装费和运输费 2 400 元。假定不考虑运输费增值税进项税额的账务处理。货款暂未支付。

（3）进行 H 设备安装，领用乙材料 4 500 元。

（4）进行 H 设备安装，用银行存款支付外聘技术人员费用 2 100 元。

（5）H 设备安装完毕，经验收合格交付使用，结转其实际成本。

（6）W 设备使用寿命期满，转入报废清理。"固定资产"账户中记录的该设备原始价值为 100 000 元，"累计折旧"账户中记录的该设备已提折旧额为 96 000 元。

（7）购入一项专利权，价款 150 000 元，款项已用银行存款支付。

（8）自行组织人员开发一项专利技术。发生材料费 30 000 元，开发研究人员薪酬 20 000 元。

（9）用银行存款支付专利技术研发费用 15 000 元。

（10）本月使用无形资产应摊销使用费 6 000 元，其中，4 500 元应计入管理费用，1 500 元应计入其他业务成本。

（11）按面值购入新鑫公司发行的面值为 100 000 元的债券作为交易性金融资产，产生交易费用 3 000 元。款项已用银行存款支付。

（12）按面值购入 L 公司发行的股票 80 万元作为交易性金融资产，产生交易费用 8 000 元。款项已用银行存款支付。

（13）按规定利率计算本月应收购买 G 公司发行的债券利息 9 000 元，款项暂未收到。

（14）所投资的 M 公司宣告发放股利，本公司应分得现金股利 12 000 元，款项暂未收到。

（15）收到 G 公司支付的债券利息 9 000 元，已存入银行。

（16）收到 M 公司支付的现金股利 2 000 元，已存入银行。

（17）购入 F 公司发行的股票 50 000 股，每张面值 12 元，另支付相关税费 3 000 元，准备长期持有。

要求：请编制 A 公司上述业务的会计分录。

第八章

一般企业经营成果形成与分配的账务处理

第一节 一般企业经营成果形成与分配概述

企业通过对经营活动和投资活动的组织，会取得一定的经营成果。比如，企业在经营活动和投资活动中，可能会获取营业利润或发生亏损，也可能会产生其他方面的收益（即利得）或其他方面的损失（即损失）。按照会计分期的要求，企业应对其经营成果定期进行计算确定。在这一过程中，还应按照规定计算和缴纳所得税等。在经营成果确定之后，应按照法律和公司章程等规定对经营成果进行分配。比如，可以按照规定提取盈余公积，向投资者分配利润（或股利）等。

经营成果是指企业在一定会计期间进行生产经营活动所取得的最终成果。如果当期实现的收入大于相关的成本费用，二者之差为企业实现的利润，反之则为发生的亏损。企业当期产生的利得（营业外收入等）和发生的损失（营业外支出等）应直接计入所发生会计期间的利润。其中，利得会增加当期利润，损失会减少当期利润。经营成果是企业通过经营活动的组织和管理形成的，但究竟实现了多少利润，或发生了多少亏损，需要在会计上采用一定的方法加以确认。企业确认的最终财务成果指标就是企业的净利润（或净亏损）。

经营成果形成的账务处理方法是企业在会计期末时，通过将当期实现的收入和发生的费用进行结转，最终确定当期经营成果的过程。在实务中，这个过程是通过将有关收入类账户和费用类账户的发生额，以及"营业外收入"和"营业外支出"账户的发生额向"本年利润"账户进行结转，并经过有关数据的对比完成的。

第二节 期末账项调整的账务处理

账项调整是指为了准确计量当期收入、费用以及资产和负债，在会计期末，依照权责发生制对有关的会计事项进行调整的过程。期末进行账项调整，虽然主要是为了在利润表中正确地反映本期的经营成果，但在收入和费用的调整过程中，必然会影响资产负债表有关项目的增减变动。因此，账项调整有助于正确地反映企业期末的财务状况。企业期末账项调整主要调整那些收支期与归属期不一致的收入和费用，主要包括应计项目、递延项目和成本分配项目三类。

一、应计项目

应计项目是指由收入或费用的归属期先于其款项收支期所引起的经济业务,包括应计收入和应计费用两种。

(一)应计收入

应计收入又称应收收入,它的发生是由于该项收入应当在本期予以确认,但其款项尚未收讫,所以在会计期末应编制调整分录。

应计收入的调整方法:一方面登记收入增加,贷记收入类账户;另一方面登记债权增加,借记应收项目资产类账户。

【例1】某企业5月31日计算以前购入债券的本月应收利息为2万元,该债券的利息半年支付一次。该企业为了准确核算每月收益,按月计算该批债券的利息。

借:应收利息　　　　　　　　　　　　　　　　　　　20 000
　　贷:投资收益　　　　　　　　　　　　　　　　　　20 000

【例2】某企业7月31日计算本月对外出租固定资产的收入为1万元,款项尚未收到。

借:其他应收款　　　　　　　　　　　　　　　　　　10 000
　　贷:其他业务收入　　　　　　　　　　　　　　　　10 000

(二)应计费用

应计费用一般是指归属期在前、实际支付在后的费用,是一种负债性的应付未付的费用。这类费用由于未在本期支付,在日常核算中未登记入账,但它能使本期受益,应确认为当期费用,在期末通过调整分录入账。

应计费用的调整方法:一方面确认本期承担的费用,借记费用类账户;另一方面因有关款项尚未支付,确认相应的负债,贷记负债类账户。

【例3】企业取得六个月期限的短期借款10万元,利息到期随本金一起支付。根据借款利率计算,本期应负担利息1 000元。

借:财务费用　　　　　　　　　　　　　　　　　　　1 000
　　贷:应付利息　　　　　　　　　　　　　　　　　　1 000

二、递延项目

递延项目是指由收入或费用的收付先于其归属期所引起的经济业务,包括递延收益和递延费用两种。

(一)递延收益

递延收益又称预收收入,一般是指本期款项已收妥入账,但不应全部计入本期的收入。不属于本期收入的预收款项是一种负债。应在会计期末按照合同规定,将应属于本期的收入由预收款项转为收入,即期末进行账项调整。递延收益主要有预收的政府补助和租金等。递延收益的账务处理如表8-1所示。

表 8-1　递延收益的账务处理

事　项	会　计　分　录	事　项	会　计　分　录
收到时	借：银行存款 　贷：递延收益	月末调整确认收入时	借：递延收益 　贷：营业外收入

【例 4】某企业 7 月初收到政府拨来的第三季度补助款 9 万元，款项已存入银行。递延收益的账务处理示例如表 8-2 所示。

表 8-2　递延收益的账务处理示例

事　项	会　计　分　录	事　项	会　计　分　录
企业收到款项时	借：银行存款　　　90 000 　贷：递延收益　　　90 000	月末账项调整时	借：递延收益　　　30 000 　贷：营业外收入　　30 000

（二）递延费用

递延费用又称预付费用，一般是指本期已付款入账，但应由本期和以后各期分别负担的费用，包括预付的财产保险费、预付租金、预付固定资产修理费等。按照权责发生制的要求，预付费用的支付期在前、负担期在后，这类费用由于不属于或不完全属于本期，因此不能直接全部记入本期的有关费用账户，而应在支付时先作为一种资产处理，以后各会计期的期末，再分别将该期应负担的费用从相应的资产类账户转入当期的有关费用账户。递延费用包括待摊费用和长期待摊费用两种。一年内的递延费用为待摊费用，长于一年的递延费用为长期待摊费用。长期待摊费用的账务处理如表 8-3 所示。

表 8-3　长期待摊费用的账务处理

事　项	会　计　分　录	事　项	会　计　分　录
支付时	借：长期待摊费用 　贷：银行存款	分摊时	借：管理费用等 　贷：长期待摊费用

【例 5】某企业将租住的办公室进行了装修，用银行存款支付了 12 万元的装修费，该房屋的租赁期 5 年。某企业长期待摊费用的账务处理示例如表 8-4 所示。

表 8-4　某企业长期待摊费用的账务处理示例

事　项	会　计　分　录
支付装修款时	借：长期待摊费用　　　　120 000 　贷：银行存款　　　　　　120 000
月末账项调整时，计算本月应负担 2 000 元的装修费	借：管理费用　　　　　　2 000 　贷：长期待摊费用　　　　2 000

三、成本分配项目

成本分配项目是指在会计期末将与取得当期收入有关的资产成本，按一定估计的金额分配为费用。成本分配项目主要有计提折旧、无形资产摊销、计提坏账准备等。会计期末，企业应为有关成本分配项目编制调整分录。

【例 6】某企业所购入的办公设备 1.8 万元，本月应计提折旧 300 元。
　　借：管理费用　　　　　　　　　　　　　　　　　　　　　　300
　　　贷：累计折旧　　　　　　　　　　　　　　　　　　　　　　300

企业生产部门的很多费用，如工资、水电费等，一般在月末才能确定本月的实际消耗金额，所以产品成本只能在月末计算出来。在会计期间之内对于产品完工入库、已售产品成本的结转等业务无法进行处理，只能在月末计算出产品成本之后才能处理。

【例7】某企业7月31日计算出本月完工产品成本为30万元。

  借：库存商品   300 000
    贷：生产成本   300 000

【例8】某企业8月31日计算出本月已售商品成本为50万元。

  借：主营业务成本   500 000
    贷：库存商品   500 000

第三节　财产清查的账务处理

财产清查是指通过对货币资金、实物资产和往来款项等财产物资的盘点和核对，查明账存数和实存数是否相符的一种专门方法。造成账实不符有两个方面的因素：自然因素和人为因素。对于财产清查结果的处理，需要报请上级主管部门审批。在审批前，先转入"待处理财产损溢"，待审批后，再从"待处理财产损溢"转出。

一、库存现金清查

对库存现金清查一般采用实地盘点法。每日终了，应当在库存现金日记账上计算当日的现金收入合计数、现金支出合计数和结余数，再对库存现金进行盘点确定其实有数，并将库存现金日记账上的结余数与库存现金实有数进行核对。如果发现账实不符，应根据核对结果填写库存现金盘点报告表。对库存现金清查中发现的盘盈（长款）、盘亏（短款），清查人员应认真查明原因，及时报请企业有关部门负责人批准。库存现金清查的账务处理如表8-5所示。

表8-5　库存现金清查的账务处理

事　项		会　计　分　录
库存现金盘盈	发现时	借：库存现金 　　贷：待处理财产损溢
	批准后	借：待处理财产损溢 　　贷：营业外收入（无法查明原因的长款）
库存现金盘亏	发现时	借：待处理财产损溢 　　贷：库存现金
	批准后	借：其他应收款（出纳人员造成的短款） 　　管理费用（无法查明原因的短款） 　　贷：待处理财产损溢

【例9】A公司在库存现金清查中发现长款200元。反复核查未查明原因，经批准转为企业的营业外收入。库存现金盘盈的账务处理示例如表8-6所示。

表 8-6　库存现金盘盈的账务处理示例

事　项	会　计　分　录	事　项	会　计　分　录
发现时	借：库存现金　　　　　200　　 　　贷：待处理财产损溢　　　200	批准后	借：待处理财产损溢　　200　　 　　贷：营业外收入　　　　　200

【例 10】A 公司在库存现金清查中发现短款 300 元。经查，属于出纳员的保管责任，应由出纳员赔偿。库存现金盘亏的账务处理示例如表 8-7 所示。

表 8-7　库存现金盘亏的账务处理示例

事　项	会　计　分　录	事　项	会　计　分　录
发现时	借：待处理财产损溢　　300　　 　　贷：库存现金　　　　　　300	批准后	借：其他应收款　　　　300　　 　　贷：待处理财产损溢　　　300

二、银行存款清查

银行存款清查的基本方法是将企业银行存款日记账的记录情况与其开户银行转来的对账单逐笔核对，确定双方的记录是否相符。如果企业的银行存款日记账与银行对账单双方记录一致，说明不存在问题；如果双方记录不一致，应查明原因。双方记录不一致的原因主要有：可能在银行或企业的某一方存在错账，如方向记错或金额写错等，企业应及时与开户银行沟通并加以更正；可能存在未达账项，如果存在未达账项，企业应编制银行存款余额调节表进行调节，借以确认双方的记录是否相符。

未达账项是指企业与其开户银行之间由于结算凭证传递时间上的差异，导致双方记账时间不一致，对于双方都应该登记的同一笔交易或事项，一方已经登记入账，另一方由于没有接到有关结算凭证而暂未登记入账的款项。未达账项包括以下四类：

（1）企业已收，银行未收，即企业已收款入账，而银行尚未收款入账的款项。
（2）企业已付，银行未付，即企业已付款记账，而银行尚未付款记账的款项。
（3）银行已收，企业未收，即银行已收款入账，而企业尚未收款入账的款项。
（4）银行已付，企业未付，即银行已付款记账，而企业尚未付款记账的款项。

银行存款余额调节表的编制方法。先在银行存款余额调节表中分别抄入企业银行存款日记账和银行对账单在对账日的余额，之后加上对方已收款入账、本方尚未入账的款项，减去对方已付款入账、本方尚未付账的款项。经过调节之后，会分别得到双方账户新的余额。调节以后的余额就是假定在消除了未达账项因素影响之后双方账户的真实记录结果。在不存在其他问题的情况下，这两个余额应当是相等的，说明银行存款收支的记录在银行和企业之间不存在问题。

【例 11】A 公司 2022 年 12 月 31 日接到开户银行转来的对账单，余额为 517 000 元；当日企业银行存款日记账的余额为 245 000 元。经核对，发现有以下四笔未达账项。

（1）12 月 29 日，A 公司收到购货方开具的用于支付货款 45 000 元的转账支票一张，即企业已记银行存款增加，但企业尚未到银行办理转账手续，银行尚未记企业存款增加。

（2）12 月 29 日，A 公司开户转账支票 300 000 元支付购料款，但持票人尚未到银行办理转账手续，即企业已记银行存款减少，但银行尚未记企业存款减少。

（3）12 月 30 日，银行受 A 公司委托收回某购货企业汇来的购货款 25 000 元，即银行已记企业存款增加，但收款通知还没有送达企业，企业尚未记银行存款增加。

（4）12 月 31 日，根据企业与银行双方预先达成的协议，银行从 A 公司的存款中支付其应缴纳的水电费 8 000 元给水电管理部门，但企业尚未接到付款通知，即银行已记企业存款减少，但企业尚未记银行存款减少。

A 公司的银行存款余额调节表如表 8-8 所示。

表 8-8　A 公司的银行存款余额调节表

项　目	金　额	项　目	金　额
企业银行存款日记账余额	245 000	银行对账单余额	517 000
加：银行已收，企业未收	25 000	加：企业已收，银行未收	45 000
减：银行已付，企业未付	8 000	减：企业已付，银行未付	300 000
调节后的存款余额	262 000	调节后的存款余额	262 000

三、存货清查

存货清查的目的是查明各种存货的实际结存数量与其账面结存数量是否相符。存货盘存制度是企业用以确定原材料和库存商品等实际结存数量的方法。在实务中，存货盘存制度有永续盘存制和实地盘存制两种。永续盘存制也称账面盘存制，是一种通过设置存货明细分类账，逐步登记存货的收入数量和发出数量，并可随时结出存货结存数量的方法。永续盘存制有几个优点：便于随时掌握各种财产的拥有情况及其动态；有利于企业加强对财产物资的管理；有利于实施对存货的即时控制。实地盘存制是在会计期末时通过实地盘点确定存货结存数量，并据以计算本期发出存货成本和期末结存存货成本的一种方法。进行存货清查的基本做法是实地盘点法，具体方法包括全面盘点法、技术推算法、抽样盘存法和函证核对法。存货盘盈盘亏的账务处理如表 8-9 所示。

表 8-9　存货盘盈盘亏的账务处理

事　项		会 计 分 录
材料、在产品和产成品的盘亏	发现时	借：待处理财产损溢 　　贷：原材料 / 生产成本 / 库存商品
	批准后	借：原材料（残料价值） 　　其他应收款（可收回的保险或过失人赔款） 　　管理费用（管理不善造成的） 　　营业外支出（非正常损失） 　　贷：待处理财产损溢
材料、在产品和产成品的盘盈	发现时	借：原材料 / 生产成本 / 库存商品 　　贷：待处理财产损溢
	批准后	借：待处理财产损溢 　　贷：管理费用 / 营业外收入

【例 12】A 公司 2022 年 12 月 15 日对原材料进行了盘点，发现甲材料盘盈，价值 1 800 元；乙材料盘亏，价值 2 000 元。12 月 31 日，经查明，甲材料的盘盈是因为计量仪器不准造成领用时少发多计，经批准冲减本月管理费用；经查明，乙材料的盘亏中，有 500 元属于不可抗力造成的非正常损失，经批准作为营业外支出，有 700 元属于管理人员（张某）过失造成，经批准由张某赔偿 700 元，其余 800 元由企业承担，计入管理费用。A 公司存货盘盈盘亏的账务处理示例如表 8-10 所示。

表 8-10 A 公司存货盘盈盘亏的账务处理示例

事　项		会　计　分　录
甲材料盘盈	12 月 15 日	借：原材料——甲材料　　　　　1 800 　　贷：待处理财产损溢　　　　　　　　1 800
	12 月 31 日	借：待处理财产损溢　　　　　　1 800 　　贷：管理费用　　　　　　　　　　　1 800
乙材料盘亏	12 月 15 日	借：待处理财产损溢　　　　　　2 000 　　贷：原材料——乙材料　　　　　　　2 000
	12 月 31 日	借：营业外支出　　　　　　　　　500 　　其他应收款——张某　　　　　　700 　　管理费用　　　　　　　　　　　800 　　贷：待处理财产损溢　　　　　　　　2 000

四、固定资产清查

在产品生产企业，固定资产清查的内容主要包括：企业购建的用于产品生产或经营管理的房屋、建筑物以及各种设备等。清查的目的是保证各种固定资产的实际结存数量与其账面结存数量完全相符。固定资产清查的基本方法是实地盘点法，一般采用全面盘点法。将通过实地盘点得到的各种固定资产的实有数量分别与其账面的结存数量进行核对，借以确定账实是否相符。进行固定资产清查应填写盘存单和实存账存对比表。固定资产盘盈盘亏的账务处理如表 8-11 所示。

表 8-11 固定资产盘盈盘亏的账务处理

事　项		会　计　分　录
固定资产的盘亏	发现时	借：待处理财产损溢 　　累计折旧 　　固定资产减值准备 　　贷：固定资产
	批准后	借：其他应收款 　　营业外支出 　　贷：待处理财产损溢
固定资产的盘盈		作为前期差错处理，会计学原理不要求掌握

【例 13】A 公司在对固定资产的清查中发现盘亏设备一台，其账面原价为 10 万元，累计折旧为 3 万元。经查明属于非人为原因所致。盘亏净额为 7 万元，其中 6.5 万元应由保险公司赔付，另 5 000 元经批准转为营业外支出。A 公司固定资产盘亏的账务处理示例如表 8-12 所示。

表 8-12 A 公司固定资产盘亏的账务处理示例

事　项	会　计　分　录	事　项	会　计　分　录
发现盘亏时	借：待处理财产损溢　　70 000 　　累计折旧　　　　　　30 000 　　贷：固定资产　　　　　　100 000	批准后	借：其他应收款　　　65 000 　　营业外支出　　　　5 000 　　贷：待处理财产损溢　70 000

【例 14】A 公司在对固定资产的清查中发现盘亏设备一台，其账面原价为 21 万元，累

计折旧为 4 万元。经查明属于自然灾害造成的毁损，假定没有残值。经批准，转为企业的营业外支出。A 公司固定资产盘亏的账务处理示例如表 8-13 所示。

表 8-13　A 公司固定资产盘亏的账务处理示例

事　项	会　计　分　录	事　项	会　计　分　录
发现盘亏时	借：待处理财产损溢　170 000 　　累计折旧　　　　　 40 000 　贷：固定资产　　　　　210 000	批准后	借：营业外支出　　　170 000 　贷：待处理财产损溢　170 000

五、往来款项清查

往来款项是指企业的各种应收款项、预付款项、应付款项和预收款项等，其中前两项属于企业的债权，后两项属于企业的债务。对往来款项进行清查的目的主要是保证各种往来款项的实际状况与其账面记录完全相符。对各种往来款项的清查一般应采用询证核对法，即由企业根据有关账户记录的情况，开具往来款项对账单，寄发或派人送交对方，与债务人或债权人进行核对，以确定账面记录与实际情况是否相符。清查时，应根据企业的债权和债务情况，填写往来款项对账单，交由对方进行核对，并由核对方提出确认或不确认的意见。往来款项清查的账务处理如表 8-14 所示。

表 8-14　往来款项清查的账务处理

科　目	事　项	会　计　分　录
应收账款	计提坏账准备时	借：信用减值损失 　贷：坏账准备
	转回多提的坏账准备时	借：坏账准备 　贷：信用减值损失
	发生坏账时	借：坏账准备 　贷：应收账款
	发生坏账，后续又收回时	借：应收账款 　贷：坏账准备 借：银行存款 　贷：应收账款
应付账款	企业无法支付给对方的应付账款	借：应付账款 　贷：营业外收入

【例 15】（1）A 公司从 2020 年起采用应收账款余额百分比法提取坏账准备，提取比例为 5%。当年年末"应收账款"账户余额为 80 万元，应计提坏账准备 40 000 元（800 000×5%）。

（2）2021 年 9 月在财产清查中确认，有 3 万元货款无法收回，经批准作为坏账损失予以转销。

（3）2021 年年末应收账款余额为 70 万元，提取坏账准备比例仍为 5%，"坏账准备"账户有贷方结余 1 万元，应补提坏账准备 25 000 元（700 000×5%－10 000）。

（4）2022 年年末应收账款余额为 85 万元，提取坏账准备比例仍为 5%，"坏账准备"账户为借方余额 8 000 元，应补提坏账准备 50 500 元（850 000×5%＋8 000）。A 公司应收账款计提坏账准备的账务处理示例如表 8-15 所示。

表 8-15　A 公司应收账款计提坏账准备的账务处理示例

事　　项	会　计　分　录	
（1）2020 年年底计提坏账准备	借：信用减值损失 　　贷：坏账准备	40 000 40 000
（2）发生坏账时	借：坏账准备 　　贷：应收账款	30 000 30 000
（3）2021 年年底补提坏账准备	借：信用减值损失 　　贷：坏账准备	25 000 25 000
（4）2022 年年底补提坏账准备	借：信用减值损失 　　贷：坏账准备	50 500 50 500

【例 16】A 公司 2022 年 10 月在财产清查中确认，有 5 000 元应付款无法偿还给债权人。经批准转作企业的营业外收入。

借：应付账款　　　　　　　　　　　　　　　　　　　　　　　5 000
　　贷：营业外收入　　　　　　　　　　　　　　　　　　　　　5 000

第四节　经营成果形成的账务处理

一、营业外收入

营业外收入是指企业发生的营业利润以外的收益。营业外收入并不是由于企业经营资金耗费所产生的，不需要企业付出代价，实际上是一种纯收入，不可能也不需要与有关费用进行配比。因此，在账务处理上，应当严格区分营业外收入和营业收入的界限。营业外收入主要包括非流动资产报废利得、与企业日常活动无关的政府补助、盘盈利得、捐赠利得等。非流动资产毁损报废利得指因自然灾害等发生毁损、已丧失使用功能而报废非流动资产所产生的清理收益。盘盈利得指企业对于现金等资产清查盘点中盘盈的资产，报经批准后计入营业外收入的金额。政府补助指与企业日常活动无关的、从政府无偿取得货币性资产或非货币性资产形成的利得。捐赠利得指企业接受捐赠产生的利得。企业应当通过"营业外收入"科目，核算营业外收入的取得和结转情况。营业外收入的账务处理如表 8-16 所示。

表 8-16　营业外收入的账务处理

事　项	会　计　分　录
发生时	借：固定资产清理（自然灾害等非正常原因毁损报废固定资产净收益） 　　待处理财产损溢（现金溢余无法查明原因） 　　应付账款等（确实无法支付） 　　银行存款（接受捐赠利得） 　　贷：营业外收入
期末结转时	借：营业外收入 　　贷：本年利润

【例 17】A 企业将固定资产报废清理的净收益 8 000 元转作营业外收入。

```
借：固定资产清理                                                    8 000
    贷：营业外收入                                                        8 000
```

二、营业外支出

营业外支出是指企业发生的营业利润以外的支出，主要包括非流动资产毁损报废损失、公益性捐赠支出、非常损失、盘亏损失等。非流动资产报废损失是指因自然灾害等发生毁损、已丧失使用功能而报废非流动资产所产生的清理损失。公益性捐赠支出是指企业对外进行公益性捐赠发生的支出。非常损失是指企业对于因客观因素（如自然灾害等）造成的损失，在扣除保险公司赔偿后计入营业外支出的净损失。

企业应通过"营业外支出"科目核算营业外支出的发生及结转情况。需要注意的是，营业外收入与营业外支出应当分别核算。在具体核算时，不得以营业外支出直接冲减营业外收入，也不得以营业外收入冲减营业外支出，即企业在会计核算时，应当将营业外收入和营业外支出分别进行核算。营业外支出的账务处理如表 8-17 所示。

表 8-17　营业外支出的账务处理

事　项	会　计　分　录	事　项	会　计　分　录
发生时	借：营业外支出 　　贷：银行存款/固定资产清理等	期末结转时	借：本年利润 　　贷：营业外支出

【例18】A 企业通过银行划款支付行政罚款 1 万元。
```
借：营业外支出——罚款                                              10 000
    贷：银行存款                                                          10 000
```
【例19】A 企业发生的自然灾害损失 20 万元，经批准全部转作营业外支出。
```
借：营业外支出——非常损失                                         200 000
    贷：待处理财产损溢                                                   200 000
```

三、所得税费用

企业一定会计期间的净利润是以营业利润和利润总额为基础计算出来的。营业利润是指企业通过组织日常营业活动获得的利润。利润总额是在营业利润的基础上加上营业外收入，减去营业外支出而取得的。所得税费用是指企业按照税法的规定，根据其经营所得计算出来的应当缴纳的税金。应纳税所得额是计算企业应缴纳所得税费用的基数，这个数据一般是在企业按照会计方法计算出来的利润总额的基础上，按照税法的有关规定进行一定调整得到的。本书假定以企业实现的利润总额为基数直接计算，适用的税率假定为 25%。

营业利润 = 营业收入 − 营业成本 − 税金及附加 − 销售费用 − 管理费用 −
　　　　　财务费用 − 研发费用 − 信用减值损失 − 投资减值损失 + 其他收益 +
　　　　　投资收益（−投资损失）+ 公允价值变动收益（−公允价值变动收益）+
　　　　　资产处置收益（−资产处置损失）
　　　　　　营业收入 = 主营业务收入 + 其他业务收入
　　　　　　营业成本 = 主营业务成本 + 其他业务成本
　　　　　利润总额 = 营业利润 + 营业外收入 − 营业外支出

应缴纳所得税费用额 = 应纳税所得额 × 适用税率
净利润 = 利润总额 − 所得税费用

"所得税费用"账户属于费用（损益）类账户，用于核算企业确认的应从当期利润总额中扣除的所得税费用。该账户的借方登记企业按照税法规定应缴纳的所得税费用，贷方登记期末时结转入"本年利润"账户的所得税费用。期末结转后，该账户应无余额。所得税费用的账务处理如表 8-18 所示。

表 8-18　所得税费用的账务处理

事项	会计分录
计算应缴企业所得税时	借：所得税费用 　　贷：应交税费——应交所得税
上缴企业所得税时	借：应交税费——应交所得税 　　贷：银行存款
期末结转时	借：本年利润 　　贷：所得税费用

【例 20】（1）A 公司 2022 年 12 月在经营活动和投资活动中发生的与经营成果计算有关的交易或事项在总账中的记录如表 8-19 所示。

表 8-19　A 公司相关财务数据　　　　　　　　　　　　　　　　　单位：元

项目	借方	贷方	项目	借方	贷方
主营业务收入		1 500 000	主营业务成本	1 314 450	
其他业务收入		230 000	其他业务成本	172 000	
营业外收入		1 800	税金及附加	100 000	
资产处置损益		50 500	管理费用	15 750	
投资收益		20 000	销售费用	4 300	
			财务费用	17 125	
			营业外支出	20 000	

（2）A 公司用银行存款 39 668.75 元缴纳所得税。A 公司企业所得税计提和上缴的账务处理示例如表 8-20 所示。

表 8-20　A 公司企业所得税计提和上缴的账务处理示例

事项	会计分录	
计算应缴企业所得税时	借：所得税费用 　　贷：应交税费——应交所得税	39 668.75 39 668.75
上缴企业所得税时	借：应交税费——应交所得税 　　贷：银行存款	39 668.75 39 668.75

营业利润 =（1 500 000 + 230 000）−（1 314 450 + 172 000）− 100 000 − 4 300 − 15 750 − 17 125 + 20 000 + 50 500 = 176 875（元）
利润总额 = 176 875 + 1 800 − 20 000 = 158 675（元）
应缴纳的所得税费用 = 158 675 × 25% = 39 668.75（元）
净利润 = 158 675 − 39 668.75 = 119 006.25（元）

四、本年利润

"本年利润"账户属于利润（所有者权益）类账户，用于核算企业实现的净利润（或发生的净亏损）。该账户的贷方登记期末时从有关收入账户结转来的发生额；借方登记期末时从有关费用类账户结转来的发生额，以及在年度终了时结转入"利润分配——未分配利润"账户的净利润。年终结转后，该账户应无余额。

企业期（月）末结转利润时，应将各损益类科目的金额转入本科目，结平各损益类科目。结转后本科目的贷方余额为当期实现的净利润，借方余额为当期发生的净亏损。年度终了，应将本年收入利得和费用、损失相抵后结出的本年实现的净利润，转入"利润分配"科目，借记本科目，贷记"利润分配——未分配利润"；如为净亏损，则做相反的会计分录。结转后本科目应无余额。

根据有关收入类账户和费用类账户发生额结转入"本年利润"账户的时间不同，结转方法可分为两种：账结法和表结法。账结法是指企业在年中每个月的月末进行结转，并在"本年利润"账户中确定当月实现的利润额。采用这种方法进行结转时，收入类账户和费用类账户月末时应无余额。表结法是指企业只在年末时一次性进行结转。每月实现的利润是通过编制利润表计算的。采用表结法时，只需将收入类账户和费用类账户各月的发生额抄入利润表有关项目的"本月金额"栏即可。在这种情况下，以上两类账户（收入类账户、费用类账户）在每年1～11月各月末应有余额，年中结转后应无余额。本年利润的账务处理如表8-21所示。

表8-21 本年利润的账务处理

事　　项	会 计 分 录
期末收入类账户结转本年利润时	借：主营业务收入 　　其他业务收入 　　投资收益（贷方余额） 　　资产处置损益（贷方余额） 　　公允价值变动损益（贷方余额） 　　营业外收入 　贷：本年利润
期末费用类账户结转本年利润时	借：本年利润 　贷：主营业务成本 　　其他业务成本 　　税金及附加 　　销售费用 　　管理费用 　　财务费用 　　资产处置损益（借方余额） 　　资产减值损失 　　投资收益（借方余额） 　　公允价值变动损益（借方余额） 　　信用减值损失 　　所得税费用 　　营业外支出
本年利润结转至利润分配时	借：本年利润 　贷：利润分配——未分配利润

【例21】2022年12月末，A公司有关收入类账户的贷方发生额为："主营业务收入"150万元，"其他业务收入"23万元，"投资收益"2万元（净收益），"资产处置损益"5.05万元（净收益），"营业外收入"1 800元。结转入"本年利润"账户。

借：主营业务收入　　　　　　　　　　　　　　　　　1 500 000
　　其他业务收入　　　　　　　　　　　　　　　　　　 230 000
　　投资收益　　　　　　　　　　　　　　　　　　　　　20 000
　　资产处置损益　　　　　　　　　　　　　　　　　　　50 500
　　营业外收入　　　　　　　　　　　　　　　　　　　　 1 800
　　贷：本年利润　　　　　　　　　　　　　　　　　　1 802 300

【例22】2022年12月末，A公司有关费用类账户的借方发生额为："主营业务成本"1 314 450元，"其他业务成本"172 000元，"税金及附加"100 000元，"销售费用"4 300元，"管理费用"15 750元，"财务费用"17 125元，"营业外支出"20 000元，"所得税费用"39 668.75元。结转入"本年利润"账户。

借：本年利润　　　　　　　　　　　　　　　　　　 1 683 293.75
　　贷：主营业务成本　　　　　　　　　　　　　　　1 314 450.00
　　　　其他业务成本　　　　　　　　　　　　　　　　172 000.00
　　　　税金及附加　　　　　　　　　　　　　　　　　100 000.00
　　　　销售费用　　　　　　　　　　　　　　　　　　　4 300.00
　　　　管理费用　　　　　　　　　　　　　　　　　　 15 750.00
　　　　财务费用　　　　　　　　　　　　　　　　　　 17 125.00
　　　　所得税费用　　　　　　　　　　　　　　　　　 39 668.75
　　　　营业外支出　　　　　　　　　　　　　　　　　 20 000.00

【例23】2022年年末，A公司将当年实现的净利润119 006.25（1 802 300-1 683 293.75）从"本年利润"账户结转入"利润分配——未分配利润"账户。

借：本年利润　　　　　　　　　　　　　　　　　　　　119 006.25
　　贷：利润分配——未分配利润　　　　　　　　　　　　119 006.25

第五节　经营成果分配的账务处理

经营成果分配是指企业在实现利润时，对净利润按照规定的程序在有关方面所进行的分配。利润分配的内容主要包括企业按规定提取公积金和向投资者分配利润等。可供企业当年分配的利润主要由两部分组成：本年度实现的净利润；企业在以前年度实现但未在以前年度分配完，留待后续年度分配的利润。可供企业本年分配的利润＝本年实现的净利润＋年初未分配利润。企业如果有年初未分配利润，其余额应在"利润分配——未分配利润"明细分类账户的贷方。

利润分配的程序，在不存在用当年利润弥补亏损时，企业实现的净利润通常按下列顺序进行分配：按法律规定提取法定盈余公积（净利润的10%）；按股东大会决议提取任意盈余公积；按规定向投资者分配利润（股利）。经过上述各分配环节后，剩余的部分为本年的未分配利润，可留待以后年度进行分配。

一、利润分配

"利润分配"账户属于利润类账户,用于核算企业实现利润及其分配情况。该账户的贷方登记年终时从"本年利润"账户结转过来的全年实现的净利润(实现利润增加数),以及在年终时从"利润分配——提取法定盈余公积""利润分配——提取任意盈余公积""利润分配——应付现金股利(或利润)"等明细分类账结转入"利润分配——未分配利润"明细分类账借方的已分配利润数;借方登记按规定实际分配的利润数(可供分配利润的减少数),以及在年终时结转入"利润分配——未分配利润"明细分类账借方的已分配利润数。期末结转后该账户如为贷方余额,则为企业历年积存的未分配利润。该账户应按"提取法定盈余公积""提取任意盈余公积""应付现金股利或利润""未分配利润"等设置明细分类账户,进行明细分类核算。

"利润分配——提取法定盈余公积"核算企业法定盈余公积的提取及其年末结转情况。借方登记年度中按规定提取的法定盈余公积数,贷方登记年终时结转入"利润分配——未分配利润"明细分类账户的已提取的法定盈余公积数。该明细分类账户平时应为借方余额,反映企业已经提取的法定盈余公积数。年终结转后,该账户应无余额。

"利润分配——应付现金股利"(在非股份制企业可设置"利润分配——应付利润")核算企业应付现金股利(或利润)的分配及其年末结转情况。借方登记按规定在年度中已经分配给投资者的现金股利(或利润)数,贷方登记年末时结转入"利润分配——未分配利润"明细分类账户的已经分配给投资者的现金股利(或利润)数。该明细分类账户平时应为借方余额,反映企业已经分配给投资者的现金股利(或利润)。年末结转后,该账户应无余额。

"利润分配——未分配利润"核算企业实现利润和已分配利润的转入,以及未分配利润的情况。这个明细分类账户只在年终时登记。贷方登记从"本年利润"账户结转来的本年实现的净利润数,借方登记从"利润分配——提取法定盈余公积"和"利润分配——应付现金股利"等明细分类账户结转过来的已分配利润数。年终结转后,该账户为贷方余额,反映企业历年积存的未分配利润。利润分配的账务处理如表 8-22 所示。

表 8-22 利润分配的账务处理

事　　项	会　计　分　录
提取法定盈余公积时	借:利润分配——提取法定盈余公积 　　贷:盈余公积
提取任意盈余公积时	借:利润分配——提取任意盈余公积 　　贷:盈余公积
宣布分派现金股利时	借:利润分配——应付现金股利 　　贷:应付股利
实际支付现金股利时	借:应付股利 　　贷:银行存款

【例 24】(1)企业本年实现净利润 119 006.25 元,假定没有年初未分配利润。根据规定按净利润的 10% 提取法定盈余公积 11 900.63 元。

(2)企业按批准的利润分配方案,向投资者分配股利 8 万元。

(3)企业用银行存款支付股东现金股利 8 万元。

（4）年末，企业将已经提取的法定盈余公积 11 900.63 元、已经分配的应付现金股利 8 万元，分别从"利润分配——提取法定盈余公积"和"利润分配——应付现金股利"明细分类账户结转入"未分配利润"明细分类账户。企业利润分配的账务处理示例如表 8-23 所示。

表 8-23　企业利润分配的账务处理示例

事　　项	会　计　分　录	
提取法定盈余公积	借：利润分配——提取法定盈余公积 　贷：盈余公积	11 900.63 11 900.63
向投资者分配股利	借：利润分配——应付现金股利 　贷：应付股利	80 000 80 000
支付现金股利	借：应付股利 　贷：银行存款	80 000 80 000
进行结转	借：利润分配——未分配利润 　贷：利润分配——提取法定盈余公积 　　　　　　　——应付现金股利	91 900.63 11 900.63 80 000.00

二、盈余公积

"盈余公积"账户属于所有者权益类账户，用于核算企业从净利润中提取的盈余公积。该账户贷方登记企业从净利润中提取的盈余公积；借方登记盈余公积的减少数，如转增资本和弥补亏损等。期末为贷方余额，反映企业提取的盈余公积的实际结存数。该账户分别设置"法定盈余公积"和"任意盈余公积"明细分类账户进行明细分类核算。盈余公积的账务处理如表 8-24 所示。

表 8-24　盈余公积的账务处理

事　　项	会　计　分　录
提取盈余公积时	借：利润分配——提取法定盈余公积 　　　　　　　——提取任意盈余公积 　贷：盈余公积——法定盈余公积 　　　　　　　——任意盈余公积
盈余公积转增资本时	借：盈余公积 　贷：实收资本 / 股本
盈余公积补亏时	借：盈余公积 　贷：利润分配——盈余公积补亏

三、应付股利

"应付股利"（或"应付利润"）账户属于负债类账户，用于核算企业分配的现金股利或利润。该账户的贷方登记根据股东大会或类似机构审议批准的利润分配方案，企业应支付给投资者的现金股利（或利润）；借方登记实际支付的现金股利（或利润）。期末为贷方余额，反映企业应付未付的现金股利（或利润）。该账户应按投资者设置明细分类账户进行明细分类核算。应付股利的账务处理如表 8-25 所示。

表 8-25　应付股利的账务处理

事　　项	会 计 分 录	事　　项	会 计 分 录
宣布分派现金股利时	借：利润分配——应付现金股利 　　贷：应付股利	实际支付现金股利时	借：应付股利 　　贷：银行存款

要 点 回 顾

期末账项调整主要调整那些收支期与归属期不一致的收入和费用，主要包括应计项目、递延项目和成本分配项目。应计项目是指由收入或费用的归属期先于其款项收支期所引起的经济业务，包括应计收入和应计费用两种。递延项目是指由收入或费用的收付先于其归属期所引起的经济业务，包括递延收益和递延费用两种。成本分配项目是指会计期末将与取得当期收入有关的资产成本，按一定估计的金额分配为费用，包括计提折旧、无形资产摊销、计提坏账准备等。

为了提高会计信息的相关性，在会计期末需要对资产的账面价值进行调整，还需要对企业货币资金、实物资产和往来款项等财产物资进行清算，并对发现的问题进行处理，以保证账实相符。在此基础上进行期末的结账工作，结清损益类账户，并结算出资产、负债和所有者权益类账户的余额，并进行期末利润分配的核算。

财产清查是指通过对货币资金、实物资产和往来款项等财产物资的盘点和核对，查明账存数与实存数是否相符的一种专门方法。造成账实不符的原因有自然因素和人为因素。对财产清查结果的处理，需要报请上级主管部门审批。实物资产的清查方法包括实地盘点法和技术推算盘点法。库存现金的清查采用实地盘点的方法。银行存款的清查方法是将企业的银行存款日记账与从银行取得的对账单逐笔核对。往来款项一般采用函证核对法进行清查。

结账是指将收入和费用账户结清，转入"本年利润"账户，再将"本年利润"账户结转到"利润分配——未分配利润"账户的工作，也包括将资产、负债、所有者权益类账户的余额结转到下期的工作。

根据我国现行《企业会计准则》的规定，企业应当反映的利润指标主要有营业利润、利润总额和净利润。这些指标具体体现在企业所编制的利润表中。

课 程 思 政

埋伏的"盈余公积"

【思政目标】

根据会计等式可以知道，所有者权益是资产和负债的差额，而在企业的所有者权益数据里，实收资本、资本公积、盈余公积和未分配利润都可以帮助投资者了解企业历年的经营情况以及预测企业未来的情况。不论企业管理层还是财务人员都应保持客观公正、诚实谨慎。

【思政案例】

A 公司在多年前实现了股份制改制（股东全部为个人股东），为了快速扩张，在无资金投入的情况下，A 公司股东大会决定，以公司结余的资本公积转增股本并分配到各股东名下。2012年11月，A公司做了"借：资本公积2 620万元；贷：实收资本2 620万元"的账务处理，想通过此方法来逃避缴纳个人所得税。

《国家税务总局关于股份制企业转增股本和派发红股征免个人所得税的通知》中所表述的"资本公积金"是指股份制企业股票溢价发行收入所形成的资本公积金，将此转增股本后由个人取得的数额，不作为应税所得征收个人所得税。而与此不相符合的其他资本公积金分配中由个人所得部分，应当依法征收个人所得税。当检查人员打开A公司资本公积明细账户后，看到账页上偏偏写的就是"股票溢价"，但A公司并没有发行过股票，不存在股票溢价。

随后检查人员在整理并分析获取的A公司转增股本事项的复印件时，看到A公司会计报表上被检查年度年初的资本公积数近3 000万元，而盈余公积只有20多万元。往前追溯，在被检查年度前一年的10月，A公司做了"借：盈余公积2 350万元；贷：资本公积——股票溢价2 350万元"的账务处理。A公司的盈余公积余额很大，而资本公积余额很小，为了逃避用盈余公积转增股本带来的大额个人所得税，便在前一年的10月将结余盈余公积中的2 350万元预先"埋伏"到"资本公积——股票溢价"中，一年后见无人关注时，又自作聪明将其转入实收资本。结果是偷鸡不成蚀把米，A公司不仅需要继续代扣代缴应缴纳的个人所得税，而且还受到了应代扣代缴税款一倍的罚款。

【思政问题】
(1) 公司增加资本的途径主要有哪些？
(2) 所有者权益由哪些项目构成？这些项目涉及哪些法律方面的相关规定？

练 习 题

一、单选题

（一）一般企业经营成果形成与分配概述

在下列各项中，不属于企业经营成果的形成与分配交易和事项的是（　　）。
A．进行利润形成账务处理　　　　B．接受投资者投资
C．提取盈余公积　　　　　　　　D．向股东分配股利

（二）期末账项调整

1．期末账项调整的基础是（　　）。
A．权责发生制　　B．会计分期　　C．收付实现制　　D．配比原则

2．下列各项中，属于本期收入尚未收到款项的账项调整项目是（　　）。
A．银行借款利息　B．预收账款　　C．银行存款利息　D．预付账款

3．下列各项中，属于本期费用尚未支付款项的账项调整项目是（　　）。
A．银行借款利息　B．预收账款　　C．银行存款利息　D．预付账款

4．在权责发生制下，经过期末账项调整后，企业收入费用可以实现的是（　　）。
A．所有费用科目中所记录的金额，是归属于本期费用的金额，而收入科目则不然
B．不论收入科目还是费用科目，其所记录的金额都归属于本期收入或费用的金额
C．所有收入科目中所记录的金额，是归属于本期收入的金额，而费用科目则不然
D．不论资产类科目还是负债类科目，其所记录的金额都归属于本期资产和负债的金额

（三）期末财产清查

1. 年终决算前，企业进行财产清查的情形是（　　）。
   A．对企业所有财产进行全面清查　　　　B．对企业一部分财产进行局部清查
   C．对企业所有财产进行技术推算盘点　　D．对企业流动性较大的财产进行全面清查
2. 对于大量成堆难以逐一清点的财产物资的清查，一般采用（　　）方法进行清查。
   A．实地盘点　　　B．抽样检验　　　C．询证核对　　　D．技术推算盘点
3. 通常，单位撤销、合并时，要进行（　　）。
   A．定期清查　　　B．全面清查　　　C．局部清查　　　D．不定期清查
4. 以下情况中，宜采用局部清查的是（　　）。
   A．年终决算前进行的清查　　　　　　　B．企业清查核资
   C．企业更换财产经管人员时　　　　　　D．企业改为股份制试点企业进行的清查
5. 盘亏的固定资产经批准后，应将其金额借记的会计科目是（　　）。
   A．累计折旧　　　B．营业外收入　　C．营业外支出　　D．待处理财产损溢
6. 在固定资产盘亏核算中，记入"营业外支出"科目的金额是固定资产的（　　）。
   A．原始价值　　　B．账面净值　　　C．重置价值　　　D．折旧价值
7. 清查中财产盘亏是保管人员失职造成的，应计入（　　）。
   A．管理费用　　　B．生产成本　　　C．营业外支出　　D．其他应收款
8. 在永续盘存制下，对存货进行清查的目的是（　　）。
   A．检查账证是否相符　B．检查账实是否相符　C．检查账账是否相符　D．检查账表是否相符
9. 清查中财产盘亏是自然灾害造成的，应计入（　　）。
   A．管理费用　　　B．其他应收款　　C．营业外支出　　D．生产成本
10. 对原材料、产成品盘点后应编制（　　）。
    A．实存账存对比表　B．盘存单　　　C．余额调节表　　　D．对账单
11. 对于数量多、重量均匀的实物财产，可以采用的清查方法是（　　）。
    A．询证核对法　　B．实地盘点法　　C．技术推算盘点法　D．抽样盘点法
12. 永续盘存制的优点是（　　）。
    A．简化了存货的日常核算工作　　　　　B．省去了记录存货发出的经济业务
    C．有利于加强存货的日常管理　　　　　D．在品种规格多的企业存货明细记录工作量小
13. 根据管理上的需要，现金要（　　）。
    A．每日盘点一次　　　　　　　　　　　B．进行轮流清查或重点清查
    C．至少每月盘点一次　　　　　　　　　D．每月与银行核对一至两次
14. 现金清查的方法是（　　）。
    A．技术测算法　　B．实地盘点法　　C．外调核对法　　D．与银行对账单核对
15. 关于"现金盘点报告表"，下列说法正确的是（　　）。
    A．它只起到"盘存单"的作用
    B．它只起到"实存账存对比表"的作用
    C．它既起到"盘存单"的作用，又起到"实存账存对比表"的作用
    D．以上说法都不对
16. 出纳人员在每日业务终了时进行的清查工作属于（　　）。
    A．全面清查和定期清查　　　　　　　　B．局部清查和不定期清查
    C．全面清查和不定期清查　　　　　　　D．局部清查和定期清查

17. 对银行存款进行清查时，需要核对的账目是（　）。
   A．银行存款日记账与总账　　　　　　　　B．银行存款总账与银行存款收付款凭证
   C．银行存款日记账与银行对账单　　　　　D．银行存款日记账与银行存款收付款凭证
18. 在记账无误时，银行对账单和银行存款日记账账面余额不一致的原因是（　）。
   A．未达账项　　　B．应收账款　　　C．应付账款　　　D．暂收和应付款
19. 经过"银行存款余额调节表"调整后的银行存款余额为（　）。
   A．企业账上的银行存款余额　　　　　　　B．银行账上的银行存款余额
   C．企业可动用的银行存款余额　　　　　　D．企业应当在会计报表中反映的银行存款余额
20. 企业与银行对账时，应首先查明（　）。
   A．双方账面余额是否相符　　　　　　　　B．双方记账是否一致
   C．有无未达账项　　　　　　　　　　　　D．有无错误
21. 产生未达账项的原因是（　）。
   A．双方结账的时间不一致　　　　　　　　B．双方对账的时间不一致
   C．双方记账时间不一致　　　　　　　　　D．双方记账金额不一致
22. 银行存款余额调节表是（　）。
   A．查明银行和本单位未达账项情况的表格　B．通知银行更正错误的依据
   C．调整银行存款账簿记录的原始凭证　　　D．更正本单位银行存款日记账记录的依据
23. 对于债权债务的清查应采用的方法是（　）。
   A．询证核对法　　B．实地盘点法　　C．抽样盘存法　　D．技术推算盘点法
24. 因更换仓库保管员而对其经管的实物资产进行清查，属于（　）。
   A．局部清查和不定期清查　　　　　　　　B．局部清查和定期清查
   C．全面清查和定期清查　　　　　　　　　D．全面清查和不定期清查

（四）经营成果形成与分配

1. 在下列各项中，发生额于期末时不应结转入"本年利润"账户的是（　）。
   A．"主营业务收入"账户　　　　　　　　　B．"主营业务成本"账户
   C．"制造费用"账户　　　　　　　　　　　D．"其他业务收入"账户
2. 在下列各项中，发生额于期末时应结转入"本年利润"账户借方的是（　）。
   A．"主营业务收入"账户　　　　　　　　　B．"主营业务成本"账户
   C．"投资收益"账户　　　　　　　　　　　D．"其他业务收入"账户
3. 在下列各项中，发生额于期末时应结转入"本年利润"账户贷方的是（　）。
   A．"主营业务收入"账户　　　　　　　　　B．"主营业务成本"账户
   C．"投资收益"账户　　　　　　　　　　　D．"其他业务收入"账户
4. 在下列各项中，发生额于期末时直接计入当期利润的是（　）。
   A．主营业务收入　　B．营业外收入　　C．其他业务成本　　D．其他业务收入
5. 在下列"利润分配"账户所属的各明细账户中，在期末结转后仍应有余额的是（　）。
   A．"提取法定盈余公积"账户　　　　　　　B．"提取任意盈余公积"账户
   C．"应付现金股利"账户　　　　　　　　　D．"未分配利润"账户
6. 企业从税后利润中提取法定盈余公积时，应贷记的账户是（　）。
   A．"营业外收入"账户　B．"实收资本"账户　C．"资本公积"账户　D．"盈余公积"账户
7. 与"本年利润"账户的贷方对应的账户是（　）。
   A．"管理费用"账户　　　　　　　　　　　B．"应交税费"账户

C．"应付职工薪酬"账户　　　　　　　　D．"主营业务收入"账户

8．年末结转后，"利润分配"账户的贷方余额表示（　　）。

A．利润实现额　　　B．利润分配额　　　C．未分配利润　　　D．未弥补亏损

9．年末结账后，"利润分配"账户的贷方余额表示（　　）。

A．本年实现的利润总额　　　　　　　　B．本年实现的净利润额

C．本年利润分配总额　　　　　　　　　D．年末未分配利润额

10．"所得税费用"账户的贷方登记（　　）。

A．转入"本年利润"账户的所得税费用　　B．实际缴纳的所得税费用

C．应由本企业负担的税费　　　　　　　D．转入"生产成本"账户的税费

11．某企业 2022 年 9 月 30 日，"本年利润"账户的贷方余额为 50 万元，表明（　　）。

A．该企业 2022 年 9 月的净利润为 50 万元

B．该企业 2022 年全年的净利润为 50 万元

C．该企业 2022 年 1 月至 9 月的净利润为 50 万元

D．该企业 2022 年 12 月的净利润为 50 万元

12．某企业以前年度发生 1 万元的亏损，按规定可以用以后年度利润弥补亏损，在用利润弥补亏损时应（　　）。

A．借记"利润分配——弥补以前年度亏损"，贷记"利润分配——未分配利润"

B．借记"盈余公积"，贷记"利润分配——盈余公积转入"

C．借记"利润分配——弥补以前年度亏损"，贷记"应弥补亏损"

D．不做账务处理

13．甲公司用盈余公积弥补亏损时，正确的处理是（　　）。

A．借记"盈余公积"科目，贷记"利润分配——盈余公积补亏"科目

B．借记"本年利润"科目，贷记"利润分配——未分配利润"科目

C．借记"利润分配——未分配利润"科目，贷记"本年利润"科目

D．无须专门做会计处理

14．下列项目中，不属于"利润分配"账户的明细分类账户是（　　）。

A．"本年利润"账户　　　　　　　　　　B．"提取盈余公积"账户

C．"应付股利"账户　　　　　　　　　　D．"未分配利润"账户

二、多选题

（一）一般企业经营成果形成与分配概述

1．在下列各项中，属于企业经营成果的形成与分配交易或事项的有（　　）。

A．实现利润　　　B．发生亏损　　　C．获取投资权益　　　D．提取盈余公积

E．向股东分配股利

2．在下列各项中，属于企业利润分配程序的内容有（　　）。

A．计算本期实现的净利润　　　　　　　B．提取法定盈余公积

C．提取任意盈余公积　　　　　　　　　D．向投资者分配利润

E．计算期末未分配利润

（二）期末账项调整

1．下列会计事项中，企业月终应进行账项调整的有（　　）。

A．应计收入　　　B．应计费用　　　C．预收收入　　　D．预付费用

2．下列各项中，构成期末账项调整内容的有（　　）。

A．属于本期收入，尚未收到款项的账项调整

B．属于本期费用，尚未支付款项的账项调整
C．本期已收款，不属于或不完全属于本期收入的账项调整
D．本期已付款，不属于或不完全属于本期费用的账项调整
3．企业在会计期间终了时所需调整的账项一般有（　　）。
A．应计费用　　　　B．预付费用　　　　C．预售收入　　　　D．应计收入
4．下列账户属于调整账户的有（　　）。
A．"材料成本差异"账户　　　　　　　B．"坏账准备"账户
C．"利润分配"账户　　　　　　　　　D．"累计折旧"账户

（三）期末财产清查
1．财产清查的主要目的是解决（　　）。
A．账实不符　　　　B．账款不符　　　　C．账账不符　　　　D．账证不符
2．定期清查的时间一般是（　　）。
A．年末　　　　　　B．单位合并　　　　C．季末　　　　　　D．月末
3．企业进行全面清查主要发生的情况有（　　）。
A．年终决算前　　　B．清查核资时　　　C．关停并转时　　　D．合资、联营时
E．单位主要负责人调离工作
4．常用的实物财产清查方法包括（　　）。
A．实地盘点法　　　B．技术推算法　　　C．函证核对法　　　D．抽样盘点法
5．企业进行现金清查时，如发现现金短缺，分情况处理可记入（　　）科目。
A．营业外支出　　　B．管理费用　　　　C．其他应收款　　　D．销售费用
6．企业盘点库存现金时，应注意（　　）。
A．有无账实不符　　　　　　　　　　B．有无违反现金管理制度
C．有无白条抵库　　　　　　　　　　D．库存现金是否超过限额
E．有无坐支现金
7．财产清查的正确分录方法有（　　）。
A．全面和局部清查　B．定期和局部清查　C．定期和不定期清查　D．全面和定期清查
8．全面清查适用于（　　）。
A．企业按规定进行清查核资　　　　　B．企业撤销、合并或改变隶属关系
C．年终决算之前，为确保年报的真实性　D．主要行政领导人调离现任工作岗位
9．不定期清查主要在下列（　　）特殊情况下进行。
A．年终决算时　　　　　　　　　　　B．变更财产物资和现金保管人员时
C．发生非常灾害造成财产物资受损时　D．有关部门对企业进行审计时
10．对于实物资产的清查，可采用的清查方法有（　　）。
A．实地盘点法　　　B．发函询证法　　　C．技术推算法　　　D．对账单核对法
11．下列各项中，构成账实核对主要内容的有（　　）。
A．现金日记账与现金实存数的核对　　B．银行存款日记账与银行对账单的核对
C．材料明细账与材料实存数的核对　　D．应收账款明细账与债务单位对账单的核对
12．下列各项中，可以作为财产清查原始凭证的有（　　）。
A．实存账存对比表　B．现金盘点报告表　C．未达账项登记表　D．结算款项核对登记表
13．下列各项中，构成未达账项的有（　　）。
A．企业已经入账银行尚未入账的收入事项　B．银行已经入账企业尚未入账的收入事项

C．企业已经入账银行尚未入账的付出事项　　D．银行已经入账企业尚未入账的付出事项

14．各种应收、应付账项的清查，包括下列（　　）的查核。

A．尚未报销的职工预借款项

B．对本企业职工的各种代垫、代付账项

C．本企业与内部各部门之间的应收、应付结算账项

D．本企业与外部其他企业的应收、应付结算账项

（四）经营成果形成与分配

1．在会计期末，下列账户的发生额应转入"本年利润"账户贷方的有（　　）。

A．"主营业务收入"账户　　　　　　　　B．"其他业务收入"账户

C．"主营业务成本"账户　　　　　　　　D．"投资收益"账户

E．"营业外收入"账户

2．在会计期末，下列账户的发生额应转入"本年利润"账户借方的有（　　）。

A．"主营业务成本"账户　　　　　　　　B．"其他业务成本"账户

C．"税金及附加"账户　　　　　　　　　D．"管理费用"账户

E．"所得税费用"账户

3．企业进行利润分配以后，下列账户中应当有余额的有（　　）。

A．"利润分配"账户　　B．"应付股利"账户　　C．"盈余公积"账户　　D．"资本公积"账户

E．"本年利润"账户

4．关于"本年利润"账户，下列说法中正确的有（　　）。

A．借方登记期末转入的各项支出额　　　B．贷方登记期末转入的各项收入

C．贷方余额为实现的累计净利润额　　　D．借方余额为发生的亏损额

E．年末经结转后该账户没有余额

5．关于"本年利润"账户，下列说法中正确的有（　　）。

A．借方登记期末转入的各项支出额　　　B．贷方登记期末转入的各项收入

C．贷方余额为实现的累计净利润额　　　D．借方余额为发生的亏损额

E．年末经结转后该账户没有余额

6．与营业收入相配合进而确定营业利润的成本、费用包括（　　）。

A．营业成本　　　　B．销售费用　　　　C．税金及附加　　　　D．管理费用

E．财务费用

7．下列各项中，在会计期末应转入"本年利润"账户贷方的有（　　）。

A．主营业务收入　　B．其他业务收入　　C．管理费用　　　　D．营业外收入

8．企业实现的净利润应进行下列分配（　　）。

A．计算缴纳所得税　　B．提取法定盈余公积　　C．提取任意盈余公积　　D．向投资者分配利润

9．期末损益类账户结转时，"本年利润"账户贷方的对应账户分别为（　　）。

A．主营业务收入　　B．其他业务收入　　C．主营业务成本　　D．税金及附加

三、判断题

（一）一般企业经营成果形成与分配概述

1．财务成果仅仅是指企业在一定会计期间实现的营业利润。　　　　　　　　　　（　　）

2．营业外收入和营业外支出是直接计入企业当期利润的。　　　　　　　　　　　（　　）

（二）期末账项调整

1．期末账项调整的目的是实现费用与收入的配比，正确地计算各期的经营成果。　（　　）

2．期末账项调整只需要划分各个会计期间的收入和费用，而不需要调整资产和负债。　　（　）
3．在采用权责发生制核算的情况下，凡属于本期的收入，必须收到款项，否则应将尚未收到的款项调整，作为收到款项期间的收入。　　（　）
4．本期已付款入账，但应由本期和以后各期分别负担的费用，应于期末调整为一项资产。　　（　）
5．不论采用权责发生制，还是采用收付实现制，在会计期末都必须进行账项调整。　　（　）
6．经过期末账项调整，账簿记录中有关收入和费用科目所记录的金额，便是应归属本期收入和费用的金额。　　（　）

（三）期末财产清查

1．财务管理和会计核算工作较好的单位可以不进行财产清查。　　（　）
2．账实核对实际上就是财产清查。　　（　）
3．单位撤销时，应进行局部清查。　　（　）
4．通常，全面清查既可以是定期清查，也可以是不定期清查。　　（　）
5．不定期清查从其清查的对象和范围来看，只能是局部清查。　　（　）
6．局部清查通常适用于对流动性较大的财产物资和货币资金的清查。　　（　）
7．账实不符是财产管理不善或会计人员水平不高的结果。　　（　）
8．进行财产清查时，如发现账存数大于实存数，即为盘盈。　　（　）
9．实物清查和现金清查均应背对背进行，因此实物保管人员和出纳人员不能在场。　　（　）
10．采用永续盘存制的企业，对财产物资通常不需要进行实地盘点。　　（　）
11．转销盘盈、盘亏的固定资产，一律作为营业外收支处理。　　（　）
12．未达账项是企事业单位的财会人员不及时登账造成的。　　（　）

（四）经营成果形成与分配

1．企业以当年实现的利润弥补以前年度结转的未弥补亏损时，不需要进行专门的账户处理。　　（　）
2．暂时性账户只是与一个会计期间有关，当该会计期间结束时，编制结账分录把该类账户余额结记为零。　　（　）
3．可供企业当年分配的利润就是本年度所实现的净利润。　　（　）

四、计算题：银行对账单的编制；净利润的计算

（一）银行对账单的编制

1．资料：A 企业 2022 年 1 月银行存款日记账 20 日至月末所记录的经济业务如下：20 日开出支票支付购入材料的货款 1 400 元；21 日存入销货款转账支票 2 400 元；24 日开出支票支付购买原材料运杂费 700 元；26 日开出支票支付下季度的房租 1 600 元；27 日收到销货款转账支票 9 700 元；30 日开出支票支付日常零星费用 200 元；31 日银行存款日记账余额 33 736 元。银行对账单所列 20 日至月末的经济业务为：20 日结算银行存款利息 792 元；22 日收到企业开出金额为 1 400 元的支票；24 日收到销货款转账支票 2 400 元；26 日银行为企业代付水电费 1 320 元；27 日收到企业开出金额为 700 元的支票；30 日代收外地企业汇来货款 1 400 元；31 日银行对账单余额 26 708 元。

要求：根据以上资料，编制银行存款余额调节表（填入表 8-26），调节未达账项，并计算出调节后的银行存款余额。

表 8-26　银行存款余额调节表

项　　目	金　　额	项　　目	金　　额
企业的银行存款日记账余额		银行对账单余额	
加：银行已收入账企业尚未入账		加：企业已收入账银行尚未入账	
减：银行已付入账企业尚未入账		减：企业已付入账银行尚未入账	
调节后的日记账余额		调节后的存款余额	

2．资料：A 公司 2022 年 5 月 30 日银行对账单余额为 29 340 元，银行存款日记账账面余额为 15 050 元。在对账中发现下列未达账项：向银行借款 9 800 元，银行已转入本公司存款户，但本公司尚未记账；送存银行一张支票 1 220 元，因对方存款不足而被退回，公司尚未接到通知；向供货方开出一张支票 4 810 元，因持票人尚未到银行办理手续，银行尚未入账；公司收入 1 260 元，已送存银行，但银行尚未入账；银行已从本公司账户中划转利息费用 280 元，但本公司未接到通知而尚未入账。

要求：根据上述资料，编制银行存款余额调节表（填写表 8-27 即可）。

表 8-27　银行存款余额调节表

项　目	金　额	项　目	金　额
企业银行存款日记账余额		银行对账单余额	
加：银行已收企业未收的款项		加：企业已收银行未收的款项	
减：银行已付企业未付的款项		减：企业已付银行未付的款项	
调节后的日记账余额		调节后的存款余额	

3．资料：A 公司 10 月 31 日接到开户银行转来的对账单，余额为 148 000 元；当日银行存款日记账的余额为 112 000 元。经核对发现有四笔未达账项：

（1）10 月 28 日，企业收到购货方开出的用于支付货款 4 000 元的转账支票一张。企业已记银行存款增加，但尚未到银行办理转账手续，银行尚未记企业存款增加。

（2）10 月 29 日，企业开出转账支票支付购买原材料价款 36 000 元，持票人尚未到银行办理转账手续。企业已记银行存款减少，但银行尚未记企业存款减少。

（3）10 月 29 日，银行代企业收到购货企业汇来的购货款 20 000 元。银行已记企业存款增加，但企业尚未记银行存款增加。

（4）10 月 30 日，银行从企业的存款中代企业支付水电费 16 000 元。银行已记企业存款减少，但企业尚未记银行存款减少。

要求：根据上述资料，填写表 8-28 的银行存款余额调节表。

表 8-28　银行存款余额调节表

项　目	金　额	项　目	金　额
企业银行存款日记账余额		银行对账单余额	
加：银行已收企业未收的款项		加：企业已收银行未收的款项	
减：银行已付企业未付的款项		减：企业已付银行未付的款项	
调节后的日记账余额		调节后的存款余额	

4．资料：A 公司 7 月 31 日接到开户银行转来的对账单，余额为 52 627 元；当日银行存款日记账的余额为 49 874 元。经核对发现有五笔未达账项：

（1）7 月 29 日，企业开出转账支票一张购买设备，金额 2 700 元，企业已作为存款减少入账，但银行尚未付款。

（2）7 月 29 日，企业支付货款 35 224 元，误记为 35 242 元，多记付款 18 元。

（3）7 月 31 日，银行代企业收回货款 8 735 元，企业尚未收到收款通知而未付账。

（4）7 月 31 日，银行代企业支付水电费 2 300 元，企业尚未收到付款通知而未入账。

（5）7 月 31 日，企业收到转账支票一张，金额 6 400 元，企业已做存款增加入账，但银行尚未办理有关手续而未入账。

要求：编制 A 公司 7 月 31 日的银行存款余额调节表（填写表 8-29 即可）。

表 8-29　银行存款余额调节表

项　目	金　额	项　目	金　额
企业银行存款日记账余额		银行对账单余额	
加：银行已收企业未收的款项		加：企业已收银行未收的款项	
减：银行已付企业未付的款项		减：企业已付银行未付的款项	
调节后的日记账余额		调节后的存款余额	

5. 资料：A 公司 2022 年 7 月 5 日银行存款日记账余额为 110 000 元，银行转来的对账单余额为 144 000 元。经逐笔核对，发现存在以下情况：

（1）银行将其他企业存款利息 2 150 元误计入本公司存款户。（银行记账错误）

（2）企业于 7 月 4 日将从某单位收到的一张转账支票 3 350 元存入银行，企业已入账，但银行尚未办理有关手续而未入账。（企业已记账，银行未记账）

（3）银行代企业收回 25 000 元，银行已入账，而企业尚未收到收款通知而未入账。

（4）银行代企业支付水电费 6 000 元，银行已入账，而企业尚未收到付款通知而未记账。

（5）企业将收回某公司前欠货款 2 400 元，误记为 4 200 元。

（6）企业于 6 月 30 日开出转账支票一张 18 000 元，企业已入账，但银行尚未入账。

要求：编制 A 公司 2022 年 7 月 5 日的银行存款余额调节表（填写表 8-30 即可）。

表 8-30　银行存款余额调节表

项　目	金　额	项　目	金　额
企业银行存款日记账余额		银行对账单余额	
加：银行已收企业未收的款项		加：企业已收银行未收的款项	
减：银行已付企业未付的款项		减：企业已付银行未付的款项	
调节后的日记账余额		调节后的存款余额	

（二）计算营业利润、利润总额和净利润

1. 2022 年度 A 企业有关损益类账户发生额如表 8-31 所示（公司所得税税率为 25%，无应税调整事项）。

表 8-31　2022 年度 A 企业有关损益类账户发生额　　　　　　　　　　　　单位：元

账　户　名　称	本年贷方发生额	账　户　名　称	本年借方发生额
主营业务收入	800 000	主营业务成本	400 000
其他业务收入	5 000	税金及附加	6 800
投资收益	2 000	其他业务成本	2 000
营业外收入	15 600	销售费用	59 500
		管理费用	52 500
		财务费用	3 000
		营业外支出	2 000
		资产减值损失	15 000

要求：根据上述资料，计算 A 公司 2022 年的营业利润、利润总额及净利润（填写表 8-32 即可）。

表 8-32　A 公司净利润的分步计算

2022 年营业利润	
2022 年利润总额	
2022 年净利润	

2. 2022 年度 B 公司有关损益类账户的本期发生额如表 8-33 所示。

表 8-33　2022 年度 B 公司有关损益类账户的本期发生额　　　　　　单位：元

账　户　名　称	借方发生额	贷方发生额
主营业务收入		1 000 000
其他业务收入		20 000
投资收益		38 000
公允价值变动收益		16 500
营业外收入		20 000
主营业务成本	800 000	
其他业务成本	12 000	
税金及附加	48 000	
销售费用	59 500	
管理费用	55 200	
财务费用	23 000	
资产减值损失	15 000	
营业外支出	30 000	
所得税费用	12 950	

要求：根据上述资料，计算 B 公司 2022 年的营业利润、利润总额及净利润，填入表 8-34。

表 8-34　B 公司净利润的分步计算

2022 年营业利润	
2022 年利润总额	
2022 年净利润	

3. C 公司 2022 年年末有关账户的本期发生额如表 8-35 所示，该公司按净利润的 10% 提取法定盈余公积，不提取任意盈余公积。

表 8-35　C 公司 2022 年年末有关账户的本期发生额　　　　　　单位：万元

账　户　名　称	借方发生额	贷方发生额
主营业务收入		2 500
其他业务收入		300
营业外收入		100
主营业务成本	1 200	
其他业务成本	150	
税金及附加	250	

（续）

账 户 名 称	借方发生额	贷方发生额
销售费用	400	
财务费用	20	
管理费用	130	
投资收益		200
所得税费用	220	

要求：（1）计算 C 公司 2022 年度的营业利润、利润总额、净利润（填入表 8-36 即可）；

（2）计算 2022 年提取的盈余公积（填入表 8-36 即可）。

表 8-36　C 公司净利润和盈余公积提取额的计算

2022 年营业利润	
2022 年利润总额	
2022 年净利润	
2022 年提取的盈余公积	

五、会计核算题

（一）期末账项调整

1. 资料：中级财务会计老师在讲了调整账户以后，让大家说说对调整账户的认识。A 同学说，调整账户与被调整账户在反映经济内容上的关系是，附加调整账户与被调整账户反映的经济内容相同，调减账户与被调整账户反映的经济内容不相同。B 同学说，调减账户与被调整账户登记方向相反，因此它们不属于同一性质的账户，如"应收账款"是资产类账户，其调减账户"坏账准备"是负债类账户。

要求：判断两位同学的观点是否正确，并说明理由。

2. 资料：A 企业 2022 年 12 月需要调整的有关项目如下：

（1）年初预付一年的生产设备财产保险费 3 600 元，每月均匀分摊。

（2）本月应付未付的销售税金 1 000 元。

（3）本月对应收账款计提 5 500 元的坏账准备。

（4）应计提固定资产折旧费 2 800 元，其中生产车间负担 1 800 元，行政管理部门负担 1 000 元。

（5）本月末出租包装物，预收三个月租金 900 元，存入银行。

（6）本月出租固定资产，每月租金 750 元，先预收半年租金存入银行，同时确认本月的租金收入。

（7）本月应计存款利息 660 元。

（8）本月底结算本季度的短期借款利息共 330 元，其中 10 月和 11 月已分别计提 110 元。利息以银行存款支付。

要求：根据上述材料编制期末账项调整的会计分录。

（二）期末财产清查

1. 资料：甲企业 2015 年 12 月进行财产清查后，实存账存对比表反映：

（1）A 材料盘亏 350kg，每千克 20 元，计价 7 000 元。经查，属于定额内损耗，报批审定核销，计入管理费用。

（2）B 材料 200kg 因遇到洪灾遭水浸泡而变质，降级使用，共损失 25 000 元。决定处罚仓库管理人员王顺达 100 元，其余核销（在营业外支出列支）。

（3）C 材料盘盈 1 600kg，每千克 20 元，计价 32 000 元。经查，是材料在收发过程中计量误差所致，经批准冲减管理费用。

(4) 发现账外推车一辆，估价 2 500 元，有三成新，经批准入账。

(5) 盘亏设备一台，账面原价 4 000 元，已提折旧 2 500 元，经批准入账。

要求：根据上述资料编制财产清查后以及经批准后的会计分录。

2．资料：A 公司出纳员小李由于刚参加工作不久，对于货币资金业务管理和核算的相关规定不甚了解，出现了一些不应有的错误。

(1) 2015 年 8 月 8 日和 8 月 10 日两天的库存现金业务结束后例行的库存现金清查中，小李分别发现库存现金短缺 50 元和溢余 20 元，小李经过反复思考也没弄明白原因，他决定采取下列办法进行处理：库存现金短缺 50 元，自掏腰包补齐；库存现金溢余 20 元，暂时收起。

(2) A 公司经常对其银行存款的实有额心中无数，甚至有时会影响公司日常业务的核算。公司经理指派有关人员检查小李的工作，发现小李每次编制银行存款余额调节表时，只根据公司银行存款日记账的余额加减对账单中企业的未入账款项来确定公司银行存款的实有数，而且每次做完此项工作后，小李就立即将这些未入账的款项登记入账。

要求：小李这两项业务的处理正确吗？请说明理由，并指出正确的做法。

3．资料：A 企业 2015 年 8 月初库存 A 材料 1 500kg，单价 12 元，8 月 A 材料的收发业务如下：

(1) 3 日，生产甲产品领用 A 材料 900kg，单价 12 元。

(2) 12 日，购入 A 材料 1 000kg，单价 12 元，结转 A 材料的采购成本 1.2 万元。

(3) 23 日，生产甲产品领用 A 材料 500kg，单价 12 元。

(4) 30 日，实地盘点，确定 A 材料实际库存量为 1 060kg。

要求：按照永续盘存制和实地盘存制两种盘存制度的要求，对上述（1）～（3）笔业务分别编制会计分录。根据两种盘存制度的要求，对该企业 8 月末 A 材料盘点结果做出必要的账务处理。

4．B 企业的副经理小王，将企业正在使用的一台设备借给其朋友使用，未办理任何手续。清查人员在年底盘点时发现盘亏设备一台，原值为 10 万元，已提折旧 3 万元，净值为 7 万元。经查，属于小王副经理所为。但是，在向借方追索时，借方却声称，该设备已被盗。当问及小王副经理对此处理意见时，小王建议按正常报废处理。请问：盘亏的设备按正常报废处理是否符合会计制度要求？企业应该怎样处理盘亏的固定资产？

5．资料：2022 年 12 月，A 企业财产清查发现以下事项：

(1) 经检查"其他应收款" 500 元，属于某公司造成的损失，确定由该公司赔偿，但该合同已撤销，无法收回，批准做坏账处理。

(2) 长期无法支付的"应付账款" 4 000 元，因该单位已宣告破产而不存在，批准作为营业外收入处理。

(3) 查明无法收回的"应收账款" 1 000 元，报请有关部门审批，同意做坏账处理。

要求：根据以上情况，编制财产清查后以及经批准后的会计分录。

(三) 经营成果形成与分配

1．资料：甲公司 2022 年损益类账户本期发生额如表 8-37 所示。

表 8-37　甲公司 2022 年损益类账户本期发生额　　　　　　　　　单位：元

账 户 名 称	借方发生额	贷方发生额
主营业务收入		1 262 400
主营业务成本	850 000	
税金及附加	5 000	
销售费用	25 000	

198

账户名称	借方发生额	贷方发生额
管理费用	130 000	
财务费用	52 400	
合　　计	1 062 400	1 262 400

要求：根据上述材料结转本年利润；按实现利润总额的25%计算应缴所得税，并结转所得税费用；将"本年利润"科目余额全部转入"利润分配"科目。

2．资料：甲公司2015年11月发生了下列有关利润形成与利润分配业务：

（1）将本期实现的主营业务收入29 700元，营业外收入7 000元，发生的主营业务成本19 180元，税金及附加1 600元，销售费用1 100元，管理费用3 340元，财务费用230元，营业外支出2 250元转入"本年利润"账户。

（2）按25%的所得税税率计算并结转本期应缴所得税费用（假设本期无纳税调整项目）。

（3）"本年利润"账户有贷方期初余额154 670元，按税后利润的10%提取法定盈余公积。

（4）决定向投资者分配利润4万元。

要求：编制上述经济业务的会计分录。

3．资料：小李在某行政单位任职，月薪5 000元。2015年年初他辞去工作，投资15万元（该15万元为个人从银行借入的款项，年利率5%）开办了一家公司，从事租赁服务业务。该公司开业一年来，有关收支项目的发生情况如下：

（1）租赁收入30万元。

（2）出租场地的租金收入7.5万元。

（3）兼营其他业务收入3万元。

（4）发生的各项费用13万元。

（5）支付的各种税金7 000元。

（6）支付的雇员工资7.25万元。

（7）购置设备支出8万元，其中本年应负担该批设备的磨损成本2万元。

（8）小李的个人支出3万元。

要求：确定该公司的经营成果，运用掌握的会计知识评价小李的辞职是否合适。

4．资料：A公司2022年有关损益类账户的发生额如表8-38所示。假定企业的会计利润与应纳税所得额相等，企业所得税税率为25%，A公司2022年的利润分配政策为：按净利润的10%提取法定公积，按净利润的50%分配给股东。假定年初未分配利润为10万元。

表8-38　A公司2022年有关损益类账户的发生额　　　　单位：元

账户名称	借方发生额	贷方发生额	账户名称	借方发生额	贷方发生额
主营业务收入	50 000	880 000	主营业务成本	450 000	20 000
其他业务收入		10 000	其他业务成本	5 000	
营业外收入		2 000	营业外支出	5 000	
			税金及附加	80 000	
			销售费用	53 500	
			管理费用	65 500	
			财务费用	3 800	

要求：结转损益类账户的余额；计算 A 公司 2022 年利润总额、应缴所得税、净利润和未分配利润；编制 A 公司确认所得税费用的会计分录；编制 A 公司 2022 年利润分配的会计分录。

六、会计核算题：一般企业常见交易或事项的会计处理（综合）

1．资料：A 公司主营业务为产品生产和销售，2021 年成立当年发生的全部业务如下，请根据下列业务写出相应分录：

（1）A 公司成立时收到投资者投入的资金 50 万元，款项已存入银行。

（2）A 公司向银行借入 1 年期借款 10 万元，款项已存入银行。

（3）A 公司向供应商赊购一批甲产品，不含税买价 20 万元，增值税 2.6 万元，产品已验收入库。

（4）A 公司收到客户交来的乙产品定金 5 万元，款项已存入银行。

（5）A 公司销售（3）中甲产品的 50% 并确认成本，不含税售价 12 万元，增值税 1.56 万元，款项尚未收到。

（6）A 公司当月计提销售人员工资 10 万元，管理人员工资 8 万元。

（7）A 公司以银行存款全额支付（6）中销售人员与管理人员工资。

（8）A 公司以银行存款支付办公室租赁费 10 万元。

（9）A 公司全额收到（5）中的款项 135 600 元，款项已存入银行。

（10）A 公司以银行存款支付借款利息 8 000 元。

（11）A 公司年底确认应缴所得税 9 000 元。

2．资料：A 公司主营业务为产品生产和销售，2021 年 12 月成立当年发生的全部业务如下，请根据下列业务写出相应分录，并根据相应分录填制利润表：

（1）A 公司注册资本 10 万股，每股 1 元，于成立时收到投资者投入的商品 10 万元，商品已验收入库。

（2）A 公司当月借入期限 6 个月的银行借款 10 万元，款项存入银行，年利率 6%，到期一次还本付息。

（3）销售部门购买汽车一辆用于产品推广，用银行存款支付 6 万元，不考虑增值税。

（4）出售（1）中投资者投入商品的 50%，合同不含税价款 80 000 元，增值税税率 13%。

（5）结转（4）中的销售成本。

（6）计提管理人员工资 9 000 元，销售人员工资 6 000 元。

（7）用银行存款支付当月广告费 3 500 元。

（8）计提（2）中银行借款的利息。

（9）用银行存款支付（6）中的销售人员与管理人员工资。

（10）计提销售部门用车累计折旧 1 000 元。

（11）年底确认应缴企业所得税 2 500 元。

（12）将所有收入费用类账户发生额转出计算净利润。

（13）股东会决议，按照净利润的 10% 提取法定盈余公积，不进行利润分配。

3．资料：A 企业属于工业制造企业，2021 年 12 月发生的部分经济业务如下，请根据这些经济业务编制会计分录（增值税税率 13%）：

（1）向银行取得借款 10 万元，期限为 6 个月，年利率为 3.6%，利息每季度结算，所得借款存入银行。

（2）向三丰公司购入材料 50kg，每千克不含税单价为 120 元，企业开出并承兑三个月到期的商业承兑汇票一张，材料尚未运达企业。

（3）接受投资人张某投入生产线一条，价值 10 万元；商标权一项，价值为 20 万元，经投资人集体商议，只能将 15 万元计为张某的资本入资（不考虑增值税的影响）。

（4）本月生产产品耗用材料如下，生产甲产品耗材 12 800 元，生产乙产品耗材 14 000 元，车间一般消耗 5 000 元，厂部一般消耗 2 000 元。

（5）本月应付职工工资：生产甲产品工人工资 8 000 元，生产乙产品工人工资 6 000 元，车间管理人员工资 4 000 元，行政管理人员工资 3 000 元。

（6）用银行存款购买办公用品 520 元，交厂部使用（不考虑增值税的影响）。

（7）捐赠给希望小学 20 000 元，通过银行转账。

（8）销售产品给广水公司，不含税价款为 10 万元，收到该公司签发的商业承兑汇票，期限 6 个月。

（9）结转已销产品的成本 70 000 元。

（10）计提本月折旧费用共 9 000 元，其中车间固定资产 5 000 元，厂部固定资产 4 000 元。

（11）在财产清查过程中盘盈材料一批，估价 800 元。上述盘盈材料，经查明为收发计量差错，报批准后转账。

（12）假设本月共发生制造费用 28 000 元，将其按照生产工人工资比例分配计入两种产品的成本中。

（13）月末，计算并结转本月已完工入库产品的实际生产成本，其中甲产品为 56 560 元，乙产品为 22 220 元。

（14）根据（1）的资料，计算并计提由本月负担的短期借款利息。

（15）经计算，企业本年实现净利润 20 万元，利润分配——未分配利润的期初余额为 10 万元，企业按照全年净利润的 10% 和 15% 提取法定盈余公积和任意盈余公积，分配给股东的红利为 5 万元。

4. 资料：A 公司主营业务为产品生产和销售，2021 年 12 月成立当月发生的全部业务如下，请根据下列业务写出相应分录，并根据相应分录填制资产负债表和利润表：

（1）公司成立时收到投资者投入的商品 80 000 元，已验收入库。

（2）公司向银行借入 1 年期借款 50 000 元，款项已存入银行。

（3）公司以银行存款支付当年广告费 4 000 元。

（4）公司销售（1）中商品的 50%，合同价款 60 000 元，增值税 7 800 元，款项未收到。

（5）公司计提销售人员工资 6 000 元，管理人员工资 5 000 元。

（6）公司以银行存款全额支付（5）中销售人员与管理人员工资。

（7）公司全额收到（4）中的款项。

（8）公司以银行存款支付借款利息 3 000 元。

（9）年底公司确认应交所得税 500 元，并将所有的收入费用类账户发生额转出计算利润。

5. 资料：A 公司主营业务为产品生产和销售，2021 年成立当年发生的全部业务如下，请根据下列业务写出相应分录：

（1）A 公司成立时收到投资者投入的商品 10 万元，已验收入库。

（2）A 公司向银行借入半年期借款 6 万元，款项已存入银行。

（3）A 公司以银行存款支付当年商品展览费 1 万元。

（4）A 公司销售商品，合同价款 5 万元，增值税 6 500 元，款项未收到。商品的成本为 4 万元。

（5）A 公司计提生产工人工资 30 000 元，销售人员工资 6 000 元，管理人员工资 5 000 元。

（6）A 公司以银行存款全额支付（5）中生产工人、销售人员和管理人员的工资。

（7）A 公司收到本月赊销的货款 2 万元，并存入银行。

（8）A 公司以银行存款支付借款利息 5 000 元。

（9）A 公司购入甲材料 1 万元，增值税 1 300 元，以银行存款 13 000 元支付，甲材料尚未入库。

（10）A 公司收到 B 公司的预付货款 3 万元，款项已存入银行。

（11）A 公司月底计提固定资产折旧，其中车间固定资产计提折旧 5 000 元，管理部门固定资产计提折旧 1 000 元。

（12）A 公司月底将制造费用 10 000 元分配给甲产品 6 000 元，分配给乙产品 4 000 元。

(13) A 公司月底甲产品完工 2 万元。

(14) 年底 A 公司确认应交所得税 1 000 元。

6. 资料：A 公司 2021 年 12 月发生经济业务如下，请根据下列业务编制会计分录（不考虑增值税的影响）：

(1) 5 日，向阳光公司购入 A 材料 40 000 元，款项已预付，材料已验收入库。

(2) 10 日，公司销售甲产品合计 100 000 元，已收到价款。

(3) 10 日，从银行提取现金 30 000 元直接发放工资。

(4) 11 日，开出现金支票购买厂部办公用品 780 元。

(5) 16 日，提取本月固定资产折旧，其中车间 8 100 元，厂部 3 200 元。

(6) 18 日，公司购买一台车床，买价 240 000 元，运杂费 1 000 元，款项暂未支付，设备交付使用。

(7) 30 日，分配工资费用，其中甲产品工人工资 12 000 元，乙产品工人工资 8 000 元，车间管理人员工资 6 000 元，行政管理人员工资 4 000 元。

(8) 30 日，按 14% 的比例计提本月职工福利费。

(9) 30 日，经批准将资本公积 60 000 元转增资本。

(10) 31 日，汇总本月材料发出情况如下（A 材料 7 600 元，B 材料 12 300 元）。甲产品生产领用 6 000 元，乙产品生产领用 5 000 元，车间一般耗用 5 900 元，行政管理部门耗用 3 000 元，合计 19 900 元。

(11) 31 日，按本月生产工时比例，将发生的制造费用分配给甲、乙产品（甲产品 6 000 工时，乙产品 4 000 工时）。

(12) 31 日，甲、乙产品均全部完工入库，结转其实际生产成本。

(13) 31 日，结转本月已销甲产品的销售成本 138 000 元。

(14) 该企业该月的库存现金清查中，发现盘亏 300 元。经查明，属于出纳员的保管责任。

(15) 结转本月损益类账户。假设本月"主营业务收入"为 300 000 元，"投资收益"为 2 000 元，"主营业务成本"为 138 000 元，"管理费用"为 11 540 元，"销售费用"为 1 000 元，"财务费用"为 2 500 元，"营业外支出"为 5 400 元。

(16) 接第 (15) 项业务，假设"本年利润"12 月的期初余额为 12 000 元，按全年利润总额的 25% 计算应缴所得税并做相应的账务处理。

(17) 结转所得税入"本年利润"账户。

(18) 将"本年利润"账户余额转入"利润分配"账户中。

(19) 按全年实现净利润的 10% 计算提取盈余公积。

(20) 将"利润分配"其他明细账户转入"未分配利润"明细账户。

第九章

会计凭证

第一节 会计凭证概述

一、会计凭证的定义

会计凭证是原始凭证和记账凭证的统称，是用以记载交易或事项的发生和完成情况，明确经济责任，并据以账簿登记的证明文件。合法地取得、正确地填制和审核凭证是会计的专门方法之一。按照编制程序和用途不同，会计凭证可分为原始凭证和记账凭证两种。原始凭证是进行会计核算的原始资料。为满足记账的要求，会计人员应当根据审核无误的原始凭证填制记账凭证，记账凭证是账簿登记的直接依据。无论原始凭证还是记账凭证，有关人员都应在凭证上签名或盖章，以明确经济责任。账簿的登记主要是根据记账凭证进行的，有时也需要参照相关的原始凭证，因而会计凭证是账簿登记的依据。

二、会计凭证的作用

会计凭证具有四大作用：会计凭证是提供交易或事项信息的重要载体；会计凭证是账簿登记的必要依据；会计凭证是明确经济责任的重要手段；审核会计凭证是实行会计监督的具体措施。

会计凭证方法在会计循环中也具有重要地位。会计循环是指企业在一定会计期间对其发生的交易或事项进行账务处理，并根据处理的结果在会计期末编制财务会计报告的过程。它主要包括从交易或事项发生后取得或填制原始凭证起，根据原始凭证填制记账凭证，根据记账凭证进行账簿登记，到编制财务会计报告止的一系列处理程序。从会计循环的全过程可以看出，对企业发生的交易或事项进行处理需要采用一系列的方法，而取得或填制会计凭证是其中的首要方法。会计凭证是进行交易或事项的确认、计量和报告的重要依据，也是会计循环的基础性环节。如果缺少这一环节，账簿的登记和财务报告的编制都无法顺利进行。

三、会计凭证的保管

会计凭证的保管主要是指对各种会计凭证的保存与管理。会计凭证是企业的重要经济档案，应当采取措施妥善保管。在将会计凭证上的交易或事项登记入账以后，对会计凭证应进行必要的整理、装订，并归档存查，不得丢失或任意销毁，切实保证会计凭证的安全与完整。

（1）整理归类，装订成册。企业应在每个月月末对本月已登记入账的会计凭证进行整理，按记账凭证的编号顺序连同所附原始凭证装订成册，以防散失。对于数量过多的原始凭证，也可以单独装订保管。为便于日后查阅，应在装订成册的凭证上加具封面，注明单位名称，填制凭证的起讫日期，标明会计凭证的种类及数量等，并由有关人员签名或盖章。

（2）编造清册，归档保管。会计年度终了时，由会计部门按照会计凭证归档的要求整理立卷。当年的会计凭证可以在年度终了后由会计部门保管一年，以便于对跨年的交易或事项进行核对和接续处理。期满后应由会计部门编造清册，移交本单位档案部门。

（3）妥善保管，控制借阅。保管中的会计凭证原则上不得外借，如有特殊需要，须报经单位负责人批准，但不得拆散原卷册，并应限期归还。

（4）保管期满，酌情处理。会计凭证的保管期限一般为 15 年。保管期未满时，任何人不得随意销毁会计凭证。保管期满后，应按规定销毁。对按规定应永久保存的会计凭证不得销毁。

第二节 原始凭证

原始凭证通常是指在交易或事项发生时取得或填制的，载明交易或事项内容和完成情况的证明文件，是会计核算的原始资料和主要依据。

一、原始凭证的种类

1. 按原始凭证的来源分类

原始凭证按来源分为外来原始凭证和自制原始凭证。

（1）外来原始凭证是指在发生交易或事项时，从其他企业或个人处取得的原始凭证。比如，企业购货时由销售方开具的发票，在开户银行办理存款的收支业务时由银行开具的收款通知和付款通知等。

（2）自制原始凭证是指由本企业经办业务的部门或人员在完成交易或事项时填制的原始凭证。比如，由企业领用材料部门的领料人员填制的领料单，月末对发出材料进行汇总时填制的发出材料汇总表等。

2. 按原始凭证的填制手续和包含的内容分类

原始凭证按填制手续和包含的内容分为一次原始凭证、累计原始凭证、汇总原始凭证和重编原始凭证。

填制手续是指原始凭证是一次性填写完成，还是采用累计填写方式或汇总填写方式完成。包含的内容是指原始凭证上所记载的交易或事项的内容是只有一项还是有若干项。通常，外来原始凭证是一次凭证。自制原始凭证的种类较多，可分为一次原始凭证、累计原始凭证、汇总原始凭证和重编原始凭证。

（1）一次原始凭证简称一次凭证，是指一次性填写完成的，只记载一项或同时记载若干交易或事项内容的原始凭证。比如，在企业购货付款后收到的由销售方开具的增值税专用发票上，填写的商品名称可能是一种，也可能是几种，但增值税专用发票是由销售企业一次填写完毕。又如，由企业内部领料部门填制的一次性领料单，购入材料及生产完工产品在办理入库手续时填写的入库单等。一次原始凭证填写方便灵活，但在一定的会计期间同类交易或事项发生较多时，需要填制的一次原始凭证数量也较多，会给会计核算带来不便。

（2）累计原始凭证简称累计凭证，是指在一张原始凭证上连续记载一定会计期间内重复发生的同类交易或事项，需要分次完成填制手续的原始凭证。比如，材料领用部门使用的限额领料单。在使用限额领料单发出材料时，通常由企业的材料供应部门在月初给材料领用部门规定一个在本月内可领用某种材料的额度。在该月中，由材料的领用部门分次领取。每次领料时，有关经办人员都要在限额领料单上填写领料数量等并签字或盖章。月末，累计求出全月领用材料总额，填入限额领料单的相关栏次。使用累计凭证既可简化填制手续，也可以起到加强对交易或事项的控制作用。

（3）汇总原始凭证也称原始凭证汇总表，是指根据一定会计期间内若干反映同类性质交易或事项的原始凭证汇总编制而成的原始凭证。比如，在月末时，企业为了反映本月发出材料的总体情况，可以将月内填制的所有领料单和限额领料单进行汇总，编制发出材料汇总表。使用汇总原始凭证，既可以提供经营管理所需的总体信息，又可以减少下一步填制记账凭证的数量，进而简化会计核算手续。

（4）重编原始凭证也称记账编制凭证，是指根据账簿记录的资料对某些特定事项加以归类、整理后重新编制的原始凭证。比如，企业对生产多种产品所发生的制造费用，平时应利用"制造费用"账户加以全面记录，月末时，应将本月发生的全部制造费用采用一定的方法分配计入所生产产品的成本。进行制造费用分配时需要编制制造费用分配表，借以确定各种产品应分摊的制造费用数额，表中所分配的本月制造费用总额就取自"制造费用"账户的记录。因此，制造费用分配表就是在"制造费用"账户记录资料的基础上，根据分配制造费用的需要而编制的原始凭证。

二、原始凭证的内容

原始凭证有多种，其格式和记载的交易或事项也不完全一样，但所有的原始凭证都应当具备一些基本内容。比如，凭证的名称、填制日期、填制单位、货物或劳务的名称、单价、数量、金额，以及凭证的接受单位等。

三、原始凭证的填制

（一）原始凭证的填制方法

1. 外来原始凭证的填制方法

外来原始凭证是在交易的发生过程中由其他单位的经办人员按要求填制的。比如，企业购货时由销货方开具的发票，由运输企业开具的运费收据等，都是外单位经办人员根据交易的内容分别填制的。

2. 自制原始凭证的填制方法

（1）交易或事项完成时由本企业经办人员填制，如领料单、限额领料单、入款单和借款单等。

（2）由本企业会计人员定期汇总填制，如发出材料汇总表等。

（3）由本企业会计人员根据账簿记录资料在会计期末归类整理填制，如制造费用分配表等。

（二）原始凭证的填制要求

（1）记录真实。应在原始凭证上如实填写交易或事项的实际情况，所记载的交易或事项内容，数量、单价和金额等必须真实可靠，不得弄虚作假。记录真实体现了会计信息质量的可靠性要求。

（2）手续完备。填制原始凭证时，需要办理的各种手续必须齐全。比如，在交易或事项办理的每个环节，有关经办人员都必须签名或盖章，以示对交易或事项的真实性负责。外来的原始凭证必须加盖开具单位的财务专用章等。

（3）内容齐全。要按照凭证规定的内容逐项填列，不可遗漏或省略。有些原始凭证需要填写一式多联，各联次不能短缺。

（4）书写规范。原始凭证上的数字和文字等应按规定的要求填写。书写的文字应该用规范的简化字。阿拉伯数字不得连写。合计金额前应冠以"¥"等货币符号。汉字的大写金额一律用正楷或行书体书写，如零、壹、贰、叁、肆、伍、陆、柒、捌、玖、拾、佰、仟、万、亿、元、角、分等，不得用0、一、二、三、四、五、六、七、八、九、十等代替。大写金额到元为止的，应在"元"字后面写"整"字。

（5）填制及时。交易或事项办理完毕，经办人员应及时取得或填制原始凭证，并送交会计部门审核，作为会计核算的依据。不得拖延或积压，以免影响会计人员对交易或事项进行账务处理，进而影响企业对交易或事项相关信息的对外报出。

四、原始凭证的审核

为保证原始凭证的真实性和合法性，会计人员必须对所有原始凭证进行严格审核。

（1）审核原始凭证的合理性、合法性。应以国家颁布的有关政策、制度和本单位的计划或预算等为依据，审核原始凭证的内容是否符合政策、制度等方面的规定，有无违反财经制度的规定而乱支乱用等问题。有无不符合计划、预算和合同规定等方面的情况，有无任意扩大开支标准的情况。对违反国家规定和制度等的事项，会计人员有权拒绝办理或依据职权予以纠正。

（2）审核原始凭证的完整性、准确性。审核原始凭证是否具备作为合法凭证所必备的基本内容：格式、内容和填制手续是否符合规定的要求；有关项目是否填列齐全；有关单位和人员是否已经签字或盖章；数量、单价、金额和合计等是否正确。对于不完整、不正确的原始凭证，应退还有关部门或人员补办手续或更正。

五、原始凭证的管理

原始凭证是反映企业发生的交易或事项内容的原始凭证，也是企业重要的经济档案资料。对于审核无误的原始凭证应及时交给会计人员填制记账凭证。记账凭证填制完毕后，应与原始凭证认真核对，并将原始凭证粘贴于记账凭证的背面，便于日后查找和核对。一定会计期间的交易或事项完毕后，应将原始凭证与记账凭证装订成册，移交档案管理部门专门保管，待法定保管期满后，方可按规定销毁。

第三节 记账凭证

记账凭证也称传票，是会计人员根据审核无误的原始凭证，按照设置的会计账户，运用复式记账法填制，用以确定会计分录，并作为账簿登记直接依据的凭证。根据记账凭证进行账簿登记，可以防止或减少差错，也可以保证账簿记录的准确性。

一、记账凭证的种类

1. 按记账凭证的用途分类

记账凭证按其用途分为专用记账凭证和通用记账凭证。

记账凭证的用途是指其在交易或事项处理过程中的适用性。

（1）专用记账凭证是指专门用于为某一特定类别的交易或事项填制的记账凭证。某一特定类别是指从交易或事项与货币资金收支关系的角度进行分类所形成的。按照这种分类方法，企业的交易或事项可分为收款交易或事项、付款交易或事项和转账交易或事项三类，或简称为收款业务、付款业务和转账业务。专用记账凭证具有专门用途，只适用于反映某类交易或事项，包括收款记账凭证、付款记账凭证和转账记账凭证。专用记账凭证就是针对收款、付款和转账三种交易或事项的类型专门设计的，分别用于为某一特定类别的交易或事项填制记账凭证。收款记账凭证专门用于为现金收入交易或事项编制记账凭证。根据收款形式的不同，收款记账凭证又可分为现金收款凭证和银行存款收款凭证两种。付款记账凭证专门用于以现金付出交易或事项编制的记账凭证。根据付款形式的不同，付款凭证又可分为现金付款凭证和银行存款付款凭证两种。转账记账凭证专门用于为转账交易或事项编制的记账凭证。在实务中，为便于三种记账凭证的使用，专用记账凭证中的表格和文字通常用红、蓝、黑等不同颜色印制。专用记账凭证是在传统的通用记账凭证基础上发展而来的一种记账凭证。其优点在于：记账凭证分工细化，可更为详细地反映企业发生的各类交易或事项；在同一张记账凭证上能够编制出一笔交易或事项的完整分录，直接体现相关账户之间的对应关系，便于检查核对；有利于有关部门和人员之间相互牵制，便于在会计部门内部实行岗位责任制。其缺点在于：不便于汇总；制证工作量较大；根据专用记账凭证直接登记总账和明细账，会增加账簿登记的工作量。专用凭证如表9-1～表9-3所示。

表9-1 付款凭证

贷方科目：				年 月 日									字第 号	
领款人	摘要	借方科目		金 额									记账	
		总账科目	明细科目	千	百	十	万	千	百	十	元	角	分	
		合计金额												

会计主管　　　　记账　　　　稽核　　　　出纳　　　　制单　　　　领款人签章

表 9-2 收款凭证

借方科目：								年　月　日							字第　号	
领款人	摘要	贷方科目		金额											记账	附单据张
		总账科目	明细科目	千	百	十	万	千	百	十	元	角	分		
		合计金额													

会计主管　　　记账　　　稽核　　　出纳　　　制单　　　领款人签章

表 9-3 转账凭证

			年　月　日																			字第　号	
摘要	总账科目	明细科目	借方金额									贷方金额									记账	附单据张
			千	百	十	万	千	百	十	元	角	分	千	百	十	万	千	百	十	元	角	分		
合计金额																						

会计主管　　　记账　　　稽核　　　出纳　　　制单　　　领款人签章

（2）通用记账凭证是指可以用来为所有类型的交易或事项填制记账凭证的一种记账凭证。在采用通用记账凭证的企业，无论对收款、付款交易或事项，还是对转账交易或事项，在填制记账凭证时都采用统一格式的记账凭证，而不再有记账凭证种类上的划分，称为通用记账凭证，也可以将其直接称为记账凭证。通用记账凭证不具有专门用途，可用于反映所有交易或事项。通用记账凭证的优点在于：种类单一，格式简化，填制方法易于掌握；可降低记账凭证的印制或购买成本；适用范围广，特别是在使用电子计算机会计处理系统的企业，通用记账凭证具有更大的优势。当然，通用记账凭证也存在缺点：不便于汇总、制证工作量较大、加大账簿登记工作量等。通用记账凭证如表 9-4 所示。

表 9-4 通用记账凭证

附单据　张							年　月　日							顺序第　号	
摘要	借方			贷方			金额								
	科	目	子目	科	目	子目	千	百	十	万	千	百	十	元	角	分
合计																

审核　　　　　　　制单　　　　　　　记账

2. 按记账凭证包含交易或事项内容的多少分类

记账凭证按包含交易或事项内容的多少分为单一记账凭证、汇总记账凭证和科目汇总表。

同样是记账凭证，由于形成的方式不同，在每张记账凭证上包含的交易或事项内容的多少也有所不同。

（1）单一记账凭证是指在一张凭证上只包含一笔交易或事项内容的记账凭证。专用记账凭证和通用记账凭证均为单一记账凭证。在这两类记账凭证上，每张凭证只反映一笔交易或事项的内容，即只能编制一笔交易或事项的会计分录，并可直接作为登记有关账簿的依据。使用这种记账凭证时，企业在一定会计期间发生多少交易或事项，就需要填制多少张记账凭证。在交易或事项繁多的企业，需要填制大量的单一记账凭证，并且是依据每份记账凭证直接登记日记账、明细账和总账等各种账簿，势必会增加账簿登记的工作量。

（2）汇总记账凭证是指根据一定会计期间专用记账凭证定期汇总编制的包含了若干笔交易或事项的记账凭证。汇总记账凭证是按专用记账凭证的种类分别进行汇总的，通过每种汇总记账凭证得到的应当是会计期间每个账户发生额的汇总结果，实际上是专用记账凭证中的会计分录所涉及的各个账户在一定会计期间的若干次交易或事项发生额的合计数。在每份汇总记账凭证中都包含了性质相同的多笔交易或事项的内容。比如，在会计期末编制的汇总收款记账凭证（见表9-5）上，就包含了企业在该会计期间所发生的全部收款交易或事项；在汇总付款记账凭证上，包含了企业在该会计期间所发生的全部付款交易或事项；在汇总转账凭证上，包含了企业在该会计期间所发生的全部转账交易或事项。汇总记账凭证的优点是可以减轻登记总账的工作量，缺点是汇总程序比较烦琐，进行各种专用记账凭证汇总时，不仅汇总的工作量大，而且容易产生汇总错误且难以发现。

表 9-5　汇总收款记账凭证

借方科目：　　　　　　　　　　　　年　月　　　　　　　　　　　　汇收字第　号

贷方科目	金　额				记　账	
	（1）	（2）	（3）	合　计	借　方	贷　方
合　计						

（3）科目汇总表（见表9-6）也称为记账凭证汇总表，是指根据一定期间内的专用记账凭证或通用记账凭证定期汇总编制的、包含若干笔交易或事项内容的记账凭证。科目汇总表是以专用记账凭证或通用记账凭证作为汇总依据，实际上是按记账凭证上的会计分录所涉及的会计科目进行的汇总，并将汇总的结果集中体现在一张表格上。尽管这种汇总方法不同于汇总记账凭证，但也是一种以汇总方式形成的记账凭证。因其是以记账凭证上的会计科目为对象进行的汇总，故称为科目汇总表，也称为记账凭证汇总表。科目汇总表可以集中反映一定汇总期间全部账户的借方发生额合计和贷方发生额合计，体现两者之间的平衡相等关系。科目汇总表的优点在于：格式简单、方便实用、编制方法易于掌握；种类单一、成本较低；汇总结果可以用于检验记账凭证编制的正确性，进而保证账簿登记的准确性；适用范围较广，专用、通用记账凭证均可。

表 9-6 科目汇总表

编制单位：　　　　　　　　　　　　　　　年　月　　　　　　　　　　　　　　单位：元

科目名称	本期发生额		总账页数
	借　方	贷　方	
合　计			

二、记账凭证的内容

记账凭证的基本组成内容是指构成记账凭证的各个要素的具体内容。虽然记账凭证的种类很多，但作为账簿登记的直接依据，必须具备交易或事项内容、会计分录和有关人员的签名或盖章等基本内容。尽管组成记账凭证的基本内容很多，但其核心内容是会计分录。基本组成内容中的记账方向、会计科目和金额三项构成了完整的会计分录。在专用记账凭证上，会计分录的各项内容是按其设定的专门位置书写的，很容易识别。而在汇总记账凭证和科目汇总表中，虽然会计分录的组成内容体现得不太直接，但也能够从中看出交易或事项应予登记的记账方向、会计科目和金额等。因此，在汇总专用或通用记账凭证时，也是在对这些凭证上的会计分录进行加工整理，汇总起来的数据依然可以作为登记总账的直接依据。

三、记账凭证的填制方法

（一）专用记账凭证的填制方法

（1）收款记账凭证的填制方法。收款记账凭证应根据有关库存现金、银行存款和其他货币资金收款交易或事项的原始凭证填制。

（2）付款记账凭证的填制方法。付款记账凭证应根据有关库存现金、银行存款和其他货币资金支付交易或事项的原始凭证填制。通常，在收款和付款交易或事项发生以后，收款记账凭证和付款记账凭证的选择填制是比较容易的。但有些交易或事项属于收款和付款二者兼有，比如，从银行提取现金或将现金存入银行，按照惯例应统一按减少方填制付款记账凭证。

（3）转账记账凭证的填制方法。转账凭证是为企业发生的与货币资金收支无关的交易或事项填制的一种记账凭证。其填制方法有两种：①由企业会计人员根据有关转账交易或事项发生后所取得的原始凭证填制。比如，对企业生产产品领用材料，会计人员就根据有关原始凭证填制转账记账凭证。②由会计人员根据账簿记录所提供的资料经过加工整理以后填制。比如，对于企业发生的制造费用的分配，由会计人员根据账簿所提供的资料重新加工整理以后来填制转账记账凭证。

（二）通用记账凭证的填制方法

通用记账凭证的格式和内容与转账记账凭证基本相同，其反映的内容也不再受交易或事项类别的限制，即在填制通用记账凭证时，不必考虑是收款、付款还是转账，只要在记账凭证上直接进行会计分录的编制，并相应地填好其他内容即可。

（三）科目汇总表的填制方法

根据企业在一定会计期间内发生的交易或事项所填制的所有记账凭证（专用或通用记账凭证），按照相同会计科目（一级科目）加以归类，定期（每10天或每15天或每月一次）分别汇总每个科目的借方、贷方的发生额，并将汇总结果填列于科目汇总表的相应栏内，汇总得到的各科目发生额合计数是登记相应总账的依据，在登记总账时，只需要将各科目的本期借方、贷方发生额的合计数分次或月末一次记入相应总账即可。

（四）汇总记账凭证的填制方法

1. 汇总收款凭证的填制方法

按收款记账凭证上会计分录中的借方科目（也称主体科目）设置汇总收款记账凭证，按它们相应的贷方科目定期（如每5天或每10天）汇总，每月填制一张。汇总时计算出每个贷方科目的发生额合计数，填入汇总收款凭证的相应栏次。填制汇总收款记账凭证应注意以下三点：

（1）应确定是以收款记账凭证上的哪个会计科目为主进行汇总。在填制汇总收款记账凭证时，应按"库存现金"或"银行存款"科目设置汇总凭证上的主体科目，以其为主进行汇总。

（2）按相应的贷方科目进行汇总，即按收款记账凭证上的分类中与"库存现金"和"银行存款"科目所对应的贷方科目进行汇总。尽管在一定的会计期间企业可能会发生若干笔收款交易或事项，但就同一类交易或事项而言，其贷方科目应是完全相同的。比如，企业每次销售产品通过银行收到货款时，会计分录都是借记"银行存款"，贷记"主营业务收入"和"应交税费"，只是每次交易的发生额不同而已，可以按照贷方科目对其在一定会计期间内若干同类交易发生额进行汇总。

（3）汇总以后得到的所有贷方科目发生额的合计数，就是主体科目的发生额总额。比如，以"银行存款"为主体科目，按其对应的贷方科目进行汇总，可以得到一定会计期间内"银行存款"科目的发生额总额。经过汇总得到的汇总收款凭证上各个科目的发生额合计数，可以作为登记"银行存款"等账户的依据。

2. 汇总付款凭证的填制方法

按付款记账凭证上会计分录中的贷方科目（"库存现金"或"银行存款"等）设置汇总付款记账凭证，按它们相应的借方科目定期（比如每5天或每10天）汇总，每月填制一张。汇总时计算出每个借方科目发生额合计数，填入汇总付款记账凭证的相应栏次。

3. 汇总转账凭证的填制方法

按转账记账凭证上会计分录中的贷方科目（比如"在途物资""无形资产"等）设置汇总转账记账凭证，按相应的借方科目定期（比如每5天或每10天）汇总，每月填制一张。计算出每个借方科目发生额合计数，填入汇总转账记账凭证的相应栏次。具体汇总过程与汇总付款记账凭证基本相同。

四、记账凭证的填制要求

填制记账凭证时，除应遵守填制原始凭证的要求外，还应注意以下要求：

1. 摘要简明扼要

专用、通用记账凭证上的"摘要"栏对交易或事项的文字说明应简练明确,抓住要点。

2. 科目运用准确

在专用、通用记账凭证上编制会计分录,以及在记账凭证汇总过程中所使用的会计科目,应按统一规范填写科目名称,不得随意简化或改动。

3. 附件等应齐全

附件是填制记账凭证所依据的原始凭证,原始凭证应齐全完整,并应在记账凭证上用大写数字注明原始凭证的份数,防止人为抽换或毁损,也便于与记账凭证上的内容相互核对。

4. 凭证应连续编号

对编制完毕的专用、通用记账凭证应连续编号,以便账簿登记时使用。企业采用专用记账凭证时,可按各类凭证分类连续编号,具体有以下两种方法:

(1)三种凭证,三种编号。分别按照收款凭证、付款凭证和转账凭证填制的时间顺序,每月从收字第 1 号、付字第 1 号和转字第 1 号编起,各种专用记账凭证编制本月填制的最后一张记账凭证位置。

(2)三种凭证,五种编号。将收款凭证和付款凭证分别按收付款的方式再分为库存现金收款凭证、银行存款收款凭证、库存现金付款凭证和银行存款付款凭证四种进行连续编号,对转账记账凭证单独编号。对于汇总记账凭证和科目汇总表应采用"汇收字第 1 号""汇付字第 1 号""汇转字第 1 号""科汇字第 1 号"字样按月连续编号。

五、记账凭证的审核

记账凭证是账簿登记的直接依据,收款凭证和付款凭证还是出纳人员收取款项的依据。为保证账簿登记的正确性,监督货币资金收支等交易或事项的合理性和合法性,对于填制完毕的记账凭证,除应由填制人员自行审核外,还应在会计部门建立必要的专人审核制度。审核内容包括:有关项目是否齐全完整;会计科目的应用是否正确;金额计算是否正确;有关人员是否签名或盖章;是否附有原始凭证;内容是否相符。

六、记账凭证的传递

记账凭证的传递是指会计凭证从取得、填制、使用到归档保管为止,在企业内部有关部门(会计部门、档案部门)和人员(填制人员、出纳人员、审核人员、记账人员、保管人员)传递的程序。企业发生的交易或事项内容不同,会计凭证的传递程序也不尽相同,但传递时均应注意以下几个方面:

(1)确定有序的传递路线。会计凭证的传递路线是指凭证的流经环节及先后顺序。应根据交易或事项的具体内容及处理上的要求,确定合理有序的凭证传递路线,使会计凭证沿着最快捷、最合理的流向运行,保证经办人员能够及时进行交易或事项的处理和会计人员进行账务处理,避免凭证传递"越位"。

(2)明确合理的传递时间。传递时间是指会计凭证在有关部门或人员手中停留的时间。应根据各个环节处理交易或事项的需要,合理地确定会计凭证在有关部门或人员手中的停留时间,以保证会计凭证的及时传递,避免停留时间过长而影响下一个环节的处理。

(3)办理严密的传递手续。会计凭证的传递手续是指相关部门或人员在凭证的交接过程中应当办理的手续。为避免会计凭证的丢失或损坏,消除会计凭证在传递过程中的安全隐患,应在凭证交接的各个环节办理交接手续,明确各个环节及有关人员的责任。

要点回顾

会计凭证是记录经济业务、明确经济责任和账簿登记的书面证明。会计凭证的作用包括:会计凭证是记录经济业务的载体;会计凭证是账簿登记的依据;会计凭证是明确经济责任的书面证明。会计凭证按其填制程序和用途的不同,可以分为原始凭证和记账凭证两大类。

原始凭证是会计核算的原始凭据和主要依据。原始凭证按其来源的不同,可分为外来原始凭证和自制原始凭证两种类型。外来原始凭证是指在经济业务发生或完成后从外单位取得的原始凭证,如某公司购买办公用品时从超市取得的销货发票。自制原始凭证是指由本单位经办业务的部门和人员在执行或完成某项经济业务时填制的凭证,如仓库保管员在验收材料后填制的收料单。原始凭证按填制手续和包含的内容,分为一次凭证、累计原始凭证、汇总原始凭证和重编原始凭证。

记账凭证是会计部门根据审核无误的原始凭证编制的,用以记载会计分录,并作为记账直接依据的一种会计凭证。记账凭证按其用途的不同,可分为专用记账凭证和通用记账凭证两种类型。专用记账凭证是指分类反映经济业务的记账凭证,具体分为收款凭证、付款凭证和转账凭证。通用记账凭证是用于反映所有经济业务的记账凭证,即对企业发生的经济业务不进行分类,所有经济业务通用的一种记账凭证。无论哪种形式的记账凭证都记载了反映原始凭证业务内容的会计分录。这种通过编制记账凭证,并将原始凭证作为其附件进行账簿登记的方法,不仅便于记账,而且能有效防止记账错误的发生,所以说原始凭证与记账凭证之间有着密切的联系。记账凭证按填列会计科目的数目不同,分为复式记账凭证和单式记账凭证。记账凭证按其包括的内容不同,分为单一记账凭证、汇总记账凭证和科目汇总表三类。

原始凭证包括六个要素:原始凭证的名称;填制凭证的日期及编号;接受凭证单位的名称;经济业务的内容摘要;经济业务涉及的数量、单价及金额;填制单位的名称和有关人员的签章。原始凭证的填制应符合以下要求:记录真实、责任明确、内容完整、填制及时和书写规范。为了保证会计核算资料真实性、合法性和准确性,充分发挥会计工作的监督作用,会计部门必须对各种原始凭证和记账凭证进行严格审核,主要包括合法性和合理性的审核、完整性和正确性的审核、一致性审核。只有审核无误的原始凭证才能据以编制记账凭证,只有审核无误的记账凭证才能据以进行账簿登记。

记账凭证包括八个基本要素:记账凭证的名称;记账凭证的编制日期;记账凭证的编号;经济业务内容摘要;会计分录;记录标记;所附原始凭证的张数;会计主管、记账、出纳、审核和制单等有关人员的签章。记账凭证的填制应符合以下要求:摘要简明;会计分录正确;标注所附原始凭证的张数;凭证连续编号;经济责任明确。记账凭证的审核包括一致性审核、完整性审核、正确性审核。

会计凭证的传递是指取得或填制原始凭证,经过审核、记账、装订到归档保管为止在业务所涉及的部门、岗位和人员之间进行处理的过程。会计凭证的传递需要注意三个问题：制定科学的凭证传递路线；合理地确定凭证传递的时间；建立有效的凭证传递衔接手续。会计凭证是企业经营业务活动的原始资料，为了满足有关各方对会计原始资料的查阅和分析，会计部门应定期对会计凭证进行整理和分类，以便归档保管。

课程思政

原始凭证发票惹的祸

【思政目标】

　　填制会计凭证，可以正确、及时地反映各项经济业务的完成情况，为账簿登记提供可靠的依据。通过对"原始凭证发票惹的祸"的分析，结合会计凭证相关知识点，引导学生不管是在学习工作方面还是为人处世方面应坚持原则，并树立"正直公正"的观念。

【思政案例】

　　A酒店在纳税管理上实行定期、定额的管理方式，由税务部门为该酒店核定征收税款。为了检查该酒店的纳税情况，主管该酒店的税务部门调查发现，A酒店开出的1 000多份发票中存在问题的有10多份。经查，A酒店的惯用做法包括以下几方面：

　　（1）张冠李戴。使用其他企业、行业发票到消费单位结账，如使用广告业发票、汽车维修发票、商业零售发票等。这些发票都是通过关系获取的正规发票，被利用之后，其违法行为就披上了"合法"的外衣。在检查中发现，该酒店利用外单位发票违规涉税金额达150多万元。

　　（2）投其所好。A酒店为了迎合消费单位避免业务招待费超标而多缴税的心理，经常利用其他行业发票将餐饮支出开列成其他支出项目入账，如将业务招待费变换成广告费、汽车维修费、办公用品费等。

　　（3）债务转移。该酒店的某消费单位在一汽车维修公司维修汽车，而维修公司又欠该酒店的消费款。该酒店便从中协调，让消费单位将维修款直接汇给该酒店。由于该维修公司实行定期、定额的管理方式核定征收税款，未建账，这种做法使酒店业主减少了应收账款，账面营业收入也未增加，同时还"节约"了发票，一举数得。

【思政问题】

　　（1）对于取得A酒店开出的问题发票的公司来说，将这些问题发票作为原始凭证，存在哪些问题？

　　（2）企业利用发票偷税的手段多种多样，你了解的还有哪些？

确保"客观公正"，坚持"实事求是"

【思政目标】

　　理解不忘初心的核心要义和精神实质，塑造良好的品格、品行，树立正确的世界观、人生观和价值观，把学和做有机结合，做到学思用贯通、知信行统一。

【思政案例】

　　小张是A公司的会计，负责办理各项报销业务。A公司采购员小李出差回来报销差旅费，其中，旅馆开出的发票上记载单价为350元/天，人数为1人，时间为2天，金额为700元。

小李却将单价直接涂改为850元/天，小写金额改为1 700元，将大写金额前加了一个"壹仟"。此外，小李还要求报销出差地某旅游景点的门票1张200元。

【思政问题】

（1）旅馆发票和景点门票有什么作用？

（2）小李在报销差旅费的过程中存在什么问题？

（3）小张应该给小李报销这些费用吗？

练 习 题

一、单选题

（一）会计凭证概述

1．填制凭证是（　　）的前提和依据。

　A．成本计算　　　　　B．编制财务报表　　　C．账簿登记　　　　D．设置账户

2．（　　）是记录经济业务的发生和完成情况、明确经济责任的书面证明，也是账簿登记的依据。

　A．会计凭证　　　　　B．会计要素　　　　　C．会计账户　　　　D．会计报表

3．（　　）是会计核算工作的起点。

　A．复式记账　　　　　B．登记会计账簿　　　C．编制会计报表　　D．填制和审核会计凭证

4．将会计凭证分为原始凭证和记账凭证两大类的依据是（　　）。

　A．凭证填制的时间　　　　　　　　　　　　B．凭证填制的程序和用途

　C．凭证填制的方法　　　　　　　　　　　　D．凭证所反映的经济内容

5．会计凭证的传递是指（　　），在单位内部各有关部门及人员之间的传递程序和传递时间。

　A．会计凭证从取得到编制成记账凭证时止　　B．从取得原始凭证到账簿登记止

　C．从填制记账凭证到编制会计报表时止　　　D．会计凭证从编制时到归档时止

6．（　　）是指会计凭证记账后的整理、装订、归档和存查工作。

　A．会计凭证的保管　B．会计凭证的传递　　C．会计凭证的编制　D．会计凭证的审核

7．会计凭证保管的正确做法是（　　）。

　A．记账凭证应定期按编号顺序装订成册并加贴封签，所附的原始凭证应另册装订

　B．其他单位如有特殊原因确实需要使用本单位的原始凭证时，经本单位会计机构负责人、会计主管人员批准，可以外借

　C．出纳人员不得兼管会计档案

　D．所有装订成册的原始凭证必须永久保存

8．属于会计凭证传递实质的是（　　）。

　A．有利于完善经济责任制度　　　　　　　　B．及时进行会计记录

　C．有利于合理建立企业的组织结构　　　　　D．在各部门、各环节之间起协调和组织作用

（二）原始凭证

1．限额领料单属于（　　）。

　A．外来凭证　　　　　B．一次凭证　　　　　C．累计凭证　　　　D．付款凭证

2．下列不能作为原始凭证的是（　　）。

　A．发货票　　　　　　B．合同书　　　　　　C．入库单　　　　　D．领料单

3．（　　）是可以连续反映一定时期内重复发生的同类交易或事项的原始凭证。

　A．一次凭证　　　　　B．转账凭证　　　　　C．累计凭证　　　　D．记账凭证

4. 原始凭证按其取得的不同来源，分为（　　）。
   A. 外来原始凭证和自制原始凭证　　　　B. 一次凭证和累计凭证
   C. 单式记账凭证和复式记账凭证　　　　D. 收款凭证、付款凭证和转账凭证
5. 下列原始凭证中，属于累计凭证的是（　　）。
   A. 领料单　　　B. 收料单　　　C. 限额领料单　　　D. 发票
6. 下列不属于原始凭证基本内容的是（　　）。
   A. 填制日期　　　B. 经济业务内容　　　C. 应借应贷科目　　　D. 有关人员签章
7. 关于记账凭证所附原始凭证，下列说法正确的是（　　）。
   A. 所有记账凭证都必须有原始凭证
   B. 期末结账和更正错账的记账凭证可以不附原始凭证
   C. 需要单独保管的经济合同，应将原件作为记账凭证附件，复印件单独保管
   D. 需要单独保管的涉外文件，应将复印件作为记账凭证附件，原件单独保管
8. 下列项目中，属于自制原始凭证的是（　　）。
   A. 领料单　　　B. 购料发票　　　C. 增值税发票　　　D. 银行对账单
9. 下列原始凭证中属于外来原始凭证的是（　　）。
   A. 购货发票　　　B. 工资结算汇总表　　　C. 发出材料汇总表　　　D. 领料单
10. 原始凭证的金额出现错误，正确的更正方法是（　　）。
    A. 由出具单位更正，并在更正处盖章　　　B. 由取得单位更正，并在更正处盖章
    C. 由出具单位重开　　　D. 由出具单位另开证明，作为原始凭证的附件
11. 下列原始凭证属于通用凭证的是（　　）。
    A. 领料单　　　B. 差旅费报销单　　　C. 折旧计算表　　　D. 银行转账结算凭证
12. （　　）是在经济业务发生或完成时取得或填制的，用于记录或证明经济业务的发生或完成情况的书面证明。
    A. 原始凭证　　　B. 记账凭证　　　C. 收款凭证　　　D. 付款凭证
13. （　　）是指根据一定时期内，若干相同的原始凭证汇总编制成的原始凭证。
    A. 原始凭证汇总表　　　B. 记账凭证汇总　　　C. 累计凭证　　　D. 一次凭证
14. 审核原始凭证时，发现金额有错误，应由（　　）。
    A. 经办人更正　　　B. 会计人员更正　　　C. 会计主管人员更正　　　D. 原填制单位更正
15. 下列不能作为原始凭证的是（　　）。
    A. 发票　　　B. 领料单　　　C. 工资结算汇总表　　　D. 银行存款余额调节表
16. 会计机构、会计人员对真实、合法、合理但内容不准确、不完整的原始凭证应当（　　）。
    A. 予以受理　　　　　　　　　　　B. 不予受理
    C. 予以纠正　　　　　　　　　　　D. 予以退回，要求更正、补充
17. 会计机构、会计人员对不真实、不合法的原始凭证和违法收支应当（　　）。
    A. 不予受理　　　B. 予以受理　　　C. 予以纠正　　　D. 予以反映
18. 审核原始凭证所记录的经济业务是否符合企业生产经营活动的需要，是否符合有关的计划和预算属于审核原始凭证的（　　）。
    A. 合理性　　　B. 真实性　　　C. 合法性　　　D. 完整性
19. 下列各项中，属于原始凭证主要作用的是（　　）。
    A. 证明交易或事项发生或完成　　　　B. 账簿登记的依据
    C. 保证账簿记录的正确性　　　　　　D. 对交易或事项进行分类

20．下列单据中，不能作为记账用的原始凭证是（　　）。
A．材料请购单　　　B．收料单　　　C．限额领料单　　　D．退料单

（三）记账凭证

1．货币资金之间的划转业务只编制（　　）。
A．付款凭证　　　B．收款凭证　　　C．转账凭证　　　D．记账凭证

2．下列各项中，（　　）不属于记账凭证的基本要素。
A．凭证的编号　　　　　　　　　B．交易或事项的内容摘要
C．会计科目、方向及金额　　　　D．交易或事项的数量、单价与金额

3．在实际工作中，是通过（　　）来确定会计分录的。
A．编制记账凭证　　B．编制原始凭证　　C．设置账簿　　D．设置会计科目

4．用现金支付购货款，应填制（　　）。
A．转账凭证　　B．银行存款付款凭证　　C．现金付款凭证　　D．现金收款凭证

5．从银行提取现金发放工资，应填制（　　）。
A．收款凭证　　　B．转账凭证　　　C．付款凭证　　　D．单式凭证

6．汇总记账凭证是按（　　）设置的。
A．收款凭证上的借方科目　　　　B．收款凭证上的贷方科目
C．付款凭证上的借方科目　　　　D．付款凭证上的贷方科目

7．汇总付款凭证是按（　　）定期汇总。
A．收款凭证上的借方科目　　　　B．收款凭证上的贷方科目
C．付款凭证上的借方科目　　　　D．付款凭证上的贷方科目

8．汇总转账凭证是按（　　）设置的。
A．收款凭证上的贷方科目　　　　B．付款凭证上的贷方科目
C．转账凭证上的贷方科目　　　　D．转账凭证上的借方科目

9．以银行存款归还银行借款的业务，应编制（　　）。
A．转账凭证　　　B．收款凭证　　　C．付款凭证　　　D．计算凭证

10．出纳人员将现金存入银行，需要编制的凭证为（　　）。
A．银行存款付款凭证　B．现金收款凭证　C．现金付款凭证　D．银行存款收款凭证

11．企业购进材料一批，当即以银行存款支付一部分货款，余额暂欠，此笔业务发生后应填制的记账凭证是（　　）。
A．付款凭证 1 张　　　　　　　　B．付款凭证 2 张
C．付款凭证 1 张和转账凭证 1 张　D．转账凭证 2 张

12．期末无余额的账户，应在"借或贷"栏内填写（　　）。
A．0　　　B．零　　　C．平　　　D．0 或零

13．职工张某出差归来，报销差旅费 200 元，交回剩余的现金 100 元，应编制的记账凭证是（　　）。
A．收款凭证　　　　　　　　　　B．转账凭证
C．收款凭证和转账凭证　　　　　D．收款凭证和付款凭证

14．企业常用的收款凭证、付款凭证和转账凭证均属于（　　）。
A．单式记账凭证　　B．复式记账凭证　　C．一次凭证　　D．通用凭证

15．记账凭证填制完毕加计合计数以后，如有空行应（　　）。
A．空置不填　　　B．划线注销　　　C．盖章注销　　　D．签字注销

16. 收款凭证主要用于记录的经济业务是（　　）。
   A．应收账款增加　　　B．应收票据增加　　　C．货币资金增加　　　D．其他应收款增加
17. 从银行提取现金，会计人员应编制的记账凭证为（　　）。
   A．现金收款凭证　　　　　　　　　　　B．银行存款付款凭证
   C．现金付款凭证　　　　　　　　　　　D．现金收款凭证和银行存款付款凭证
18. 产品生产领用材料，应编制的记账凭证是（　　）。
   A．收款凭证　　　B．付款凭证　　　C．转账凭证　　　D．累计凭证
19. 记账凭证的填制人员是（　　）。
   A．出纳人员　　　B．会计人员　　　C．经办人员　　　D．主管人员
20. 记账凭证的填制依据是（　　）。
   A．经济业务　　　B．原始凭证　　　C．账簿记录　　　D．审核无误的原始凭证
21. 记账凭证按其所反映的经济内容不同，分为（　　）。
   A．单式凭证和复式凭证　　　　　　　　B．收款凭证、付款凭证和转账凭证
   C．通用凭证和专用凭证　　　　　　　　D．一次凭证、累计凭证和汇总凭证
22. 下列各项中，（　　）不属于记账凭证应具备的基本内容。
   A．应借应贷科目　　　　　　　　　　　B．经济业务的内容摘要
   C．填制和接受单位的名称　　　　　　　D．填制单位及有关人员的签章
23. 在记账凭证中，最主要的内容是（　　）。
   A．经济业务的内容摘要　　　　　　　　B．会计分录
   C．过账备注　　　　　　　　　　　　　D．有关人员的签章
24. 收款凭证左上角"借方科目"可填列（　　）科目。
   A．银行存款　　　B．材料采购　　　C．原材料　　　D．期间费用
25. 根据企业材料仓库保管员填制的发料单或发料凭证汇总表，通常应编制（　　）。
   A．付款凭证　　　B．原始凭证　　　C．转账凭证　　　D．收款凭证
26. 下列经济业务，应填制现金收款凭证的是（　　）。
   A．从银行提取现金　　　　　　　　　　B．以现金发放职工工资
   C．出售报废的固定资产收到现金　　　　D．销售积压材料收到一张转账支票
27. 下列经济业务，应该填制银行存款收款凭证的是（　　）。
   A．销售产品一批，款未收　　　　　　　B．转让设备一台，收到转账支票并已送交银行
   C．购入材料一批，开出支票　　　　　　D．将现金存入银行
28. 付款凭证的"贷方科目"可能登记的科目有（　　）。
   A．应付账款　　　B．银行存款　　　C．预付账款　　　D．其他应付款
29. 使用收款凭证、付款凭证、转账凭证的单位，处理与货币资金无关的业务时，填制的凭证是（　　）。
   A．收款凭证　　　B．付款凭证　　　C．转账凭证　　　D．通用记账凭证
30. 在一定时期内连续记录若干同类经济业务的会计凭证是（　　）。
   A．原始凭证　　　B．记账凭证　　　C．累计凭证　　　D．一次凭证
31. 填制会计凭证就是（　　）。
   A．编制财务报表　　B．编制汇总表　　C．账簿登记　　D．编制会计分录
32. 下列凭证中不能作为编制记账凭证依据的是（　　）。
   A．收货单　　　B．发票　　　C．发货单　　　D．购销合同

33. 将记账凭证划分为收款凭证、付款凭证和转账凭证的依据是（　）。
   A．凭证的填制方式　　　　　　　　B．凭证填制的程序与用途
   C．凭证记录的经济业务内容　　　　D．凭证的来源
34. 关于转账业务正确的是（　）。
   A．转账业务是指与货币资金收付无关的业务
   B．转账业务不是会计所反映的内容
   C．转账业务是直接引起库存现金或银行存款减少的业务
   D．转账业务是直接引起库存现金或银行存款增加的业务
35. 根据同一原始凭证编制几张记账凭证的应（　）。
   A．在未附原始凭证的记账凭证上注明其原始凭证附在哪张记账凭证上
   B．编制原始凭证分割单
   C．不必做任何说明
   D．以上说法都不正确
36. 一项经济业务需要连续编制多张记账凭证的应（　）。
   A．编制原始凭证分割单　　　　　　B．自制内容相同的多张原始凭证
   C．采用分数编号的方法　　　　　　D．编制原始凭证分割单和采用分数编号的方法
37. 已经登记入账的记账凭证，在当年内发现有误，可以用红字编写一张与原内容相同的记账凭证，并在摘要栏注明（　）字样，再用蓝字编制一张正确的记账凭证并登记入账。
   A．注销某月某日某号凭证　　　　　B．订正某月某日某号的凭证
   C．经济业务内容　　　　　　　　　D．对方单位
38. 某企业销售产品一批，部分货款收存银行，部分货款对方暂欠，该企业应填制（　）。
   A．收款凭证和付款凭证　　　　　　B．收款凭证和转账凭证
   C．付款凭证和转账凭证　　　　　　D．两张转账凭证

二、多选题

（一）会计凭证概述

1. 会计凭证按用途和填制程序分为（　）。
   A．原始凭证　　B．累计凭证　　C．记账凭证　　D．转账凭证
2. 下列说法正确的有（　）。
   A．原始凭证必须记录真实，内容完整
   B．一般原始凭证发生错误，必须按规定办法更正
   C．有关现金和银行存款的收支凭证，如果填写错误，必须作废
   D．购买实物的原始凭证，必须有验收证明
3. 通过会计凭证的填制和审核，可以（　）。
   A．检查经济业务的合法性、合规性　　B．检查经济业务的连续性、系统性
   C．加强岗位责任制　　　　　　　　　D．如实、及时地反映经济业务的发生或完成情况
4. 会计凭证的传递要做到（　）。
   A．程序合理　　B．时间节约　　C．手续严密　　D．责任明确
5. 关于会计凭证的借阅，以下说法正确的是（　）。
   A．会计凭证原则上不得借出，如有特殊需要，须报请批准才可借出
   B．需要查阅已入档的会计凭证时，必须办理借阅手续
   C．其他单位因特殊原因需要使用原始凭证时，经本单位负责人批准，可以复制
   D．向外单位提供的原始凭证复印件，应在专设的登记簿上登记，并由提供人员和收取人员共同签章

6. 会计凭证的保管应做到（　　）。
   A．定期整理归类　　　　　　　　　　　　B．定期造册归档
   C．办理了相关手续后方可销毁　　　　　　D．不得向外单位借阅
7. 确定会计凭证的传递程序和传递时间应考虑的因素有（　　）。
   A．经营管理的要求　　　　　　　　　　　B．内部控制制度的要求
   C．企业生产组织的特点　　　　　　　　　D．经济业务的内容
8. 会计凭证的保管应做到（　　）。
   A．定期归档以便查阅　　　　　　　　　　B．查阅会计凭证要有手续
   C．保证会计凭证的安全、完整　　　　　　D．办理了相关手续后方可销毁
   E．对于保管期满但未结清的债权、债务的原始凭证，不得销毁

（二）原始凭证

1. 下列会计凭证中，属于原始凭证的有（　　）。
   A．购货发票　　　B．领料单　　　C．收料单　　　D．成本计算单
2. 下列凭证中，属于外来原始凭证的有（　　）。
   A．记账凭证　　　B．火车票　　　C．销售商品发票　　　D．购进材料发票
3. 下列各项中，（　　）属于原始凭证的基本要素。
   A．原始凭证名称　　　B．编制日期　　　C．经办人签名或盖章　　　D．现金收款凭证
4. 下列不属于原始凭证的有（　　）。
   A．银行存款余额调节表　　　　　　　　　B．派工单
   C．购货合同　　　　　　　　　　　　　　D．材料请购单
5. "收料单"是（　　）。
   A．外来原始凭证　　　B．自制原始凭证　　　C．一次凭证　　　D．累计凭证
6. 以下所列属于原始凭证的有（　　）。
   A．入库单　　　B．生产工序进程单　　　C．工资费用分配表　　　D．领料单
7. 原始凭证作为会计凭证之一，具有的作用有（　　）。
   A．记录经济业务　　　B．明确经济责任　　　C．作为登账依据　　　D．作为编表依据
8. 下列项目中，属于外来原始凭证的有（　　）。
   A．收款单位开具的收据　　　　　　　　　B．银行转来的委托收款凭证
   C．购入设备的发票　　　　　　　　　　　D．开户银行发来的对账单
9. 各种原始凭证必须具备的基本要素包括（　　）。
   A．经济业务的内容　　　　　　　　　　　B．应借、应贷的会计科目名称
   C．有关人员的签章　　　　　　　　　　　D．填制单位签章
10. 下列属于一次凭证的原始凭证有（　　）。
    A．领料单　　　B．限额领料单　　　C．收料单　　　D．销货发票
11. 原始凭证审核的主要内容包括（　　）。
    A．合理性　　　B．完整性　　　C．合法性　　　D．正确性
12. 凡填错的现金和银行收、付款原始凭证应（　　）。
    A．撕毁　　　B．作废重填　　　C．在凭证上改错　　　D．加盖"作废"戳记
13. 原始凭证的填制要求包括（　　）。
    A．记录真实　　　B．内容完整　　　C．填制及时　　　D．书写清楚

14．审核原始凭证的真实性包括（　　）。
A．原始凭证的日期、业务内容、数据是否真实
B．外来原始凭证必须有填制单位的公章和填制人员的签章
C．自制原始凭证必须有经办部门和经办人员的签章
D．所记录的经济业务中是否有违反国家法律法规的问题
15．下列单据中，可作为会计核算原始凭证的有（　　）。
A．购销发票　　　　B．出差车票　　　　C．现金支票存根　　　　D．医药费报销单
16．下列单据中，可作为自制原始凭证的有（　　）。
A．购入材料的水、陆运费账单　　　　B．工资结算单
C．产品入库单　　　　D．预支差旅费借款单

（三）记账凭证

1．为了便于编制汇总收款凭证，日常编制收款凭证时，分录形式最好的是（　　）。
A．一借一贷　　　　B．一借多贷　　　　C．多借多贷　　　　D．多借一贷
2．为了便于汇总转账凭证的编制，日常编制转账凭证时，分录形式最好的是（　　）。
A．一借一贷　　　　B．一贷多借　　　　C．多借多贷　　　　D．一借多贷
3．下列各项中，属于记账凭证审核内容的有（　　）。
A．金额是否正确　　　　B．项目是否齐全　　　　C．科目是否正确　　　　D．书写是否正确
4．下列人员中，应在收款凭证上签名或盖章的有（　　）。
A．会计主管人员　　　　B．填制和记账人员　　　　C．出纳人员　　　　D．审核人员
5．下列经济业务中，应填制付款凭证的有（　　）。
A．提取现金备用　　　　B．购买材料预付定金　　　　C．以存款支付欠款　　　　D．将现金存入银行
6．下列单据中，经审核无误后可作为编制记账凭证依据的有（　　）。
A．填制完毕的工资计算单　　　　B．运费发票
C．银行转来的进账单　　　　D．签发的支票
7．对记账凭证进行审核的主要内容有（　　）。
A．填制依据是否真实　　　　B．使用会计科目是否正确
C．记账方向是否正确　　　　D．记账金额是否正确
E．摘要是否规范
8．涉及现金与银行存款之间收付款业务时，习惯上应编制的记账凭证有（　　）。
A．现金收款凭证　　　　B．现金付款凭证　　　　C．银行存款收款凭证　　　　D．银行存款付款凭证
9．下列经济业务中，应填制转账凭证的有（　　）。
A．股东以厂房对企业投资　　　　B．外商以货币资金对企业投资
C．购买材料未付款　　　　D．销售商品收到商业汇票一张
10．记账凭证是（　　）。
A．记账、查账的重要依据　　　　B．记录经济业务的书面依据
C．编制会计报表的直接依据　　　　D．明确经济责任的书面证明
11．付款凭证左上角的"贷方科目"可能是（　　）。
A．库存现金　　　　B．应收账款　　　　C．其他应付款　　　　D．银行存款
12．有关银行存款与现金之间或银行存款之间相互划转的业务，编制记账凭证的方法有（　　）。
A．编制转账凭证　　　　B．只编制1张付款凭证
C．同时编制2张记账凭证　　　　D．只编制1张收款凭证

13. 记账凭证按其对经济业务反映方式的不同，可分为（　　）。
  A．收款凭证　　　　B．付款凭证　　　　C．单式记账凭证　　　　D．复式记账凭证
  E．转账凭证
14. 单式记账凭证是指在 1 张凭证上只填（　　）的凭证。
  A．1 项经济业务　　B．1 个会计科目　　C．1 个金额　　D．借方科目
15. 记账凭证必须具备的基本内容有（　　）。
  A．记账凭证的名称　　　　　　　　　B．填制日期与编号
  C．经济业务的简要说明　　　　　　　D．会计分录
16. 下列记账凭证中可以不附原始凭证的有（　　）。
  A．收款凭证　　B．付款凭证　　C．结账的记账凭证　　D．更正错账的记账凭证
17. 记账凭证必须具有（　　）的签名或盖章。
  A．记账人员　　B．制证人员　　C．审核人员　　D．会计主管人员
18. 记账凭证的填制除了做到记录真实、内容完整、填制及时、书写清楚外，还必须符合（　　）。
  A．如有空行，应在空行处划线注销　　　　B．必须连续编号
  C．发生错误应按规定的方法更正　　　　　D．除另有规定外，应有附件并注明附件张数
19. 记账凭证应具有的基本内容包括（　　）。
  A．填制凭证的日期和凭证的编号　　　　B．会计科目的名称、记账方向和金额
  C．所附原始凭证的张数　　　　　　　　D．制证、复核、会计主管等有关人员的签章
20. 记账凭证填制的依据有（　　）。
  A．收款凭证　　B．原始凭证　　C．原始凭证汇总表　　D．结账等账簿资料

三、判断题

（一）会计凭证概述

1. 会计凭证按其填制程序和用途不同，可以分为原始凭证和记账凭证。（　　）
2. 所有的会计凭证都是账簿登记的依据。（　　）
3. 任何会计凭证都必须经过有关人员的严格审核，确认无误后，才能作为记账的依据。（　　）
4. 原始凭证和记账凭证都是具有法律效力的证明文件。（　　）
5. 记账也称"过账"，就是将记账凭证上的每一笔分录的借项和贷项金额分别登记到相应的账户中去。（　　）
6. 我国《会计档案管理办法》规定，企业会计凭证的保管期限是 20 年。（　　）
7. 在会计凭证传递期间，凡经办会计凭证的会计人员都有责任保管好原始凭证和记账凭证，严防在传递中散失。（　　）
8. 会计凭证应定期装订成册，加具封面，归档保管。（　　）
9. 每年装订成册的会计凭证，在年度终了时可暂由单位会计机构保管一年，期满后应当移交本单位档案机构统一保管。（　　）
10. 会计凭证按规定的保管期满后，可由财会人员任意销毁。（　　）

（二）原始凭证

1. 收款凭证是发票的一种，是登记经济业务会计分录的原始凭证。（　　）
2. 累计凭证一般为自制原始凭证。（　　）
3. 从外单位取得的原始凭证，可以没有公章，但必须有经办人员的签名或盖章。（　　）
4. 外来原始凭证如有遗失，应向原签发单位取得证明，注明原来凭证号、金额内容等，并签上原签发单位的财务章，经本单位负责人批准后，可代替原始凭证。（　　）

5．原始凭证的审核主要是指对所登记的金额、计算结果及其他必要的项目进行审查和核对。（　）

6．外来原始凭证都是一次凭证，自制原始凭证可能是一次凭证，也可能是累计凭证，还可能是汇总原始凭证。（　）

7．自制原始凭证是企业内部经办业务的部门和人员填制的凭证。（　）

8．原始凭证金额有错误的，应当由出具单位重开或更正，更正处应当加盖出具单位印章。（　）

9．原始凭证必须按规定的格式和内容逐项填写齐全，同时必须由经办业务的部门和人员签字盖章。（　）

10．原始凭证可以由非财会部门和人员编制，但记账凭证只能由财会部门和人员填制。（　）

（三）记账凭证

1．记账凭证是在交易或事项发生时或完成时直接取得或填制，用来证明交易或事项发生，并明确经济责任的原始凭证，是记账的原始依据。（　）

2．收款凭证贷方内容可能是"库存现金"或"银行存款"。（　）

3．对于涉及现金和银行存款之间的收、付业务，一般编制转账凭证。（　）

4．付款凭证是只用于银行存款付出业务的记账凭证。（　）

5．汇总转账凭证是按借方科目分别设置，按其对应的贷方科目归类汇总。（　）

6．汇总收款凭证是按"库存现金"和"银行存款"账户的借方设置，按贷方科目汇总的。（　）

7．从银行提取现金时，应编制现金收款凭证。（　）

8．经过审核无误的原始凭证是编制记账凭证的依据。（　）

9．填制和审核会计凭证是会计核算和监督单位经济活动的起点和基础。（　）

10．转账凭证只登记与货币资金收付无关的经济业务。（　）

11．记账凭证可以作为账簿登记的直接依据，原始凭证不能作为账簿登记的直接依据。（　）

12．采用专用记账凭证，当发生现金和银行存款之间相互划转的经济业务时，为了避免重复记账，通常只编制付款凭证，不编制收款凭证。（　）

13．出纳人员在办理收款或付款业务后，应在凭证上加盖"收讫"或"付讫"的戳记。（　）

14．采用累计记账凭证可以减少凭证的数量和记账的次数。（　）

15．一张累计凭证可以连续记录所发生的经济业务。（　）

16．记账凭证的编制依据是审核无误的原始凭证。（　）

17．有关现金、银行存款收支业务的凭证，如果填写错误，不能在凭证上更改，应加盖"作废"戳记，重新填写，以免错收错付。（　）

18．付款凭证"借方科目"处，应填写"库存现金"或"银行存款"科目。（　）

19．发现以前年度记账凭证有错误的，应当蓝字填制一张更正的记账凭证。（　）

四、实务操作题

（一）原始凭证的填制与审核

资料：A企业2015年8月发生以下业务：

（1）8月2日，财务科开出现金支票提取现金300元作为备用金。该单位账号为270-0661048，开户银行为工商银行徐办裕分理处。

（2）8月8日，财务科开出转账支票，支付向市五金公司购买的电线款共计6 206元。

（3）8月16日采购员石进预借赴京采购材料的差旅费300元，预计归还日期为8月30日。部门主管王伟审核批准。

（4）8月25日，职工柴勇报销本人急诊医药费，其中挂号费单据1张计0.5元，针药费单据2张计29.89元。有关部门主管姚星审核同意报销全部医药费。

要求：

（1）根据资料（1），填制现金支票（见图 9-1）。

中国工商银行 **现金支票** 支票号码 AA1131726

本支票付款期十天，可以流通转让。

签发日期 年 月 日

开户银行名称：

收款人： 签发人账号：

人民币（大写）	千	百	十	万	千	百	十	元	角	分

用途______　科目(付)……

上列款项请从我账户内支付　对方科目(收)……

付讫日期 年 月 日

复核 记账

(请收款人在背面盖章) 签发人盖章　出纳 验印

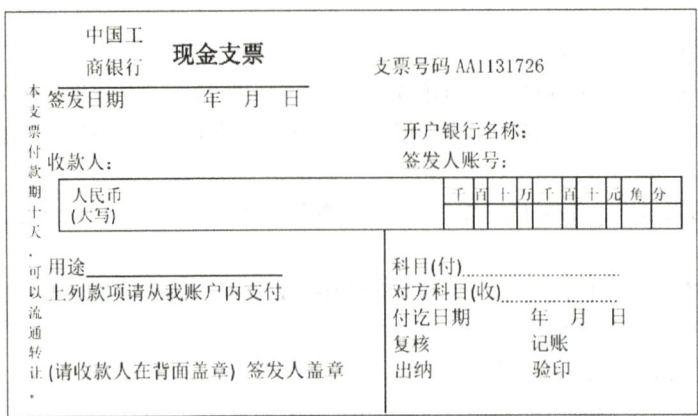

图 9-1 现金支票

（2）根据资料（2），填制转账支票（见图 9-2）。

沪 中国工商银行 **转账支票** 支票号码 AC1160175

本支票付款期十天，可以流通转让。

签发日期 年 月 日

开户银行名称：

收款人： 签发人账号：

人民币（大写）	千	百	十	万	千	百	十	元	角	分

用途______　科目(付)……

上列款项请从我账户内支付　对方科目(收)……

转账日期 年 月 日

复核 记账

签发人盖章 复核 记账 验印

图 9-2 转账支票

（3）根据资料（3），填制暂支单（见图 9-3）。

暂支单

20 年 月 日　编号……

收款人	
暂支事由	
暂支金额	人民币
预计归还日期	20 年 月 日

部门主管　申请人　受款人(签收)

图 9-3 暂支单

（4）根据资料（4），填制医药费报销单（见图9-4）。

医药费报销单 20 年 月 日				职工	退休	家属
职工姓名		家属姓名		与本人关系		
医药费		凭证张数	全部金额		报销金额	
挂号费						
针药费						
外配药						
按规定报销人民币(大写)		万 仟 百 拾 元 角 分				
审核部门签名			报销人签名			

图9-4 医药费报销单

（二）记账凭证的填制与审核

资料：A公司2022年6月发生下列经济业务，请填制这些业务的专用记账凭证。

（1）6月11日，购入A材料2 500kg，买价50 000元，增值税进项税额8 500元，款项通过银行付讫，材料已验收入库。填写如表9-7所示的付款凭证。

表9-7 付款凭证

贷方科目：　　　　　　　　　　　年　月　日　　　　　　　　　　　字第　号

领款人	摘要	借方科目		金额									记账	附单据　张
		总账科目	明细科目	千	百	十	万	千	百	十	元	角	分	
		合计金额												

会计主管　　　　　记账　　　　　稽核　　　　　出纳　　　　　制单　　　　　领款人签章

（2）6月12日，收到投资者追加投资10万元，存入银行。填写如表9-8所示的收款凭证。

表9-8 收款凭证

借方科目：　　　　　　　　　　　年　月　日　　　　　　　　　　　字第　号

领款人	摘要	贷方科目		金额									记账	附单据　张
		总账科目	明细科目	千	百	十	万	千	百	十	元	角	分	
		合计金额												

会计主管　　　　　记账　　　　　稽核　　　　　出纳　　　　　制单　　　　　领款人签章

（3）6月30日，预提应由本月负担的短期借款利息3 000元。填写如表9-9所示的转账凭证。

表9-9 转账凭证

摘要	总账科目	明细科目	借方金额 千 百 十 万 千 百 十 元 角 分	贷方金额 千 百 十 万 千 百 十 元 角 分	记账
	合计金额				

会计主管   记账   稽核   出纳   制单   领款人签章

（4）6月10日，收到上月乙公司所欠销货款5 000元，存入银行。填写如表9-10所示的收款凭证。

表9-10 收款凭证

借方科目：

摘 要	贷方科目 总账科目　明细科目	金 额 千 百 十 万 千 百 十 元 角 分	记账
	合计金额		

会计主管   记账   稽核   出纳   制单   领款人签章

（5）6月15日，从银行提取现金4万元。填写如表9-11所示的付款凭证。

表9-11 付款凭证

贷方科目：

领款人	摘 要	贷方科目 总账科目　明细科目	金 额 千 百 十 万 千 百 十 元 角 分	记 账
		合计金额		

会计主管   记账   稽核   出纳   制单   领款人签章

（6）企业生产产品领用原材料 23 000 元，生产车间管理方面耗用原材料 4 000 元，共计 2.7 万元。填写如表 9-12 所示的转账凭证。

表 9-12　转账凭证

年　月　日　　　　　　　　　　字第　号

摘要	总账科目	明细科目	借方金额 千 百 十 万 千 百 十 元 角 分	贷方金额 千 百 十 万 千 百 十 元 角 分	记账
	合计金额				

会计主管　　　记账　　　稽核　　　出纳　　　制单　　　领款人签章

（7）6 月 30 日，购买甲材料一批，价款 5 万元，支付现款 2 万元，余款签发半年期银行汇票一张进行支付。填写如表 9-13 所示的付款凭证和如表 9-14 所示的转账凭证。

表 9-13　付款凭证

贷方科目：　　　　　　　　　　年　月　日　　　　　　　　　　字第　号

领款人	摘要	贷方科目 总账科目 明细科目	金额 千 百 十 万 千 百 十 元 角 分	记账
		合计金额		

会计主管　　　记账　　　稽核　　　出纳　　　制单　　　领款人签章

表 9-14　转账凭证

年　月　日　　　　　　　　　　字第　号

摘要	总账科目	明细科目	借方金额 千 百 十 万 千 百 十 元 角 分	贷方金额 千 百 十 万 千 百 十 元 角 分	记账
	合计金额				

会计主管　　　记账　　　稽核　　　出纳　　　制单　　　领款人签章

第十章

会计账簿

第一节 会计账簿概述

一、会计账簿的定义

会计账簿简称账簿,是由具有一定格式而又相互连接的账页组成,用以连续、系统和全面地记录各项交易或事项,为会计报告存储信息数据的簿籍。

(1)账簿的基本构成和功能。账簿一般由封面、封底、扉页和账页组成。封面和封底起保护扉页和账页的作用。扉页用于说明登记账簿须知,填写账簿启用及交接记录等。账页是账簿的构成主体,也是专门用于记录交易或事项内容的载体。在一个账簿中可以只设立一个账户,也可以设立若干个账户,具体根据记录交易或事项的需要而定。

(2)设立和登记账簿的目的有两个:满足记录交易或事项的要求;为会计报告进行信息存储,进而为会计期末编制会计报表提供依据。

二、账簿的设置意义

设置账簿具有重要意义:设置账簿可以系统全面地积累会计信息资料;设置账簿可以考核企业财务状况,为评价经营者业绩等提供依据;设置账簿可以为企业财务报告的编制提供基础性数据资料。

三、账簿的设置原则

一个企业应设置哪些账簿,各类账簿应设置多少,应根据企业自身经营活动的特点和交易与事项处理需要决定。通常企业设置账簿应遵循四个基本原则。

(1)满足需要。企业设置账簿首先应满足对可能发生的所有交易或事项进行记录的需要,保证交易或事项的发生所引起的各项会计要素的增减变动及其结果能得到连续、系统、全面的反映。设置账簿还应能够满足企业对财务状况、经营成果和现金流量等信息进行加工整理,向会计信息使用者及时提供高质量会计信息的需要。

(2)组织严密。设置的各种账簿应形成严密的账簿体系,避免漏设必要的账簿和重复设置账簿。账簿之间提供的信息应具有严密的勾稽关系,各种账簿在记录交易或事项上应既有明确分工,又有一定的内在联系。

(3)精简灵便。在满足会计记录需要的前提下,账簿设置应力求精简,不宜过多或过少,以节约人力、物力和财力,降低会计管理活动成本。

（4）结合实际。设置账簿时，应结合企业经营活动的特点，考虑经营规模大小和交易或事项的多少。在经营规模大、交易或事项发生频繁的企业，设置的账簿往往较多。此外，还应考虑会计机构的设置和会计人员的配备。

四、账簿的登记规则

账簿的登记规则是会计人员在账簿启用和账簿登记的过程中应遵守的要求。

（一）账簿的启用规则

为保证账簿记录的合法性，明确记账人员的责任，在启用订本式账簿时，应在账簿扉页上填写账簿启用及交接记录，包括单位名称、账簿名称、启用日期、记账人员和主管人员姓名等。在使用活页账或卡片账时，应定期装订成册，填写账簿使用登记表。在一个账簿中设置多个账户时，还应填写账户目录表，注明账户名称及所在页数，以便于查找和登记。

（二）账簿的记录规则

1. 依据凭证登记

账簿必须根据审核无误的记账凭证及所附的原始凭证登记。应将记账凭证的日期、编号、摘要、金额及其他有关资料逐项记入账户。登记完毕后，记账人员应在记账所依据的记账凭证上签名或盖章，并在"记账"栏画"√"当作标记，以免重复记账。

2. 内容登记齐全

应当逐项填列账页上的日期、会计凭证种类和号数、摘要、借方发生额、贷方发生额等栏次。凡是需要登记会计科目的，必须填列会计科目的名称，或者同时填列会计科目的名称和编号。各栏次内容的登记应做到不漏不错，数字准确，摘要清楚，登记及时，字迹工整。

3. 书写适当留格

在登记账簿时，书写的文字和数字不要写满行，文字和数字一般占行高的一半，在文字和数字上方要适当留有空距，以便在发生错账时为填写正确的文字或金额留有余地。

4. 使用蓝黑墨水

登记账簿时要使用蓝黑墨水或碳素墨水，不得使用圆珠笔或铅笔书写。

5. 红字限制使用

在登记账簿上，红字表示减少数，不能随便使用。可以使用红字的四种情况如下：

（1）根据用红字编制分录的记账凭证在账页上冲销错账。

（2）在不设借方（或贷方）栏的多栏式账页中登记减少数。

（3）在三栏式账户的"余额"栏前，如果未印有"借或贷"表明余额性质的栏次，在"余额"栏登记负数余额。

（4）根据会计规范要求可以用红字登记的其他方面。

6. 账页连续登记

登记账簿时，通常按编定的页码顺序连续记录，不得跳行或隔页。如果不慎产生跳行或隔页，对账页不得随意涂改、撕毁或抽换。应将空行或空页用红线对角划掉，并在"摘要"栏注明"此行空白"或"此页空白"字样，记账人员在更正处签名或盖章。

7. 注明余额方向

凡是需要结出余额的账户，结出余额后应在"借或贷"栏内写明"借"或"贷"字样。账户没有余额时，应在"借或贷"栏内写"平"字，在余额栏内写"0"，在其上划一条波浪线或斜线，表示没有余额。

8. 账页结转处理

登记账簿时，每张账页应在最后一行结出本页发生额合计数及余额，并在"摘要"栏内注明"过次页"字样。然后将本页发生额合计数及余额填在接续账页的第一行，并在该行的"摘要"栏内注明"承前页"字样。

9. 规范更正错账

登记账簿时发生错误，不得刮擦、挖补、涂抹或用褪色药水更改字迹，也不准更换账页重新抄写。发生错误时，应按规定的方法进行更正。

五、账簿的保管

会计账簿是会计信息的主要载体，也是企业的重要经济档案，必须建立账簿的保管制度，以确保账簿的安全与完整。

账簿平时管理的要求。应切实做到以下几点：专人管理，保证安全；查阅复制，须经批准；除非必要，不得外带。

使用过的账簿归档保管要求。使用过的账簿是指年度终了时更换下来的账簿。在这些账簿中记录了企业过去发生的交易或事项，是企业重要的经济档案，更应按要求归档保管。对使用过的账簿归档保管的要求包括：归类整理，保证齐全；装订成册，手续完备；编制清单，归档保管；妥善保存，期满销毁。

第二节　账簿的种类

一、按账簿的用途分类

1. 序时账簿

序时账簿也称日记账，是按交易或事项发生的时间顺序逐日逐笔进行登记的账簿。按其记录交易或事项内容的不同分为特种日记账和普通日记账两类。

（1）特种日记账是专门用来登记某些重要的交易或事项，根据记账凭证逐日逐笔登记的序时账簿，应用较多的是库存现金日记账和银行存款日记账。企业在设立特种日记账时，通常对其他交易或事项不再设立序时账簿，而是设立明细账进行记录。

（2）普通日记账是可以用来登记所有交易或事项的序时账簿。在普通日记账中，通常根据每天交易或事项发生的先后顺序，逐笔确定会计分录，并作为登记分类账的依据，实务中较少采用。

2. 分类账簿

分类账簿包括总分类账簿（简称总账）和明细分类账簿（简称明细账），可分别用于设立总分类账户和明细分类账户。

（1）总账在这类账簿中根据总分类科目设立的总分类账户，可以对企业发生的所有交易或事项进行总括登记，提供各账户记录内容的总括信息。

（2）明细账在这类账簿中根据明细分类科目设立的明细分类账户，可以对企业发生的所有交易或事项具体内容进行细化登记，提供各账户记录内容的详细信息，并能对其所隶属的总分类账户提供的总括信息起到补充和说明的作用。

3. 备查账簿

备查账簿也称辅助账簿，是对序时账和分类账中未能记载但又与交易或事项关系密切的相关情况进行记载以备查考的账簿。比如，企业对于租入的固定资产应设立租入固定资产登记簿，记录固定资产的租入时间、租赁期限、归还时间以及租金的支付时间和支付方式等。又如，企业设立的应收账款登记簿、应付账款登记簿和各种借款登记簿等。备查账簿不是根据会计科目设置的，与其他账户之间不存在账务处理上的直接关系，在登记过程中不必遵循复式记账规则，没有规定的格式，由企业根据记载备忘事项的需要自行选用。

二、按账簿的外表形式分类

1. 订本式账簿

订本式账簿简称订本账，这种账簿在启用前把若干账页按顺序编号并装订成册。一些具有统驭作用的账簿，以及记录特别重要的交易或事项的账簿都采用订本账。比如，各种总账、库存现金日记账和银行存款日记账等。订本账的优点是：可以避免账页的散失，防止账页被人为抽换，保证账簿的安全完整。但订本账也存在不足：使用起来不够灵活；如果需要在一个账簿中设置多个账户，很难确定究竟该为每个账户预留多少账页，不能保证账户记录的连续性；造成记账上的不便。

2. 活页式账簿

活页式账簿简称活页账，该账簿在启用前不进行装订，其账页设置在账页夹中，会计人员可根据设置的账户和记账的需要随时取用，当一页账页记满时，可随时补充空白账页。明细账一般采用活页账。活页账的优点是：账页使用灵活方便；可根据记账需要灵活选用账页用量，避免账页浪费；便于会计人员记账，提高交易或事项的处理效率。活页账也存在不足：账页平时散置，容易造成账页散失或被人为抽换，难以保证账簿的安全完整。对已登记完的账页应连续编号存放。会计期末，应将已记录交易或事项的账页装订成册，形成订本账。

3. 卡片式账簿

卡片式账簿简称卡片账，这种账簿利用卡片式账页记录交易或事项，主要适用于登记那些在企业的经营过程中长期存续，需要在多个会计期间连续进行账务处理的交易或事项。比如，企业的固定资产可以采用卡片账方便保管。使用卡片账时，应对卡片式账页分类连续编号，并利用卡片箱妥善保管。卡片账可以跨年使用，适用范围较窄，其优缺点与活页账基本相同。

第三节 序时账簿的登记

一、三栏式库存现金日记账的登记

三栏式库存现金日记账的账页中专门设置了借方、贷方和余额三栏，分别用于记录库存现金的增加额、减少额和余额。三栏式库存现金日记账的基本登记方法是：由出纳员编制库存现金收款凭证和库存现金付款凭证，按照交易或事项发生的时间顺序逐日逐笔登记。

需要在库存现金日记账上填写的内容："日期"填写收付款凭证上的日期；"对方科目"填写分录中库存现金科目的对应科目；"凭证号"填写收付款凭证编号；"摘要"简要说明交易或事项内容；"借方"或"贷方"根据收付款凭证金额及本日合计数填列；"余额"每日终了计算填列余额。

对于从银行提取现金的交易，由于只填制银行存款付款凭证，不再填制库存现金收款凭证，因而应根据银行存款付款凭证登记。登记时应依据记账凭证上的内容，按日记账上的项目逐项填写。每日业务终了，应结出当日余额，并与库存现金核对相符，即"日清"。

二、三栏式银行存款日记账的登记

三栏式银行存款日记账专门设置借方、贷方和余额三栏，分别用于记录银行存款的增加额、减少额和余额。三栏式银行存款日记账的登记方法与库存现金日记账的登记方法基本相同：由出纳员根据银行存款收款凭证和银行存款付款凭证，按照交易或事项发生的时间顺序逐日逐笔登记。对于将库存现金存入银行的交易，由于按要求只填制库存现金付款凭证，应根据库存现金付款凭证登记。登记时应根据日记账上的栏次逐项填写。每日业务终了时应结出当日余额，并要将记录结果定期与银行之间核对相符。

需要在银行存款日记账填写的内容："日期"填写收付款凭证上的日期；"对方科目"填写分录中银行存款科目的对应科目；"凭证号"填写收付款凭证编号；"摘要"简要说明交易或事项内容；"结算凭证"填写结算凭证的种类和号数；"借方"或"贷方"根据收付款凭证金额及本日合计数填列；"余额"每日终了计算填列余额。

"结算凭证"是银行存款日记账特有的一栏，登记的是企业通过银行办理收付款结算业务时所使用的一些专门凭证。在登记银行存款日记账时，相应地要注明这些结算凭证的种类和号数，以便于定期或不定期与银行进行核对。

三、两栏式普通日记账的登记

两栏式普通日记账是指在日记账中主要设置借方和贷方两个基本栏次，用以登记有关会计科目发生额的增加或减少，并逐日逐笔登记。这种日记账实务中很少采用。

两栏式普通日记账需要填写的内容："日期"填写收付款凭证上的日期；"摘要"简要说明交易或事项内容；"原始凭证"栏登记依据不再是记账凭证；"分类账页"过入分类账所在的账页；"对应账户""借方""贷方"利用账页的有关栏次编制会计分录。

四、分栏式普通日记账的登记

分栏式普通日记账是指在日记账中按企业会计上常用的会计科目分设专栏,对经常重复发生的交易或事项在各分设栏次中逐日逐笔登记的一种账簿。但账页规格往往过大,既不便于登记,也不利于记账分工,实务中很少采用。

分栏式普通日记账需要填写的内容:"日期"填写收付款凭证上的日期;"摘要"简要说明交易或事项内容;"原始凭证"栏登记依据不再是记账凭证;"银行存款"等科目按发生的交易或事项经常使用的科目设置专栏,并按专栏登记;"银行存款"等科目的"本月合计"期末时汇总登记分类账。

第四节 分类账簿的登记

一、三栏式总账的登记

三栏式总账的账页上设置借方栏、贷方栏和余额栏,分别登记账户的增加额、减少额和余额。总账一般采用三栏式订本账。三栏式总账可采用逐笔登记和汇总登记两种方法。逐笔登记是根据专用记账凭证或通用记账凭证,按照交易或事项的发生时间顺序逐笔登记。汇总登记先将以上专用记账凭证或通用记账凭证定期汇总,根据汇总的金额登记。三栏式总账的汇总登记,是先将专用或通用记账凭证定期进行汇总,编制科目汇总表或汇总记账凭证,之后根据汇总金额进行登记的一种方法。

三栏式总账的填写:"日期"填写记账凭证日期;"借方"和"贷方"根据记账凭证所列金额填列;"凭证号"填写记账凭证种类及其编号;"摘要"简要说明交易或事项的内容;"借或贷"根据余额性质填列,无余额时写"平";"余额"一般月末计算填列。三栏式总账的样表如表 10-1 所示。

表 10-1 总分类账

会计科目:库存现金 单位:元

20××年		凭证号数	摘 要	借 方	贷 方	借或贷	余 额
月	日						

二、三栏式明细账的登记

明细账一般采用活页账或卡片账,账页的格式有三栏式、数量金额式和多栏式三种。具体采用哪种账页格式,应根据交易或事项明细核算的要求确定。登记的基本要求是根据通用或专用记账凭证,按照交易或事项发生的时间顺序逐笔登记。对明细账不能采用汇总登记的方法。

三栏式明细账的格式与三栏式总账相同,即在账页上设置借方、贷方和余额栏次,分别登记增减发生额和余额,并要逐笔登记。三栏式明细账适用于债权债务等只需要反映价值指标的交易或事项的记录。

三、数量金额式明细账的登记

数量金额式明细账在账页上的收入、发出和结余三栏中,再分别设置数量栏、单价栏和金额栏。在登记过程中,既要登记金额,又要登记数量和单价,并要逐笔登记。这种账簿适用于既反映价值指标,又反映实物量指标的交易或事项的记录,比如,企业对材料、设备和产品等资产的明细核算。数量金额式明细账的样表如表10-2所示。

表10-2 原材料明细分类账户

材料名称：××材料

20××年		凭证号数	摘要	收入			发出			结余		
月	日			数量/kg	单价(元/kg)	金额(元)	数量/kg	单价(元/kg)	金额(元)	数量/kg	单价(元/kg)	金额(元)

四、多栏式明细账的登记

多栏式明细账在账页上的借方、贷方或借贷双方再设置若干专栏,用于登记明细项目多、记账方向又比较单一的交易或事项。比如,企业的管理费用包括工资、福利费、折旧费和办公费等,为详细反映这些费用的发生情况,需要在账页上按费用的项目内容设置多个专栏,当费用发生以后,要在预先设置的栏次中登记。多栏式明细账通常平时多用来登记增加额,有的账户只在月末才登记一次减少额,这种账页格式一般只按增加额一方设置,而不设计账户的对应方栏次。减少额可在登记增加额的栏次中用红字登记。多栏式明细账适用于费用类、收入类等只需要提供价值量指标的交易或事项的记录。

在实务中,借方多栏式明细账使用较多,比如,"管理费用""在途物资""制造费用"等,其核算的具体内容较多且相对固定;有些账户是利用贷方记录增加额的,在设置这种明细账时,应在账页贷方设计多个专栏,比如"主营业务收入";还有个别明细账在借方和贷方都设计多个专栏,比如"应交税费——应交增值税"。多栏式明细账的样表如表10-3所示。

表10-3 生产成本明细账

产品名称：××产品　　　　　　　　　　　　　　　　　　　　　　产量：××件

20××年		凭证号数	摘要	成本项目				合计
月	日			材料	动力	直接人工	制造费用	

第五节 对　　账

对账,即账目核对,是企业将其日常交易或事项完整地记入有关账户以后,为保证账证相符、账账相符及账实相符等,将相关凭证之间、账户记录的有关数据与有关会计凭证之间、相关账户数据之间及其与各种资产等之间进行核对的工作。账目核对包括日常核对和定期核对。日常核对是指会计上在对日常发生的交易或事项进行会计处理过程中,将会计凭证中的原始凭证和记账凭证进行核对,简称证证核对。定期核对是在会计期末进行的账目核对,期末对账可分为账项调整前的核对和账项调整后的核对。账项调整前对账主要是针对企业在当期新发生的各种交易或事项的会计记录而进行的,既包括企业当期已经收到或支付货币资金的交易,也包括当期已经实现或发生但并没有支付货币资金的事项。在期末账项调整前,可进行账账核对和账实核对。对账的主要目的是保证账户记录的准确性和完整性。对账的内容主要包括账证核对、账账核对、账实核对和债权债务核对。

一、账证核对

账证核对是指将账户记录与记账凭证和原始凭证进行核对。这种核对是由账户记录与会计凭证之间的密切联系决定的。账证核对可以使错账及时得以发现和更正。账证核对的方法有逐笔核对和抽查核对。其中,逐笔核对是指将账户记录逐笔与有关的记账凭证或原始凭证进行核对。抽查核对是指根据查验需要,有针对性地选择部分账户的记录与其相关的会计凭证进行核对。

二、账账核对

账账核对是指将各种账户之间的有关数据进行核对,它包括以下四个方面：

(1)各总账之间的核对。它是指将当期所有总账的借方、贷方发生额合计数之间,以及这些账户的期末借方、贷方余额合计数之间分别进行核对。该核对是由总账的复式记账决定的。核对方法可采用编制总账发生额及余额试算表进行。

(2)总账与日记账之间的核对。它是指将"库存现金""银行存款"等总账的本期发生额和期末余额分别与其日记账的本期发生额合计数及期末余额合计数之间进行核对。该核对是由总账与日记账之间的平行登记决定的。核对方法是将总账的发生额或余额直接与其所属的日记账的发生额或余额合计数进行核对。

(3)总账与明细账之间的核对。它是指各总账的本期发生额和余额与其所属明细账的本期发生额合计数及期末余额合计数之间进行核对。这是由总账与明细账之间的平行登记决定的。核对方法是采用总账与明细账发生额及余额试算表进行。

(4)明细账之间的核对。它是指将会计部门登记的各种财产物资明细账的记录与财产物资保管或使用部门设置的明细账进行核对。这是由各级明细账之间存在的发生额和余额之间的相等关系决定的。核对方法主要是直接核对。

三、账实核对

账实核对是指企业在会计期末时将各账户的余额和各项财产物资的实存数之间进行核

对。这是由账户的记录内容与各种财产物资实际状况之间的密切关系决定的。核对内容有以下三项：

（1）各种财产物资明细账余额与其实际结存数量之间的核对，核对方法是实地盘点法。

（2）每天库存现金日记账的余额与库存现金实际数之间的核对，核对方法是清查盘点。

（3）银行存款日记账的记录及余额与银行对账单之间的核对，核对方法是将企业的银行存款日记账与银行对账单进行核对。

四、债权债务核对

债权债务核对是指将应收款和应付款明细账的余额分别与债务人和债权人进行核对。这是由账户的记录内容与各种债权债务的实际状况之间的密切联系决定的。核对方法是利用往来款项对账单进行核对。

第六节　错　账

一、错账的类型

从记账凭证的填制和登记账簿两个环节来看，错账有以下两种类型：

1. 记账凭证正确，但登记账簿时发生错误

记账凭证正确是指在凭证上编制的会计分录，无论会计科目还是登记方向与金额等都没有问题。在记账过程中，登记的账户以及账户登记方向也没有问题，只是将登记的金额写错，由此产生错账。

2. 记账凭证错误，引发账簿登记错误

（1）记账凭证上会计科目用错引发的错账，即在记账凭证上编制会计分录时，搞错了账户之间的对应关系，编制了与实际发生的交易或事项不符的会计分录并已登记入账，从而形成错账。

（2）在记账凭证上将金额写多引发的错账，即在记账凭证上编制会计分录时，会计科目的对应关系是正确的，只是金额多于实际发生额并已登记入账，在有关账户中登记的金额会大于应当登记的金额而形成错账。

（3）在记账凭证上将金额少写引发的错账，即在记账凭证上编制会计分录时，会计科目的对应关系是正确的，只是填写的金额少于实际发生额并已登记入账，在有关账户中登记的金额会小于应当登记的金额而形成错账。

二、错账的形成原因

形成错账的原因很多，通过编制试算平衡表发现的错账，往往是影响试算表上借方、贷方合计数或余额之间平衡关系的错账。如果在账簿登记过程中存在错账，试算平衡表中借方、贷方发生额合计数就会失衡。常见的错账原因有三种：一是在登记账户时，漏记了一项业务的借项或贷项；二是在登记账户时，将某一账户的借项或贷项方向记反，即将应记入某一账户借方的发生额记入了该账户的贷方，或相反；三是在登记账户时，数字的次序颠倒。

三、错账的查找方法

当发现试算平衡表上的借方、贷方合计数不平衡时,首先应确定错账的差数。根据差数的某些特征,分析错账的基本原因,按照一定的线索查出错账所在。采用的基本方法有以下三种:

1. 差数法

它是根据试算表中借方、贷方合计数的差额直接查找错账的一种方法。该方法适用于查找在账户中漏记某方的发生额或漏算某些账户的发生额而引起的错账。

2. 除二法

它是将确定的差额除以 2,根据商数查找错账的一种方法。该方法适用于查找在账户中因将发生额的方向记反而引起的错账。利用该方法时,两者的差数必须能被 2 整除。

3. 除九法

它是将确定的差额除以 9,根据商数的某些特征查找错账的一种方法。该方法适用于查找在账户中因将发生额的位置记颠倒或金额记大、记小等而引起的错账。利用该方法时,其差数必须能够被 9 整除。

四、错账的更正方法

错账的更正方法主要有划线更正法、红字更正法和补充登记法三种,分别适用于四种不同错账类型。

1. 划线更正法

它适用于更正记账凭证正确但在登记账簿时发生错误的错账。具体更正方法是:如果在记账后、期末结账前发现账簿记录有错误,可先在错误的数字或文字上划一条红线表示注销原来的错账,之后在划过线的数字或文字上端填写正确的数字或文字,并在更正处加盖更正人员的名章,以明确责任。经过这样处理,错账得到更正。对划分更正法应规范使用。利用划线更正法更正错账时,对于错误的数字或文字必须用红线全部划掉,不能只划掉数字或文字中错误部分。被划掉的数字或文字应保持清晰可辨,以备查考。

2. 红字更正法

红字更正法又称红字冲销法,通常适用于更正在记账凭证上将会计科目用错和金额多写而引发的两类错账。

(1)更正由于记账凭证上会计科目用错而引发的错账的方法。如果在记账以后、结账之前发现记账凭证上的会计科目用错,应首先用红字填制一张与原来错误的记账凭证相同的记账凭证,并据以登记有关账户。由于红字在会计上表示减少数,用红字登记有关账户以后,就冲销了原来的错误记录。再用蓝字填制一张正确的记账凭证,重新登记有关账户,以正确记录实际发生的交易或事项。

(2)更正由于记账凭证上金额多写而引发的错账的具体方法。在记账以后,如果记账凭证上的会计科目和方向没有用错,但所填列的金额大于正确金额,应根据正确的会计科目和正确金额与错误金额二者之差用红字填制一张记账凭证,并据以登记有关账户,冲销原来多记的金额。

3. 补充登记法

补充登记法适用于更正记账凭证上金额少写而引发的错账。具体方法为：在记账以后，如果发现记账凭证上的会计科目没有用错，但所填列金额少于正确金额，应根据正确的会计科目和正确金额与错误金额二者之间的差额用蓝字填制一张记账凭证，并据以登记有关账户，对原来少记的金额部分加以补记。

第七节　结　账

一、结账的定义

结账是指在会计期末对该会计期间的账簿记录所做的结束工作，也称为期末结账。结账是计算出每个账户的本期发生额和期末余额，并将期末余额结转至下一会计期间的方法。结账分为日常结账和期末结账两种。

1. 日常结账

日常结账只针对序时账簿，即库存现金日记账和银行存款日记账必须按要求逐日结出余额，其中库存现金日记账上的当日余额还应与财会部门保管的现金实存数核对相符，银行存款日记账的余额还应定期或不定期地与银行对账单的实存数核对相符。

2. 期末结账

期末结账是对企业所设置的各种总账和明细账的记录所做的结束工作。

二、结账的意义

期末结账具有重要意义：一是可按会计分期的要求，通过结账计算企业在会计期末的财务状况和该会计期间的经营成果；二是可以为期末编制会计报表提供必要的数据资料。

要点回顾

会计账簿由具有一定格式的账页组成，是以会计凭证为依据，全面、连续地记录一个单位的经济业务，对大量分散在会计凭证上的数据或资料进行分类归集整理，逐步加工成有用的会计信息的工具。各单位会计账簿的设置，首先应以国家统一的会计法规为依据，其次应以单位的实际业务需要为出发点，具体来说，设置的会计账簿要能全面、系统地反映会计主体的经济活动，为经营管理提供会计核算资料和满足不同会计信息使用者的需要。

我国《会计基础工作规范》中规定了会计账簿包括总账、明细账、日记账和其他辅助性账簿。总账也称为分类账，它是按规定的一级会计科目设置的，外表形式为订本式账簿，用于总括反映资产、负债、所有者权益、收入、费用类项目的变化情况。明细账也称明细分类账，通常是根据二级科目或三级科目设置的，外表形式为活页账簿，用于明细反映资产、负债、所有者权益、收入、费用类项目的变化情况。明细账是对总账的补充和具体化，二者之间相互制约与补充，这也是总账与明细账平行登记的必然结果。日记账又称为序时账或日记账簿,日记账的外表形式为订本式账簿。为了加强库存现金和银行存款的管理和核算,现行会计法规要求各单位必须设置库存现金与银行存款日记账,以便逐日核算与监督库存现金与银行存款的收入、付出与结存情况。辅助性账簿也称为备查账簿,此类账簿可以对某些经济业务的内容提供必要的参考资料,如租入固定资产、代管商品及物资的登记簿,都属于辅助性账簿。辅助性账簿没有固定的格式,也不是必设账簿,各单位可以根据具体情况和实际需要进行设置。

登记账簿是会计核算的一项基础工作,账簿登记是否正确与规范,直接影响会计核算的质量。因此,依据审核无误的记账凭证登记账簿时,必须符合会计法规的相关要求。如果会计账簿记录发生错误,应根据记账差错的具体情况,采用正确的方法进行更正。常用的错账更正方法有划线更正法、红字更正法和补充登记法等。

课程思政

账簿小要求

【思政目标】

通过"账簿小要求"的分析,将会计工作的交接与会计档案管理相结合,让学生认识到会计工作的严谨性,告诉学生要严格遵守会计准则,充分认识会计档案的重要性,重视会计档案的管理要求。

【思政案例】

2020年1月,A服装厂发生如下事项:

(1) 9日,该厂会计人员小张脱产学习一星期,会计科科长指定出纳小李兼管小张的债权债务账簿登记工作,未办理会计交接手续。

(2) 11日,该厂档案科同会计科销毁了一批保管期限已满的会计档案,未报经厂领导批准,也未编制会计档案销毁清册;销毁后未履行任何手续。

【思政问题】

(1) 出纳小李临时兼管小张的债权债务账簿登记工作是否符合规定?

(2) 会计人员小张脱产学习一星期,是否需要办理会计工作交接手续?

(3) 该厂档案科同会计科销毁保管期满的会计档案在程序上是否符合规定?

切实"坚持原则",树立"责任使命"

【思政目标】

理解不忘初心的核心要义和精神实质,塑造良好的品格、品行,树立正确的世界观、人生观和价值观,把学和做有机结合,做到学思用贯通、知信行统一。

【思政案例】

小张在应聘A公司的会计时,发现A公司有几个与其他公司不一样的地方:一是公司的所有账户都使用活页账记录,理由是这样便于改错;二是公司的应收账款和应付账款都是直接用会计凭证控制,不再记账;三是在记账时如果发生了错账允许使用涂改液进行涂改,但是强调必须由责任人签字;四是经理要求小张在登记库存现金总账的同时也要负责出纳工作。

【思政问题】

（1）为什么对发生的经济业务，在登记记账凭证后还需要登记账簿？

（2）A公司在上述账簿登记和管理工作中存在什么问题？

工作"细致严谨"，追求"精益求精"

【思政目标】

理解不忘初心的核心要义和精神实质，塑造良好的品格、品行，树立正确的世界观、人生观和价值观，把学和做有机结合，做到学思用贯通、知信行统一。

【思政案例】

小张暑假到A公司财务部实习，协助财务经理做一些工作。该公司是一家中等规模的商贸企业，主营若干类化工产品批发，每个月的采购和销售活动比较多。该公司现阶段还是采用手工方式进行会计账务处理。公司财务部共6人：财务经理1人，管理日常的会计工作，登记总账，报税和编制财务报表等；出纳1人，负责现金和银行存款收付相关业务，登记库存现金日记账和银行存款日记账；会计3人，负责凭证编制和明细账登记，其中，1人负责往来款项和费用业务，1人负责存货和固定资产业务，1人负责其他业务的明细账；稽核1人，负责会计凭证审核、会计凭证装订和会计档案保管。

【思政问题】

3位明细账会计平时依据会计凭证登记了各自负责的明细账，那么财务经理是否需要把这些凭证全部登记一次总账，这样做是否重复劳动？

练 习 题

一、单选题

（一）会计账簿概述

1．以下不符合账簿平时管理的具体要求的是（　　）。

A．各种账簿应分工明确，指定专人管理

B．会计账簿只允许在财务室内随意翻阅查看

C．会计账簿除需要与外单位核对外，一般不能携带外出

D．账簿不能随意交予其他人员管理

2．根据记账规则的要求，文字和数字要书写端正、清楚，不宜满格，通常应占格局的（　　）。

A．1/2　　　　　B．1/3　　　　　C．2/3　　　　　D．3/4

3．（　　）是指对所发生的每项经济业务事项，都要以会计凭证为依据，一方面记入有关总分类账户，另一方面记入有关总分类账户所属明细分类账户的方法。

A．复式记账法　　B．借贷记账法　　C．平行登记　　D．同时登记

4．以下不属于总分类账户与明细分类账户的平行登记要点的是（　　）。

A．依据相同　　　B．方向相同　　　C．金额相等　　　D．账簿相同

5．登记账簿的依据是（　　）。

A．经济合同　　　B．有关文件　　　C．会计分录　　　D．会计凭证

6. 下列账簿不能采用多栏式账页的是（　）。
   A．总账　　　　　　B．管理费用明细账　　C．库存现金日记账　　D．银行存款日记账
7. 记账凭证上记账栏中"√"记号表示（　）。
   A．已经登记入账　　B．已经审核　　　　　C．此凭证作废　　　　D．此凭证编制正确
8. 必须采用活页式的账簿是（　）。
   A．银行存款日记账　B．库存现金日记账　　C．总分类账　　　　　D．明细账
9. 下列账户中，必须采用订本式账簿的是（　）。
   A．原材料明细账　　B．库存商品明细账　　C．银行存款明细账　　D．固定资产明细账
10. 订本式账簿的主要缺点是（　）。
    A．使用不灵活，不便于分工　　　　　　B．账页易散失
    C．账页容易被抽换　　　　　　　　　　D．不能有效防止记账差错
11. 账簿登记完毕，在记账凭证的"记账"做出标记，主要是为了（　）。
    A．便于明确记账责任　B．避免错行或隔页　C．避免重记或漏记　D．避免凭证丢失
12. 在登记账簿过程中，每一账页的最后一行及下一页第一行都要办理转页手续，是为了（　）。
    A．便于查账　　　　B．防止遗漏　　　　　C．防止隔页　　　　　D．保持记录的连续性
13. 下列做法中，不符合记账规则的是（　）。
    A．登账后在记账凭证中做记账符号"√"　　B．记账时发生跳行，在该空行处划线注销
    C．结出每一账页的发生额合计和余额　　　D．使用圆珠笔记账
14. 下列说法错误的是（　）。
    A．库存现金日记账采用三栏式账簿　　　　B．产成品明细账采用数量金额式账簿
    C．生产成本明细账采用三栏式账簿　　　　D．制造费用明细账采用多栏式账簿
15. 在登记账簿时，若经济业务发生日期为2022年4月12日，编制记账凭证日期为4月16日，登记账簿日期为4月17日，则账簿中的"日期"栏登记的时间为（　）。
    A．4月12日　　　　　　　　　　　　　　B．4月16日
    C．4月17日　　　　　　　　　　　　　　D．4月16日或4月17日均可
16. 多栏式银行存款的记账属于（　）。
    A．明细分类账　　　B．备查账簿　　　　　C．总分类账　　　　　D．序时账
17. 可以作为编制会计报表直接依据的账簿是（　）。
    A．分类账簿　　　　B．序时账簿　　　　　C．备查账簿　　　　　D．特种日记账
18. 将账簿划分为序时账、分类账和备查账的依据是（　）。
    A．账簿的用途　　　B．账簿的登记方式　　C．账簿登记的内容　　D．账簿的外表形式
19. 总账与特种日记账的外表形式应采用（　）。
    A．卡片式　　　　　B．活页式　　　　　　C．任意形式　　　　　D．订本式
20. 凡带有统驭性和比较重要的账簿一般采用（　）。
    A．订本式　　　　　B．活页式　　　　　　C．卡片式　　　　　　D．任意格式
21. 下列各项中，属于活页式账簿和卡片式账簿适用范围的是（　）。
    A．特种日记账　　　B．普通日记账　　　　C．总账　　　　　　　D．明细账
22. 总账和明细账平行登记的原因是总账与明细账（　）。
    A．提供的核算指标相同　　　　　　　　　B．反映的交易或事项内容相同
    C．登记时间相同　　　　　　　　　　　　D．账页格式相同
23. 登记总账及其所属明细账的方向一致是指（　）。
    A．减少方向一致　　B．增加方向一致　　　C．借贷方向一致　　　D．变动方向一致

24. 纯属登账时文字或数字上的错误，更正应采用（　　）。
　　A．蓝字更正法　　　　B．划线更正法　　　　C．补充登记法　　　　D．红字更正法
25. 能避免账页散失和防止抽换账页的账簿是（　　）。
　　A．活页式账簿　　　　B．备查账簿　　　　　C．卡片式账簿　　　　D．订本式账簿
26. 会计账簿是指由一定格式账页组成的，以（　　）为依据，系统、连续地记录各项经济业务的簿籍。
　　A．审核无误的会计凭证　　　　　　　　　　B．原始凭证
　　C．会计科目　　　　　　　　　　　　　　　D．会计报表
27. 设置和登记账簿是（　　）的基础。
　　A．填制原始凭证　　B．编制会计报表　　　C．编制会计分录　　　D．填制记账凭证

（二）总账账簿

1. 总分类账簿采用（　　）外表形式。
　　A．活页式　　　　　B．卡片式　　　　　　C．订本式　　　　　　D．备查式
2. 应在存货分类账账簿中登记的事项是（　　）。
　　A．采购原材料一批　　　　　　　　　　　　B．购入一台机器设备
　　C．接受一批委托加工材料　　　　　　　　　D．租入一台机器设备
3. 能提供某类经济业务增减变化总括会计信息的账簿是（　　）。
　　A．总账　　　　　　B．明细账　　　　　　C．日记账　　　　　　D．备查账

（三）明细账账簿

1. 固定资产明细账常采用的账簿形式为（　　）。
　　A．订本式账簿　　　B．卡片式账簿　　　　C．活页式账簿　　　　D．多栏式明细分类账
2. "原材料"明细账应采用的账簿格式是（　　）。
　　A．活页式　　　　　　　　　　　　　　　　B．三栏式明细分类账
　　C．数量金额式明细分类账　　　　　　　　　D．多栏式明细分类账
3. "管理费用"明细账应采用的账簿格式是（　　）。
　　A．订本式　　　　　B．三栏式　　　　　　C．数量金额式　　　　D．多栏式
4. 材料明细账的外表形式可采用（　　）。
　　A．订本式　　　　　B．活页式　　　　　　C．三栏式　　　　　　D．多栏式
5. 固定资产明细账的外表形式一般采用（　　）。
　　A．三栏式　　　　　B．数量金额式　　　　C．多栏式　　　　　　D．卡片式
6. 下列账户中，可以采用三栏式明细账页格式的是（　　）。
　　A．生产成本　　　　B．固定资产　　　　　C．原材料　　　　　　D．管理费用
7. 产成品明细账通常采用（　　）账簿。
　　A．多栏式　　　　　B．三栏式　　　　　　C．数量金额式　　　　D．卡片式
8. "应收账款""应付账款"账户的明细分类核算，其明细账的账页格式一般是（　　）。
　　A．三栏式　　　　　B．多栏式　　　　　　C．定表格式　　　　　D．数量金额式
9. 下列适合采用多栏式明细账格式核算的是（　　）。
　　A．固定资产　　　　B．应收账款　　　　　C．管理费用　　　　　D．原材料
10. 下列明细分类账中，应该采用数量金额式明细分类账的是（　　）。
　　A．原材料明细分类账　　　　　　　　　　　B．应收账款明细分类账
　　C．制造费用明细分类账　　　　　　　　　　D．预提费用明细分类账
11. "生产成本""应交税费——应交增值税"账户的明细分类核算，其明细账的账页格式主要采用（　　）。
　　A．三栏式　　　　　B．多栏式　　　　　　C．特定表格式　　　　D．数量金额式

12. 下列科目的明细账格式应采用"借方多栏式"的是（　　）。
    A．本年利润　　　　B．原材料　　　　C．制造费用　　　　D．主营业务收入
13. 商品明细账通常采用的账簿类型是（　　）。
    A．数量金额式　　　B．多栏式　　　　C．三栏式　　　　　D．卡片式
14. "营业外收入"明细账应采用的格式为（　　）。
    A．数量金额式　　　B．任意格式　　　C．三栏式　　　　　D．多栏式
15. "应交税费——应交增值税"明细账应采用的格式为（　　）。
    A．贷方多栏式　　　B．借方多栏式　　C．三栏式　　　　　D．借方贷方多栏式
16. "实收资本"明细账采用的账页格式为（　　）。
    A．三栏式　　　　　B．两栏式　　　　C．多栏式　　　　　D．数量金额式
17. 明细分类账可以借、贷方均设多栏的是（　　）。
    A．主营业务收入明细分类账　　　　　B．本年利润明细分类账
    C．生产成本明细分类账　　　　　　　D．管理费用明细分类账
18. 原材料明细账登记的依据是审核无误的（　　）。
    A．原始凭证和记账凭证　　　　　　　B．原始凭证和收款凭证
    C．原始凭证和转账凭证　　　　　　　D．原始凭证和付款凭证

（四）日记账账簿
1. 下列记账凭证中，不能据以登记库存现金日记账的是（　　）。
   A．现金收款凭证　　B．银行存款付款凭证　C．现金付款凭证　　D．银行存款收款凭证
2. 日记总账是（　　）结合在一起的联合账簿。
   A．日记账与明细账　B．日记账与总账　　C．日记账与记账凭证　D．日记账与原始凭证
3. 必须逐日逐笔登记的账簿是（　　）。
   A．明细账　　　　　B．总账　　　　　　C．日记账　　　　　D．备查账
4. 不能作为银行存款日记账登记依据的是（　　）。
   A．现金收款凭证　　B．部分现金付款凭证　C．银行存款收款凭证　D．银行存款付款凭证
5. 库存现金及银行存款日记账的账簿外表格式应采用（　　）。
   A．活页式　　　　　B．卡片式　　　　　C．订本式　　　　　D．A、B、C均可
6. 特种日记账是（　　）。
   A．序时登记全部经济业务和多种经济业务的日记账
   B．专门用来登记货币资金的日记账
   C．对常见的经济业务分设专栏登记
   D．专门用来登记某类经济业务的日记账
7. 日记账簿按记录内容的不同分为（　　）。
   A．银行存款日记账和库存现金日记账　　B．普通日记账和日记总账
   C．三栏式日记账和多栏式日记账　　　　D．普通日记账和特种日记账
8. 登记库存现金日记账的是（　　）。
   A．会计人员　　　　B．会计主管　　　　C．非出纳　　　　　D．出纳
9. 普通日记账的实质是（　　）。
   A．按照每日发生的交易或事项的先后顺序，逐项编制会计分录
   B．对比较重要的经济业务逐笔序时记录
   C．通过普通日记账分类反映发生的经济业务
   D．按经济业务发生的先后顺序逐日逐笔地登记入账

10. 库存现金日记账（　　）结出发生额和余额，并与结存现金核对。
   A．每日　　　　　　B．每隔三至五天　　　C．每月　　　　　　D．每十五天

（五）备查账簿

1. 下列只需要在备查账簿中进行登记的固定资产是（　　）。
   A．融资租入的固定资产　　　　　　B．经营租入的固定资产
   C．赊购的固定资产　　　　　　　　D．正在安装的固定资产
2. 企业临时租入的固定资产应在（　　）中登记。
   A．总分类账簿　　　B．明细分类账簿　　　C．备查账簿　　　D．不需要在账簿中登记
3. 新的会计年度开始，可以继续使用，不必更新新账的是（　　）。
   A．多栏日记账　　　B．管理费用明细账　　　C．固定资产卡片账　　　D．银行存款日记账
4. 下列账簿中不是依据记账凭证登记的是（　　）。
   A．备查账　　　　　B．明细账　　　　　　C．总账　　　　　　D．日记账

（六）错账查找与更正

1. 记账以后，发现记账凭证中科目正确，但所记金额小于应记的金额，应采用（　　）进行更正。
   A．红字更正法　　　B．平行登记法　　　C．补充登记法　　　D．划线更正法
2. 采用补充登记法，是因为（　　）导致账簿错误。
   A．记账凭证上会计科目错误
   B．记账凭证上记账方向错误
   C．记账凭证上会计科目或记账方向正确，所记金额大于应记金额
   D．记账凭证上会计科目或记账方向正确，所记金额小于应记金额
3. 在月末结账前发现所填制的记账凭证将科目方向记反，并已过账，按照有关规定，更正时应采用的错账更正方法最好是（　　）。
   A．划线更正法　　　B．平行登记法　　　C．补充登记法　　　D．红字更正法
4. 更正错账时，划线更正法的适用范围是（　　）。
   A．记账凭证正确，在记账时发生错误，导致账簿记录错误
   B．记账凭证上会计科目或记账方向错误，导致账簿记录错误
   C．记账凭证上会计科目或记账方向正确，所记金额小于应记金额，导致账簿记录错误
   D．记账凭证上会计科目或记账方向正确，所记金额大于应记金额，导致账簿记录错误
5. 丙会计人员根据记账凭证登记入账时，误将 800 元填写为 8 000 元，而记账凭证无误，对此正确的更正方法是（　　）。
   A．划线更正法　　　B．补充更正法　　　C．蓝字登记法　　　D．红字更正法
6. 某会计人员根据记账凭证登记入账时，发现记账凭证中的金额错误，实际金额大于记账凭证上记录的金额，正确的更正方法是（　　）。
   A．红字更正法　　　　　　　　　　B．划线更正法
   C．补充登记法　　　　　　　　　　D．将记账凭证作废，重新编制正确的记账凭证
7. 某会计人员在填制凭证时，误将 50 000 元写成 5 000 元，科目、方向正确无误，并已登记入账，月底结账时发现错误，应采用的更正方法为（　　）。
   A．补充登记法　　　B．划线更正法　　　C．还原更正法　　　D．红字更正法
8. 采用补充登记法更正错误的，应编制（　　）。
   A．蓝字记账凭证　　　　　　　　　B．红字记账凭证
   C．一张红字和一张蓝字记账凭证　　D．不能确定

（七）对账与结账

1. 会计人员在结账前发现，在根据记账凭证登记入账时，误将200元记成2 000元，而记账凭证无误，应采用（　）。
   A．补充登记法　　　　B．划线更正法　　　　C．红字更正法　　　　D．蓝字登记法

2. 结账前发现账簿的文字或数字发生错误，而记账凭证没有错误时可以采用的错账更正方法是（　）。
   A．划线更正法　　　　B．红字更正法　　　　C．补充登记法　　　　D．更换凭证法

3. 以下属于对账中账证核对的内容是（　）。
   A．银行存款日记账账面余额与开户银行账目定期核对
   B．总分类账户各账户期末余额与银行存款日记账期末余额核对
   C．库存现金日记账与某日收款凭证核对
   D．总分类账户各账户期末余额与明细分类账的期末余额核对

4. 年终结账时，应在"本年累计"行下划（　）。
   A．通栏单红线　　　　B．通栏双红线　　　　C．半栏单红线　　　　D．半栏双红线

5. 为保证账簿记录所提供的会计信息真实、正确、完整，必须进行的工作是（　）。
   A．对账　　　　　　　B．转账　　　　　　　C．过账　　　　　　　D．结账

6. 登记账簿时，每一账页登记完毕结转下页时应当（　）。
   A．结出本页发生额合计数
   B．结出本页余额
   C．结出本页发生额合计数及余额，同时在该账页最末一行"摘要"栏注明"转次页"或"过次页"字样
   D．不结出本页发生额合计数及余额，但应在该账页最末一行"摘要"栏注明"转次页"或"过次页"字样

7. 下列对账工作属于账实核对的是（　）。
   A．总分类账与日记账核对
   B．总分类账与所属明细分类账核对
   C．会计部门的财产物资明细账与财产物资保管部门的有关明细账核对
   D．企业银行存款日记账与银行对账单核对

8. 年终结账，将余额结转下年时，（　）。
   A．不需要编制记账凭证，不需要将上年账户的余额结平，直接注明"结转下年"即可
   B．应编制记账凭证予以结转，但不需要将上年账户的余额反向结平
   C．应编制记账凭证，并将上年账户的余额反向结平
   D．不需要编制记账凭证，但应将上年账户的余额反向结平才能结转下年

二、多选题

（一）会计账簿概述

1. 总分类会计科目与明细分类会计科目平行登记的要点包括（　）。
   A．记账方向相同　　　　　　　　　　B．登记金额相等
   C．记入两个或两个以上账户　　　　　D．记入总账同时记入所属的明细账

2. 账簿按其用途分类，可分为（　）。
   A．序时账簿　　　　B．分类账簿　　　　C．备查账簿　　　　D．活页账簿

3. 账簿按其形式分类，可分为（　）。
   A．订本式账簿　　　B．活页式账簿　　　C．卡片式账簿　　　D．三栏式账簿

4. 下列各项中，属于活页式账簿优点的有（　　）。
A. 根据实际需要增加账页　　　　　　　B. 避免账页的遗失
C. 便于会计人员的分工　　　　　　　　D. 便于更换账页
5. 总分类账户与明细分类账户的平行登记，应满足（　　）。
A. 同时登记　　　B. 金额相等　　　C. 方向相同　　　D. 同账簿登记
6. 会计账簿按经济用途的不同，可分为（　　）。
A. 序时账簿　　　B. 分类账簿　　　C. 联合账簿　　　D. 备查账簿
7. 订本式账簿的主要优点有（　　）。
A. 可以防止账页散失　　　　　　　　　B. 可以防止任意抽换账页
C. 可以防止出现记账错误　　　　　　　D. 可以灵活安排分工记账
8. 会计账簿登记规则有（　　）。
A. 记账必须以审核无误的会计凭证为依据
B. 按页次顺序连续记账，不得跳行
C. 一般只能用蓝墨水的钢笔，不得使用圆珠笔和铅笔
D. 每一账页登记完毕结转下页时，应当结出本页合计数及余额
9. 任何会计主体都必须设置的账簿有（　　）。
A. 日记账　　　B. 辅助账　　　C. 总分类账　　　D. 备查账
E. 明细分类账
10. 下列账簿必须采用订本式账簿的有（　　）。
A. 明细账　　　B. 总账　　　C. 库存现金日记账　　　D. 银行存款日记账
11. 下列情况，可以用红色墨水记账的有（　　）。
A. 按照红字冲账的记账凭证，冲销错误记录
B. 按照补充登记法更正的记账凭证，补充少记的金额
C. 在不设借贷等栏的多栏式账页中，登记减少数
D. 在三栏式账户的余额前，如未标明余额方向的，在余额栏内登记负数余额
12. 账簿按外表特征可以分为（　　）。
A. 订本式账簿　　　B. 多栏式账簿　　　C. 活页式账簿　　　D. 卡片式账簿
E. 三栏式账簿
13. 下列各项可以逐笔登记，也可以定期汇总登记的有（　　）。
A. 原材料明细账　　　B. 收入明细账　　　C. 应付账款明细账　　　D. 固定资产明细账
14. 有关总分类账户和明细分类账户的关系，正确的有（　　）。
A. 总分类账户对明细分类账户具有统驭控制作用
B. 明细分类账户对总分类账户具有补充说明作用
C. 总分类账户与明细分类账户所起的作用不同
D. 总分类账户与其所属明细分类账户在总金额上应当相等
15. 会计账簿按账页格式的不同分为（　　）。
A. 三栏式账簿　　　B. 多栏式账簿　　　C. 备查账簿　　　D. 数量金额式账簿
16. 在会计账簿扉页上填列的内容包括（　　）。
A. 账簿名称　　　B. 单位名称　　　C. 账户名称　　　D. 起止页次
17. 实际工作中，采用三栏式账页格式的账户有（　　）。
A. 总分类账　　　　　　　　　　　　　B. 债权债务明细分类账

C．存货明细分类账　　　　　　　　　　D．库存现金日记账

18．会计账簿登记规则包括（　　）。

A．记账必须有依据

B．按页次顺序连续记账

C．账簿记载的内容应与记账凭证一致，不得随便增减

D．结清余额

19．登记会计账簿时应做到（　　）。

A．一律使用蓝黑墨水钢笔书写　　　　B．不得使用铅笔或圆珠笔书写
C．在规定范围内可以使用红色墨水笔　　D．在某些特定条件下可使用铅笔

20．总分类账簿（　　）。

A．一般采用订本式账簿　　　　　　　B．分类登记全部的交易或事项
C．分为三栏式总账和多栏式总账　　　D．按总分类账户设置和登记账簿

21．年度结束后，对于活页式账簿的保管应做到（　　）。

A．装订成册　　　　　　　　　　　　B．加上封面、扉页和封底
C．按账页顺序编号　　　　　　　　　D．年度终了后，可由本单位会计机构保管1年

22．记账时不得漏页、跳行，如果发生漏页、跳行，不得随意涂改，应（　　）。

A．将空页、空行用红线对角划掉　　　B．注明"此页空白"或"此行空白"
C．由记账人员签章　　　　　　　　　D．将账页撕下并装入档案保存

23．平行登记的要点包括（　　）。

A．登记总账和明细账所依据的会计凭证相同

B．登记总账和明细账时的记账方向相同

C．记入总分类账户的金额与记入明细分类账户的合计金额相等

D．必须在同一天登记总账和明细账

24．属于总账与序时账核对的有（　　）。

A．库存现金日记账必须每天与库存现金核对

B．银行存款日记账必须定期与银行对账单核对

C．库存现金总账与库存现金日记账的期末余额核对

D．银行存款总账与银行存款日记账的期末余额核对

25．通常，下列账簿中应每年更换一次的有（　　）。

A．财产物资明细账　　B．债权债务明细账　　C．总账　　D．银行存款日记账

26．会计账簿是（　　）。

A．全面、系统、连续地记录各项经济业务的簿籍

B．编制会计报表的基础

C．由一定格式的账页组成

D．以会计凭证为依据

（二）总账账簿

1．总分类账户和明细分类账户平行登记，可以概括为（　　）。

A．登记的依据相同　　B．登记的方向相同　　C．登记的人员相同　　D．登记的金额相同

2．总分类账一般采用（　　）。

A．订本式　　　　　B．活页式　　　　　C．三栏式　　　　　D．多栏式
E．数量金额式

3．总分类账户是根据总分类账户开设的，通常也称为（　　）。

A．总账账户　　　B．一级账户　　　C．主要账户　　　D．明细账

4．总分类账户与明细分类账户的区别有（　　）。

A．记录的经济业务内容不同

B．登记账簿的依据不同

C．反映经济业务内容的详细程度不同

D．作用不同，总分类账户总括记录经济业务，明细分类账户详细记录经济业务

（三）明细账账簿

1．以下明细账宜采用数量金额式的有（　　）。

A．产成品——A产品　　　　　　　B．原材料——甲材料

C．材料采购——乙材料　　　　　　D．固定资产——小轿车

2．明细分类账可以根据（　　）登记。

A．记账凭证　　　B．原始凭证　　　C．原始凭证汇总表　　　D．科目汇总表

3．下列各项中，可以采用多栏式明细账簿的有（　　）。

A．生产成本　　　B．管理费用　　　C．原材料　　　D．制造费用

4．明细分类账采用的格式有（　　）。

A．三栏式　　　B．多栏式　　　C．数量金额式　　　D．订本式

E．联合式

5．下列账户的明细账账页格式应采用三栏式的有（　　）。

A．原材料　　　B．应收票据　　　C．应收账款　　　D．应付账款

E．管理费用

6．下列账户的明细账账页格式应采用多栏式的有（　　）。

A．管理费用　　　B．原材料　　　C．财务费用　　　D．包装物

E．生产成本

7．下列账户的明细账页格式应采用数量金额式的有（　　）。

A．包装物　　　B．原材料　　　C．产成品　　　D．低值易耗品

E．生产成本

（四）日记账账簿

1．下列各项中，适用于现金、银行存款日记账的账页格式有（　　）。

A．三栏式　　　B．多栏式　　　C．活页式　　　D．数字金额式

2．银行存款日记账的账页格式，可以采用（　　）格式。

A．两栏式　　　B．三栏式　　　C．多栏式　　　D．收支分页多栏式

3．库存现金日记账应根据（　　）登记。

A．现金收款凭证　　　　　　　　　B．现金付款凭证

C．部分银行存款收款凭证　　　　　D．部分银行存款付款凭证

4．银行存款日记账是根据（　　）逐日逐笔登记的。

A．现金收款凭证　　　　　　　　　B．相关的现金付款凭证

C．银行存款收款凭证　　　　　　　D．银行存款付款凭证

5．库存现金日记账是根据（　　）逐日逐笔登记的。

A．现金收款凭证　　　B．现金付款凭证　　　C．银行存款收款凭证　　　D．银行存款付款凭证

6. 有关库存现金日记账登记的要点正确的有（　　）。
A．逐日登记　　　　　B．逐笔登记　　　　　C．逐日结出余额　　　　D．逐笔结出余额

（五）备查账簿

1. 以下属于备查账簿的有（　　）。
A．租入固定资产登记簿　　　　　　　　B．代销商品登记簿
C．受托加工材料登记账　　　　　　　　D．委托销售商品登记簿

2. 以下（　　）属于备查账。
A．租入固定资产登记簿　　　　　　　　B．代销商品登记簿
C．固定资产卡片　　　　　　　　　　　D．材料采购明细账

3. 有关备查账的说法正确的有（　　）。
A．备查账必须采用三栏式
B．备查账是对主要账簿起补充说明作用的账簿
C．登记依据可能不需要记账凭证，甚至不需要一般意义上的原始凭证
D．备查账的主要栏目不记录金额，它更注重用文字来表述某项经济业务的发生情况

（六）错账查找与更正

1. 错账更正规则或更正方法有三种，分别为（　　）。
A．划线更正法　　　B．红字更正法　　　C．补充登记法　　　D．蓝字冲账法

2. 在下列各类错账中，应采用红字更正法进行更正的错账有（　　）。
A．记账凭证没有错误，但账簿记录有数字错误
B．因记账凭证中的会计科目有错误而引起的账簿记录错误
C．记账凭证中的会计科目正确，但所记金额大于应记金额所引起的账簿记录错误
D．记账凭证中的会计科目正确，但所记金额小于应记金额所引起的账簿记录错误

3. 下列各项中，通常采用红字更正法的有（　　）。
A．记账凭证中会计科目错误　　　　　　B．记账凭证中记账方向错误
C．记账凭证中错误金额大于正确金额　　D．记账凭证中错误金额小于正确金额

4. 下列情况可以采用红字更正法的有（　　）。
A．记账凭证中所记金额大于原始凭证中的应记金额，且已入账
B．记账凭证中所记金额小于原始凭证中的应记金额，且已入账
C．记账凭证中的应借、应贷科目错误，且已入账
D．记账凭证中的应借、应贷方向错误，且已入账

5. 红字更正法的方法要点有（　　）。
A．用红字金额填写一张与错误记账凭证完全相同的记账凭证并用红字记账
B．再用蓝字重填一张正确的记账凭证，登记入账
C．用红字金额填写一张与错误原始凭证完全相同的记账凭证并用蓝字记账
D．再用红字重填一张正确的记账凭证，登记入账

6. 会计工作中红色墨水笔可用于（　　）。
A．结账　　　　　　B．冲账　　　　　　C．对账　　　　　　D．记账

7. 采用划线更正法的要点有（　　）。
A．在错误的文字或数字（整个数字）上划一条红线注销
B．将正确的文字或数字用蓝字写在划线的上端
C．更正人在划线处盖章
D．在错误的文字或数字上划一条蓝线注销

8. 可使用补充登记法更正差错的情况有（　　）。
   A. 记账后
   B. 发现记账凭证中应借、应贷科目无错
   C. 所填金额小于应填金额
   D. 所填金额大于应填金额
9. 记账后发现记账凭证中应借、应贷会计科目正确，只是金额发生错误，可以用的更正方法有（　　）。
   A. 红字更正法　　B. 补充登记法　　C. 划线更正法　　D. 金额更正法
10. 错账是指（　　）。
    A. 会计报表出错　　B. 原始凭证出错　　C. 账簿记录出错　　D. 记账凭证出错
11. 采用划线更正法的要点有（　　）。
    A. 在错误的文字或整个数字上划一条红线注销
    B. 在划线处加盖记账员名章
    C. 在错误的文字或数字上划一条蓝线注销
    D. 将正确的文字或数字用蓝字写在划线的上面
12. 不需要编制记账凭证的有（　　）。
    A. 年终新旧账户余额的结转事项
    B. 采用划线更正法更正错账时
    C. 采用红字冲销法更正错账时
    D. 采用补充登记法更正错账时

（七）对账与结账

1. 账账核对主要包括（　　）。
   A. 总账与明细账核对
   B. 总账与日记账核对
   C. 总账有关账户的余额核对
   D. 会计部门的财产物资明细账与财产物资保管和使用部门的有关明细账核对
2. 下列各项中，属于对账内容的有（　　）。
   A. 库存商品账与实物核对
   B. 明细账与总账核对
   C. 总账与会计报表核对
   D. 库存现金与库存现金日记账核对
3. 依据《中华人民共和国会计法》，对账单内容包括（　　）。
   A. 账证核对　　B. 账账核对　　C. 账实核对　　D. 账表核对
4. 下列各项属于对账内容的有（　　）。
   A. 明细账与总账核对
   B. 库存商品账与实物核对
   C. 库存现金与库存现金日记账核对
   D. 银行存款日记账与开户银行的对账单核对
5. 必须逐日结出余额的账簿有（　　）。
   A. 现金总账　　B. 银行存款总账　　C. 库存现金日记账　　D. 银行存款日记账
6. 结账时，正确的做法有（　　）。
   A. 结出当月发生额的，在"本月合计"下面通栏划单红线
   B. 结出本年累计发生额的，在"本年累计"下面通栏划单红线
   C. 12月末，结出全年累计发生额，在下面通栏划双红线
   D. 将损益类账户的累计发生额结转到下期
7. 对账的内容包括（　　）。
   A. 账证核对　　B. 账账核对　　C. 账实核对　　D. 账表核对
8. 账实核对是指核查账簿与财产物资实有数额是否相符，具体内容包括（　　）。
   A. 各种财产明细账余额与实存额的核对
   B. 债权、债务明细账与对方单位或个人的记录（往来对账单）的核对
   C. 库存现金日记账余额与实际库存数的核对
   D. 银行存款日记账余额与银行对账单余额的核对

三、判断题

(一)会计账簿概述

1. 平行登记的"期间相同",是指对每项经济业务在记入总分类账户和明细分类账户过程中,可以有先有后,但必须在同一会计期间(一般在同一月份)全部登记入账。( )
2. 企业的序时账簿必须采用订本式账簿。( )
3. 三栏式账簿是指具有日期、摘要、金额三个栏目格式的账簿。( )
4. 使用活页式账页,应按账户顺序编号,并定期装订成册。已装订成册的活页账,应按实际使用的账页顺序编写页数。( )
5. 账簿中书写的文字和数字上面要留有适当空距,一般应占格距的一半,以便于发现错误时进行修改。( )
6. 总分类账及其明细分类账必须在同一会计期间内登记。( )
7. 账簿是重要的经济档案和历史资料,必须长期保存,不得销毁。( )
8. 登记账簿必须用蓝、黑墨水书写,不得使用圆珠笔或铅笔书写。( )
9. 同时登记可以使总分类账户与其所属明细分类账户保持统驭关系和对应关系,便于核对和检查,纠正错误和遗漏。( )
10. 会计账簿的主要作用就是把会计凭证所记载的大量而分散的经济资料,通过一定的程序,加以归类整理,以便为日常管理和编制报表提供分类、系统的资料。( )
11. 三栏式账簿是指具有日期、摘要、金额三个栏目格式的账簿。( )
12. 启用订本式账簿,除在账簿扉页填列"账簿启用和经管人员一览表"外,还应从第一页到最后一页顺序编写页数,不得跳页、缺号。( )
13. 各账页在一张账页记满时,应在该账页最后一行结出余额,并在"摘要"栏注明"转次页"字样。( )
14. 登记账簿时,发生的空行、空页一定要补充书写,不得注销。( )
15. 企业的序时账簿必须采用订本式账簿。( )
16. 在整个账簿体系中,日记账和分类账是主要账簿,备查账是辅助账簿。( )
17. 明细账必须逐日逐笔登记,总账必须定期汇总登记。( )
18. 新的会计年度开始时,必须更换全部账簿。( )
19. 总分类账、库存现金及银行存款日记账一般采用活页式账簿。( )
20. 订本式账簿的优点是适用性强,便于汇总,可根据需要开设,利于会计分工,提高工作效率。( )
21. 卡片式账簿的优点是能避免账页散失,防止不合法的抽换账页。( )
22. 订本式账簿是在记完账后,把记过账的账页装订成册的账簿。( )
23. 总账和明细账的登记方向必须相同。( )

(二)总账账簿

1. 登记总账的直接依据只能是各种记账凭证。( )
2. 总分类账户本期发生额和其所属明细分类账户本期发生额合计相等。( )
3. 三栏式总账一般采用订本式账簿。( )
4. 多栏式总分类账是指把所有的总账科目合并在一张账页上,所以又称为日记总账。( )
5. 总分类账户及其所属明细分类账户必须在同一会计期间内登记。( )
6. 总分类账户期初、期末余额与其所属明细分类账户期初、期末余额合计未必相等。( )
7. 总分类账只能以货币计量单位提供总括的核算资料,明细分类账只能以货币为单位提供详细的核算资料。( )

(三) 明细账账簿

1．为便于管理，"应收账款""应付账款"的明细账必须采用多栏式明细分类账格式。（ ）
2．在会计核算中，既要求进行金额核算，又要求进行实物数量核算的各种财产物资，应使用数量金额式明细分类账。（ ）
3．所有总分类账均应设置明细分类账户。（ ）
4．明细分类账户的名称、核算内容及使用方法通常是统一制定的。（ ）
5．明细账是根据明细分类账科目设置的，明细账提供明细核算资料和指标，是对其总分类账资料的具体化和补充说明。（ ）
6．凡是明细账都使用活页式账簿，以便于根据实际需要，随时添加空白账页。（ ）
7．各种明细账的登记依据，既可能是原始凭证，也可能是记账凭证。（ ）
8．各种明细账的登记，可以逐日逐笔登记，也可以在月末汇总登记。（ ）

(四) 日记账账簿

1．为了实行钱账分管原则，通常由出纳人员填制收款凭证和付款凭证，由会计人员登记库存现金日记账和银行存款日记账。（ ）
2．每家企业都必须设置普通日记账。（ ）
3．货币资金的日记账可以取代总账。（ ）
4．序时账簿就是库存现金日记账和银行存款日记账。（ ）

(五) 备查账簿

1．备查账簿也称辅助账簿，是指对总账中未记录或记录不全的经济业务进行补充登记的账簿。（ ）
2．备查账簿是对某些在日记账和分类账中未能记录的事项进行补充登记的账簿，因此，各单位必须设置。（ ）
3．在整个账簿体系中，序时账和分类账是主要账簿，备查账为辅助账簿。（ ）
4．企业对代销的商品，可设置备查账簿进行登记。（ ）
5．活页式账簿主要适用于各种日记账。（ ）
6．备查账簿是对某些在日记账和分类账中未能记录或记录不全的经济业务进行补充登记的账簿，各单位必须设置。（ ）
7．严格来说，卡片账也是一种活页账，只不过是装在卡片箱内。（ ）

(六) 错账查找与更正

1．有因记账凭证错误而造成账簿记录错误的，应采用划线更正法进行更正。（ ）
2．划线更正法是在错误的文字或数字上划一红线注销，然后在其上端用红字填写正确的文字或数字，并由记账人员加盖名章，以明确责任。（ ）
3．记账后发现所记金额小于应计金额，但记账凭证正确，应采用红字更正法进行更正。（ ）
4．由于记账凭证错误而造成账簿记录错误，应采用划线更正法进行更正。（ ）
5．某会计人员在填制记账凭证时，误将 9 800 元记为 8 900 元，并已登记入账，月终结账前发现错误，更正时应采用划线更正法。（ ）

(七) 对账与结账

1．每月将银行存款日记账的账面余额与银行对账单进行核对，是账实核对的主要内容之一。（ ）
2．为了保证会计报表的及时性，企业可以提前结账。（ ）
3．只要在结账前发现的账簿记录错误都可以采用划线更正法进行改正。（ ）
4．结账就是结算、登记每个账户期末余额的工作。（ ）
5．年结时，应在"本年累计"行下通栏划单红线，表示本年度记账结束。（ ）

6. 年终更换新账时，新旧账簿有关账户之间的转记金额，应该编制记账凭证。　　　　　　（　）

四、案例分析题

（一）会计账簿概述

陈先生应聘一家公司的会计，到任后他发现这家公司有些会计做法与其他公司不一样：一是公司的所有账簿都使用活页账，理由是："便于改错"；二是公司的往来账簿都是采用抽单核对的方法，直接用往来会计凭证控制，不再记账；三是在记账时发生了错误允许使用涂改液，但是强调必须由责任人签字；四是经理要求陈先生在登记库存现金总账的同时也要负责出纳工作。尽管这家公司给他的报酬高出其他同类公司，可是不到3个月的试用期，陈先生就决定辞职。请分析，他为什么要辞职？

（二）总账账簿

1. 资料：某企业2022年5月1日有关账户余额如表10-4所示，5月还发生了如下业务，相应的会计分录也已提供。

表10-4　有关账户余额　　　　　　　　　　　　　　　　　　　　　　　单位：元

账户名称	借方金额	账户名称	贷方金额
库存现金	1 300	短期借款	42 900
银行存款	158 200	应交税费	1 000
预付账款	4 000	实收资本	675 000
原材料	130 000	本年利润	427 000
库存商品	145 000	累计折旧	154 600
固定资产	862 000		
合　计	1 300 500	合　计	1 300 500

（1）5月1日根据合同规定预付甲企业购买A材料款31 590元。

借：预付账款　　　　　　　　　　　　　　　　　　　　　　　　　　31 590
　　贷：银行存款　　　　　　　　　　　　　　　　　　　　　　　　　　31 590

（2）5月5日用银行存款支付生产车间办公费500元。

借：制造费用　　　　　　　　　　　　　　　　　　　　　　　　　　　500
　　贷：银行存款　　　　　　　　　　　　　　　　　　　　　　　　　　　500

（3）5月11日计提本月车间固定资产折旧628元。

借：制造费用　　　　　　　　　　　　　　　　　　　　　　　　　　　628
　　贷：累计折旧　　　　　　　　　　　　　　　　　　　　　　　　　　　628

（4）5月13日销售给乙企业B产品40件，单位售价450元，C产品10件，单位售价390元，增值税税额2 847元，货款及增值税已存入银行。

借：银行存款　　　　　　　　　　　　　　　　　　　　　　　　　　24 747
　　贷：主营业务收入　　　　　　　　　　　　　　　　　　　　　　　21 900
　　　　应交税费——应交增值税（销项税额）　　　　　　　　　　　　　2 847

（5）5月13日结转销售成本12 000元。

借：主营业务成本　　　　　　　　　　　　　　　　　　　　　　　　12 000
　　贷：库存商品　　　　　　　　　　　　　　　　　　　　　　　　　12 000

（6）5月20日以银行存款750元缴纳税收滞纳金。

借：营业外支出　　　　　　　　　　　　　　　　　　　　　　　　　　750
　　贷：银行存款　　　　　　　　　　　　　　　　　　　　　　　　　　　750

（7）5月23日仓库发出材料42 000元，用于生产B产品21 900元，生产C产品18 100元，车间辅助用料2 000元。

  借：生产成本——B产品   21 900
       ——C产品   18 100
    制造费用   2 000
    贷：原材料   42 000

（8）5月25日，用库存现金支付销售产品包装费、装卸费等销售费用1 100元。

  借：销售费用   1 100
    贷：库存现金   1 100

（9）5月30日以银行存款支付临时借款利息5 000元。

  借：财务费用   5 000
    贷：银行存款   5 000

（10）5月31日结转损益至"本年利润"账户。

  借：主营业务收入   21 900
    贷：本年利润   21 900
  借：本年利润   18 850
    贷：主营业务成本   12 000
      营业外支出   750
      销售费用   1 100
      财务费用   5 000

要求：根据上述经济业务及会计分录填制下列三栏式总账（见表10-5～表10-9）。

表10-5 总分类账

会计科目：库存现金   单位：元

2022年		凭证号数	摘要	借方	贷方	借或贷	余额
月	日						

表10-6 总分类账

会计科目：银行存款   单位：元

2022年		凭证号数	摘要	借方	贷方	借或贷	余额
月	日						

表 10-7 总分类账

会计科目：预付账款　　　　　　　　　　　　　　　　　　　　　　　　　　　　单位：元

2022年		凭证号数	摘　要	借　方	贷　方	借或贷	余　额
月	日						

表 10-8 总分类账

会计科目：原材料　　　　　　　　　　　　　　　　　　　　　　　　　　　　　　单位：元

2022年		凭证号数	摘　要	借　方	贷　方	借或贷	余　额
月	日						

表 10-9 总分类账

会计科目：库存商品　　　　　　　　　　　　　　　　　　　　　　　　　　　　　单位：元

2022年		凭证号数	摘　要	借　方	贷　方	借或贷	余　额
月	日						

2. 资料：甲公司 2022 年 3 月 1 日"原材料"账户账面余额 14 万元，"应付账款"账户账面余额 2 万元，其有关明细账户如表 10-10 和表 10-11 所示。

表 10-10 原材料的明细账户

材料名称	数量/kg	单价（元）	金额（元）
甲材料	2 000	50	100 000
乙材料	1 000	40	40 000
合　计			140 000

表 10-11 应付账款的明细账户

债权人名称	应付账款余额（元）
A 公司	12 000
B 公司	8 000
合　计	20 000

甲公司 2022 年 3 月发生以下经济业务（为简化，不考虑有关税收的因素）：

（1）2 日，向 A 公司购入甲材料 300kg，每千克 50 元，货款以银行存款支付。

借：原材料——甲材料　　　　　　　　　　　　　　　　　　　　　　　　15 000
　　贷：银行存款　　　　　　　　　　　　　　　　　　　　　　　　　　　　　　15 000

(2) 10日, 向B公司购入乙材料400kg, 每千克40元, 货款尚未支付。

借：原材料——乙材料　　　　　　　　　　　　　　　　　　　　　　16 000
　　贷：应付账款——B公司　　　　　　　　　　　　　　　　　　　　　　16 000

(3) 16日, 本月仓库发出甲材料2 100kg, 每千克50元, 计105 000元; 发出乙材料1 100kg, 每千克40元, 计44 000元。发出材料合计149 000元, 均用于产品生产。

借：生产成本　　　　　　　　　　　　　　　　　　　　　　　　　　　149 000
　　贷：原材料——甲材料　　　　　　　　　　　　　　　　　　　　　　105 000
　　　　　　　——乙材料　　　　　　　　　　　　　　　　　　　　　　 44 000

(4) 26日, 以银行存款偿还A公司货款1万元, 偿还B公司货款2万元, 合计3万元。

借：应付账款——A公司　　　　　　　　　　　　　　　　　　　　　　10 000
　　　　　　——B公司　　　　　　　　　　　　　　　　　　　　　　20 000
　　贷：银行存款　　　　　　　　　　　　　　　　　　　　　　　　　　30 000

要求：将上述期初余额及本期发生额记入以下总分类账户及其明细分类账户(见表10-12～表10-17)。

表10-12　总分类账户

会计科目：原材料　　　　　　　　　　　　　　　　　　　　　　　　　　单位：元

2022年		凭证号数	摘要	借方	贷方	借或贷	余额
月	日						

表10-13　原材料明细分类账户

材料名称：甲材料

2022年		凭证号数	摘要	收入			发出			结余		
月	日			数量/kg	单价(元/kg)	金额(元)	数量/kg	单价(元/kg)	金额(元)	数量/kg	单价(元/kg)	金额(元)

表10-14　原材料明细分类账户

材料名称：乙材料

2022年		凭证号数	摘要	收入			发出			结余		
月	日			数量/kg	单价(元/kg)	金额(元)	数量/kg	单价(元/kg)	金额(元)	数量/kg	单价(元/kg)	金额(元)

表 10-15　总分类账户

会计科目：应付账款　　　　　　　　　　　　　　　　　　　　　　　　　　　　　单位：元

2022 年		凭证号数	摘　要	借　方	贷　方	借或贷	余　额
月	日						

表 10-16　应付账款明细分类账户

明细科目：A 公司　　　　　　　　　　　　　　　　　　　　　　　　　　　　　　单位：元

2022 年		凭证号数	摘　要	借　方	贷　方	借或贷	余　额
月	日						

表 10-17　应付账款明细分类账户

明细科目：B 公司　　　　　　　　　　　　　　　　　　　　　　　　　　　　　　单位：元

2022 年		凭证号数	摘　要	借　方	贷　方	借或贷	余　额
月	日						

3．资料：A 公司 2022 年 4 月总分类账及其所属明细分类账户期初余额如下：原材料总分类账户月初余额为 24 800 元，其所属明细分类账户如表 10-18 所示。应付账款总分类账户月初余额为 70 450 元，其所属明细分类账户为：应付甲公司 42 850 元，应付乙公司 27 600 元。

表 10-18　原材料明细分类账户资料

名　称	数量 /kg	单价（元 /kg）	金额（元）
A 材料	1 265	20	25 300
B 材料	840	40	33 600
合　计			58 900

假设当月 A 公司发生的原材料收发业务以及与销货单位的结算业务如下：

（1）4 日，开出支票一张，支付所欠乙公司供应材料的货款 15 000 元。

 借：应付账款——乙公司   15 000

  贷：银行存款   15 000

（2）5 日，向甲公司采购 B 材料 250kg，单价 40 元，价款 1 万元，增值税进项税额 1 300 元，尚未支付。B 材料已验收入库。

 借：原材料——B 材料   10 000

  应交税费——应交增值税（进项税额）   1 300

  贷：应付账款——甲公司   11 300

（3）8 日，向乙公司采购 A 材料 400kg，单价 20 元，价款 8 000 元，增值税进项税额 1 040 元，尚未支付，材料已经验收入库。

 借：原材料——A 材料   8 000

  应交税费——应交增值税（进项税额）   1 040

  贷：应付账款——乙公司   9 040

（4）10 日，领用 A 材料 750kg，单价 20 元，共计 1.5 万元，用于产品生产。

 借：生产成本   15 000

  贷：原材料——A 材料   15 000

（5）11 日，向乙公司采购 B 材料 250kg，单价 40 元，价款 10 000 元，增值税进项税额 1 300 元，尚未支付。B 材料已经验收入库。

 借：原材料——B 材料   10 000

  应交税费——应交增值税（进项税额）   1 300

  贷：应付账款——乙公司   11 300

（6）15 日，向甲公司采购 A 材料 250kg，单价 20 元，价款 5 000 元，增值税进项税额 650 元，尚未支付，材料已经验收入库。

 借：原材料——A 材料   5 000

  应交税费——应交增值税（进项税额）   650

  贷：应付账款——甲公司   5 650

（7）20 日，领用 B 材料 525kg，单价 40 元，共计 2.1 万元，其中用于产品生产 1.9 万元，用于企业管理 2 000 元。

 借：生产成本   19 000

  管理费用   2 000

  贷：原材料——B 材料   21 000

（8）30 日，开出支票一张，用银行存款 6 000 元支付所欠甲公司供应材料货款。

 借：应付账款——甲公司   6 000

  贷：银行存款   6 000

要求：在原材料、应付账款总分类账户及其各自所属的明细分类账户中将有关账户月初余额登记入账；根据会计分录分别平行登记原材料和应付账款总分类账和所属明细分类账；编制明细分类账户本期发生额及余额表，并与总分类账户相关栏目核对。将相关数据填入表 10-19 ～表 10-26 中。

表 10-19　总分类账户

会计科目：原材料　　　　　　　　　　　　　　　　　　　　　　　　　　　　单位：元

2022年		凭证号数	摘要	借方	贷方	借或贷	余额
月	日						

表 10-20　总分类账户

会计科目：应付账款　　　　　　　　　　　　　　　　　　　　　　　　　　　　单位：元

2022年		凭证号数	摘要	借方	贷方	借或贷	余额
月	日						

表 10-21　原材料明细分类账

材料名称：A 材料

2022年		凭证号数	摘要	收入			发出			结余		
月	日			数量/kg	单价（元/kg）	金额（元）	数量/kg	单价（元/kg）	金额（元）	数量/kg	单价（元/kg）	金额（元）

表 10-22　原材料明细分类账

材料名称：B 材料

2022年		凭证号数	摘要	收入			发出			结余		
月	日			数量/kg	单价（元/kg）	金额（元）	数量/kg	单价（元/kg）	金额（元）	数量/kg	单价（元/kg）	金额（元）

表 10-23　应付账款明细分类账

明细科目：甲公司　　　　　　　　　　　　　　　　　　　　　　　　　　　　　单位：元

2022年		凭证号数	摘要	借方	贷方	借或贷	余额
月	日						

表 10-24　应付账款明细分类账

明细科目：乙公司　　　　　　　　　　　　　　　　　　　　　　　　　　　　　单位：元

2022年		凭证号数	摘要	借方	贷方	借或贷	余额
月	日						

表 10-25　原材料明细分类账户本期发生额及余额表

2022年4月30日

材料名称	单价（元/kg）	期初余额		收入		发出		期末余额	
		数量/kg	金额（元）	数量/kg	金额（元）	数量/kg	金额（元）	数量/kg	金额（元）
A 材料									
B 材料									
合　计									

表10-26　应付账款明细分类账户本期发生额及余额表

2022年4月30日　　　　　　　　　　　　　　　　　　　　　　　　　单位：元

明细科目	期初余额		本期发生额		期末余额	
	借方	贷方	借方	贷方	借方	贷方
甲公司						
乙公司						
合　计						

4．小李是个体经营者，他新注册成立了一家装修公司，因为公司规模较小，业务不多，小李自己临时兼任出纳。由于对会计业务不太熟悉，小李记账时常出现差错，为此他干脆用一本活页式账簿，当出现差错时，就把有差错的账页换掉，这样即使有差错，也不会在账簿中出现。请指出小李上述做法的错误之处。

（三）日记账账簿

1．资料：甲公司2022年7月31日银行存款日记账余额为30万元；库存现金日记账余额为3 000元。2022年8月上旬发生下列银行存款和现金收付业务。

（1）8月1日，投资者投入现金2.5万元，存入银行（银收801号）。

（2）8月1日，将银行存款1万元归还短期借款（银付801号）。

（3）8月2日，将银行存款2万元偿付应付账款（银付802号）。

（4）8月2日，将库存现金1 000元存入银行（现付801号）。

（5）8月3日，用库存现金暂付职工差旅费800元（现付802号）。

（6）8月3日，从银行提取现金2 000元备用（银付803号）。

（7）8月4日，收到应收账款5万元，存入银行（银收802号）。

（8）8月5日，用银行存款4万元支付购买材料款（银付804号）。

（9）8月5日，用银行存款1万元支付购入材料运费（银付805号）。

（10）8月6日，从银行提取现金1.8万元，准备发放工资（现付803号）。

（11）8月6日，用库存现金1.8万元发放职工工资（现付803号）。

（12）8月7日，用银行存款支付本月电费1 800元（银付807号）。

（13）8月8日，销售产品一批，货款51 750元存入银行（银收803号）。

（14）8月9日，用银行存款支付销售费用410元（银付808号）。

（15）8月10日，用银行存款上交销售税金3 500元（银付809号）。

要求：登记库存现金日记账（见表10-27）和银行存款日记账（见表10-28），并结出8月10日的累计余额。

表10-27　库存现金日记账

　　　　　　　　　　　　　　　　　　　　　　　　　　　　　　　　单位：元

2022年		凭证		摘　要	对方账户	收　入	支　出	结　余
月	日	字	号					
8	1			月初余额				

表10-28　银行存款日记账　　　　　　　　　　　　　　　　单位：元

2022年		凭证字号		摘要	结算凭证		对方账户	收入	支出	结余
月	日	字	号		种类	编号				
8	1			月初余额						

2. 资料：某企业2022年5月初库存现金日记账余额为700元，银行存款日记账余额为978 000元。本月发生下列相关经济业务：

（1）3日，员工陈刚预借差旅费300元，经审核后以现金付讫。

（2）5日，签发现金支票4 500元，从银行提取现金，以备日常开支需要。

（3）6日，以银行存款3 000元缴纳税金。

（4）9日，取得短期借款8万元，存入银行。

（5）12日，签发现金支票4.5万元，从银行提取现金以备发放工资。

（6）15日，以库存现金4.5万元发放本月职工工资。

（7）16日，生产车间报销日常开支费用，经审核，以库存现金200元支付。

（8）20日，收到银行通知，购货单位偿还上月所欠货款9.5万元，已收妥入账。

（9）21日，销售产品一批，货款共计3万元，已收到存入银行。

（10）25日，购进材料一批，货款9.78万元，运杂费200元，全部款项以银行存款支付。材料已验收入库。

（11）31日，接到银行付款通知，支付本月生产用电费2.1万元。

要求：登记库存现金日记账（见表10-29）和银行存款日记账（见表10-30）（按经济业务顺序编号）。

表 10-29　库存现金日记账　　　　　　　　　　　　　　　　　　　单位：元

2022年		凭证		摘　要	对方账户	收　入	支　出	结　余
月	日	字	号					
				上月结转				

表 10-30　银行存款日记账　　　　　　　　　　　　　　　　　　　单位：元

2022年		凭证		摘　要	对方账户	收　入	支　出	结　余
月	日	字	号					
				上月结转				

（四）明细分类账簿

1．三栏式明细分类账的登记

资料：龙门厂2022年5月17日"应付账款"总分类账户的期初余额为贷方8万元，其中武胜厂7万元，鸿翔厂1万元。该厂5月发生下列有关应付账款的结算业务。

（1）2日，购买玉泉厂甲材料10 000kg，货款5万元及发票上的增值税税额6 500元尚未支付。

　　借：材料采购——甲材料　　　　　　　　　　　　　　　　　　　　　　　50 000
　　　　应交税费——应交增值税（进项税额）　　　　　　　　　　　　　　　 6 500
　　　　　贷：应付账款——玉泉厂　　　　　　　　　　　　　　　　　　　　 56 500

（2）3日，以银行存款归还上月欠武胜厂的货款7万元。

　　借：应付账款——武胜厂　　　　　　　　　　　　　　　　　　　　　　　70 000
　　　　　贷：银行存款　　　　　　　　　　　　　　　　　　　　　　　　　 70 000

（3）7日，以银行存款归还上月欠鸿翔厂的货款1万元。

　　借：应付账款——翔鸿厂　　　　　　　　　　　　　　　　　　　　　　　10 000
　　　　　贷：银行存款　　　　　　　　　　　　　　　　　　　　　　　　　 10 000

（4）11日，购买武胜厂乙材料20 000kg，货款4万元及发票上的增值税税额5 200元尚未支付。

借：材料采购——乙材料　　　　　　　　　　　　　　　　　　　　　　　40 000
　　应交税费——应交增值税（进项税额）　　　　　　　　　　　　　　　　5 200
　　　贷：应付账款——武胜厂　　　　　　　　　　　　　　　　　　　　　45 200

（5）14日，以银行存款归还所欠玉泉厂5月2日的货款56 500元。

借：应付账款——玉泉厂　　　　　　　　　　　　　　　　　　　　　　　56 500
　　　贷：银行存款　　　　　　　　　　　　　　　　　　　　　　　　　56 500

（6）16日，购买玉泉厂丙材料60 000kg，货款6万元及发票上的增值税税额7 800元尚未支付。

借：材料采购——丙材料　　　　　　　　　　　　　　　　　　　　　　　60 000
　　应交税费——应交增值税（进项税额）　　　　　　　　　　　　　　　　7 800
　　　贷：应付账款——玉泉厂　　　　　　　　　　　　　　　　　　　　　67 800

（7）20日，购买鸿翔厂乙材料10 000kg，货款2万元及发票上的增值税税额2 600元尚未支付。

借：材料采购——乙材料　　　　　　　　　　　　　　　　　　　　　　　20 000
　　应交税费——应交增值税（进项税额）　　　　　　　　　　　　　　　　2 600
　　　贷：应付账款——鸿翔厂　　　　　　　　　　　　　　　　　　　　　22 600

（8）23日，从银行存款归还所欠武胜厂5月11日的货款45 200元。

借：应付账款——武胜厂　　　　　　　　　　　　　　　　　　　　　　　45 200
　　　贷：银行存款　　　　　　　　　　　　　　　　　　　　　　　　　45 200

（9）28日，以银行存款归还所欠鸿翔厂5月20日的货款22 600元。

借：应付账款——鸿翔厂　　　　　　　　　　　　　　　　　　　　　　　22 600
　　　贷：银行存款　　　　　　　　　　　　　　　　　　　　　　　　　22 600

（10）30日，以银行存款预付武胜厂货款2万元。

借：预付账款——武胜厂　　　　　　　　　　　　　　　　　　　　　　　20 000
　　　贷：银行存款　　　　　　　　　　　　　　　　　　　　　　　　　20 000

要求：根据会计分录填制三栏式"应付账款"总账及明细账。填制"应付账款明细分类账户本期发生额及余额表"，与"应付账款"总分类账户的有关记录相核对。

2．数量金额式明细分类账的登记

资料：龙门厂2022年5月1日"原材料"总分类账户的期初余额为198 000元，其中甲材料20 000kg，每千克5元，共计10万元；乙材料30 000kg，每千克2元，共计6万元；丙材料38 000kg，每千克1元，共计3.8万元。该厂5月发生下列有关材料收发的业务：

（1）2日，外购甲材料10 000kg验收入库，结转其实际采购成本5万元。

借：原材料——甲材料　　　　　　　　　　　　　　　　　　　　　　　　50 000
　　　贷：在途物资　　　　　　　　　　　　　　　　　　　　　　　　　50 000

（2）3日，生产产品领用乙材料15 000kg，共计3万元。

借：生产成本　　　　　　　　　　　　　　　　　　　　　　　　　　　　30 000
　　　贷：原材料——乙材料　　　　　　　　　　　　　　　　　　　　　30 000

（3）6日，生产产品领用甲材料8 000kg，共计4万元。

借：生产成本　　　　　　　　　　　　　　　　　　　　　　　　　　　　40 000
　　　贷：原材料——甲材料　　　　　　　　　　　　　　　　　　　　　40 000

（4）10日，生产车间修理机器设备领用丙材料3 000kg，共计3 000元。

借：制造费用	3 000	
贷：原材料		3 000

（5）11日，外购乙材料20 000kg验收入库，结转其实际采购成本4万元。

借：原材料——乙材料	40 000	
贷：在途物资		40 000

（6）14日，生产产品领用乙材料30 000kg，共计6万元。

借：生产成本	60 000	
贷：原材料——乙材料		60 000

（7）16日，外购丙材料60 000kg验收入库，结转其实际采购成本6万元。

借：原材料——丙材料	60 000	
贷：材料采购		60 000

（8）19日，生产产品领用甲材料7 000kg，共计3.5万元。

借：生产成本	35 000	
贷：原材料——甲材料		35 000

（9）20日，外购乙材料10 000kg验收入库，结转其实际采购成本2万元。

借：原材料——乙材料	20 000	
贷：材料采购		20 000

（10）27日，生产产品领用丙材料63 000kg，共计6.3万元。

借：生产成本	63 000	
贷：原材料——丙材料		63 000

要求：根据会计分录登记"原材料"总账及明细账。编制"原材料明细分类账户本期发生额及余额表"，与"原材料"总分类账户的有关记录相核对。

3．多栏式明细分类账的登记

资料：钟山厂2022年1月1日"生产成本"账户期初余额为12 800元，即在制甲产品100件的生产成本，其中：直接材料10 050元，动力350元，直接人工1 700元，制造费用700元。该厂1月投产甲、乙产品各400件，发生的费用除材料消耗外均按产品工时比例分配，甲、乙产品的生产工时分别为6 000h和4 000h。

（1）3日，生产乙产品领用A材料11 000kg，计33 000元。

借：生产成本——乙产品	33 000	
贷：原材料——A材料		33 000

（2）8日，生产甲产品领用B材料21 600kg，计43 200元。

借：生产成本——甲产品	43 200	
贷：原材料——B材料		43 200

（3）31日，结算和分配1月应付生产工人工资2.5万元。

借：生产成本——甲产品	15 000	
——乙产品	10 000	
贷：应付职工薪酬		25 000

（4）31日，结算和分配1月应付生产用动力电费5 000元。

借：生产成本——甲产品	3 000	
——乙产品	2 000	
贷：应付账款		5 000

（5）31日，结算和分配1月制造费用1万元。

```
借：生产成本——甲产品                                          6 000
        ——乙产品                                              4 000
    贷：制造费用                                              10 000
```

（6）31日，甲产品500件全部完工验收入库，结转其实际生产成本。

```
借：库存商品——甲产品                                         80 000
    贷：生产成本——甲产品                                      80 000
```

要求：根据会计分录，登记"生产成本"明细账（见表10-31～表10-34）。

表10-31　生产成本明细账

产品名称：甲产品　　　　　　　　　　　　　　　　　　　　　　　　　　　　产量：500件

2022年		凭证号数	摘要	成本项目				合计
月	日			材料	动力	直接人工	制造费用	

表10-32　生产成本明细账

产品名称：乙产品　　　　　　　　　　　　　　　　　　　　　　　　　　　　产量：400件

2022年		凭证号数	摘要	成本项目				合计
月	日			材料	动力	直接人工	制造费用	

表10-33　生产成本明细账

产品名称：甲产品　　　　　　　　　　　　　　　　　　　　　　　　　　　　产量：500件

日期	凭证号数	摘要	借方					贷方	余额
			材料	直接人工	动力	制造费用	合计		

表 10-34　生产成本明细账

产品名称：乙产品　　　　　　　　　　　　　　　　　　　　　　　　　　　产量：400 件

日期	凭证号数	摘要	借方					贷方	余额
			材料	直接人工	动力	制造费用	合计		

(五) 错账查找与更正

1. 资料：丙企业将账簿记录与记账凭证进行核对时，发现下列各项经济业务的凭证内容或账簿记录有误：

(1) 开具现金支票 800 元，支付管理部门日常零星开支，原编制记账凭证为：

借：管理费用　　　　　　　　　　　　　　　　　　　　　　　　　　　　　800
　　贷：库存现金　　　　　　　　　　　　　　　　　　　　　　　　　　　　　800

(2) 结转本月实际完工产品的成本 5 600 元，原编制记账凭证为：

借：库存商品　　　　　　　　　　　　　　　　　　　　　　　　　　　　6 500
　　贷：生产成本　　　　　　　　　　　　　　　　　　　　　　　　　　　　6 500

(3) 收到购货单位偿还上月所欠贷款 8 500 元，原编制记账凭证为：

借：银行存款　　　　　　　　　　　　　　　　　　　　　　　　　　　　5 800
　　贷：应收账款　　　　　　　　　　　　　　　　　　　　　　　　　　　　5 800

(4) 结算本月应付职工薪酬，其中生产工人薪酬为 5 000 元，行政管理人员薪酬为 1 200 元，原编制记账凭证如下。在登记账簿时，其管理费用账户借方登记为 2 100 元。

借：生产成本　　　　　　　　　　　　　　　　　　　　　　　　　　　　5 000
　　管理费用　　　　　　　　　　　　　　　　　　　　　　　　　　　　1 200
　　贷：应付职工薪酬　　　　　　　　　　　　　　　　　　　　　　　　　　6 200

(5) 结转本月销售收入 8 000 元，原编制记账凭证为：

借：本年利润　　　　　　　　　　　　　　　　　　　　　　　　　　　　6 500
　　贷：主营业务收入　　　　　　　　　　　　　　　　　　　　　　　　　　6 500

要求：将上述各项经济业务的错误分录，分别采用适当的更正错账方法予以更正。

2. 资料：A 公司 2022 年 8 月部分经济业务及核算中发生的错误如下：

(1) 8 日，以银行存款支付购材料款 8 900 元，做银行存款 103 号付款记账凭证如下：

借：材料采购　　　　　　　　　　　　　　　　　　　　　　　　　　　　8 900
　　贷：银行存款　　　　　　　　　　　　　　　　　　　　　　　　　　　　8 900

账簿记录如图 10-1 所示。

图 10-1　银付购买材料的 T 形账户

(2) 19 日，管理部门领用甲材料 800 元，作为一般耗用，填制 80 号转账凭证时，会计分录如下：

借：生产成本　　　　　　　　　　　　　　　　　　　　　　　　　　　800
　　贷：原材料　　　　　　　　　　　　　　　　　　　　　　　　　　　　800
账簿记录如图 10-2 所示。

图 10-2　管理部门领用材料的 T 形账户

（3）23 日，购入机器一台，价值 9 100 元，货款未付。编制 120 号转账凭证，会计分录如下：
借：固定资产　　　　　　　　　　　　　　　　　　　　　　　　　　9 700
　　贷：应付账款　　　　　　　　　　　　　　　　　　　　　　　　　　9 700
账簿记录如图 10-3 所示。

图 10-3　赊购固定资产的 T 形账户

（4）30 日，以库存现金 730 元支付销售费用，编制现付 50 号库存现金付款凭证如下：
借：销售费用　　　　　　　　　　　　　　　　　　　　　　　　　　　730
　　贷：库存现金　　　　　　　　　　　　　　　　　　　　　　　　　　　730
账簿记录如图 10-4 所示。

图 10-4　销售费用现付的 T 形账户

（5）30 日，企业出售产品 100 件，单位售价 500 元，款项已收转账支票（简化起见，不考虑增值税）。编制记账凭证时，会计分录如下：
借：银行存款　　　　　　　　　　　　　　　　　　　　　　　　　　5 000
　　贷：库存商品　　　　　　　　　　　　　　　　　　　　　　　　　　5 000
账簿记录如图 10-5 所示。

图 10-5　现销的 T 形账户

要求：根据上述资料的错误内容，说明应选用哪种错账更正方法，然后按规定的错账更正方法进行更正，并更正登记有关账户（用 T 形账户登记即可），必要时应自行开设新账户。

第十一章

财务报表

第一节 财务报表概述

一、财务报表的体系

财务报表是对企业财务状况、经营成果和现金流量的结构性表述，它是会计人员根据日常会计核算资料经收集、加工、汇总而形成的结果，是会计核算的最终产物。

财务报表至少应当包括以下组成部分：资产负债表、利润表、现金流量表、所有者权益变动表、附注。四张财务报表相互联系，从不同角度说明企业的财务状况、经营成果和现金流量情况。财务报表附注是对这四张报表中列示项目的文字描述或明细资料，以及对未能在这些报表中列示项目的说明等。

二、财务报表的分类

企业的财务报表可以按照不同的标准进行分类。

按照编报期间的不同，财务报表分为中期财务报表和年度财务报表。中期财务报表是以短于一个完整会计年度的报告期间为基础编制的财务报表，包括月报、季报和半年报等。

按照编制范围的不同，财务报表分为个别财务报表和合并财务报表。个别财务报表是独立核算的企业用来反映其本身财务状况、经营成果和现金流量等情况的财务报表。合并财务报表是以母公司和子公司组成的企业集团为一个会计主体，以母公司和子公司单独编制的个别财务报表为基础，由母公司编制的综合反映企业集团财务状况、经营成果和现金流量情况的财务报表。

按照反映内容的不同，财务报表分为静态报表和动态报表。静态报表是综合反映企业某一特定日期资产、负债和所有者权益状况的报表，一般根据各个账户的期末余额填列，比如资产负债表。动态报表是综合反映企业在一定时期的经营情况或现金流动情况的报表，一般根据有关账户的发生额填列，比如利润表和现金流量表。

三、财务报表的编制要求

为了保证财务报表所提供的信息能够及时、准确、完整地反映企业的财务状况、经营成果和现金流量，最大限度地满足有关方面的需要，企业在编制财务报表时，应严格遵守企业会计准则和相关会计制度的规定，必须做到真实可靠、相关可比、全面完整、编报及时，便于理解。

第二节 资产负债表

一、资产负债表的格式与内容

资产负债表是反映企业在某一特定日期的财务状况的财务报表。它是根据"资产＝负债＋所有者权益"这一会计等式编制而成的。

国际上流行的资产负债表格式主要包括报告式和账户式两种，我国采用账户式的资产负债表。账户式的资产负债表分为左右两方。左方为资产，全部项目按照资产的流动性强弱排列；流动性强的资产排在前面，流动性弱的资产排在后面。右方为负债和所有者权益，全部项目按偿还期限顺序排列：需要在一年以内或长于一年的一个营业周期内偿还的流动负债排在前面，在一年以上或长于一年的一个营业周期以上才能偿还的长期负债排在中间，在企业清算之前不需要偿还的所有者权益项目排在最后。

资产负债表中资产类项目金额合计与负债和所有者权益项目金额合计必须相等。资产负债表需要列示各项资产、负债和所有者权益的期末余额和期初余额。

二、资产负债表的总体填列方法

资产负债表的各项目均需要填列"年初数"和"期末数"两栏。其中，"年初数"栏内各项数字应根据上年年末资产负债表的"期末数"栏内所列数字填列，如果上年度资产负债表规定的各个项目的名称和内容同本年度不一致，应对上年年末资产负债表各项目的名称和数字按照本年度的规定进行调整，填入表中"年初数"栏内。"期末数"则可为月末、季末或年末的数字。

（1）根据总账科目余额填列。资产负债表中的有些项目可直接根据有关总账科目的余额填列，如"交易性金融资产""短期借款""应付票据""应付职工薪酬"等项目；有些项目则需根据几个总账科目的余额计算填列，如"货币资金"项目，需要根据"库存现金""银行存款""其他货币资金"三个总账科目的期末余额合计数填列。

（2）根据明细科目余额计算填列。有些项目需要根据明细科目余额计算填列。如"应付账款"项目，需要根据"应付账款"和"预付账款"两个科目所属的相关明细科目的期末贷方余额计算填列；"应收账款"项目，需要根据"应收账款"和"预收账款"两个科目所属的相关明细科目的期末借方余额计算填列。

（3）根据总账科目和明细科目余额分析计算填列。如"长期借款"项目，需要根据"长期借款"总账科目余额扣除"长期借款"科目所属的明细科目中将在一年内到期且企业不能自主地将清偿义务展期的长期借款后的金额计算填列。

（4）根据有关科目余额减去其备抵科目余额后的净额填列。如资产负债表中的"应收账款"项目，应当根据"应收账款"所属各明细科目的期末借方余额合计，减去"坏账准备"科目中有关应收账款计提的坏账准备期末余额后的净额填列。"固定资产"项目应当根据"固定资产"科目的期末余额减去"累计折旧""固定资产减值准备"备抵科目余额后的净额填列。

（5）综合运用上述填列方法分析填列。如资产负债表中的"存货"项目，需要根据"原材料""库存商品""委托加工物资""周转材料""材料采购""在途物资""发出商品""材料成本差异"等总账科目期末余额的分析汇总数，再减去"存货跌价准备"科目余额后的净额填列。

三、资产负债表的具体填列方法

（一）资产项目的填列方法

（1）"货币资金"项目应根据"库存现金""银行存款""其他货币资金"科目期末余额的合计数填列。

（2）"交易性金融资产"项目应根据"交易性金融资产"科目的期末余额填列。

（3）"衍生金融资产"反映企业衍生工具形成资产的期末余额。

（4）"应收票据"项目应根据"应收票据"科目的期末余额填列。

（5）"应收账款"项目应根据"应收账款"所属各明细科目的期末借方余额合计，减去"坏账准备"科目中有关应收账款计提的坏账准备期末余额后的金额填列。如"应收账款"科目所属明细科目期末有贷方余额的，应在资产负债表"预收款项"项目内填列。

（6）"应收款项融资"项目反映资产负债表日以公允价值计量且其变动计入其他综合收益的应收票据和应收账款等。

（7）"预付款项"项目应根据"预付账款"和"应付账款"科目所属各明细科目的期末借方余额合计数，减去"坏账准备"账户中有关预付账款计提的坏账准备期末余额后的金额填列。如"预付账款"科目所属各明细科目期末有贷方余额的，应在资产负债表"应付账款"项目内填列。

（8）"其他应收款"项目应根据"应收利息""应收股利""其他应收款"科目的期末余额，减去"坏账准备"账户中相关坏账准备期末余额后的金额填列。

（9）"存货"项目应根据"在途物资""原材料""材料成本差异""生产成本""库存商品""周转材料""发出商品""委托加工物资"等账户的期末余额合计减去"存货跌价准备"账户期末余额后的金额填列。

（10）"合同资产"项目根据"合同资产"账户的相关明细账户期末余额分析填列，同一合同下的合同资产和合同负债应当以净额列示，其中净额为借方余额的，应当根据其流动性在"合同资产"或"其他非流动资产"项目中列示，已计提减值准备的，还应减去"合同资产减值准备"账户中相关的期末余额后的金额填列。

（11）"持有待售资产"项目应根据"持有待售资产"账户的期末余额，减去"持有待售资产减值准备"账户的期末余额后的金额填列。

（12）"一年内到期的非流动资产"项目通常反映预计资产负债表日起一年内变现的非流动资产。对于按照相关会计准则采用折旧（或摊销、折耗）方法进行后续计量的固定资产、使用权资产、无形资产和长期待摊费用等非流动资产，不转入"一年内到期的非流动资产"项目。

（13）"其他流动资产"项目应根据有关科目的期末余额填列。

（14）"债权投资"项目应根据"债权投资"项目的相关明细科目期末余额，减去"债权投资减值准备"账户中相关减值准备的期末余额后的金额分析填列。自资产负债表日起一年内到期的长期债权投资的期末账面价值，在"一年内到期的非流动资产"项目反映。企业购入的以摊余成本计量的一年内到期的债权投资的期末账面价值，在"其他流动资产"项目反映。

(15)"其他债权投资"项目应根据"其他债权投资"账户的相关明细账户期末余额分析填列。

(16)"长期应收款"项目应根据"长期应收款"账户的期末余额,减去"坏账准备"账户所属相关明细账户期末余额,再减去"未确认融资收益"账户期末余额后的金额分析计算填列。

(17)"长期股权投资"项目应根据"长期股权投资"账户的期末余额,减去"长期股权投资减值准备"科目期末余额后的金额填列。

(18)"其他权益工具投资"项目应根据"其他权益工具投资"账户的期末余额填列。

(19)"投资性房地产"项目应根据"投资性房地产"账户的期末余额,减去"投资性房地产累计折旧""投资性房地产减值准备""投资性房地产累计摊销"所属有关明细账户期末余额后的金额分析计算填列。

(20)"固定资产"项目应根据"固定资产"账户的期末余额,减去"累计折旧"和"固定资产减值准备"账户的期末余额后的金额,以及"固定资产清理"账户的期末余额填列。

(21)"在建工程"项目应根据"在建工程"账户的期末余额,减去"在建工程减值准备"账户的期末余额后的金额,以及"工程物资"账户的期末余额,减去"工程物资减值准备"账户的期末余额后的金额填列。

(22)"使用权资产"项目应根据"使用权资产"账户的期末余额,减去"使用权资产累计折旧"和"使用权资产减值准备"账户的期末余额后的金额填列。

(23)"无形资产"项目应根据"无形资产"账户的期末余额,减去"累计摊销""无形资产减值准备"账户期末余额后的金额填列。

(24)"递延所得税资产"项目应根据"递延所得税资产"账户期末余额分析填列。

(25)"其他非流动资产"项目应根据有关项目的期末余额填列。

(二)负债项目的填列方法

(1)"短期借款"项目应根据"短期借款"账户的期末余额填列。

(2)"交易性金融负债"项目应根据"交易性金融负债"账户的相关明细账户期末余额填列。

(3)"衍生金融负债"反映企业衍生工具形成负债的期末余额。

(4)"应付票据"项目应根据"应付票据"账户的期末余额填列。

(5)"应付账款"项目应根据"应付账款"和"预付账款"账户所属的相关明细账户的期末贷方余额合计数填列。

(6)"预收款项"项目应根据"预收账款"账户所属各有关明细账户的期末贷方余额合计填列。

(7)"合同负债"项目根据"合同负债"账户的相关明细账户期末余额分析填列,同一合同下的合同资产和合同负债应当以净额列示,其中净额为贷方余额的,应当根据其流动性在"合同负债"或"其他非流动负债"项目中填列。

(8)"应付职工薪酬"项目应根据"应付职工薪酬"账户期末贷方余额填列。

（9）"应交税费"项目应根据"应交税费"账户的期末余额分析填列。

（10）"其他应付款"项目应根据"应付利息""应付股利"和"其他应付款"账户的期末余额合计数填列。

（11）"持有待售负债"项目应根据单独设置的"持有待售负债"账户的余额填列。

（12）"一年内到期的非流动负债"项目应根据有关非流动负债账户的期末余额分析计算填列。

（13）"其他流动负债"项目应根据有关账户的期末余额填列。

（14）"长期借款"项目应根据"长期借款"账户的期末余额，减去将于一年内到期的长期借款后的金额填列。

（15）"应付债券"项目应根据"应付债券"账户的期末余额填列。

（16）"租赁负债"项目应根据"租赁负债"账户的期末余额填列。

（17）"长期应付款"项目应根据"长期应付款"账户的期末余额，减去相关的"未确认融资费用"账户的期末余额后的金额，以及"专项应付款"账户的期末余额填列。

（18）"预计负债"项目应根据"预计负债"账户的期末余额填列。

（19）"递延收益"项目中摊销期只剩一年或不足一年的，或预计在一年内（含一年）进行摊销的部分，不得归类为流动负债，仍在该项目填列。

（20）"递延所得税负债"项目应根据"递延所得税负债"账户期末余额分析填列。

（21）"其他非流动负债"项目应根据有关账户的期末余额填列。

（三）所有者权益项目的填列方法

（1）"实收资本"（或"股本"）项目应根据"实收资本"（或"股本"）账户的期末余额填列。

（2）"其他权益工具"项目。对于资产负债表日企业发行的金融工具，分类为权益工具的，应在"其他权益工具"项目填列。对于优先股和永续债，还应在"其他权益工具"项目下的"优先股"项目和"永续债"项目分别填列。

（3）"资本公积"项目应根据"资本公积"账户的期末余额填列。

（4）"其他综合收益"项目应根据"其他综合收益"账户的期末余额填列。

（5）"专项储备"项目应根据"专项储备"账户的期末余额填列。

（6）"盈余公积"项目应根据"盈余公积"账户的期末余额填列。

（7）"未分配利润"项目应根据"本年利润"账户和"利润分配"账户的余额计算填列。未弥补的亏损，在本项目内以"—"号填列。

四、资产负债表的编制案例

【例1】A公司2022年6月30日有关账户的期末余额如表11-1所示。

现将A公司2022年6月30日资产负债表各项目的应填列金额计算如下：

（1）"货币资金"项目。将"库存现金""银行存款"账户余额合并列入"货币资金"项目。"货币资金"项目金额 = 30 000 + 520 000 = 550 000（元）

（2）"交易性金融资产"项目。按照"交易性金额资产"账户余额直接填列，即300 000元。

（3）"应收账款"项目。将"应收账款"账户所属明细账户的借方余额合计，减去"坏账准备"账户的余额填列。

表 11-1　A 公司有关账户期末余额　　　　　　　　　　　　　单位：元

账 户 名 称	借方余额	贷方余额	账 户 名 称	借方余额	贷方余额
库存现金	30 000		短期借款		40 000
银行存款	520 000		应付账款		360 000
交易性金融资产	300 000		——B 公司		400 000
应收账款	400 000		——C 公司	40 000	
——甲公司	500 000		预收账款		20 000
——乙公司		100 000	应付职工薪酬		150 000
坏账准备		30 000	应交税费		500 000
预付账款	40 000		应付股利		200 000
其他应收款	10 000		实收资本		5 000 000
原材料	400 000		资本公积		500 000
生产成本	200 000		盈余公积		300 000
库存商品	600 000		利润分配——未分配利润		600 000
固定资产	5 500 000				
累计折旧		800 000			
无形资产	500 000				

"应收账款"项目金额 = 500 000 − 30 000 = 470 000（元）

（4）"预付款项"项目。将"预付账款"所属明细账户的借方余额合计，加上"应付账款"所属明细账户的借方余额合计填列。

"预付款项"项目金额 = 40 000 + 40 000 = 80 000（元）

（5）"其他应收款"项目。按"其他应收款"账户期末账面余额直接填列，即 10 000 元。

（6）"存货"项目。将"原材料""生产成本""库存商品"等账户的余额相加填列。

"存货"项目金额 = 400 000 + 200 000 + 600 000 = 1 200 000（元）

（7）"固定资产"项目。用"固定资产"账户余额减去"累计折旧"账户余额填列。

"固定资产"项目金额 = 5 500 000 − 800 000 = 4 700 000（元）

（8）"无形资产"项目。用"无形资产"账户余额减去"累计摊销"账户余额填列。

"无形资产"项目金额 = 500 000 − 0 = 500 000（元）

（9）"短期借款"项目。按期末账面余额直接填列，即 40 000 元。

（10）"应付账款"项目。将"应付账款"所属明细账户的贷方余额合计填列，即 400 000 元。

（11）"预收款项"项目。将"预收账款"所属明细账户的贷方余额合计，加上"应收账款"所属明细账的贷方余额合计数填列。

"预收款项"项目金额 = 20 000 + 100 000 = 120 000（元）

（12）"应付职工薪酬"项目。按期末账面余额直接填列，即 150 000 元。

(13)"应交税费"项目。按期末账面余额直接填列,即 500 000 元。

(14)"其他应付款"项目。根据"应付股利"账户期末账面余额直接填列,即 200 000 元。

(15)"实收资本"项目。根据"实收资本"账户期末账面余额直接填列,即 5 000 000 元。

(16)"资本公积"项目。根据"资本公积"账户期末账面余额直接填列,即 500 000 元。

(17)"盈余公积"项目。根据"盈余公积"账户期末账面余额直接填列,即 300 000 元。

(18)"未分配利润"项目。根据"未分配利润"账户期末账面余额直接填列,即 600 000 元。

A 公司 2022 年 6 月 30 日资产负债表的编制结果如表 11-2 所示。

表 11-2 资产负债表

编制单位:A 公司　　　　　　　　2022 年 6 月 30 日　　　　　　　　单位:元

资产	年初余额	期末余额	负债及所有者权益	年初余额	期末余额
流动资产:			流动负债:		
货币资金		550 000	短期借款		40 000
交易性金融资产		300 000	应付账款		400 000
应收账款		470 000	预收款项		120 000
预付款项		80 000	应付职工薪酬		150 000
其他应收款		10 000	应交税费		500 000
存货		1 200 000	其他应付款		200 000
流动资产合计		2 610 000	流动负债合计		1 410 000
非流动资产:			负债合计		1 410 000
固定资产		4 700 000	所有者权益:		
无形资产		500 000	实收资本		5 000 000
非流动资产合计		5 200 000	资本公积		500 000
			盈余公积		300 000
			未分配利润		600 000
			所有者权益合计		6 400 000
资产总计		7 810 000	负债及所有者权益合计		7 810 000

第三节　利　润　表

一、利润表的格式与内容

利润表又称损益表,是总括反映企业在一定会计期间(如年度、季度或月份)内经营成果的会计报表。利润表以"收入－费用＝利润"这一会计方程式为基础,用于反映企业一定会计期间内盈利(或亏损)的实际情况。它是一种动态报表,一般按月编制。

利润表主要提供以下三项会计信息内容:

(1)企业在一定会计期间内取得的全部收入和利得,包括营业收入、其他收益、投资收益和营业外收入。

（2）企业在一定会计期间内发生的全部费用和损失，包括营业成本、研发费用、销售费用、管理费用、财务费用和营业外支出。

（3）全部收入与费用、利得与损失相抵后计算出企业一定期间内实现的利润（或亏损）总额。

按照编制报表的步骤不同，利润表的格式主要有单步式和多步式两种。单步式利润表的编制方法是将本期各项收入的合计数与本期各项成本、费用的合计数相减后，经过一步就计算出本期利润的方法。多步式利润表增加了一些中间指标，它是对利润表构成的主次进行分段，从核心业务到非核心业务，经过多个步骤计算编制的。我国企业通常采用多步式利润表。

二、利润表的总体编制方法

利润表中"上期金额"栏各项的金额，应根据上期利润表中"本期金额"栏内所列的数字填列。"本期金额"栏内各项金额数字的填列方法主要有以下两种：

（1）根据账户的发生额分析填列。利润表中的大部分项目都可以根据账户的发生额分析填列，如销售费用、税金及附加、管理费用、财务费用、营业外收入、营业外支出、所得税费用等。

（2）根据报表项目之间的关系计算填列。利润表中的某些项目需要根据项目之间的关系计算填列，如营业利润、利润总额、净利润等。

三、利润表的具体编制方法

（1）"营业收入"项目反映企业经营活动所取得的收入总额。本项目应根据"主营业务收入""其他业务收入"等账户的发生额来分析填列。

（2）"营业成本"项目反映企业经营活动发生的实际成本。本项目应根据"主营业务成本""其他业务成本"等账户的发生额分析填列。

（3）"税金及附加"项目应根据"税金及附加"账户的发生额分析填列。

（4）"销售费用"项目应根据"销售费用"账户的发生额分析填列。

（5）"管理费用"项目应根据"管理费用"账户的发生额分析填列。

（6）"研发费用"项目应根据"管理费用"账户下的"研究费用"明细账户的发生额，以及"管理费用"账户下的"无形资产摊销"明细账户的发生额分析填列。

（7）"财务费用"项目反映企业发生的财务费用。其中："利息费用"反映企业为筹集生产经营所需资金等而发生的应予费用化的利息支出。"利息收入"反映企业确认的利息收入。

（8）"其他收益"项目应根据"其他收益"账户的发生额分析填列。

（9）"投资收益"项目应根据"投资收益"账户的发生额分析填列。如为投资损失，以"－"号填列。"以摊余成本计量的金融资产终止确认收益"项目，反映企业因转让等情形导致终止确认以摊余成本计量的金融资产而产生的利得或损失。该项目应根据"投资收益"账户的相关明细账户的发生额分析填列。

（10）"净敞口套期收益"项目应根据"净敞口套期损益"账户的发生额分析填列，如为套期损失，以"-"号填列。

（11）公允价值变动收益项目应根据"公允价值变动损益"账户的发生额分析填列，如为公允价值变动损失，以"-"号填列。

（12）"信用减值损失"项目应根据"信用减值损失"账户的发生额分析填列。

（13）"资产减值损失"项目应根据"资产减值损失"账户的发生额分析填列。

（14）"资产处置收益"项目应根据"资产处置损益"账户的发生额分析填列，如为处置损失，以"-"号填列。

（15）"营业外收入"项目应根据"营业外收入"账户的发生额分析填列。

（16）"营业外支出"项目应根据"营业外支出"账户的发生额分析填列。

（17）"所得税费用"项目应根据"所得税费用"账户的发生额分析填列。

（18）"净利润"项目（净亏损以"-"号填列）："持续经营净利润"子项目（净亏损以"-"号填列）反映净利润中与持续经营相关的净利润，按照《企业会计准则第42号——持有待售的非流动资产、处置组和终止经营》的相关规定列报；"终止经营净利润"子项目（净亏损以"-"号填列）反映净利润中与终止经营相关的净利润，按照《企业会计准则第42号——持有待售的非流动资产、处置组和终止经营》的相关规定列报。

（19）"其他综合收益的税后净额""综合收益总额""每股收益"项目，在后续的"中级财务会计"课程中再介绍。

四、利润表的编制案例

【例2】A公司2022年6月有关账户的发生额如表11-3所示。

表11-3　A公司有关账户发生额　　　　　　　　　　　　　　　　单位：元

账　户　名　称	借方发生额	贷方发生额
主营业务收入		3 000 000
其他业务收入		400 000
投资收益		100 000
营业外收入		150 000
主营业务成本	800 000	
税金及附加	150 000	
其他业务成本	200 000	
销售费用	100 000	
管理费用	500 000	
财务费用	250 000	
营业外支出	550 000	
所得税费用	300 000	

根据以上账户记录，编制A公司2022年6月的利润表如表11-4所示。

表 11-4　利润表

编制单位：A 公司　　　　　　　　　　　2022 年 6 月　　　　　　　　　　　　　　单位：元

项　目	本期金额	上期金额（略）
一、营业收入	3 400 000	
减：营业成本	1 000 000	
税金及附加	150 000	
销售费用	100 000	
管理费用	500 000	
研发费用		
财务费用	250 000	
其中：利息费用	250 000	
利息收入		
加：其他收益		
投资收益（损失以"-"号填列）	100 000	
其中：对联营企业和合营企业的投资收益		
以摊余成本计量的金融资产终止确认收益（损失以"-"号填列）		
净敞口套期收益（损失以"-"号填列）		
公允价值变动收益（损失以"-"号填列）		
资产减值损失（损失以"-"号填列）		
信用减值损失（损失以"-"号填列）		
资产处置收益（损失以"-"号填列）		
二、营业利润（损失以"-"号填列）	1 500 000	
加：营业外收入	150 000	
减：营业外支出	550 000	
三、利润总额（损失以"-"号填列）	1 100 000	
减：所得税费用	300 000	
四、净利润（损失以"-"号填列）	800 000	
（一）持续经营净利润（净亏损以"-"号填列）	800 000	
（二）终止经营净利润（净亏损以"-"号填列）		
五、其他综合收益的税后净额	0	
六、综合收益总额	800 000	
七、每股收益	略	
（一）基本每股收益	略	
（二）稀释每股收益	略	

要点回顾

　　财务报表是对企业财务状况、经营成果和现金流量的结构性表述，它是会计人员根据日常会计核算资料经收集、加工、汇总而形成的结果，是会计核算的最终产物。财务报表至少主要包括以下组成部分：资产负债表、利润表、现金流量表、所有者权益变动表、附注。财务报表按编报期间分为中期财务报表和年度财务报表，按编制范围分为个别财务报表和合并财务报表，按反映内容分为静态报表和动态报表。财务报表编制的质量要求包括真实可靠、相关可比、全面完整、编报及时、便于理解。

资产负债表是反映企业在某一特定日期的财务状况的财务报表。它是根据"资产＝负债＋所有者权益"这一会计等式编制而成的。资产负债表提供的信息资料包括：企业在某一特定日期所拥有的经济资源及其分布情况，企业资产的构成及其状况；企业某一特定日期的负债总额及其结构，目前与未来的需要支付的债务数额；企业所有者权益的情况，企业现有的投资者在企业资产总额中所占的份额等会计信息。资产负债表的编制方法包括：根据总账科目余额填列；根据明细科目余额计算填列；根据总账科目和明细账科目余额分析计算填列；根据有关科目余额减去其备抵科目余额后的净额填列；综合运用这些方法分析填列。

利润表是反映企业在一定会计期间经营成果的报表。利润表是根据"收入－费用＝利润"这一公式编制的。通过利润表可以从总体上了解企业收入、成本和费用及净利润（或亏损）的实现及构成情况。利润表的格式包括单步式和多步式两种。多步式利润表的三个层次分别是营业利润、利润总额和净利润。

课程思政

坚持"爱岗敬业"，塑造"职业生涯"

【思政目标】

理解不忘初心的核心要义和精神实质，塑造良好的品格、品行，树立正确的世界观、人生观和价值观，把学和做有机结合起来，做到学思用贯通、知信行统一。

【思政案例】

A企业主要经营家具生产。A企业为扩大经营业务，由于资金不足，需要向银行办理贷款。在向银行提出贷款申请后，银行要求A企业提供连续三年的会计报表和最近一个季度的会计报表等资料。相关资料通过审核后，银行才能决定是否贷款给A企业。

【思政问题】

为什么银行在做出贷款决定前，需要企业提供财务报表？银行贷款部门希望从报表中了解什么信息？除了银行，还有哪些机构或人员也需要利用企业的财务报表进行决策？他们关注财务报表信息的重点一样吗？财务报表信息如何才算有用？

练习题

一、单选题

（一）财务报表概述

1. 下列财务报表中反映企业某一特定日期会计信息的报表是（　　）。

A．资产负债表　　　B．利润表　　　C．所有者权益变动表　　　D．现金流量表

2. 下列属于静态报表的是（　　）。

A．资产负债表　　　B．利润表　　　C．现金流量表　　　D．以上都不对

3. 年度财务报告应于年度终了后（　　）内对外提供。
   A．15日　　　　　　B．30日　　　　　　C．2个月　　　　　　D．4个月
4. 下列关于财务报告的论述中不正确的是（　　）。
   A．财务报告能综合、清晰明了地反映会计主体的经营状况
   B．为加快会计报表的编制和报送进度，可以先编制会计报表，然后再对账
   C．财务报告信息使用者包括上级主管机关、投资者、债权人和内部经营管理者等
   D．财务报表可以按不同标准进行分类
5. 编制静态报表的主要依据是（　　）。
   A．账户的期初余额　　B．账户的贷方发生额　　C．账户的借方发生额　　D．账户的期末余额
6. 编制动态报表的主要依据是（　　）。
   A．账户的本期发生额　　B．账户的期末余额　　C．账户的期初余额　　D．账户的期初和期末余额
7. 财务报表按其编报主体的不同，可分为（　　）。
   A．对内报表和对外报表　　　　　　　B．个别报表和合并报表
   C．财务报表和费用、成本报表　　　　D．单位报表和汇总报表
8. 外部信息使用者了解单位会计信息最主要的途径是（　　）。
   A．账簿　　　　　　B．财产清查　　　　C．会计凭证　　　　D．财务报告
9. 下列属于静态报表的是（　　）。
   A．资产负债表　　　B．现金流量表　　　C．利润表　　　　　D．股东权益变动表
10. 资产负债表和利润表的数据直接来源于（　　）。
    A．原始凭证　　　　B．记账凭证　　　　C．日记账　　　　　D．账簿记录
11. 财务报表是根据（　　）定期进行归集、加工和汇总而编制的。
    A．原始凭证　　　　B．记账凭证　　　　C．会计凭证　　　　D．会计账簿记录
12. 月度财务会计报告在每月终了时编制，应于月份终了后（　　）日内对外提供。
    A．3　　　　　　　B．5　　　　　　　C．6　　　　　　　D．10
13. 最关注投资的内在风险和投资报酬的财务报表使用者是（　　）。
    A．投资者　　　　　B．债权人　　　　　C．企业管理人员　　D．政府
14. 通常，下列选项中不可能是企业财务会计报告的会计期间的是（　　）。
    A．1月1日至1月31日　　　　　　　　B．1月1日至12月31日
    C．1月1日至3月31日　　　　　　　　D．1月1日至2月28日
15. 将投资企业与被投资企业的经营成果和财务状况作为一个整体来反映的会计报表是（　　）。
    A．定期会计报表　　B．汇总会计报表　　C．个别会计报表　　D．合并会计报表

（二）资产负债表

1. 资产负债表中资产项目的排列顺序是依据（　　）排列的。
   A．项目流动性　　　B．项目收益性　　　C．项目重要性　　　D．项目的时间性
2. 我国资产负债表的格式是（　　）。
   A．账户式　　　　　B．多步式　　　　　C．单步式　　　　　D．报告式
3. 乙企业期末"在建工程""原材料""生产成本""库存商品"总账借方余额分别为1 200元、3 000元、5 000元和2 400元。该企业资产负债表"存货"项目的期末数为（　　）元。
   A．5 400　　　　　B．6 600　　　　　C．10 400　　　　　D．11 600
4. 下列报表项目中可以直接填列的项目是（　　）。
   A．货币资金　　　　B．应收账款　　　　C．短期借款　　　　D．存货

5. 某企业"应付账款"科目月末贷方余额4万元,其中,"应付甲公司账款"明细科目贷方余额5万元,"应付乙公司账款"明细科目借方余额1万元;"预付账款"明细科目月末借方余额6万元,其中,"预付A工厂账款"明细科目借方余额8万元,"预付B工厂账款"明细科目贷方余额2万元。该企业月末资产负债表中"应付账款"项目的金额为( )元。

   A. 40 000　　　　　B. 50 000　　　　　C. 60 000　　　　　D. 70 000

6. A公司"原材料"科目借方余额200万元,"周转材料"科目借方余额100万元,"材料采购"科目借方余额150万元,"工程物资"科目借方余额100万元,"材料成本差异"科目贷方余额40万元,"存货跌价准备"科目贷方余额10万元。A公司期末资产负债表中"存货"项目应填列的金额为( )万元。

   A. 400　　　　　　B. 450　　　　　　C. 500　　　　　　D. 350

7. 下列资产负债表项目可根据总账余额直接填列的是( )。

   A. 货币资金　　　B. 存货　　　　　C. 应收票据　　　D. 未分配利润

8. 资产负债表中资产项目应按其( )程度的强弱顺序进行排列。

   A. 变动性　　　　B. 重要性　　　　C. 流动性　　　　D. 营利性

9. 资产负债表是根据( )这一会计等式编制的。

   A. 资产 = 负债 + 所有者权益　　　　B. 收入 - 成本 = 利润
   C. 资金占用 = 资金来源　　　　　　D. 资金占用 + 费用成本 = 资金来源 + 收入

10. 某企业期末"应收账款"账户为借方余额90 000元,其所属明细账户的借方余额合计为150 000元,所属明细账户贷方余额合计为60 000元,"坏账准备"账户贷方余额1 000元,其中对应收账款的坏账准备为700元。该企业资产负债表中"应收账款"项目的期末数应是( )元。

    A. 143 000　　　B. 89 300　　　　C. 89 000　　　　D. 149 300

11. 资产负债表中的"存货"项目,是指( )的期末余额。

    A. 物资采购、原材料　　　　　　　B. 库存商品、物资采购和原材料
    C. 生产成本　　　　　　　　　　　D. 以上都是

12. 编制资产负债表中应付账款项目时,应考虑( )的期末余额。

    A. "应付账款"总账户
    B. "应付账款"各明细账户与"预付账款"各明细账户
    C. "应付账款"各明细账户
    D. "应付账款"与"预付账款"总账户

13. 资产负债表中需要计算填列的是( )。

    A. 交易性金融资产　B. 货币资金　　　C. 累计折旧　　　D. 应付职工薪酬

14. 下列项目中不应列入资产负债表中"存货"项目的是( )。

    A. 委托代销商品　B. 分期收款发出商品　C. 工程物资　　D. 受托代销商品

15. 某企业"应收账款"明细账借方余额为28万元,贷方余额为7.3万元,坏账准备贷方余额为680元,则资产负债表的"应收账款"项目为( )元。

    A. 207 000　　　B. 279 320　　　　C. 606 320　　　D. 280 000

16. 资产负债表中的资产是按照( )来排序的。

    A. 项目收益性　　B. 项目重要性　　C. 项目流动性　　D. 项目时间性

17. 以下财务报表中反映企业财务状况的是( )。

    A. 资产负债表　　B. 利润表　　　　C. 现金流量表　　D. 所有者权益变动表

18. 资产负债表的下列项目中,直接根据一个总分类账账户就能填制的项目是( )。

A．货币资金　　　　B．应收账款　　　　C．长期借款　　　　D．预收账款

19．下列资产项目中，属于非流动资产项目的是（　　）。

A．应收票据　　　　B．长期股权投资　　C．待摊费用　　　　D．存货

20．资产负债表中所有者权益的排列顺序是（　　）。

A．未分配利润—盈余公积—资本公积—实收资本

B．实收资本—资本公积—盈余公积—未分配利润

C．实收资本—盈余公积—资本公积—未分配利润

D．资本公积—盈余公积—未分配利润—实收资本

21．下列项目中，属于长期负债项目的是（　　）。

A．应付票据　　　　B．应付债券　　　　C．应付股利　　　　D．应付职工薪酬

22．资产负债表"未分配利润"项目应根据（　　）科目的期末余额填列。

A．本年利润　　　　　　　　　　　　　B．利润分配

C．本年利润和利润分配　　　　　　　　D．应付利润和利润分配

23．甲企业期末资产负债表中"固定资产原价"为92万元，"累计折旧"为32万元，则企业"固定资产净值"应填列（　　）。

A．124万元　　　　B．92万元　　　　　C．60万元　　　　　D．32万元

24．"应收账款"科目所属明细科目如有借方余额，应反映在资产负债表中的（　　）。

A．预付账款　　　　B．预收账款　　　　C．应收账款　　　　D．应付账款

25．编制资产负债表时，资产类备抵调整账户列示在（　　）。

A．借方　　　　　　B．权益方　　　　　C．负债方　　　　　D．资产方

26．资产负债表中的"存货"应根据（　　）。

A．原材料、生产成本、库存商品等账户的期末借方余额之和填列

B．存货账户的期末借方余额直接填列

C．原材料账户的期末借方余额直接填列

D．原材料、在产品和库存商品等账户的期末借方余额之和填列

27．资产负债表是反映企业（　　）财务状况的会计报表。

A．某一年份内　　　B．某一月份内　　　C．一定时期内　　　D．某一特定日期

28．不能通过资产负债表了解的会计信息是（　　）。

A．固定资产的新旧程度　　　　　　　　B．资金的来源渠道和构成

C．所掌握的经济资源及其分布情况　　　D．一定期间内现金流入和流出的信息

29．下列资产负债表项目中，根据总分类账户期末余额直接填列的项目是（　　）。

A．实收资本　　　　B．货币资金　　　　C．存货　　　　　　D．应付账款

30．资产负债表中，流动资产项目不包括（　　）。

A．应收票据　　　　B．货币资金　　　　C．存货　　　　　　D．固定资产

（三）利润表

1．某企业当期"主营业务收入"科目贷方发生额为200万元，借方记录有销售退回10万元，销售折让5万元，发生现金折扣20万元，销售折扣30万元，则该企业利润表"营业收入"项目应填制的数额是（　　）万元。

A．200　　　　　　B．190　　　　　　C．185　　　　　　D．215

2．企业利润表中的"税金及附加"项目不包括的税金是（　　）。

A．消费税　　　　　B．资源税　　　　　C．城市维护建设税　　D．增值税

3．下列项目中，不会影响企业利润表中"营业利润"填列金额的是（　　）。

A．对外投资取得的投资收益　　　　　B．出租无形资产取得的租金收入

C．计提固定资产减值准备　　　　　　D．缴纳所得税

4．以下不属于利润表项目的是（　　）。

A．营业成本　　　　B．其他业务收入　　C．营业外收入　　　D．所得税费用

5．在下列各项税金中，应在利润表中的"税金及附加"项目反映的是（　　）。

A．耕地占用税　　　B．土地增值税　　　C．印花税　　　　　D．城市维护建设税

6．全部损益账户的本月发生额如下：营业收入900万元，营业成本450万元，税金及附加75万元，销售费用63万元，管理费用42万元，财务费用20万元，营业外收入7万元，营业外支出6万元，所得税费用33万元。利润表中"营业利润"项目的本月数为（　　）万元。

A．244　　　　　　B．218　　　　　　C．250　　　　　　D．251

7．（　　）是反映企业经营成果的财务报表。

A．资产负债表　　　B．利润表　　　　　C．现金流量表　　　D．财务报表附注

8．能分析企业的获利能力及利润的未来发展趋势的报表是（　　）。

A．资产负债表　　　B．利润表　　　　　C．现金流量表　　　D．所有者权益变动表

9．利润表中的项目应根据损益类各账户的（　　）填列。

A．期初余额　　　　B．期末余额　　　　C．发生额　　　　　D．期初余额加发生额

10．甲公司2022年实现营业收入50万元，营业成本10万元，销售费用15万元，管理费用15万元，投资收益8万元，资产减值损失5万元，营业外收入3万元，则甲公司2022年的利润总额为（　　）万元。

A．0　　　　　　　B．76　　　　　　　C．26　　　　　　　D．16

11．利润表不提供的信息是（　　）。

A．未分配利润　　　B．实现的营业收入　C．实现的营业利润　D．发生的税金及附加

12．我国利润表采用的格式为（　　）。

A．账户式　　　　　B．混合式　　　　　C．单步报告式　　　D．多步报告式

13．以"收入－费用＝利润"会计等式作为编制依据的会计报表是（　　）。

A．利润表　　　　　B．资产负债表　　　C．现金流量表　　　D．所有者权益变动表

14．利润表中的"净利润"是根据企业的利润总额扣除（　　）后的净额。

A．盈余公积　　　　B．应付股利　　　　C．所得税费用　　　D．营业利润

二、多选题

（一）财务报表概述

1．按现行会计准则规定，一套完整的财务报表应当包括（　　）。

A．资产负债表　　　B．利润表　　　　　C．现金流量表　　　D．所有者权益变动表

2．财务报告的编制要求包括（　　）。

A．数字真实　　　　B．计算准确　　　　C．内容完整　　　　D．说明清楚

3．财务报告可以提供关于企业（　　）的信息。

A．劳动状况　　　　B．经营成果　　　　C．财务状况　　　　D．现金流量

4．（　　）统称为中期报表。

A．月度报表　　　　B．季度报表　　　　C．半年度报表　　　D．年度报表

5．财务报表的表头部分的要素有（　　）。

A．表名 B．编表单位 C．编表时间 D．制表人
E．货币计量单位

6．企业会计信息的外部使用者包括（　　）。
A．股东 B．债权人 C．经理 D．政府

7．编制财务报表的要求有（　　）。
A．内容完整 B．编报及时 C．数字真实 D．相关可比

8．企业财务报表应根据账簿记录资料（　　）。
A．直接填列 B．经过分析、整理、计算后填列
C．经董事会讨论后填列 D．经审计后填列

9．企业编制财务报告，应严格遵循国家会计制度规定的（　　）。
A．编制基础 B．编制依据 C．编制原则 D．编制方法

10．下列报表中属于动态报表的有（　　）。
A．资产负债表 B．利润表 C．现金流量表 D．所有者权益变动表

（二）资产负债表

1．资产负债表的"期末数"栏各项目数据的来源有（　　）。
A．根据总账科目余额直接填列 B．根据总账科目余额计算填列
C．根据明细科目余额计算填列 D．根据总账科目和明细科目余额分析计算填列
E．根据有关资产科目与其备抵科目抵消后的净额填列

2．资产负债表中的应收账款，应根据（　　）之和填列。
A．"预收账款"明细科目的借方余额 B．"预收账款"明细科目的贷方余额
C．"应收账款"明细科目的贷方余额 D．"应收账款"明细科目的借方余额

3．下列各资产负债表项目中，应根据明细科目余额分析填列的有（　　）。
A．长期借款 B．预收账款 C．应收账款 D．应付账款

4．在资产负债表中作为"存货"项目列示的有（　　）。
A．生产成本 B．在途物资 C．工程物资 D．发出商品

5．下列资产减值准备相关科目余额，不在资产负债表上单独列示的有（　　）。
A．无形资产减值准备 B．存货跌价准备 C．固定资产减值准备 D．短期投资跌价准备

6．可以根据期末余额填制资产负债表的账户有（　　）。
A．应收票据 B．货币资金 C．短期借款 D．实收资本

7．下列项目中，属于"存货"范围的有（　　）。
A．无形资产 B．原材料 C．在途物资 D．库存商品

8．编制资产负债表时，需要根据有关资产科目与其备抵科目抵消后的净额填列的项目有（　　）。
A．无形资产 B．长期借款 C．应收账款 D．固定资产

9．资产负债表中的"存货"项目反映的内容包括（　　）。
A．库存商品 B．委托代销商品 C．生产成本 D．委托加工物资

10．资产负债表的项目中，需要根据明细账户的期末余额计算分析填列的有（　　）。
A．货币资金 B．应收账款 C．应付账款 D．预付账款

11．编制资产负债表中的"预收账款"项目，应依据（　　）账户分析填列。
A．预收账款 B．应付账款 C．预付账款 D．应收账款

12．资产负债表提供的信息资料有（　　）。

A．资产、负债、所有者权益的结存情况　　B．利润总额的构成
C．所有者权益期末情况　　D．各项流动资产和流动负债的增减变动

13．资产负债表的填制方法有（　　）。
A．直接根据总账余额填列　　B．直接根据明细账余额相加填列
C．根据总账余额加总后填列　　D．根据总账余额相减后填列

14．下列资产项目中，属于流动资产项目的有（　　）。
A．预付账款　　B．其他应收款　　C．无形资产　　D．在建工程

15．下列项目中，属于长期负债的有（　　）。
A．应付债券　　B．应付股利　　C．专项应付款　　D．长期应付款

16．资产负债表编制的资料来源有（　　）。
A．总账　　B．明细账　　C．备查登记簿　　D．上年度资产负债表

17．关于资产负债表的填列，下列说法正确的有（　　）。
A．在编制资产负债表时，资产类备抵调整账户应列示在资产方
B．预提费用账户的借方余额与待摊费用账户的借方余额相加后列示在待摊费用项目中
C．应付账款科目所属明细科目如有借方余额，应在预付账款中列示
D．应收账款项目列示的是应收账款与坏账准备的差额

18．下列项目应在资产负债表中单独列示的有（　　）。
A．将于一年内到期的长期债券投资　　B．将于一年内到期的长期借款
C．长期待摊费用中一年内摊销的部分　　D．预计一年内收回的长期股权投资

19．资产负债表中，流动负债应包括的项目有（　　）。
A．短期借款　　B．应交税费　　C．其他应付款　　D．预收款项

20．编制资产负债表时，根据总账科目的期末余额直接填制的有（　　）。
A．坏账准备　　B．应收账款　　C．应收票据　　D．固定资产原价

21．下列资产负债表各项目中，属于流动负债的有（　　）。
A．预收账款　　B．其他应付款　　C．预付账款　　D．一年内到期的长期借款

22．资产负债表的作用包括（　　）。
A．反映企业的资金来源及其构成情况　　B．反映企业所拥有的经济资源及其分布情况
C．可以间接反映企业的盈利情况　　D．可以反映企业的变现能力、偿债能力

23．资产负债表中的"应付账款"项目应根据（　　）所属明细科目的贷方余额之和填列。
A．预付账款　　B．应收账款　　C．应付账款　　D．预收账款

24．下列资产负债表项目中，可根据有关总分类账户的期末余额计算填列的有（　　）。
A．应收账款　　B．货币资金　　C．未分配利润　　D．存货

（三）利润表

1．利润表的格式有（　　）。
A．账户式　　B．报告式　　C．单步式　　D．多步式

2．多步式利润表可以反映企业的（　　）等利润要素。
A．主营业务利润　　B．营业利润　　C．利润总额　　D．净利润

3．有关利润表说法正确的有（　　）。
A．总括反映企业在一定时期经营过程与结果的财务报表
B．动态报表

C. 表体形式为单步式和多步式
D. 报表右边的金额数字包括本月数和本年累计数

4. 构成营业利润的要素主要包括（　　）。
A. 营业收入　　　B. 营业成本　　　C. 税金及附加　　　D. 管理费用

5. 利润表中需要计算填列的项目有（　　）。
A. 营业利润　　　B. 利润总额　　　C. 净利润　　　D. 资产减值损失

6. 利润表的三个层次是（　　）。
A. 营业利润　　　B. 利润总额　　　C. 净利润　　　D. 主营业务利润

三、判断题

（一）财务报表概述

1. 财务报表是对外报送的报表，因此财务报表提供的信息仅对外部的投资者和债权人有用。（　）
2. 半年度财务报告应于半年度终了后的 2 个月内报出。（　）
3. 在我国，对外财务报表的种类、格式、指标内容和编报时间等，都是由国家统一的会计制度予以规定的。（　）
4. 一个正常营业周期都是短于一年的。（　）
5. 中期资产负债表、利润表和现金流量表相对于年度财务报表来说，可以适当简略。（　）
6. 财务报表反映的是一个企业某个时点的财务状况和现金流量，以及某个期间的经营成果。（　）
7. 企业财务报表各项目的数据在同一企业不同时期应当口径一致、相互可比，在不同的企业之间则不一定要相互可比。（　）
8. 财务报表便于理解的要求是建立在财务报表使用者具有一定的财务报表阅读能力基础上的。（　）
9. 企业在编制年度财务报告前，应检查是否存在因会计差错、会计政策变更等原因需要调整前期或者本期相关项目。（　）
10. 会计报表的编制要做到数字客观真实、计算准确、内容完整、手续齐备和报送及时。（　）
11. 企业编报的财务报告应当以人民币作为记账本位币，并应标明金额单位。（　）
12. 中期财务报表是指半年度财务报表。（　）

（二）资产负债表

1. 资产负债表是反映企业在某一特定期间财务状况的报表。（　）
2. 资产负债表的格式有单步式和多步式。（　）
3. 资产负债表中"存货"项目应根据"产成品"账户期末余额填列。（　）
4. 在资产负债表的填列中，"交易性金融资产"项目是根据该项目的余额减去其备抵科目余额后的净额填列。（　）
5. 资产负债表是反映企业某一段时间的财务状况的财务报表。（　）
6. "预付账款"科目所属各明细科目期末有贷方余额的，应在资产负债表"应收账款"项目内填列。（　）
7. 应付账款等有些流动负债虽然属于企业正常营业周期中使用的营运资金的一部分，但是如果这些项目在资产负债表日后超过一年才到期清偿，则它们不应该划入流动负债。（　）
8. 在任何情况下，"预收款项"项目都是根据"应收账款""预收账款"账户的明细账计算填列的。（　）
9. 在一年内到期的长期负债应属于流动负债项目。（　）
10. 报告式资产负债表是左右结构。（　）
11. 资产负债表中的"应收账款"项目，应根据"应收账款"和"预付账款"科目所属明细科目的借方余额合计数填列。（　）

12. 资产负债表的"年初数"栏内各项数字，一般应根据上年年末资产负债表的"期末数"栏内所列数字填列。（ ）

13. 资产负债表一般采用账户式。（ ）

14. 资产负债表上的各个项目都可以根据会计科目余额直接或通过计算填列。（ ）

15. 融资租赁的固定资产价值不包括在资产负债表的"固定资产原值"内。（ ）

16. 资产负债表中的"货币资金"项目，应根据"库存现金""银行存款"和"其他货币资金"科目的期末借方余额之和填列。（ ）

17. 为了全面反映企业的财务状况，在编制资产负债表时，资产与负债应相互抵消后列示。（ ）

18. 资产负债表中"未分配利润"项目是根据"利润分配"账户的年末贷方余额直接填列的。（ ）

19. 编制资产负债表的主要依据是各资产、负债和所有者权益账户的期末余额。（ ）

20. "长期借款"项目根据"长期借款"总账科目填列。（ ）

（三）利润表

1. 利润表是动态报表。（ ）

2. 利润表中"利润总额"项目应该和年末与年初净资产的差额相等。（ ）

3. 利润表也是根据"资产＝负债＋所有者权益"等式来设计的。（ ）

4. 通常，利润表的各项目只需要填列"本年累计数"即可。（ ）

5. 1月31日编制的利润表是反映企业1月末取得的利润或发生的亏损。（ ）

6. 利润表中的"营业成本"项目是反映企业销售产品和提供劳务等主要经营业务的各项销售费用和实际成本。（ ）

7. 资产负债表是根据有关账户的期末余额填列的，而利润表是根据有关账户的发生额填列的。（ ）

8. 多步式利润表通常采用左右对照的账户式结构。（ ）

四、实务操作题

（一）资产负债表

1. 资料：甲企业2022年12月31日的账户余额如表11-5所示。

表11-5　甲企业2022年12月31日的账户余额　　　　　　　　　　单位：元

账户名称	借方金额	账户名称	贷方金额
库存现金	1 500	短期借款	650 000
银行存款	234 000	应付账款	130 000
其他货币资金	5 000	其他应付款	35 000
交易性金融资产	102 000	应付职工薪酬	60 000
应收账款	260 000	应交税费	121 710
其他应收款	8 500	累计折旧	85 000
库存商品	2 011 000	应付股利	120 000
原材料	250 000	长期借款	110 000
包装物	50 000	实收资本	2 000 000
长期待摊费用	7 500	资本公积	45 000
长期股权投资	210 000	盈余公积	320 000
固定资产	550 000	未分配利润	12 790
合　　计	3 689 500	合　　计	3 689 500

要求：根据上述资料编制资产负债表（只需要填制期末余额，填入表11-6即可）。

表 11-6 资产负债表（简表）

编制单位：甲企业　　　　　　　　　　2022 年 12 月 31 日　　　　　　　　　　单位：元

资　　产	期 末 余 额	负债及所有者权益	期 末 余 额
流动资产：		流动负债：	
货币资金		短期借款	
交易性金融资产		应付账款	
应收账款		其他应付款	
其他应收款		应付职工薪酬	
存货		应交税费	
流动资产合计		应付股利	
非流动资产：		流动负债合计	
长期股权投资		非流动负债：	
长期待摊费用		长期借款	
固定资产		非流动负债合计	
非流动资产合计		负债合计	
		所有者权益：	
		实收资本	
		资本公积	
		盈余公积	
		未分配利润	
		所有者权益合计	
资产总计		负债及所有者总计	

2. 资料：A 公司 2022 年 3 月 31 日各总分类账户的期末余额如表 11-7 所示。有关明细资料为：应交税费为借方余额 4 400 元，具体为待抵扣增值税进项税额 4 400 元；盈余公积 10 000 元，其中，法定盈余公积 7 000 元，任意盈余公积 3 000 元；长期借款 200 000 元中的 100 000 元将于本年 10 月到期；应收账款明细账均为借方余额；应付账款明细账均为贷方余额。

表 11-7 A 公司 2022 年 3 月 31 日各总分类账户的期末余额

单位：元

账 户 名 称	借 方 金 额	账 户 名 称	贷 方 金 额
库存现金	4 500	短期借款	50 000
银行存款	25 000	应付账款	40 000
其他货币资金	20 000	应付股利	50 000
应收账款	45 000	应付利息	900
原材料	54 000	坏账准备	500
库存商品	84 000	累计折旧	97 500
生产成本	37 600	长期借款	200 000
固定资产	525 000	实收资本	300 000
应交税费	4 400	盈余公积	10 000
固定资产清理	900	本年利润	45 000
		利润分配	6 500
合　　计	800 500	合　　计	800 500

要求：编制 A 公司 2022 年 3 月 31 日的资产负债表（填入表 11-8 即可）。

表 11-8　资产负债表

编制单位：A 公司　　　　　　　　　　　2022 年 3 月 31 日　　　　　　　　　　　单位：元

资　　产	期 末 余 额	期 初 余 额	负债及所有者权益	期 末 余 额	期 初 余 额
流动资产：			流动负债：		
货币资金			短期借款		
应收账款			应付账款		
存货			应付股利		
流动资产合计			应交税费		
固定资产			应付利息		
固定资产原值			一年内到期的长期借款		
减：累计折旧			流动负债合计		
固定资产净值			长期借款		
固定资产清理			负债合计		
固定资产合计			所有者权益：		
			实收资本		
			盈余公积		
			未分配利润		
资产总计			负债及所有者权益总计		

3. 资料：甲企业 2022 年 11 月部分科目的余额如表 11-9 所示。有关明细账资料为：应收账款有四个明细账，甲单位借方余额 3 万元，乙单位借方余额 5 万元，丙单位贷方余额 1.5 万元，丁单位贷方余额 0.5 万元；应付账款有三个明细账，A 单位贷方余额 3 万元，B 单位贷方余额 2 万元，C 单位借方余额 1 万元；预付账款有两个明细账，D 单位借方余额 4 万元，E 单位贷方余额 1 万元；预收账款有两个明细账，F 单位贷方余额 2 万元，G 单位借方余额 1 万元。

表 11-9　部分科目的余额　　　　　　　　　　　　　　　　　　　　单位：元

项　　目	借 方 余 额	贷 方 余 额	项　　目	借 方 余 额	贷 方 余 额
库存现金	3 000		应付账款		40 000
银行存款	200 000		预收账款		10 000
其他货币资金	10 000				
库存商品	120 000				
委托代销商品	5 000				
材料采购	7 000				
原材料	100 000				
生产成本	5 000				
应收账款	60 000				
预付账款	30 00				
材料成本差异		600			

要求：根据上述资料，填写下列资产负债表项目（暂不考虑坏账准备）。

货币资金（　　　）元；存货（　　　）元；应收账款（　　　）元；

应付账款（　　　）元；预收账款（　　　）元；预付账款（　　　）元。

4．资料：A 公司 2022 年 5 月 31 日有关账户的期末余额如表 11-10 所示。

表 11-10　A 公司 2022 年 5 月 31 日有关账户的期末余额　　　　　　　　单位：元

总账账户	明细账户	借方余额	贷方余额	总账账户	明细账户	借方余额	贷方余额
应收账款				短期借款			38 000
	甲公司	73 000		应付账款			72 500
	乙公司	48 000			A 公司		42 000
	丙公司	66 000	41 000		B 公司		53 000
预付账款					C 公司	29 000	
	丁公司	35 000			D 公司		6 500
	戊公司	52 000	17 000	预收账款			7 000
原材料					E 公司		6 000
库存商品		22 000			F 公司		3 000
固定资产净值		19 000			G 公司	2 000	
累计折旧		286 000	34 000	本年利润			48 000
坏账准备			580	利润分配	未分配利润		21 000

要求：根据上述资料计算资产负债表中下列项目的填列金额。

应收账款 =　　　　　　　　预付账款 =

存货 =　　　　　　　　　　固定资产净值 =

短期借款 =　　　　　　　　应付账款 =

预收账款 =　　　　　　　　未分配利润 =

5．A 公司经理（无会计专业背景）编制了一份公司 2022 年 5 月 31 日的资产负债表（见表 11-11），表中的数字直接取自公司的会计分录，并保证是正确的，但是该表在各方面存在着一些差错。请编制一份正确的资产负债表（填入表 11-12 即可）。

表 11-11　资产负债表（经理编制的存在差错的原表）　　　　　　　　单位：元

资　　产		所有者权益	
股本	100 000	应收账款	8 000
留存收益	62 000	应付票据	288 000
现金	69 000	原材料	14 000
建筑	80 000	土地使用权	140 000
汽车	165 000	应付账款	26 000
总　　计	476 000	总　　计	476 000

表 11-12　资产负债表

编制单位：A 公司　　　　　　　　　2022 年 5 月 31 日　　　　　　　　　单位：元

资　　产	期末余额	负债和所有者权益	期末余额
流动资产：		流动负债：	
库存现金		应付票据	
应收账款		应付账款	
存货		流动负债合计	
流动资产合计		负债合计	
非流动资产：		所有者权益：	
固定资产		股本	
无形资产		未分配利润	
非流动资产合计		所有者权益合计	
资产合计		负债和所有者权益合计	

（二）利润表

1．资料：乙企业 2022 年各损益账户累计余额为：主营业务收入 122 万元，主营业务成本 85 万元，其他业务收入 4.2 万元，其他业务成本 3.2 万元，税金及附加 6.5 万元，销售费用 1.5 万元，管理费用 2.03 万元，财务费用 0.65 万元，营业外收入 0.09 万元，营业外支出 0.53 万元，投资收益 3 万元。

要求：根据上述资料编制利润表（填入表 11-13 即可）。

表 11-13　利润表

编制单位：乙企业　　　　　　　　　2022 年 12 月　　　　　　　　　　单位：元

项　　目	本期金额	上期金额
一、营业收入		
减：营业成本		
税金及附加		
销售费用		
管理费用		
财务费用		
加：投资收益		
二、营业利润		
加：营业外收入		
减：营业外支出		
三、利润总额		
减：所得税费用		
四、净利润		

2．资料：B 公司 2022 年有关损益类账户的发生额如表 11-14 所示。假定企业的会计利润与应纳税所得额相等，税率为 25%。

表 11-14 B 公司 2022 年有关损益类账户的发生额　　　　　　　　单位：元

账 户 名 称	借方发生额	贷方发生额	账 户 名 称	借方发生额	贷方发生额
主营业务收入		880 000	主营业务成本	450 000	20 000
其他业务收入		10 000	其他业务成本	5 000	
			税金及附加	80 000	
			销售费用	53 500	
			管理费用	65 500	
			财务费用	3 800	300
营业外收入		2 000	营业外支出	5 000	

要求：编制 B 公司 2022 年度的利润表（填入表 11-15 即可）。

表 11-15 利润表

编制单位：B 公司　　　　　　　　　　2022 年度　　　　　　　　　　单位：元

项　目	本 期 金 额	上 期 金 额
一、营业收入		
减：营业成本		
税金及附加		
销售费用		
管理费用		
财务费用		
资产减值损失		
加：公允价值变动收益（损失以"-"号填列）		
投资收益（损失以"-"号填列）		
其中：对联营企业和合营企业的投资收益		
二、营业利润（亏损以"-"号填列）		
加：营业外收入		
减：营业外支出		
其中：非流动资产处置损失		
三、利润总额（亏损总额以"-"号填列）		
减：所得税费用		
四、净利润（净亏损以"-"号填列）		

3．资料：2021 年 1 月 1 日小黄实现其终身梦想：他以自有资金 10.1 万元和向银行借来的利率 11.375% 的抵押借款 40.4 万元设立了康体健康中心。利用这些资金，小黄购买了一栋房屋和练习设备，并专注于开发，以求事业的发展。小黄从某体育学院毕业，拥有丰富的专业知识，但是缺乏商业背景。他雇用了小赵处理康体健康中心会计业务。2022 年 1 月初小赵辞职。小赵在离开前编制了利润表（见表 11-16）。

表 11-16 利润表

2021 年度　　　　　　　　　　　　　　　　　　　　　　　　　单位：元

收入	563 400
费用：	
薪资费用	318 100
用品费用	128 500
租金费用	30 000
广告费	19 000
折旧费用	18 000
杂项费用	16 500
费用合计	530 100
本年净利	33 300

小黄有点惊讶：他的健康中心只赚了 33 300 元。可当他查看了银行对账单时，其账户余额确实为 33 300 元。如果小黄让你接替小赵，而你发现与上年营业有关的资料如下：

（1）客户使用健康中心的收入合同从 3 个月到 2 年不等。合同总金额为 68.9 万元，其中 8 000 元属于 2022 年度。收到金额 59.74 万元。库存现金日记账是有一笔借记收入贷记库存现金 3.4 万元的调整分录。

（2）检查当年的薪资记录，显示员工当年度已赚得 326 300 元，但是只支付了 305 100 元。期末曾做一个借记薪资费用，贷记现金 1.3 万元的调整分录。

（3）计算期库存用品为 2.81 万元。自 2021 年 12 月 31 日起用品均未动用过。发票上显示取得用品 152 300 元，经与供应商联络得知只支付了 117 500 元。小赵做了一笔借记用品费用，贷记库存现金 1.1 万元的调整分录。

（4）当年度支付运动器材租金 3 万元和广告费 1.9 万元。租金和广告费将延续到 2022 年：预付租金 6 000 元，预付广告费 4 000 元。

（5）折旧记录为借记折旧费用，贷记库存现金 1.8 万元。

（6）杂项费用发生且支付共计 7 500 元。曾做借记杂项费用，贷记库存现金 9 000 元的调整分录。

要求：编制 2021 年正确的利润表。

附录　企业会计准则的应用指南系列统一规范的一般企业部分会计科目

资　产　类	负　债　类	所有者权益类	成　本　类	损　益　类
库存现金	短期借款	实收资本	生产成本	主营业务收入
银行存款	应付票据	资本公积	制造费用	其他业务收入
交易性金融资产	应付账款	盈余公积	研发支出	投资收益
应收票据	预收账款	本年利润		资产处置损益
应收账款	应付职工薪酬	利润分配		营业外收入
预付账款	应交税费			主营业务成本
应收股利	应付利息			其他业务成本
应收利息	应付股利			税金及附加
其他应收款	其他应付款			销售费用
坏账准备	长期借款			管理费用
材料采购				财务费用
在途物资				资产减值损失
原材料				信用减值损失
材料成本差异				营业外支出
库存商品				以前年度损益调整
周转材料				
存货跌价准备				
长期股权投资				
长期股权投资减值准备				
固定资产				
累计折旧				
固定资产减值准备				
在建工程				
工程物资				
固定资产清理				
无形资产				
累计摊销				
无形资产减值准备				
长期待摊费用				
待处理财产损溢				

参 考 文 献

[1] 张曾莲. 会计学原理学习指导与习题 [M]. 北京：科学出版社，2016.
[2] 樊彩霞，刘欣华，刘小军. 新编会计学原理 [M]. 2 版. 北京：科学出版社，2013.
[3] 张捷，刘英明. 基础会计 [M]. 6 版. 北京：中国人民大学出版社，2019.
[4] 史国英. 会计学：非专业用 [M]. 北京：清华大学出版社，2021.
[5] 徐哲，李贺. 基础会计：思政•德育•实务•实训 [M]. 2 版. 上海：立信会计出版社，2020.